Kohlhammer

**Die Autoren**

**Prof. Dr. med. Dr. h. c. (Rigas Stradins Universitate, Lettland) Manfred Wolfersdorf**
Ehem. Ärztlicher Direktor des Bezirkskrankenhauses Bayreuth, Akademisches Lehrkrankenhaus der Universität Erlangen-Nürnberg (bis 30.09.2016) und ehem. Chefarzt der Klinik für Psychiatrie, Psychotherapie und Psychosomatik am BKH-Bayreuth (bis 30.09.2016), jetzt tätig in Praxis. Dozent an der Universität Bayreuth. Gründer und Leiter des AK Depressionsstationen Deutschland-Schweiz 1982–2016.
E-Mail: mwolfersdorf@t-online.de

**Prof. Dr. med. Dipl.-Psych. Gerd Laux**
Ehem. Ärztlicher Direktor des kbo-Inn-Salzach-Klinikums (ISK), Wasserburg am Inn, Rosenheim, Freilassing, ehem. Chefarzt der Klinik für Psychiatrie, Psychotherapie und Psychosomatik am ISK, niedergelassener Nervenarzt am MVZ Neuropsychiatrie in Waldkraiburg, Leiter des Instituts für Psychologische Medizin (IPM) in Soyen (Begutachtung Fahreignung), Konsiliararzt Geriatrie Klinik Haag und Professor an der Klinik für Psychiatrie und Psychotherapie der Ludwig-Maximilians-Universität München.
E-Mail: ipm@ipm-laux.de

Manfred Wolfersdorf
Gerd Laux

# Depressionen

Ein Erfahrungsbuch zu Diagnostik,
Verlauf, Therapie und Prävention

Verlag W. Kohlhammer

Dieses Werk einschließlich aller seiner Teile ist urheberrechtlich geschützt. Jede Verwendung außerhalb der engen Grenzen des Urheberrechts ist ohne Zustimmung des Verlags unzulässig und strafbar. Das gilt insbesondere für Vervielfältigungen, Übersetzungen, Mikroverfilmungen und für die Einspeicherung und Verarbeitung in elektronischen Systemen.

Pharmakologische Daten, d. h. u. a. Angaben von Medikamenten, ihren Dosierungen und Applikationen, verändern sich fortlaufend durch klinische Erfahrung, pharmakologische Forschung und Änderung von Produktionsverfahren. Verlag und Autoren haben große Sorgfalt darauf gelegt, dass alle in diesem Buch gemachten Angaben dem derzeitigen Wissensstand entsprechen. Da jedoch die Medizin als Wissenschaft ständig im Fluss ist, da menschliche Irrtümer und Druckfehler nie völlig auszuschließen sind, können Verlag und Autoren hierfür jedoch keine Gewähr und Haftung übernehmen. Jeder Benutzer ist daher dringend angehalten, die gemachten Angaben, insbesondere in Hinsicht auf Arzneimittelnamen, enthaltene Wirkstoffe, spezifische Anwendungsbereiche und Dosierungen anhand des Medikamentenbeipackzettels und der entsprechenden Fachinformationen zu überprüfen und in eigener Verantwortung im Bereich der Patientenversorgung zu handeln. Aufgrund der Auswahl häufig angewendeter Arzneimittel besteht kein Anspruch auf Vollständigkeit.

Die Wiedergabe von Warenbezeichnungen, Handelsnamen und sonstigen Kennzeichen in diesem Buch berechtigt nicht zu der Annahme, dass diese von jedermann frei benutzt werden dürfen. Vielmehr kann es sich auch dann um eingetragene Warenzeichen oder sonstige geschützte Kennzeichen handeln, wenn sie nicht eigens als solche gekennzeichnet sind.

Es konnten nicht alle Rechtsinhaber von Abbildungen ermittelt werden. Sollte dem Verlag gegenüber der Nachweis der Rechtsinhaberschaft geführt werden, wird das branchenübliche Honorar nachträglich gezahlt.

Dieses Werk enthält Hinweise/Links zu externen Websites Dritter, auf deren Inhalt der Verlag keinen Einfluss hat und die der Haftung der jeweiligen Seitenanbieter oder -betreiber unterliegen. Zum Zeitpunkt der Verlinkung wurden die externen Websites auf mögliche Rechtsverstöße überprüft und dabei keine Rechtsverletzung festgestellt. Ohne konkrete Hinweise auf eine solche Rechtsverletzung ist eine permanente inhaltliche Kontrolle der verlinkten Seiten nicht zumutbar. Sollten jedoch Rechtsverletzungen bekannt werden, werden die betroffenen externen Links soweit möglich unverzüglich entfernt.

1. Auflage 2022

Alle Rechte vorbehalten
© W. Kohlhammer GmbH, Stuttgart
Gesamtherstellung: W. Kohlhammer GmbH, Stuttgart

Print:
ISBN 978-3-17-030647-9

E-Book-Formate:
pdf:   ISBN 978-3-17-030648-6
epub: ISBN 978-3-17-030649-3

# Inhaltsverzeichnis

| | | |
|---|---|---|
| Vorwort | | 9 |
| 1 | Depression, Melancholie: Historische Aspekte | 13 |
| 2 | Epidemiologische und gesundheitsökonomische Anmerkungen | 22 |
| 2.1 | Deutschland, Europa, weltweit | 22 |
| 2.2 | Soziodemografie, Alter und Geschlecht | 24 |
| 2.3 | Abschließende Bemerkungen | 26 |
| 3 | Klinisches Bild | 30 |
| 3.1 | Symptome einer depressiven Episode/eines depressiven Syndroms | 30 |
| 3.1.1 | Depressive Gestimmtheit | 33 |
| 3.1.2 | Depressives Denken und Erleben, Antrieb und Sprache | 35 |
| 3.1.3 | Kognitive Störungen | 38 |
| 3.1.4 | Sogenannte larvierte, d.h. körperbetonte depressive Syndrome | 40 |
| 3.2 | Burnout-Syndrom | 41 |
| 3.3 | Depressive Syndrome | 46 |
| 3.3.1 | Geschlechtsspezifische Depressionsformen | 56 |
| 3.3.2 | Anhaltende, sog. »chronische« Depression | 60 |
| 3.3.3 | Depression im Lebenszyklus | 64 |
| 3.3.4 | Somatogene Depression, Komorbidität somatische Medizin und Depression (u.a. Kardiologie, Onkologie, Dermatologie, Gynäkologie usw.) | 68 |
| 3.3.5 | Typologien und Sonderformen depressiver Erkrankungen | 72 |
| 4 | Ätiopathogenese | 79 |
| 4.1 | Neurobiologisch-somatisches Modell | 81 |
| 4.1.1 | Genetik | 81 |
| 4.1.2 | Neuropathologie | 82 |
| 4.1.3 | Bildgebung | 82 |
| 4.1.4 | Neurobiochemie | 83 |
| 4.1.5 | Neurotransmitterdysbalance, Rezeptoreffekte, Signaltransduktion | 84 |
| 4.1.6 | Neurogenese, neuronale Plastizität, neurotrophe Hypothese | 84 |
| 4.1.7 | Psychoneuroendokrinologie | 84 |
| 4.1.8 | Psychoneuroimmunologie | 85 |
| 4.1.9 | Psychophysiologie, somatische Krankheiten, Pharmaka | 85 |
| 4.1.10 | Chronobiologie | 87 |

| | | | |
|---|---|---|---|
| | 4.2 | Psychologische Modelle | 88 |
| | | 4.2.1 Psychodynamisches Modell | 88 |
| | | 4.2.2 Kritische Lebensereignisse (Life Events), psychosoziale Faktoren/Stressoren | 94 |
| | | 4.2.3 Kognitions- und lerntheoretische Modelle | 95 |
| | 4.3 | Neuropsychologie, Persönlichkeit | 97 |
| | | 4.3.1 Neuropsychologie | 97 |
| | | 4.3.2 Persönlichkeitsfaktoren | 97 |
| | 4.4 | Sozialpsychologische Modell (Brown und Harris), gesellschaftlich-soziologische Risikofaktoren | 98 |
| | | 4.4.1 Sozialpsychologisches Modell | 98 |
| | | 4.4.2 Gesellschaftlich-soziologische Risikofaktoren | 98 |
| | 4.5 | Integrierte Modellvorstellungen – »final common pathway« | 102 |
| **5** | **Diagnostik, Diagnosekriterien/operationalisierte Diagnosen, Klassifikationen, Psychometrie und Differenzialdiagnosen** | | **104** |
| | 5.1 | Diagnostik, Diagnosekriterien | 104 |
| | | 5.1.1 Diagnosekriterien | 104 |
| | | 5.1.2 Somatisches Syndrom | 106 |
| | | 5.1.3 Anhaltende affektive Störungen (F34) | 109 |
| | | 5.1.4 Atypische Depression, subdiagnostische Depressionen | 111 |
| | | 5.1.5 Bipolare Depression | 111 |
| | 5.2 | Klassifikationen | 112 |
| | 5.3 | Doppeldiagnose-Problematik | 115 |
| | 5.4 | Psychometrie, Selbst- und Fremdbeurteilungsskalen | 116 |
| | 5.5 | Differenzialdiagnosen und Fehldiagnosen (inkl. »Resignative Trauer«) | 117 |
| | | 5.5.1 Somatische Differenzialdiagnosen | 117 |
| | | 5.5.2 Psychiatrische Differenzialdiagnosen | 118 |
| **6** | **Therapie** | | **124** |
| | 6.1 | Grundprinzipien | 124 |
| | 6.2 | Akuttherapie | 126 |
| | 6.3 | Erhaltungs- und Langzeittherapie | 127 |
| | 6.4 | Pharmakotherapie | 130 |
| | | 6.4.1 Antidepressiva: Substanzklassen, Einteilung | 130 |
| | | 6.4.2 Wirksamkeit | 134 |
| | | 6.4.3 Wirkpotenz im Vergleich | 136 |
| | | 6.4.4 Akuttherapie | 137 |
| | | 6.4.5 Auswahlkriterien | 138 |
| | | 6.4.6 Risikofaktoren und Nebenwirkungsprofil | 139 |
| | | 6.4.7 Klinisch-psychopathologisches Bild | 139 |
| | | 6.4.8 Komedikation | 140 |
| | | 6.4.9 Responseprädiktoren | 140 |
| | | 6.4.10 Unerwünschte Wirkungen von Antidepressiva | 142 |
| | | 6.4.11 Zusammenstellung der Nebenwirkungen nach Substanzklassen | 145 |
| | | 6.4.12 Interaktionen | 148 |

|  |  | 6.4.13 Kontraindikationen | 151 |
|---|---|---|---|
|  |  | 6.4.14 Langzeittherapie-Erhaltungstherapie | 151 |
|  |  | 6.4.15 Rezidivprophylaxe | 152 |
|  |  | 6.4.16 Schwangerschaft und Stillzeit | 154 |
|  |  | 6.4.17 Beendigung von Psychopharmakotherapie: Ausschleichen von Medikation | 155 |
|  |  | 6.4.18 Verordnungspraxis, Pharmakoökonomie, Sozialpharmakologie | 156 |
|  | 6.5 | Andere biologische Therapien | 157 |
|  |  | 6.5.1 Schlafentzugsbehandlung (»Wach- Therapie«) | 157 |
|  |  | 6.5.2 Lichttherapie | 158 |
|  |  | 6.5.3 Elektrokonvulsionstherapie (EKT) | 158 |
|  |  | 6.5.4 Neuere biologische und experimentelle Therapieverfahren | 158 |
|  | 6.6 | Psychotherapie | 159 |
|  |  | 6.6.1 Grundlagen | 159 |
|  |  | 6.6.2 Psychodynamische Psychotherapien | 161 |
|  |  | 6.6.3 Verhaltenstherapie und kognitive Verhaltenstherapie | 166 |
|  |  | 6.6.4 Interpersonelle Psychotherapie, CBASP | 171 |
|  |  | 6.6.5 Weitere und neuere Psychotherapieformen | 175 |
|  |  | 6.6.6 Wahl des Psychotherapieverfahrens, Wirksamkeitsvergleiche | 176 |
|  | 6.7 | Begleittherapien | 177 |
|  |  | 6.7.1 Körperliche Aktivität, »Sporttherapie«/Bewegung | 177 |
|  |  | 6.7.2 Entspannungsverfahren | 178 |
|  |  | 6.7.3 Soziotherapie | 179 |
|  |  | 6.7.4 Komplementär alternativmedizinische Therapieansätze | 180 |
|  |  | 6.7.5 Persönlichkeitsentwicklung – »Weisheitstherapie« | 180 |
|  | 6.8 | Kombinationstherapie – Integrierte Ansätze | 181 |
| 7 | Selbsthilfe – Selfmanagement; Angehörige | | 186 |
| 8 | Verlauf, Prognose, Prädiktoren und Prävention | | 193 |
|  | 8.1 | Verlauf und Prognose | 193 |
|  | 8.2 | Prädiktoren | 194 |
|  | 8.3 | Prävention | 195 |
|  | 8.4 | Resilienz, Religion | 196 |
|  | 8.5 | Fazit | 198 |
| 9 | Suizidalität und Depression | | 199 |
| 10 | Versorgungsfragen: Wer versorgt depressiv kranke Menschen? | | 206 |
|  | 10.1 | Allgemeinärztliche ambulante Versorgung | 206 |
|  | 10.2 | Fachärztliche Versorgung | 207 |
|  | 10.3 | Sektorübergreifende Versorgung | 207 |
|  | 10.4 | Stationäre Versorgung, spezialisierte Depressionsstationen | 208 |
| 11 | Abschließende Bemerkungen | | 210 |

| 12 | Danksagung | 213 |

**Literatur** .................................................................... 214

**Sachwortregister** ......................................................... 225

# Vorwort

Am Ende unseres Berufslebens haben wir, Manfred Wolfersdorf und Gerd Laux, uns dazu entschlossen, ein Buch über das zu schreiben, was in den letzten Jahrzehnten der persönliche Schwerpunkt unserer Tätigkeit war und uns bis heute sowohl fachlich als auch persönlich beschäftigt, nämlich über »depressive Erkrankungen« und »depressiv kranke Menschen«.

In nun mehr als 40 Jahren hat jeder von uns über 60.000 depressive Patienten[1] ambulant und stationär kennengelernt, untersucht, behandelt und auch über längere Strecken, z. T. über Jahrzehnte hinweg – sozusagen durchs Leben – begleitet. Beide Autoren waren und sind nicht nur in der Akuttherapie, sondern auch in der Langzeitbegleitung depressiv kranker Menschen tätig gewesen und haben so Lebensgeschichten über Jahrzehnte hinweg kennengelernt, begleitet und dabei Erfahrungen über das Leben depressiv kranker Menschen in ihrer Umwelt, ihrer Tätigkeit, hinsichtlich ihrer Person und ihrer persönlichen Perspektive, aber auch ihrer Lebensfähigkeit und Vitalität, ihrer Fähigkeit, sich auf neue Situationen einzustellen, sich mit einer manchmal anhaltenden Erkrankung, mit langfristigen therapeutischen Maßnahmen oder auch mit Veränderungen ihrer Lebenssituation zu arrangieren, gesammelt.

Man kann mit einer Depression oder auch mit wiederkehrenden Depressionen im Leben einen Bauernhof betreiben, eine Familie gründen, Manager, Verkäufer, Politiker, Geschäftsführer einer Firma oder auch Professor werden. Detaillierte Kenntnisse zur Diagnostik und Therapie depressiver Erkrankungen stehen zur Verfügung (siehe S3-Leitlinie/Nationale VersorgungsLeitlinie »Unipolare Depression«; DGPPN, BÄK, KBV, AWMF et al. 2015). Unsere Kenntnisse über individuelle Ursachen, zu Langzeitverläufen und zur Lebensgestaltung sind andererseits gering.

Unsere Biografien weisen viele Parallelen auf: Tätigkeit in großen Fachkrankenhäusern in Baden-Württemberg (früher Psychiatrische Landeskrankenhäuser, heute Zentren für Psychiatrie genannt), in Universitätskliniken, in bayerischen Bezirkskrankenhäusern und in den dortigen Kliniken für Psychiatrie, Psychotherapie und Psychosomatik und auch in Facharztpraxen. Unsere Wege haben sich vielfältig sowohl thematisch wie auch in der konkreten Arbeit immer wieder getroffen, da unser gemeinsames Interesse ja um das gemeinsame Thema »Depression und depressiv kranke Menschen« kreiste.

Vor 50 Jahren standen Depressionen nicht im Zentrum der Aufmerksamkeit psychiatrischer Kliniken; stationär wurden vor allem sogenannte endogene Depressionen behandelt, bei entsprechender Schwere und/oder Chronifizierung auch »reaktiv-neurotische Depressionen«. Die Standardregel war jedoch, ein depressiv kranker Mensch geht erst dann in ein regionales Versorgungskrankenhaus, wenn die Schwere der Erkrankung so ausgeprägt und sozial beeinträchtigend ist, dass er in eine übliche psychosomatische Klinik nicht passt, wenn er akut suizidgefährdet ist, wenn er an einer »wahnhaften Depression« (heute

---

[1] Im Text wird aus Gründen der Vereinfachung das generische Maskulinum verwendet; gemeint sind immer Frauen und Männer.

depressive Episode mit psychotischen Symptomen) leidet oder auch wenn es keinen Kostenträger für eine zeitlich befristete Behandlung in einer psychosomatischen Klinik in schöner Landschaft gibt. »Reaktive Depressionen« und »neurotische Depressionen« gehören doch nicht in einer Klinik stationär behandelt; mit dieser Argumentation hatte einer der namhaften Ordinarien für Psychiatrie in den 80er Jahren des vergangenen Jahrhunderts ein vorgestelltes Forschungsprojekt zur stationären Behandlung gerade dieser Patientengruppen und damit die DFG-Förderung abgeschmettert. Depressionen bei Kindern und Jugendlichen wurden als sehr selten angesehen, in der Alterspsychiatrie war das Thema »Depression im höheren Lebensalter« ebenfalls noch nicht angekommen. Unsere klinischen Alltagserfahrungen in der Behandlung und langfristigen Begleitung depressiver Patienten im stationären Rahmen irritierten uns zunehmend und wiesen auf die Notwendigkeit einer klinikinternen intramuralen Differenzierung von Patientengruppen nach Störungsbildern und damit auf eine »Spezialisierung« (wie es damals genannt wurde in der heißen Diskussion um die »Sektorisierung versus Spezialisierung« nach Vorlage der »Psychiatrie-Enquete« in den 1980er Jahren) hin.

Manfred Wolfersdorf gründete 1976 mit seinem Team am Psychiatrischen Landeskrankenhaus Weissenau die »erste Depressionsstation« in Deutschland, Gerd Laux die zweite im Psychiatrischen Landeskrankenhaus Weinsberg. Für Ersteren lag der Behandlungsschwerpunkt in der psychodynamisch-tiefenpsychologischen Psychotherapie, fachliches Spezialgebiet wurde die Suizidologie, die Suizidprävention und die Frage, warum Menschen sich das Leben nehmen. Gerd Laux widmete sich der differenzierten Behandlung mit Antidepressiva (einschließlich Infusionstherapien und Therapeutischem Drug Monitoring), von denen neue Generationen von Präparaten in der Entstehung waren. Als Arzt und Psychologe spezialisierte er sich auf die Verkehrsmedizin und -psychologie (Fahrtauglichkeitsuntersuchungen), psychotherapeutisch lag der Schwerpunkt im Bereich (kognitive) Verhaltenstherapie und interpersonell-humanistischer Psychotherapie.

Heute sind Depressionen zur »Volkskrankheit« geworden. Die Beschreibung des Krankheitsbildes und die Definition der diagnostischen Kriterien erfuhr durch die ICD-10 und vor allem durch das Diagnostische und Statistische Manual (DSM-III bis nun DSM-5) der amerikanischen Psychiatrie eine deutliche Erweiterung. »Depressive Störungen« umfassen nun ein großes heterogenes Spektrum, dessen Grenzen unscharf geworden sind. Die unglückliche Festlegung, dass bei Vorliegen einer »depressiven Episode« nach ICD-10 diese als Achse I-Diagnose an erste Stelle gestellt werden müsste, führte bereits vor Jahren zu den kuriosen Auswüchsen, dass in einem Standardversorgungsfachkrankenhaus plötzlich zwei Drittel aller Patienten unter einer F3-Störung litten.

Das Stigma »Ich bin doch nicht verrückt« scheint bei depressiven Störungen am geringsten ausgeprägt zu sein, die Inanspruchnahme von fachlicher Hilfe auch bei leichten oder mittelschweren depressiven Erkrankungen scheint zugenommen zu haben, zumindest hört man dies von niedergelassenen Kolleginnen und Kollegen sowie Ärztlichen und Psychologischen Psychotherapeuten, bei denen ein gutes Drittel bis manchmal die Hälfte aller Patienten solche mit primären depressiven Erkrankungen sind.

Aktuell besteht eine Diskrepanz (»Gap«) zwischen einer mit hohem Aufwand betriebenen internationalen (Grundlagen-)Forschung einerseits und einer unbefriedigenden Versorgungsrealität anderseits. Trotz immenser Forschungsbemühungen im Feld der Genetik, der Neurobiochemie, der Endokrinologie, der Psychoimmunologie, der Bildgebung und der Psychotraumatologie bleiben die Ursachen auch für Subtypen von Depressionen im hypothetischen Bereich »multifaktorieller und biopsychosozialer Modellvorstellungen«. Es gelang bisher nicht, die Wirksamkeit der ersten trizyklischen Antidepressiva zu verbessern, zerebrale Stimulationsverfahren wie die Transkranielle Magnetstimulation erreichen nicht die Wirksamkeit der in Deutschland immer noch tabuisierten Elektrokrampftherapie. Im Bereich der Psychotherapie wurden in der Nachfolge und z. T. aus den klassischen verhaltenstherapeutischen und tiefenpsychologisch-psychoanalytischen Konzepten störungsspezifische Verfahren für depressiv Kranke entwickelt; so die Kognitive Verhaltenstherapie (KVT), die Interpersonelle Psychotherapie (IPT) und speziell für chronische Depressionen das »Cognitive Behavioral Analysis System of Psychotherapy« (CBASP). Jüngst hält die sog. »Online-Psychotherapie« (Internet-basierte kognitive Verhaltenstherapie) Einzug in die moderne zeitgemäße Depressionsbehandlung. Die Zahl der Fachärzte für Psychiatrie und Psychotherapie, der Ärztlichen Psychotherapeuten und insbesondere der Psychologischen Psychotherapeuten in Deutschland hat zugenommen – dennoch bleiben depressive Patienten in manchen Regionen unversorgt und circa 30 % der Depressionen gelten als »therapieresistent« bzw. nehmen einen chronischen Verlauf.

Konzeptuell legen wir ein Buch mit persönlichen Akzenten vor: Einerseits enthält es wissenschaftlich-empirische Fakten im Sinne der evidenzbasierten Medizin (auf den klinischen Alltag bezogen und mit der Einschränkung, dass die Autoren sie so schildern, wie sie auch von ihnen erlebt wird), andererseits erlauben wir uns die Wiedergabe unserer persönlichen Sicht, basierend auf unseren langjährigen praktischen klinischen Erfahrungen. Diese persönlichen Anmerkungen werden im Folgenden durch einen eingefärbten Kasten hervorgehoben. Das große Spektrum depressiver Störungsbilder verdeutlichen wir durch Kasuistiken und damit »Patientenschicksale« aus dem eigenen Erfahrungsbereich, anonymisiert und auf Vignetten zur Darstellung des Wesentlichen reduziert. Vor allem zu den Themenkreisen Häufigkeit und Ursachen von Depressionen erlauben wir uns gesellschaftliche, sozialwissenschaftliche und zeitgeistkritische Überlegungen. Wir hoffen, so etwas Licht in den Nebel der »Allerweltsdiagnose Depression« bringen zu können.

Wir danken dem Kohlhammer Verlag, der sich mit uns auf dieses Projekt eingelassen hat, unseren Sekretärinnen für ihre langjährige Unterstützung und unseren Patienten, die uns lehrten, was es heißt, »depressiv krank« zu sein.

Im September 2021

Manfred Wolfersdorf   Gerd Laux
Bayreuth/Hollfeld     Soyen/Waldkraiburg/
                      München

# 1 Depression, Melancholie: Historische Aspekte

Warum ist es sinnvoll, sich mit »Psychiatrie-Geschichte« zu beschäftigen, hier mit der Geschichte des Depressionsbegriffes bzw. der »Melancholie«, wie er früher genannt wurde? Zum einen erklärt das Wissen um die Entstehung des eigenen Faches, des Berufsstandes und der verwendeten Krankheitsbegriffe den heutigen Status in der gesundheitspolitischen und medizinischen Versorgung von Menschen und natürlich auch das Problem mit dem heute überbordenden Begriff der »depressiven Episode«. Die spezifischen naturwissenschaftlichen, sozialwissenschaftlichen, kulturspezifischen und im engeren Sinne medizinischen Fragen der Psychiatrie und hier bzgl. des Krankheitsbegriffes Melancholie/Depression, von der Symptombenennung über den Norm- und Krankheitsbegriff bis hin zur Psychodynamik, zu Ätiopathogenesekonzepten und zu psychosozialen und sozialpsychiatrischen Themen sind nur aus der Historie zu verstehen. »Depression« einfach als »depressive Episode« operationalisiert zu definieren und damit verstehen zu wollen, führt nicht zu einem vertieften Verständnis depressiv kranker Menschen, sondern bleibt an einer dünnen Oberfläche. Nur der Blick zurück führt zum Verständnis der Gegenwart und zu Perspektiven für eine Zukunft – die für Depressive besonders wichtig ist. Was bei jeder Befunderhebung für eine biografische Anamnese gilt, trifft auch auf das Verständnis von Psychiatrie und hier von Depression/Melancholie zu.

Versucht man eine – zugegebenermaßen ausgesprochen grobe – Gliederung der Geschichte der Psychiatrie zu erstellen, dann kann man drei große Zeiträume unterscheiden. Einen ersten Zeitraum, der vom Altertum bis ca. Ende des 18./Anfang des 19. Jahrhunderts reicht und den man mit »Geschichte des Wahnsinns« überschreiben könnte. Hier ging es um Fragen des »Raptus melancholicus«, um Wahn und Genie, um Tollheit u. ä. Die Psychiatriegeschichte des 18. und 19. Jahrhunderts ist im engeren Sinne eine Geschichte der sich entwickelnden Krankenhauspsychiatrie, in der nun der krankhafte Aspekt psychischen Andersseins erkannt und akzeptiert wird und die Herausnahme aus der Gesellschaft (»Verwahrung«) und die Pathologie im Vordergrund stehen. Ein dritter Zeitabschnitt beginnt im 20. Jahrhundert und reicht bis in die Gegenwart und sicher weiterhin, der die »Geschichte der Psychiatrie als medizinisches Fach, als Behandlungsauftrag und als Forschungsgegenstand« versteht und in dem wir mit unserer heutigen Problematik um den Begriff »Depression« bzw. die Geschichte der Melancholie angesiedelt sind. Gaebel und Müller-Spahn (2002) haben Psychiatrie bezeichnet als eine »medizinische Disziplin, die sich mit der mehrdimensionalen Diagnostik, Therapie, Rehabilitation und Prävention psychischer Störungen in einem vernetzten System spezialisierter Behandlungseinrichtungen befasst […] und Gegenstand der Psychiatrie sind psychische Störungen«.

Viele Beiträge zur Psychiatriegeschichte beginnen mit dem klassischen Satz, welcher der Schule von Hippokrates von Kos (ca. 460 bis 370 vor Christus) (Mora 1990) zugeschrieben wird: »Man sollte wissen, dass nur im Gehirn, sonst nirgendwo, Freude, Entzücken, Lachen und Spielen entsteht ebenso Trauer,

Sorge, Verzagtheit und Klage. Ebenso werden durch das Gehirn auf bestimmte Weise Vorstellungen und Wissen gestaltet, mit seiner Hilfe hören und sehen wir. Durch das gleiche Organ werden wir wahnsinnig und verwirrt, Ängste und Schrecken treten an uns heran, am Tag oder bei Nacht [...] und all dies wiederfährt uns durch unser Gehirn, wenn es nicht gesund ist« (Mora 1990).

Bei Hellmut Flashar findet sich eine Zusammenfassung der medizinischen Theorien zur Melancholie und Melancholikern in der Antike.

Hippokrates: »Wenn Furcht und Mißmut lange anhalten, so ist das melancholisch«.

In der Abhandlung »Problemata« von Aristoteles (wahrscheinlich von Theophrast) findet sich eine der ersten Betrachtungen zur Melancholie. Er sieht das »Zuviel an schwarzer Galle« positiv und spekuliert, warum »alle außergewöhnlichen Männer Melancholiker« seien.

Frühchristlich wird krankhafte Traurigkeit als Erscheinung der Acedia, der »Sünde der Trägheit« verstanden. Luther zitiert den damals weit verbreiteten Satz »Caput melancholicum est balneum diabolicum« – der melancholische Kopf ist ein Bad des Teufels, die Kranken wurden zu Sündern.

Der englische Lyriker Samuel Taylor Coleridge stellte im 18. Jahrhundert fest, dass man in der Natur keine Melancholie finde.

Als Bild einer Künstler-Melancholie gilt das berühmte Bild »Melencolia I« von Albrecht Dürer 1514, im Sinne einer Allegorie von Melancholie bzw. Depression. Die dargestellte Figur blickt ins Unbestimmte, ihr Buch ist zugeklappt, Werkzeug liegt unbeachtet auf dem Boden.

1818 benutzte Heinroth, Lehrstuhlinhaber für Seelenheilkunde in Leipzig, als einer der ersten den Begriff »Depression« in Deutschland. Er schrieb »ein böser Geist wohnt in den Seelengestörten, sie sind die wahrhaft besessenen«.

Aretaios von Kappadokien (ca. 80 bis um 130 nach Christus) gilt als Erstbeschreiber des Alternierens der Gestimmtheit bei heute sog. bipolaren affektiven Erkrankungen: »Es scheint mir aber die Melancholie Anfang und Teil der Manie zu sein« (Arenz 2003, S. 34). Grundlage seiner Überlegungen war immer die Vier-Säfte-Lehre von Hippokrates und später Galen, die sich durch das gesamte Mittelalter zog: Blut (Sanguiniker), gelbe Galle (Choleriker), schwarze Galle (Melancholiker), Schleim (Phlegmatiker), entsprechend den vier Elementen Feuer, Luft, Erde, Wasser sowie den vier Himmelsrichtungen und den Qualitäten heiß, kalt, trocken und feucht.

Die Äbtissin und Mystikerin Hildegard von Bingen (1098 bis 1179) schrieb in ihrem Buch »Causae et curae« wohl als Erste über Geschlechtsunterschiede in der Depression bei melancholischen Männern und Frauen. Melancholische Männer hätten »eine düstere Gesichtsfarbe, auch sind ihre Augen ziemlich feurig und denen der Vipern ähnlich. Sie haben harte und starke Gefäße, die schwarzes und dickes Blut in sich enthalten, [...] und hartes Fleisch und grobe Knochen, die nur wenig Mark enthalten.« Allerdings werden depressive Frauen als noch beklagenswerter geschildert: »Sie haben mageres Fleisch, dicke Gefäße und mäßig starke Knochen. Ihr Blut ist mehr schleimig wie blutig, ihre Gesichtsfarbe ist wie mit einem blaugrauen und schwarzen Ton gemischt. Solche Frauen sind windig und unstet in ihren Gedanken, auch über Laune, wenn sie durch eine Beschwerde dahinsiechen. Sie haben ein wenig widerstandsfähiges Naturell und leiden deswegen manchmal an Schwermut. [...] Auch das Kopfleiden, das von der Schwarzgalle verursacht wird, werden sie bekommen wie auch Rücken- und Nierenschmerzen.« Bzgl. der Entstehung der »schwarzen Galle« im menschlichen Körper weist sie eindeutig dem biblischen Sündenfall Adams Schuld zu: »Als Adam das Gebot übertreten hatte, wurde der Glanz der Unschuld in ihm verdunkelt, seine Augen, die vorher das Himmlische sahen, wurden ausgelöscht, die Galle in

Bitterkalt verkehrt, die Schwarzgalle in die Finsternis der Gottlosigkeit und er selbst völlig in eine andere Art umgewandelt. Da befiehl Traurigkeit seine Seele und diese suchte bald nach einer Entschuldigung dafür im Zorn. Denn aus der Traurigkeit wird der Zorn geboren, woher auch die Menschen von ihrem Stammvater her die Traurigkeit, den Zorn und was ihnen sonst noch Schaden bringt, übernommen haben (zit. nach Liebig 1992, S. 11–18)«. Die Vier-Säfte-Lehre in einen mittelalterlichen christlichen Kontext gestellt. Allerdings, übersetzt in das heutige Verständnis und die heutige Sprache, beschreibt Hildegard von Bingen hier die »Männerdepression«, wie wir sie von depressiven Männern kennen, die Reizbarkeit, den Zorn, die Selbstschädigung z. B. im Abwehrversuch von Depressivität durch extremen Sport, durch übermäßige Arbeit, durch eigentherapeutischen schädlichen Gebrauch von Alkohol, Medikamenten oder Drogen. Denn die »depressive Episode«, wie sie die ICD-10 beschreibt, ist ja eine »weibliche« Depression.

Das Buch von Robert Burton (1. Auflage Oxford 1621) »Anatomie der Melancholie. Über die Allgegenwart der Schwermut, ihre Ursachen und Symptome sowie die Kunst, es mit ihr auszuhalten« gilt als der Klassiker der Melancholie-Literatur. Man muss es gelesen haben und begreift dann den Unterschied zwischen Melancholie als Krankheit des Individuums und als Gestimmtheit und Temperamentslage der Gesellschaft. Eingangs steht ein Gedicht des Autors zur »Melancholie«, wobei er Melancholie einmal als süßeste Lust, dann als schmerzvollste Last, als sauerste Last, dann wieder als süßeste Lust, als verdammte Last, als bitterste Last, als drückendste Last und als verfluchte Last bezeichnet und die letzten Zeilen lauten: »Mein Los, das tausch ich auf gut Glück mit jedem Mistkerl, Galgenstrick, wie Höllenfeuer brennt die Qual, ich muss heraus, hab' keine Wahl, und das Leben ist mir hassenswert, wer leiht ein Messer, wer hält das Schwert? Anders Leid – Gold gegen die verfluchte Last: Melancholie«.

Zwei Hauptthemen ziehen sich durch das vor allem in der ersten Hälfte sehr locker und lebendig erzählende Buch, nämlich die Melancholie als eine Weltsicht, und er zitiert den Prediger Salomo, dass die Menschen überlaunig, schwermütig, verrückt, wirrköpfig sind, der schreibt: »Da wandte ich mich zu sehen die Weisheit und die Tollheit und Torheit« und weiter: »Denn all seine Lebtage hat er Schmerzen mit Grämen und Leid, dass auch sein Herz des Nachts nicht ruht. So kann man unter Melancholie vieles verstehen und sie begreifen als Schwermut im eigentlichen oder uneigentlichen Sinn, als Anlage oder Gewohnheit, als Auslöser von Schmerz- oder Lustempfindungen, als Schwachsinn, Missmut, Furcht, Kummer, Verrücktheit, sie das alles oder nur einen Teil davon umfassen lassen, buchstäblich oder metaphorisch von ihr reden – es ist jeweils Aspekt derselben Sache.« Im zweiten Teil, dem sog. »Hauptteil« setzt Robert Burton sich dann mit der Melancholie als Erkrankung auseinander. Dabei schreibt er: »Melancholie, der Gegenstand dieser Untersuchung, tritt entweder als Stimmung oder als Naturell auf. Als Stimmung bezeichnet sie jene vorübergehende Niedergeschlagenheit, die noch die unbedeutendsten Anlässe von Kummer, Mangel, Krankheit, Ärger, Furcht, Trauer, geistiger Unruhe, Missmut und Sorge begleitet. Sie kommt und geht, löst Bedrücktheit, Stumpfheit, Verdruss aus, macht das Herz schwer, ist folglich dem Vergnügen, Frohsinn, der Freude und dem Genuss in jeder Weise entgegengesetzt und erzeugt in uns Widerspenstigkeit und Abneigung. [...] Und von diesen melancholischen Anwandlungen ist keine lebende Seele frei.« (Burton 1651, dtsch. Übers. Hartmann 1988, S. 41 ff und S. 309 ff). Wenige Zeilen später schreibt Burton dann »aber weil so wenige diesen guten Rat annehmen oder ihn richtig in die Tat umsetzen, weil sie vielmehr wie die wilden Tiere den Leidenschaften ihren Lauf lassen, sich ihnen unterwerfen und so in ein ausweisloses Labyrinth von Sorgen, Kümmernissen und Nöten geraten, also ihre Seele ausliefern und sich nicht in der Geduld üben, die ihnen anstünde, deshalb geschieht es sehr häufig, dass die Anwandlungen und Stimmungen sich zu habitueller Schwermut verfestigen. Eine vorübergehende Erkältung löst […] nur Husten aus; wird sie aber chronisch, dann ist Schwindsucht die Folge. Ähnlich verhält es sich auch mit den melancholischen Reizen und je nachdem, ob die schwarze Galle auf einen empfänglichen oder einen widerstandsfähigen Organismus stößt, kommt es nur zu geringfügigen oder durchschlagenden Wirkungen […] Vielmehr gibt er bei dem geringsten Anlass, sei es eine eingebildete Kränkung, Kummer, Schande, seien es Verluste, Gaunereien, Gerüchte, seinen Gefühlen nachkommen, dass sich sein Aussehen verändert, seine Verdauung gestört wird, keinen Schlaf mehr findet, seine Lebensgeister schwinden, das Herz schwer und der Leib hart wird. Er laboriert an Blähungen und verdorbenem Magen, und Melancholie überwältigt ihn. […] Im Handumdrehen und wie durch eine geöffnete Tür überfallen ihn alle möglichen anderen quälenden Gedanken, und wie ein hinkender Hund oder flügellahme Gans siecht er dahin und fällt schließlich der habituellen Schwermut und krankhaften Melancholie zum Opfer.« Später definiert er »Melancholie« als »eine Art fieberfreier Verrücktheit, die normalerweise von grundloser Angst und Trübsinn. […] Nur gestört ist der Melancholiker im Gegensatz zum Irren und Wahnsinnigen, bei dem die Hirnfunktionen nicht in Unordnung, sondern ganz ausgefallen sind«. Angst und Sorge grenze sie von gewöhnlichem Irrsinn ab, Angst und Sorge seien die wahren Kennzeichen und unzertrennlichen Weggefährten der meisten Schwermütigen. Er diskutiert, welche Organe hauptsächlich befallen würden, entscheidet sich dann für das Hirn, denn als Geistesstörung müsse die Melancholie dieses Organ in Mitleidenschaft ziehen. Das sei die Position des Hippokrates, des Galen, der arabischen Medizin und der meisten modernen Heilkundigen. Später diskutiert er dann »das Dreierschema« und beschreibt als Ersterkrankungsform die Kopfmelancholie, die allein vom Gehirn ausgelöst werde, die Zweite betreffe den ganzen Körper, in dem die schwarze Galle aus dem Gleichgewicht geraten sei, die Dritte rühre her von Eingeweiden, der Leber, Milz oder dem Gekröse und werde hypochondrische oder blähende Melancholie genannt, wobei die Liebesmelancholie im Allgemeinen zur Kopfmelancholie gerechnet werde. Als Ursachen melancholischer Erkrankungen werden Gott, die Sterne, das Alter, die Vererbung, die Ernährungsgewohnheiten, Betrübnis und Kummer, Scham und Schande, Furcht, Verdruss, Sorgen und Not, aber auch Rivalität, Hass, Rachedurst oder auch Eigenliebe, Aufgeblasenheit, grenzenloser Beifall, Stolz und übermäßige Freude sowie der Verlust der Freiheit, Knechtung und Gefangenschaft diskutiert. Später schreibt er »keine körperliche Qual kommt der Melancholie gleich, keine Folterwippe, keine heißen Eisen und glühenden Ochsen des Phalaris, und selbst die sizilianischen Tyrannen haben keine schlimmere Tortur erdacht. Alle Ängste, Kümmernisse, Unzufriedenheiten, aller Argwohn, alles Ungute und auch alle Unannehmlichkeiten münden und verlieren sich wie Bächlein in diesen Euripus, dieser Irische See, dieser Ozean des Elends, diesen Zusammenfluss allen Grams, […].« (S. 327). Zum Thema Suizid schreibt er: »Selten endet die Melancholie tödlich, außer in den Fällen – und das ist das größte und schmerzlichste Unglück, das äußerste Unheil –, in denen ihre Opfer Selbstmord begehen, was häufig geschieht. So haben schon Hippokrates und Galen feststellen müssen: Wenngleich sie den Tod fürchten, legen sie doch meistens Hand an sich, und das wird aller ärztlichen Kunst zum Verhängnis […]. Ihr äußerstes Elend peinigt und quält diese Menschen derart, dass sie keine Freude mehr am Leben finden und sich gleichsam gezwungen sehen, sich den Kelch abzutun, um ihr unerträgliches Leid abzuschütteln. So begehen […] einige in einem Anfall von Raserei, die meisten aber aus Verzweiflung, Sorge, Angst und Seelenpein Selbstmord, denn ihre Existenz ist unglücklich und jammervoll« (S. 325). Robert Burton (1577–1640) war Theologe, Mönch und Gelehrter am Chris Church College der Universität Oxford. Er schrieb das Buch »Anatomie der Melancholie« als Selbstbetroffener, es kostete ihn seine gesamte Schaffenskraft, so dass nur wenig Sonstiges von ihm erhalten ist.

Romano Guardini (1928–1983) meinte in »Vom Sinn der Schwermut«: »Die Schwermut ist etwas zu schmerzliches, und sie reicht zu tief in die Wurzeln unseres menschlichen Daseins hinab, als dass wir sie den Psychiatern überlassen dürften [Romano Guardini 1949]. Wir glauben, es geht um etwas, was mit den Tiefen unseres Menschtums zusammenhängt.« Romano Guardini spricht damit etwas an, was sich durch die gesamte Literatur und das Denken zur Melancholie und Depression zieht, nämlich die Unschärfe der Trennung der Krankheit Depression von der »melancholischen Gestimmtheit« und er meint damit ein menschliches Phänomen, das per se keine Krankheit ist, aber zu einer werden kann. Romano Guardini war selbst depressiv erkrankt.

Schott und Tölle (2006, S. 402 ff.) schreiben, die Melancholie gelte in der abendländischen Medizingeschichte als eine Hauptkrankheit, die nach der antiken Humoralpathologie (Vier-Säfte-Lehre) von der (hypothetischen) schwarzen Galle herrühre. Die schwarze Galle solle vor allem mit der Milz in Beziehung stehen und vom Hypochondrium bzw. der Kardia (Magenmund) aus auch andere Körperregionen infizieren. Dabei habe die aus dem Bauch in den Kopf aufsteigende Melancholie (Melancholia hypochondriaca) in der allgemeinen Krankheitslehre bis ins 19. Jahrhundert hinein eine wichtige Rolle gespielt. Unzählige Vorstellungen seien im Zusammenhang mit der Melancholie seit der »Schwarzgalligkeit« der griechischen Medizin vorgelegt worden. »Im Begriff der Melancholie spiegelt sich wie in keinem anderen die gesamte abendländische Medizingeschichte wider«. Das sei gerade bezüglich des Leib-Seele-Verhältnisses, der medizinischen Anthropologie und der psychiatrischen Therapeutik höchst aufschlussreich. Dies erinnert erneut stark an die Aussage von Romano Guardine, die Melancholie nicht nur den Psychiatern überlassen zu können.

Nach Schott und Tölle (2006) (S. 406) neigen Psychiatriehistoriker dazu, der mittelalterlichen Heilkunde generell eine »dämonologische Interpretation der Geisteskrankheiten« zu unterstellen, um sie somit von den rationalen Krankheitsmodellen der Antike und den naturwissenschaftlichen Erkenntnisfortschritten der Neuzeit abzugrenzen. Für Schott und Tölle ist dies eine Variante der Legende vom finsteren Mittelalter. Hole und Wolfersdorf (1986, S. 440) haben gezeigt, dass die Verallgemeinerung, dass im Mittelalter die somatische Grundlage der Melancholie zugunsten einer »dämonologischen Interpretation« aufgegeben worden sei, falsch ist. Die Medizin des Mittelalters stand durchaus in der Tradition der antiken Lehre, die keineswegs zugunsten der Dämonologie aufgegeben wurde, wenngleich religiöse und teilweise auch dämonologische Anschauungen integriert wurden. Nach Hildegard von Bingen schien etwa bei der viel zitierten »Mönchskrankheit« (Acedia) die schwarze Galle als Ausdruck der Sünde (der mönchischen Nachlässigkeit) eine Melancholie zu erzeugen, wie sie es schon in Adams Körper in Folge des Sündenfalls getan habe. Melancholie schwäche in dieser Sicht die Abwehrkräfte gegen Dämonen und disponiere somit zur Besessenheit.

Johann Baptist van Helmont (1579–1644), ein bedeutender Mediziner des 17. Jahrhunderts und Wegbereiter der chemischen Medizin aus dem Geiste der Alchemie, hat den Zusammenhang von Melancholie und Imagination beschrieben. Er lehnte die Vier-Säfte-Lehre der schwarzen Galle ab, zumal er sie nicht gefunden habe, sondern spricht von einem »Fehler des Lebens-Geistes«, wobei die Einbildungskraft (Imaginatio), welche die krankmachenden Bilder (Ideae morbosae) eine entscheidende Rolle spielten. Damit sind wir beim Saturn als Stern der Melancholiker angelangt. Van Helmont hält an der astrologischen Lehre fest, dass der Saturn als »Irrstern« über die Milz seinen üblen Einfluss ausübe, es entstünden dort durch Einbildung und Fantasie krankmachende Bilder, die quasi als Krankheitssamen den Lebensgeist im Magen so stark beeindruckten, dass eine Krankheit entstehe.

Neben den biologischen (Vier-Säfte-Lehre) und astrologischen (Saturn) sowie theologisch ergänzten (Vier-Säfte-Überlegungen, Hildegard von Bingen) gibt es auch psychologische und tiefenpsychologische Überlegungen zur Entstehung der Melancholie. Der französische Psychiater Pinel (1800, S. 66) soll als Ursache der Melancholie »Traurigkeit, Schrecken, anhaltendes Studieren, die Unterbrechung eines thätigen Lebens, heftige Liebe, das Uebermass in den Vergnügungen, Missbrauch betäubender und narkotischer Mittel, vorübergehende Krankheiten, die unrichtig behandelt wurden, die Unterdrückung des Hämorrhoidalflusses« gesehen haben. Esquirol (1816 S. 30 ff.) bezeichnete die Melancholie als »Lypémanie« (griechisch Lype ist gleich Betrübnis, Ärger, Schwermut) und schreibt: »Das Delirium bezieht sich nur auf einen oder eine kleine Anzahl von Gegenständen mit einer vorherrschenden traurigen oder niederdrückenden Leidenschaft«. Außerhalb der Psychiatrie wird der Begriff Melancholie häufig in Literatur, Kunst und Sonstigem in einem anderen Sinne verwendet. Dabei wird ein Zusammenhang zwischen der Melancholie und der künstlerischen Kreativität hergestellt, also zwischen »Krankheit und Genie«.

In einem eigenen Kapitel (S. 411 ff.) differenzieren Schott und Tölle zwischen »Melancholie und Depression«. Melancholie sei der ältere Begriff, mit einer mehr als 2.000-jährigen Verwendung, allerdings nur im Hinblick auf das Erscheinungsbild der Krankheit, nicht bzgl. der Theoriebildung. Heute spricht man nicht mehr von Melancholie und auch das Adjektiv »melancholisch« wird kaum verwendet. Der Begriff »Depression« tauchte anscheinend erst um 1800 auf und soll auf eine Anregung des schottischen Arztes William Cullen zurückgehen. William Cullen (1885, S. 57) war besonders interessiert an Nervenkrankheiten und bezeichnete sie als »Neurosen« (Morbi nervosi), er erklärte die Melancholie als Gehirnkrankheit und behauptete, die Krankheit sei vom »Grad der Festigkeit der Substanz des Gehirns« abhängig. Der Begriff Depression wurde im Laufe des 19. Jahrhunderts immer häufiger benutzt. Heinroth (1825, S. 118) definierte die »Depression« als ein »Übermaß an Passivität«. Die französische Psychiatrie sprach noch von Melancholie, aber gleichbedeutend mit dem Begriff Depression. Im 20. Jahrhundert verwendeten den Begriff Melancholie eher anthropologisch orientierte Psychiater wie L. Binswanger oder H. Tellenbach. Der Begriff Depression erfuhr einen Bedeutungsverlust, indem man nur noch »irgendein Herabgestimmtsein« ohne Differenzierung meinte.

Die deutschsprachige Psychiatrie unterschied bis zur ICD-10 zwischen *drei Kernformen von depressiven Erkrankungen:* 1) *endogene* monopolare, monophasische oder rezidivierende Depressionen, 2) *exogene Depressionen,* zu denen auch somatogene, also aus der körperlichen Sphäre stammende zählten, und 3) *psychogene Depressionen,* die reaktiven, die neurotischen und die Entwicklungen. Allerdings gibt es auch in der ICD-10 noch die »melancholische« Depression, wenn man sich genauer das somatoforme Syndrom anschaut, welches eben biologische sprich melancholische Symptomatik enthält.

Über Jahrhunderte ist die Krankheit Melancholie im Kern übereinstimmend beschrieben worden. Paracelsus (sämtliche Bände Oldenbourg 1929–1933) schrieb im Band 12 (S. 42): »Melancholia ist ein krankheit, die in ein menschen falt, das er mit gewalt traurig wird, schwermütig, langweilig, verdrossen, unmutig und falt in seltsam gedanken und speculationen, in traurigkeit, in weinen etc., wie dan das gemüt an im selbs anzeigt.«

László F. Földényi (1988), ungarischer Dichter und Schriftsteller, eröffnet sein Buch im Vorwort mit dem Satz »Der Beginn unter Qualen zeugt von der Schwierigkeit des Unterfangens.« Darüber hinaus schreibt er im letzten Kapitel seiner Einführung: »Zu jener Zeit, da die Melancholie zum erstenmal als Begriff erschien, war über sie schon alles gesagt worden. Doch von Anbeginn an ist die Ungenauigkeit des Begriffs, auch der an spätere Epochen nichts ändern konnten, auffallend. Es gibt keine eindeutige oder genaue treffende Bestimmung der Melancholie. Die Geschichte der Melancholie ist auch die Geschichte einer nie zum Abschluss kommenden Präzisierung der Begriffsprägung und gerade daraus ergibt sich auch der Zweifel: sprechen wir über die Melancholie, so ist sie gar nicht Gegenstand unseres Sprechens, es handelt sich vielmehr um einen Versuch, mit den über sie geprägten Begriffen unsere eigene Lage zu erkennen.« (S. 12–13). Der Autor steigt in sein Thema dann mit einem überraschenden Satz ein: »Warum erweisen sich alle außergewöhnlichen Männer in Philosophie oder Politik oder Dichtung oder in den Künsten als Melancholiker?« Und er meint, dass dieser Satz, der aus der Schule des Aristoteles stammte, an seiner Gültigkeit bis in die heutige Zeit nichts eingebüßt habe. Das Gemüt und die Gestalt, der Geist und der Körper sowie die Melancholie sei ihre Krankheit, die Einheit der Seele und die auch den körperlichen Zustand bestimmende Vermengung der kosmischen Elemente. Das sich Auflösen und das Erkranken dieser Zweiheit sei die Melancholie und der Autor fragt, ob es denn eine ärztliche Anschauung gebe, die großzügiger und mütiger wäre. Die Melancholie als Krankheit sei, so in Anlehnung an Hippokrates, daher das »Ergebnis einer Art von Entgleisung, das Gleichgewicht von Mikro- und Makrokosmos hat sich verlagert, die Ordnung (der Kosmos) hat sich gelockert, es hat sich eine Störung eingestellt, und die betroffene Person ist nicht mehr in der Lage, den untrennbaren Gesetzen des Alls und des eigenen Schicksals zu gehorchen.« (S. 19). Weiter schreibt er: »Das Verstehen der Melancholie als endokosmogene Depression dehnt den Begriff derart aus, dass die streng objektivistische Medizin zurecht das Gefühl haben kann, dass man ihr die Basis entzogen hat. Es scheint, als ob ein schicksalhafter Relativismus nicht nur zwischen körperlichen und seelischen Krankheiten die Grenze verwische, sondern auch die Beziehung zwischen Erkrankung und Gesundheit relativieren würde.« (S. 296). Darüber hinaus führt er aus, was er unter Melancholie versteht: »Die Traurigkeit und die Angst, die den Melancholiker befallen, sind der im alltäglichen Sinne verstandenen Übellaunigkeit oder Furcht nicht gleich. Der Melancholiker ist traurig, blickt aber auch auf diese Traurigkeit: er ist sich darüber, dass es ein »sinnloses« Unterfangen ist, zu trauern, im Klaren und verhält sich zu seiner Traurigkeit wie zu einem Gegenstand. Er trauert, und dennoch hat er nichts mit seinem eigenen Zustand zu schaffen und deshalb ist er auch nicht zu trösten.« (S. 346).

Wolfram Schmitt eröffnet seinen Beitrag »Zur Phänomenologie und Theorie der Melancholie« in »Melancholie in Literatur und Kunst« (1990, S. 14–28) mit dem Satz, den er als »Enttäuschung« bezeichnet: »Was Melancholie ist, wissen auch die Psychiater nicht. Es gibt jedoch unter der Mehrzahl der Psychiater einen ungefähren Konsens darüber, was als das Erscheinungsbild der Melancholie zu gelten habe. Es handelt sich hierbei um einen psychopathologischen Symptomenkomplex, ein Syndrom, besser um ein Kern- oder Achsensyndrom oder auch um einen Idealtypus, den man als Melancholie oder zyklothyme Depression bzw. endogene Depression anzusprechen pflegt. Dieser Typus Abnormität, den man auch zu den affektiven Psychosen rechnet, ist auf der phänomenologisch-beschreibenden Ebene durch folgende Erscheinungen gekennzeichnet, die keineswegs vollständig ausgeprägt sein müssen: 1) Verstimmung, 2) Vitalstörungen und 3) Hemmung, 4) Wahn, 5) Suizidalität, 6) körperliche

Verstörungen, insbesondere Biorhythmusstörungen« (S. 14).

Jaspers (1913) sah in der »tiefen Traurigkeit« und der Hemmung allen seelischen Geschehens den Kern der Depression. Kurt Schneider (1920) sprach von der »vitalen Traurigkeit«, Schulte (1961) von »Nicht-Traurig-Sein-Können«, Heinrich (1966) von »Herabgestimmtheit«, womit der Versuch gemacht werden sollte, die vom Patienten meist selbst schwer in Worte zu fassende, schwer auch nachvollziehbare depressive Herabgestimmtheit in Stimmung und Gefühlen, die sich deutlich von Trauer und Traurigkeit absetzen lässt, zu benennen (Kohs und Tölle 1987).

Wirft man einen ganz kurzen Blick auf die psychoanalytisch-tiefenpsychologische Literatur, so stößt man als erstes auf die klassische Schrift von Freud »Trauer und Melancholie« (1917): »Trauer ist regelmäßig die Reaktion auf den Verlust einer geliebten Person oder einer an ihre Stelle gerückten Abstraktion wie Vaterland, Freiheit, ein Ideal etc. Unter den nämlichen Entwicklungen zeigt sich bei manchen Personen, die wir darum unter den Verdacht einer krankhaften Disposition setzen, anstelle der Trauer eine Melancholie. [...] Die Melancholie ist seelisch ausgezeichnet durch eine tiefe schmerzliche Verstimmung, eine Aufhebung des Interesses für die Außenwelt und den Verlust der Liebesfähigkeit, durch die Hemmung jeder Leistung und die Herabsetzung des Selbstgefühles, die sich in Selbstvorwürfen und Selbstbeschimpfungen äußert und bis zur wahnhaften Erwartung von Strafe steigert.« Freud (Freud 1917 GWX 428–446) verweist auf die außerordentliche Herabsetzung des Ich-Gefühles, eine »großartige Ichverarmung«, die Störung des Selbstgefühles, und meint, dass bei der Trauer die Welt arm und leer geworden sei, bei der Melancholie sei es »das Ich selbst«. Daniel Hell (2012) schreibt, es scheine ihm angebracht, die heutige Depressionsdefinition der Weltgesundheitsorganisation in der ICD-10 als diagnostische Übereinkunft zu übernehmen, dabei aber offen zu bleiben »für die Vielfalt depressiver Bilder und die Mehrdimensionalität depressiven Leidens« (S. 13). Zudem entwickelt er die grundlegende Vorstellung von der Depression als einer »Gleichgewichtsstörung« und verweist auf Gemeinsamkeiten aller Depressionstheorien und historischen Konzeptionen von Melancholie, Akedia und »dunkler Nacht«, welche »regelhaft von einem Ungleichgewicht ausgehen, sei es von einem Ungleichgewicht körperlicher Stoffe, seelischer Kräfte oder sozialer Verhältnisse.« (S. 15). Ihm erscheint das depressive Geschehen als eine spezifische Störung des Gleichgewichts, ohne dass allerdings schon klar sei, welche Hierarchieebenen in welcher Weise aus dem Gleichgewicht gebracht seien und wie sich die verschiedenen Ebenen gegenseitig beeinflussen würden. Marianne Leuzinger-Bohleber (2005 S. 21 ff.) erinnert daran, dass viele der älteren Arbeiten aus der Tiefenpsychologie und Psychoanalyse Depression im Zusammenhang mit einem Verlust eines realen oder inneren Objekts gesehen haben. Bleichmar (2003) schlug vor dem Hintergrund zahlreicher psychoanalytischer Arbeiten vor, Depression nicht als einen krankhaften Zustand zu betrachten, sondern die Depression als einen Prozess zu verstehen, der abhängig von internalen und externalen Bedingungen ablaufe. Böker und Northoff (2016, S. 15) verstehen Depression als »Psychosomatose der Emotionsregulation« und fassen als wesentliche psychodynamische Merkmale der Depression die Reaktivierung früherer kindlicher Verlusterfahrungen, die Introjektion des verlorenen Objektes in Verbindung mit negativen Affekten und den Verlust aktueller Objektbeziehungen auf.

Griesinger (1845, S. 165–166) war der Meinung, das Zentrale der Melancholie sei »ein psychisch schmerzhafter Zustand. [...] Und dieses psychische Wehthun besteht für die Kranken selbst in einem Gefühl von tiefem geistigen Unwohlsein, von Unfähigkeit zu Handeln, von Unterdrückung aller Kraft, von Niedergeschlagenheit und Traurigkeit, in einer totalen Herabgestimmtheit des

Selbstgefühls«. Karl Jaspers (1973, S. 90) sprach davon, dass es sich bei der Depression »nicht um Apathie, sondern um ein qualvolles Fühlen eines Nichtfühlens« handle. Die Kranken würden unter dieser subjektiv empfundenen Gefühlsleere ungeheuer leiden. Abschließend schreibt der amerikanische Psychoanlytiker Sidney Blatt (2002, S. 29): »Thus, depression can be defined as a basic affect state that can range from a relatively appropriate and transient dysphoric response to untoward life events to a severe and persisting disorder that can involve serious distortions of reality«.

Fasst man zusammen, so sind Absicht und Versuch, depressive Erkrankungen zu operationalisieren und auf einer eher Symptom- und Verhaltensebene zu beschreiben, gut nachvollziehbar. Wie später noch weiter ausgeführt wird, bieten sich Syndrombeschreibungen wie »depressive Episode« in der ICD-10 – oder früher »depressives Syndrom« – für derartige Vereinheitlichungen an, bergen aber auch immer die Gefahr der Überforderung und der Ausfransung in den Grenzbereichen. Trotzdem ist festzuhalten, dass über Jahrhunderte hinweg im Zentrum des Verständnisses von Melancholie, später der Depression, die Störung der Affektivität gesehen wird, ob nun als Trauer, als Herabgestimmtheit, als Gefühlsleere, als reduziertes Gemüt, als Schwermut oder auch als psychischer Schmerz bezeichnet, und anderseits die Betrachtung der Welt mit den Augen eines Melancholikers; wobei sich hier der Übergang zur melancholischen Weltsicht, ohne Krankheitswert, anbietet. Die somatische Betroffenheit in der Depression mit all ihren psychosomatischen Beschwerden, von den Schlaf- und Appetitstörungen bis hin zu den sexuellen Störungen, insgesamt zu einem veränderten körperlichen Erleben, kommen im engeren Sinne erst in der psychiatrischen Literatur der letzten beiden Jahrhunderte in den Fokus der Betrachtung. Interessant ist dabei, dass von psychiatrisch-soziologischer Seite (siehe Hell 2012) eine Störung des Gleichgewichtes als zentrales Erleben der Depression postuliert wird, von psychoanalytisch-tiefenpsychologischer Seite der Verlust realer Objektbeziehungen und nicht mehr nur unbewusste und triebpsychologische Aspekte gesehen werden (z. B. Böker und Northoff 2016).

### Merke

Warum ist Psychiatrie-Geschichte, hier am Beispiel von der Melancholie/Depression hilfreich? Psychiatrie-Geschichte ist ganz früh eine Geschichte des Wahnsinns, dann im Mittelalter eine des Körpers (Vier-Säfte-Lehre) verknüpft mit religiösen Themen (Sünde), dann eine Krankheits- und Krankengeschichte in den letzten drei Jahrhunderten. Die Melancholie war immer besonders: beim »Raptus melancholicus« wird der Suizident auch im Mittelalter exkulpiert und christlich beerdigt; Melancholie und Genie werden gemeinsam gesehen; uni- und bipolare Erkrankungen klar psychopathologisch beschrieben. So groß sind die Unterschiede zum heutigen Bild nicht!

# 2 Epidemiologische und gesundheitsökonomische Anmerkungen

## 2.1 Deutschland, Europa, weltweit

Epidemiologische und gesundheitsökonomische Studien belegen die herausragende Bedeutung depressiver Erkrankungen: Verglichen sowohl mit anderen psychischen Erkrankungen als auch mit allen anderen nichtpsychiatrischen Volkskrankheiten wie Diabetes mellitus sowie kardio- oder zerebrovaskulären Erkrankungen kommt nach der »Burden of Disease Study« der Weltgesundheitsorganisation (WHO) und der Weltbank – gemessen an den zentralen Indikatoren DALYs (»Disability-adjusted Life Years«) und YLDs (»Years Lived With Disability«) – in den Industrienationen der Major Depression und der Dysthymia größte Bedeutung zu (Ferrari et al. 2013; Murray und Lopez 1996, 2010).

Depressive Erkrankungen verursachen v. a. indirekte Krankheitskosten durch Krankheitstage/Produktionsausfall und Frühberentungen. Nicht erkannte bzw. nicht diagnostizierte Depressionen ziehen wegen körperlicher Beschwerden aber auch zahllose überflüssige somatische Untersuchungen nach sich. Die mit depressiven Erkrankungen assoziierte Suizidalität besitzt angesichts ihrer Häufigkeit neben ihrer persönlich-familiären Tragik ebenfalls große gesundheitsökonomische Bedeutung.

In Deutschland stehen Depressionen heutzutage bei Krankmeldungen und den zu Arbeitsunfähigkeit führenden Gesundheitsstörungen an der Spitze, Frühberentungen erfolgen zu einem Drittel wegen Depressionen. Der Psychoreport 2015 der DAK und des IGES (Institut für Infrastruktur und Gesundheitsfragen) zeigte einen deutlichen Anstieg der AU-Tage vom Jahr 2000 bis 2014 um über 200 %; der Anteil depressiver Störungen (ICD-10: F32/33) ist dabei fast dreimal so hoch wie der schwerer Belastungs- und Anpassungsstörungen. 2015 wurden die Krankheitskosten für die ICD-10-Depressionsdiagnosen F32-34 mit 8,7 Mrd. € (2,9 Mrd. für Männer, 5,8 Mrd. für Frauen) angegeben (www.gbe-bund.de 2018). Die individuellen Behandlungskosten werden auf jährlich ca. 2.500 bis 5.000 € taxiert, die jährlichen Gesamtkosten werden auf ca. 16 Mrd. € geschätzt. Für Altersdepressionen bei Menschen ab 75 Jahren wurden in einer Beobachtungsstudie (AgeMooDe) mittlere Kosten über sechs Monate von 5.031 € kalkuliert (Bock et al. 2016). In Deutschland sind Depressionen bei Frauen die dritthäufigste, bei Männern die siebthäufigste Ursache für durch Krankheit beeinträchtigte Lebensjahre (DALY) (Plass et al. 2014).

In der TACOS-Studie (»Transitions in Alcohol Consumption and Smoking«; Meyer et al. 2000) mit 4.093 Interviews in einer norddeutschen Region fand man eine Lebenszeitprävalenz für depressive Störungen (Major Depression, Dysthymia) von 11,5 % (Männer 6,8 %, Frauen 16,3 %). In der Studie zur »Gesundheit in Deutschland aktuell« (GEDA) des Robert Koch-Instituts (2019) wurden Selbstangaben zu einer diagnostizierten Depression oder depressiven Verstimmung in den letzten zwölf Monaten vor der Befragung erhoben. Die Prävalenzen betrugen für Männer 5,1 %, für Frauen 9,0 %.

Die Studie zur »Gesundheit Erwachsener in Deutschland« und ihr Zusatzmodul »psychische Gesundheit« (DEGS1-MH), basierend auf einer bevölkerungsrepräsentativen Erwachsenenstichprobe (18–79 Jahre, n = 5.317), ergab anhand ausführlicher Interviews für die unipolare Depression eine 12-Monats-Prävalenz von 6 % (Frauen 8,1 %, Männer 3,8 %). Die Lebenszeitprävalenz einer aus ärztlichen Interviews diagnostizierten Depression betrug 11,6 % (Frauen 15,4 %, Männer 7,8 %) (Busch et al. 2013; Jacobi et al. 2014). In der Hausarzt-Studie »Depression 2000« waren Depressionen die häufigsten psychischen Störungen, am Untersuchungsstichtag erfüllten 11 % der Patienten die Kriterien einer depressiven Episode. 26 % erhielten keine Diagnose einer psychischen Störung, 19 % nicht die einer Depression, in 34 % der Fälle gaben die Ärzte wahrscheinliche Depression an, nur 21 % wurden definitiv erkannt (Wittchen et al. 2002).

Nach neuen Erhebungen liegt die Prävalenz depressiver Symptome und von Depression bei Assistenzärzten bei knapp 30 %, wobei symptomatisch »Hilflosigkeit« dominiert. Ein Großteil der Daten basiert dabei aber auf Fragebögen und nicht auf Interviews.

Für die EU-Staaten wurde eine 1-Jahres-Prävalenz für Major Depression von 6,9 % ohne substanzielle Ländervariation gefunden, die DALY-Rate für die unipolare Depression lag an der Spitze aller psychischen und neurologischen Erkrankungen. Der EU-Report 2010 (Wittchen et al. 2011) stellte dabei Prävalenzraten (12-Monats-Prävalenz) aus den Jahren 2005 und 2011 gegenüber und fand bei der Major Depression in beiden Fällen einen Anteil von 6,9 %, was 30,3 Millionen Personen mit einer diagnostizierten Major Depression bedeutet. Das Risiko, im Laufe des Lebens an einer Depression (alle Formen) zu erkranken, die Lebenszeitprävalenz, liegt national wie international bei 16 bis 20 % (Bijl et al. 1998; Ebmeier et al. 2006; Jacobi et al. 2004). Die Replikation der großen US-amerikanischen National Comorbidity Study (NCS-R) anhand DSM-IV-Kriterien ergab eine 1-Jahres-Prävalenz für Major Depression von 9,5 %.

Nach einer Analyse von Krankenkassendaten (Barmer GEK) aus dem Jahr 2011 von 7,5 Mio Versicherten wurde bei knapp 237.000 eine Depression diagnostiziert. 53 % der schweren Depressionen und 51 % der Depressionen mit schwerer psychiatrischer Komorbidität wurden von Fachärzten behandelt. Knapp die Hälfte der Allgemeinarzt-Patienten wurde mit einem Antidepressivum behandelt, 10 % mit zwei Antidepressiva simultan. 26 % erhielten Psychotherapie (Wiegand et al. 2016).

Die oberbayerische Longitudinalstudie über 25 Jahre, wobei das Durchschnittsalter initial 39,4 Jahre betrug, fand mittels Interviews eine stabile Prävalenz depressiver Syndrome (initial 18,1 %, 16,1 % nach 25 Jahren) sowie für die »depressive Stimmung« (30,8 % bzw. 21,4 % bzw. 23,1 %). Dies unterstreicht die Feststellung, dass Depressionen über die letzten Dekaden nicht zugenommen haben (Fichter et al. 2008).

Das Lebenszeitrisiko, an einer unipolaren Depression zu erkranken, wird auf 11 % bis 26 % geschätzt, bei älteren Menschen auf etwa 10 %.

Untersuchungen zur Prävalenz der Major Depression in verschiedenen Kulturen zeigten eine bis zu 7-fache Varianz, wobei Punktprävalenzen zwischen 4,6 % und 24 % gefunden wurden.

Die Prävalenzraten der Dysthymie variieren stark. Laut DEGS 1-MH-Studie beträgt die 1-Jahresprävalenz etwa 2 % (Frauen 2,5 %, Männer 1,4 %). Für Deutschland (Jacobi et al. 2004) werden 2,5 % Dysthymie neben 8,3 % depressive Episode als Einzelepisode oder im Rahmen rezidivierender Verläufe angegeben. Dabei besteht eine hohe Komorbidität mit anderen psychischen Erkrankungen, vor allem Angststörungen, Substanzmissbrauch und -abhängigkeit sowie Persönlichkeitsstörungen. Einige Autoren bezweifeln deswegen die Eigenständigkeit und die praktische Anwendbarkeit dieser Diagnose, die letztlich einen Sammeltopf aus der früheren (ICD-9) neurotischen Depression, sog. chronischen Depressionen und subsyndromalen depressiv-dysthymen Erkrankungen darstellt.

Die Prävalenzraten für *bipolare Störungen* werden für Bipolar I mit 0,6 % und für Bipolar II mit 2–6 % angegeben. Hierbei überwiegen Depressionen deutlich (Bauer et al. 2017).

Zu den depressiven Störungen, die noch weiterer Forschung bedürfen, gehören die »*Minor Depression*«, subsyndromale Formen sowie die *rezidivierende kurze depressive Episode* (»Recurrent Brief Depression«, RBD), für die Lebenszeitprävalenzen von 2–10 % berichtet werden (Laux 2017b). Der Kliniker und vor allem der niedergelassene Psychiater kennt RBD aus Verlauf und Nachsorge, wo sie als »Einbruch« oder »Absturz«, manchmal mit hoher suizidaler Gefährdung geschildert wird.

*Depression bei körperlichen Erkrankungen.* Angesichts der altersassoziierten Zunahme (chronischer) körperlicher Erkrankungen wie koronare Herzkrankheit (KHK), Diabetes mellitus, M. Parkinson oder einem Schlaganfall hat die Bedeutung und Häufigkeit komorbider Depressionen zugenommen. Bei Krankenhauspatienten wird die 1-Jahres-Prävalenz von majoren Depressionen mit 4–17 % angegeben. Für einzelne Erkrankungen werden folgende Punktprävalenzen angegeben:

- Diabetes mellitus        10–30 %
- KHK, Myokardinfarkt      20–45 %
- COPD, Asthma             ca. 30 %
- M. Parkinson             40–50 %
- Epilepsie                ca. 30 %
- Schlaganfall             ca. 30 %
- Schädel-Hirn-Traumen     ca. 30 %
- Multiple Sklerose        ca. 40 %
- Dialysepatienten         10–20 %
- Karzinompatienten        ca. 25 %

Bei Krankenhauspatienten wird eine 1-Jahres-Prävalenz von Majoren Depressionen mit 4–18 % angegeben. Hier ist jedoch von einer hohen Dunkelziffer auszugehen.

> **Merke**
>
> Depressionen gehören heute zu den wichtigsten »Volkskrankheiten«. National wie international liegt die *Lebenszeitprävalenz* für depressive Störungen bei 13–20 %, die *12-Monats-Prävalenz* bei 4–11 %.

Die Zahl der Menschen mit Depressionen steigt weltweit. Nach einer Studie der WHO waren 2015 rund 322 Millionen Menschen betroffen – 4,4 % der Weltbevölkerung. Dies bedeutet eine Zunahme von über 18 % im Vergleich zu einer Erhebung von vor mehr als zehn Jahren. Ursächlich sind das Bevölkerungswachstum und die längere Lebenserwartung insbesondere von älteren Menschen. Eine Depression ist heute weltweit eine der wesentlichen Ursachen für eine Lebensbeeinträchtigung.

## 2.2 Soziodemografie, Alter und Geschlecht

Eine depressive Symptomatik anhand des Patient-Health-Questionnaire (PHQ-9 > 10 Punkte) bestand bei 8,1 % der Erwachsenen (Frauen 10,2 %, Männer 6,1 %) mit höchster Prävalenz in der Altersgruppe von 18–29 Jahren.

*Frauen* haben ein etwa doppelt so hohes Erkrankungsrisiko wie Männer. Mit steigendem Alter und nach einer WHO-Kohortenstudie in den letzten Jahrzehnten nähern sich die Geschlechtsverteilungen an. Ersterkrankungen zeigen bei Frauen einen früheren

Krankheitsbeginn. Bei der saisonalen Depression (SAD) überwiegen Frauen mit ca. 75 %. In den letzten Jahren fand die *Depression bei Männern* vermehrt Beachtung (siehe ▶ Kap. 3.3.1).

Die gepoolten Daten der GEDA-Studie bestätigen den Befund, dass bei Frauen in Deutschland signifikant häufiger die Diagnose Depression festgestellt wird als bei Männern. Insgesamt geben 8,9 % der Frauen und 5,2 % der Männer im Alter zwischen 18 und 64 Jahren an, dass bei ihnen in den letzten zwölf Monaten eine Depression oder eine depressive Verstimmung ärztlich oder psychotherapeutisch diagnostiziert wurde.

*Altersverlauf.* Während nur knapp 6 % der Frauen und knapp 3 % der Männer zwischen 18 und 29 Jahren von einer Depression oder depressiven Verstimmung innerhalb der letzten zwölf Monate berichten, sind es bei den 30 bis 44-Jährigen 8 % bzw. 4,4 %, bei den 45- bis 64-Jährigen 11,0 % bzw. 7,2 %.

Die Angaben zur Prävalenz von *Altersdepressionen* schwanken erheblich: In der Berliner Altersstudie wiesen knapp 5 % der über 70-Jährigen eine Major Depression auf, ca. 10 % erfüllten die Kriterien der Diagnose Depression. Die 12-Monatsprävalenz in Heimen liegt bei 15–25 %. Eine Metaanalyse von neun europäischen Studien (EURODEP) kam zu einer Prävalenz von 8,8–23,6 %, im Mittel von 12,3 % (n = 13.808 über 65-Jährige). Ein Review ergab eine Prävalenz in Privathaushalten von 1–10 %, für Heimbewohner von 14–42 % und betonte erhebliche methodologische Differenzen. Ein großes internationales Haushalts-Survey mit über 42.000 Interviewten kam zu dem Ergebnis, dass die Prävalenz depressiver Störungen mit dem Alter abnahm bei gleichzeitiger Zunahme (chronischer) körperlicher (Schmerz-)Symptome und hoher Komorbidität bei Depressiven. Jüngst ergab die AgeMooDe Studie bei > 75-Jährigen eine Depressionsprävalenz von ca. 18 % (Major Depression 8 %). Die niedrigere Depressionsrate bei den > 65-Jährigen wird mit einer höheren Resilienz und Copingstrategien Älterer in Verbindung gebracht.

*Sozialstatus.* Der Anteil von Menschen mit Depressionen ist in unteren Sozialstatusgruppen größer als in oberen Statusgruppen. Die Prävalenz beträgt für Frauen mit niedrigem Sozialstatus 11,8 % und für Frauen mit hohem Status 6,9 %. Bei Männern liegen die vergleichbaren Prävalenzen bei 8,8 % und 3,4 %. Diese Unterschiede zeichnen sich bei Frauen und Männern vorrangig ab dem mittleren Erwachsenenalter (30 Jahre und älter) ab.

Alleinerziehende erhalten im Vergleich zu Kinderlosen häufiger die Diagnose einer Depression. Bei Frauen finden sich häufiger Brüche im Lebensverlauf und in der Erwerbsbiografie, ihnen wird auch eine geringere Anerkennung der Familienaufgaben im Vergleich zur Erwerbsarbeit zuteil. Frauen leisten häufiger und in höherem Ausmaß als Männer unbezahlte Arbeit im Haushalt und bei der Erziehung der Kinder; die Erwerbsbeteiligung von Frauen mit Kindern ist niedriger. Der Zusammenhang zwischen Arbeitslosigkeit und Depression ist bei Männern stärker ausgeprägt als bei Frauen.

Das Zusammenleben mit einem Partner wird als Schutzfaktor für die psychische Gesundheit angesehen. Deutliche Unterschiede in der diagnostizierten Depression zeigen sich bei beiden Geschlechtern aller Altersgruppen zwischen Alleinlebenden und nicht allein lebenden Personen. Die Prävalenzen bei Frauen und Männern in fester Partnerschaft sind deutlich niedriger im Vergleich zu denjenigen, die nicht in einer festen Partnerschaft leben. Getrennt lebende, geschiedene und verwitwete Männer haben doppelt so häufig eine depressive Störung. Geringe soziale Unterstützung geht bei Frauen und Männern in allen Altersgruppen mit einer deutlichen Erhöhung der Prävalenz diagnostizierter Depression einher.

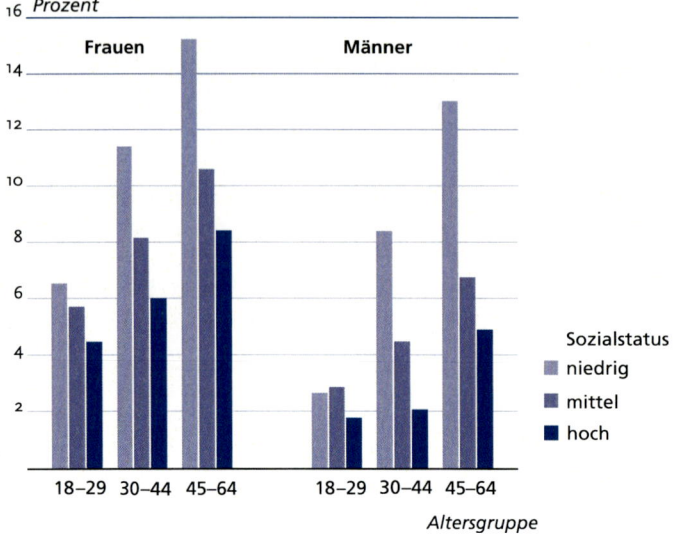

Abb. 2.1:
12-Monats-Prävalenz für diagnostizierte Depression bzw. depressive Verstimmung nach Alter und Sozialstatus (Datenquelle: GEDA 2009, 2010; Müters et al. 2013)

## 2.3 Abschließende Bemerkungen

> **Hinweis**
>
> Unterschiedliche Erhebungsstrategien (Fragebögen, Selbsteinschätzung, Telefoninterview, Zeitraumbezug, persönliche Untersuchung) und Definitionen (z. B. ICD/DSM-Kriterien) haben erhebliche Auswirkungen auf Prävalenzschätzungen. Depressive Symptome oder vorübergehende depressive Verstimmung geben ca. 25 % der Allgemeinbevölkerung an, die strikten Kriterien einer depressiven Episode nach DSM erfüllen in einer 12-Monats-Querschnittsprävalenz ca. 8 %, depressive Syndrome lassen sich bei ca. 12 % diagnostizieren (Wittchen und Pittrow 2002).

Psychische Krankheiten – insbesondere Depressionen – erfahren in den letzten Jahren eine konträre Entwicklung in Selbst- und Fremdwahrnehmung. Waren sie lange Zeit tabuisierte, heimliche, negativ bewertete und in ihrer Häufigkeit und Bedeutung immens unterschätzte Krankheiten, sind sie heute medial und gesellschaftspolitisch – auch oder sogar primär aus gesundheitsökonomischen Gründen – sehr präsent mit der Gefahr, dass fast alltägliche Befindlichkeitsstörungen zu behandlungsbedürftigen Krankheiten hochstilisiert werden und eine Überdiagnostik erfolgt (vgl. »Burnout-Welle«). In Befragungen angegebene Stimmungsschwankungen, Verstimmungszustände, Belastungs- und Anpassungsstörungen werden zu depressiven Syndromen. In Statistiken der Krankenkassen liegen Depressionen vorne, da diese Diagnose für Abrechnungen erforderlich ist oder diese erleichtern. Auch in Psychosomatischen Kliniken werden überwiegend depressive Störungen diagnostiziert. So leben wir in einem Land mit »Millionen Depressiven«.

Exakte Zahlen zur Häufigkeit hängen von Stichproben- und Diagnosekriterien sowie

Untersuchungsinstrumenten ab. In den letzten Jahren ist eine Zunahme der Depressionsraten zu verzeichnen. Berücksichtigt man methodologische Fallstricke (z. B. Falldefinition, Stichprobe) ist eine echte Zunahme depressiver Erkrankungen fraglich (Richter et al. 2008). Auch beruhen die Datenanalysen auf Querschnittserhebungen und ermöglichen damit keine Aussagen über die Richtung *bzw.* Kausalität der Zusammenhänge.

Vor allem Zahlen auf Basis von Krankenkassendaten sind zu relativieren, da die Diagnose Depression in der ambulanten deutschen Versorgung eine breite Erweiterung erfahren hat (siehe »Burnout«) und z. B. gestellt wird, um ein sedierendes Antidepressivum bei Schlafstörung zu verordnen.

Unsere heutige Dienstleistungsgesellschaft mit ihren sich immer wieder ändernden Arbeits- und Lebensbedingungen stellt hohe Anforderungen an ihre Mitglieder. Psychische Erkrankungen werden immer bedeutsamer. Arbeitsunfähigkeitstage, Krankschreibungen und Frühberentungen wegen psychischer Erkrankungen haben zugenommen, wobei zweifelsohne depressive Erkrankungen sowieso zu den häufigsten psychischen Störungen zählen. Die Depression ist heute so bedeutsam geworden, dass man von »Volkskrankheit« spricht, nicht nur weil sie neben den Angststörungen zu den häufigsten psychischen Erkrankungen zählt, sondern auch weil die Rate der Früherkennung und der Behandlung zu gering erscheint. Darüber hinaus ist die Depression diejenige psychische Erkrankung mit einem Höchstmaß an Suizidalität, die in der akuten Situation mit Arbeitsunfähigkeit einhergeht, in eine anhaltende sog. chronische Verlaufsform übergehen kann und die Teilhabe am Leben in der Gesellschaft und in Beziehungen deutlich behindert (Murray and Lopez 1996; WHO 2001; Wolfersdorf und Rätzel-Kürzdörfer 2017a, b).

Depressive Erkrankungen verursachen vor allem indirekte Krankheitskosten durch Krankheitstage, was Produktionsausfall bedeutet und Frühberentungen. Nicht erkannte bzw. fehldiagnostizierte Depressionen ziehen wegen körperlicher Beschwerden aber auch zahllose und oft überflüssige somatische Untersuchungen nach sich. Die mit depressiven Erkrankungen assoziierte Suizidalität – bis zu 60 % aller durch Suizid verstorbenen Menschen haben an einer Depression gelitten (Schaller und Wolfersdorf 2010) – besitzt angesichts ihrer Häufigkeit neben ihrer persönlichen und familiären Tragik ebenfalls große gesundheitspolitische und ökonomische Bedeutung.

Die Zahl der schwer depressiv kranken Menschen scheint in Deutschland nicht zugenommen zu haben; geschätzt wurden ca. 4–5 Millionen (1-Jahres-Prävalenz), jedoch scheinen mittelgradig und leicht erkrankte Depressive heute mehr im medizinischen Hilfesystem aufzutauchen (Jacobi et al. 2014; Wolfersdorf und Rätzel-Kürzdörfer 2016).

Die Frage, ob es eine echte d. h. anhand von epidemiologischen Daten nachweisbare Zunahme depressiver Erkrankungen gibt oder im letzten Jahrzehnt gegeben hat oder ob es sich um eine »gefühlte« Zunahme handelt, müsste auf mehreren Ebenen beantwortet werden. Man könnte fragen, ob Arbeits- und Lebensbedingungen sich »depressiogen« verändert hätten. Da ginge es um Arbeitsplatzunsicherheit, Arbeitsverlust, erzwungene Mobilität, Selbstausbeutung durch Arbeitszeiten, Multitasking und ständige Verfügbarkeit, also um Faktoren, die auch in der Burnout-Diskussion angeführt werden. Oft wird Disstress durch Rollenvielfalt (Beruf und Familie für Frauen) aufgeführt, andererseits kann eine gelebte Rollenvielfalt auch eine Ressource im Hinblick auf die psychische Gesundheit darstellen.

Es wäre zu hinterfragen, ob wir angesichts der schwierigen Weltsituation, die vielfach ein Gefühl der Hilflosigkeit – evtl. i. S. von Seligman's »Learned Helplessness« – und des Ausgeliefertsein vermittelt, eine melancholische Grundgestimmtheit und einen Verlust von Sicherheit und Tradition, von Ordnung und Verlässlichkeit (i. S. von Tellenbach) in der Gesellschaft haben. Diese Nachweise wären zu erbringen.

Sog. »Minore Depressionen«, subsyndromale Formen sowie die rezidivierende kurze depressive Episode (»Recurrent Brief Depression«, RBD) werden im klinischen Bereich selten gesehen. Die RBD kann aber mit einem ausgeprägten suizidalen Impuls einhergehen, der diese Depressionsform gefährlich macht. Eine Patientin hatte von einem tiefen Schmerz gesprochen, aus dem sie mit allen Mitteln heraus wollte, und sei es tot. Ein anderer verglich diese wenige Stunden anhaltende Depressivität mit dem Sturz in einen Brunnen, der durch die Erdmitte bis Australien reicht.

Fasst man zusammen, so lässt sich festhalten, dass von einer deutlichen Zunahme depressiver Erkrankungen (Inzidenz, Prävalenz) nicht gesprochen werden kann, sondern dass dieser Eindruck durch ein verbessertes diagnostisches Procedere (z. B. auch auf der allgemeinärztlichen Seite) und ein besseres Inanspruchnahmeverhalten (siehe z. B. »Männerdepression«), durch Awareness-Programme und Entstigmatisierungsansätze zu erklären ist. Der Anteil schwerer depressiver Erkrankungen (früher endogene Depression, affektive Psychose genannt) wurde schon Mitte des letzten Jahrhunderts mit etwa 4–5 Millionen betroffenen Bürgerinnen und Bürgern für Deutschland angegeben. Allerdings wurde die gesundheitspolitische Bedeutung einer depressiven Erkrankung erst relativ spät aufgegriffen und wird heute vor allem von den Krankenkassen durch ihre Jahresberichte und die steigenden Arbeitsunfähigkeitstage sowie Frühberentungen untermauert und in die Öffentlichkeit gebracht.

Angesichts der altersassoziierten Zunahme (schwerer und chronischer) körperlicher Erkrankungen wie KHK, Diabetes mellitus, Morbus Parkinson oder Schlaganfall hat die Bedeutung und Häufigkeit komorbider Depressionen zugenommen. Komorbidität von depressiven Störungen mit anderen psychischen bzw. somatischen Erkrankungen wird ein Schwerpunktthema der Psychiatrie, Psychotherapie und Psychosomatik zukünftig werden müssen, denn depressive Syndrome beeinflussen auch Therapie, Verlauf und Rehabilitation der somatischen Krankheiten.

> **Merke**
>
> Epidemiologische und gesundheitsökonomische Daten können verwirrend sein. Wichtig ist, dass die in den letzten Jahren geklagte Zunahme an depressiven Erkrankungen sich nicht in den epidemiologischen Daten abbildet. In Deutschland waren in den letzten 50 Jahren immer etwa 4–5 Millionen Bundesbürgerinnen und Bundesbürger an einer diagnostizierten schweren Depression erkrankt. In der EU-Studie von Wittchen et al. waren es 2005 sowie 2011 jeweils 6,9 % mit einer Major Depression und jeweils 0,9 % mit einer bipolaren Erkrankung. Zugenommen hat anscheinend die Bereitschaft (auch bei leichten und mittelgradigen Depressionen), sich in fachärztliche und psychotherapeutische Behandlung zu begeben. Zugenommen haben die Arbeitsunfähigkeitstage, also die Krankschreibungen wegen einer Depression und auch die Frühberentungen bei sog. chronischen und rezidivierenden depressiven Erkrankungen und damit die Aufmerksamkeit der Krankenkassen, der Gesundheitsökonomie und -politik. Sicher ist das ein Verdienst der vielen gesundheitspolitischen Aktivitäten zum Thema Depression, die in den letzten 2–3 Jahrzehnten in Deutschland gepflegt werden, angefangen mit dem Kompetenznetz Depression/Suizidalität und den in der Nachfolge entstandenen »Bündnissen gegen Depression«, der »European Alliance Against Depression (EAAD)«, des »Greenbook« der EU-Kommission für Gesundheit zur Prävention von Depression, Drogenmissbrauch und Suizidmortalität, die Einführung eines

»European Depression Day« der EU seit 2003 jeweils am 1. Oktober, die Etablierung von »Gesundheitsziele.de AG Depression« seit 2004 des Bundesministeriums für Gesundheit, des »Nationalen Suizidpräventionsprogramms (NASPRO) für Deutschland« seit 2003 oder auch der Entwicklung der S3/NV-Leitlinie »Unipolare Depression« der verschiedenen Psych-Fach-Gesellschaften in Deutschland.

# 3 Klinisches Bild

## 3.1 Symptome einer depressiven Episode/eines depressiven Syndroms

Unter einer Depression versteht man eine Erkrankung der Affektivität, d. h. des Gemütes eines Menschen (deswegen im Volksmund auch als »Gemütskrankheit« bezeichnet), welche Stimmung und Gefühle betrifft, mit einer typischen, beschreib- und beobachtbaren Symptomatik (Psychopathologie), mit einer aus der Wechselwirkung von Persönlichkeit und Lebensereignissen ableitbaren Psychodynamik einhergeht, in der es immer wieder um Verlust-, Überforderungs-, Kränkungsereignisse geht, sowie einem typischen Verlauf in Form einer Ersterkrankung oder einer einmaligen depressiven Episode, eines rezidivierenden Verlaufes mit mehrmaligem Auftreten auch bereits in der Vorgeschichte oder auch einer anhaltenden depressiven Erkrankung im Sinne der Dysthymie mit einem Zeitraum länger als zwei Jahre. Dazu kommen alters-, geschlechts- und kulturspezifische Modifikationen der Psychopathologie und Psychodynamik, die berücksichtigt werden müssen. Im unten stehenden Kasten sind Patientenzitate zum eigenen depressiven Erleben zusammengestellt, wie sie von Betroffenen im ambulanten und stationären Bereich formuliert worden sind (▶ unten stehender Kasten: Patientenzitate zur Depression).

> **Was versteht man unter einer Depression? (nach Wolfersdorf 2007)**
>
> Depression ist eine krankhafte Störung/Krankheit der Affektivität des Gemüts eines Menschen (Stimmung und Gefühle),
>
> - mit einer beobachtbaren, beschreibbaren *Symptomatik (Psychopathologie)*,
> - mit innerseelischen und/oder äußeren prädepressiven *Ereignissen und Belastungen* (Lebensereignisse, seelische Belastungen),
> - überwiegend von *Verlust-, Überforderung-, Kränkungscharakter (Psychodynamik)*,
> - mit einer sog. *depressiven Persönlichkeitsstruktur* (melancholischer Typus, depressive Persönlichkeitszüge) (Psychodynamik, Biographie),
> - mit beschreibbaren *depressiven Verhaltensweisen* des Appells, des Rückzugs, der Dysphorie und des Negativismus (Verhalten),
> - mit *depressiven Einstellungen* von Hoffnungs- und Hilflosigkeit, Ich-Insuffizienz, Selbstentwertung und Schuldzuweisung an sich selbst (Attributationen: Bewertungsstile).

## Patientenzitate zur Depression

- Ich fühle mich »wie ein welkes Blatt«.
- entwurzelt
- verloren
- ausgebrannt
- ausgelaugt
- Meine Akkus sind leer.
- Ich kann einfach nicht mehr.
- Jeder Schritt, jede Tätigkeit kostet unendlich viel Kraft.
- Ich fühle mich leer.
- Ich kann nichts mehr spüren.
- Ich kann mich über nichts mehr freuen.
- Als sei ich ohne schützende Haut.
- Nachts gehen mir dann 1.000 Gedanken durch den Kopf.
- […] und dann brenne ich so, von innen heraus.
- Ich merke mir nichts mehr.
- Wenn die Sonne scheint, ist es am schlimmsten.
- Alles macht mir Angst.
- Ich habe immer gern gegessen, auf einmal muss ich mich zu jedem Bissen zwingen.
- Morgens wache ich fix und fertig auf, mein Kopf tut weh, meine Muskeln brennen und die Kiefer tun mir weh, als hätte ich die ganze Nacht über die Zähne zusammengebissen.
- Oft würde ich am liebsten nicht mehr aufwachen.
- Ich sehe keinen Sinn mehr in meinem Leben, alles ist leer und trist.
- Ich weiß nicht, wie es weitergehen soll.
- Ich kann keinem Gespräch mehr folgen, vergesse alles.
- Meine Gedanken kreisen nur noch um die Arbeit, ich frage mich wie das alles weitergehen soll.
- […] und dann bin ich immer so müde, ich könnte mich dauernd hinlegen und schlafen.
- […] und diese Getriebenheit, ich komme einfach nicht zur Ruhe.
- Wenn ich wenigstens etwas fühlen könnte.
- […] und dann weine ich ohne Grund.
- Man sieht mir halt nicht an, dass ich krank bin, das ist das allerschlimmste.

Hauptcharakteristikum einer *depressiven Episode* ist eine depressive Herabgestimmtheit, einhergehend mit dem Verlust von Freude und Interesse. Veränderung des Antriebes und der Psychomotorik zeigen sich in Form einer Antriebshemmung oder als ängstliche Agitiertheit, wobei es um Verlangsamung in Mimik, Gestik, aber auch Sprache und Handlungsabläufen oder um eine erregt-hyperaktive Getriebenheit, verbunden mit Angst und innerer Unruhe, sowie um ein insgesamt reduziertes Energieniveau geht. Die depressive Herabgestimmtheit betrifft dabei im Affektiven alle Gefühle und auch die Fähigkeit, Gefühle nach außen zu äußern, sowohl was Trauer auf der einen Seite wie auch Freude auf der anderen Seite anbelangt. Man kann sich nicht mehr über die Enkelkinder freuen, über den Besuch der Tochter oder des Sohnes, über die Wochenendbeurlaubungen aus der Klinik nach Hause, über die Sonne. Alle Ereignisse führen nur noch zu einer sehr eingeschränkten affektiven Schwingung, die von Außenstehenden und solchen, die in ihrem bisherigen Leben noch nicht näher an einer depressiven Selbsterfahrung waren, kaum nachvollzogen werden kann. Depressive Patienten formulieren mit Recht oft, dass sie von ihrem Umfeld, zu dem auch therapeutisch-pflegerisches Personal gehören kann, nicht verstanden werden, weil eben die Depression zu einer massiven Einschränkung des sonst sehr schwingungsvollen emotional-affektiven Erlebens eines Menschen führt. Die psychiatrischen Vorväter haben vom »Gefühl der Gefühllosigkeit« gesprochen und damit den quälenden Charakter dieser Empfindung versucht zu formulieren, nämlich dass es sich nicht um Leere, nicht um ein Defizit handelt, sondern um ein subjektiv als schrecklich erlebtes Gefühl, keine Gefühle mehr haben zu können. Hinzu kommt, dass viele Depressive dies mit Gedanken von Schuld verbinden, in dem Sinne, ich sollte mich doch eigentlich freuen, ich sollte doch eigentlich dankbar sein, ich sollte doch eigentlich traurig sein, aber es geht nicht, und dieses als persönliches Versagen empfinden. Im längerfristigen Verlauf und in der längerfristigen Begleitung von Patienten erlebt man gar nicht so selten, dass ein gewisses Ausmaß an Freudlosigkeit, an Unfähigkeit mit den Gefühlen anderer mitzuschwingen, als die eigentliche depressive Phase überdauernde Symptomatik verbleibt und lange anhält, obwohl sich andere Symptome wie im Antriebsbereich und im sonstigen körperlichen Bereich längst deutlich gebessert haben. Die Welt und das Geschehen in der Welt, die Menschen, mit denen man agiert, werden nicht mehr gefühlsmäßig so empfunden, wie es in gesunden Zeiten war. Tröstlich ist nur, dass auch solche überdauernden Freudlosigkeiten, Gefühllosigkeiten im Laufe der Zeit, über Monate und Jahre hinweg besser werden und verschwinden können.

Neben verschiedenen körperlichen Funktionsbeeinträchtigungen, wie z. B. Schlaf-, Appetit- oder sexuellen Störungen, also vieles, was mit Genussunfähigkeit, mit Anhedonie zusammenhängt, prägen dann Gefühle von Wertlosigkeit und Schuld (eigentlich Gedanken über die eigene Person und im engeren Sinne keine Gefühle, sondern dann mit solchen einhergehend), ein vermindertes Selbstwertgefühl, fehlendes Selbstvertrauen, Konzentrations-, Merk- und Aufmerksamkeitsstörungen das klinische Bild. Hinzu kommt ein negativer Blick in die Zukunft, oft verbunden mit Hoffnungslosigkeit und auch Hilflosigkeit, es wird sich nichts und man kann auch nichts ändern, also Gedanken, die direkt in Suizidideen und Nachdenken über suizidales Handeln einmünden können. Beim sog. somatischen Syndrom tauchen klassische Symptome der Melancholie wieder auf, wie die chronobiologischen Störungen mit den Tagesschwankungen, dem morgendlichen Früherwachen um 3 Uhr oder 4 Uhr, sich dann sofort tief depressiv fühlend, mit Unruhe oder massiver Hemmung, was als Morgentief bezeichnet wird und sich im Laufe des Tages etwas entspannt, im Einzelfall auch mit einer völligen Normalisierung des Gemütszustandes am Abend einhergehen kann. Die fehlende Reaktivität auf eine freundliche Umgebung oder freudige Ereignisse hängt tief mit der depressiven Herabgestimmtheit selbst zusammen, denn das Fehlen von Gefühlen, das Nicht-Emotional-Reagieren-Können auf z. B. einen Besuch der Enkelkinder, auf tröstende Zuwendung, auf positive Ereignisse ergibt sich letztlich aus der Reduktion der gesamten Gefühlspalette. Die genannten Charakterisierungen umfassen die Ausprägung des Schweregrades, das Vorhandensein »somatisch-melancholisch-endogener Symptome«, psychotischer Merkmale und auch den Remissionsgrad.

Bei einer Dysthymie (Dysthymia) handelt es sich in Abgrenzung von der akuten depressiven Episode um eine chronische depressive Verstimmung, wobei eine Dauer von mehr als zwei Jahren mit anhaltenden depressiven Verstimmungen, aber auch mit wieder gebesserten Zeitabschnitten dazwischen gefordert wird. Die einzelnen Depressionszeiten erfüllen dabei nicht die vollen Kriterien einer rezidivierenden depressiven Störung. Die »Dysthymia« ist ein »unglücklicher Sammeltopf« von depressiven Zustandsbildern, die im Einzelfall subsyndromal nicht die Kriterien einer leichten, mittelgradigen oder schweren depressiven Episode erfüllen. Man zählt zu dieser Gruppe Erkrankungszustände, die einerseits den konfliktbezogenen neurotischen Depressionen oder depressiven Neurosen, den reaktiven Depressionen, den depressiven Entwicklungen aus der ICD-9 oder auch den anhaltenden, sog. chronischen depressiven Zustandsbildern entsprechen. Insofern ist dies ein Potpourri depressiver Zustandsbilder geworden und die Tendenz ist eindeutig: lieber eine depressive Episode diagnostizieren als eine Dysthymia. Dabei weiß man schon seit Jahrzehnten, sozusagen noch zu Zeiten der »neurotischen Depression«, dass auch diese schwere Verläufe zeigen kann mit ausgeprägten sozialen Beeinträchtigungen und einer Verschlechterung der Lebensqualität.

Die Symptomatik einer depressiven Episode lässt sich nach gestörten Funktionsbereichen beschreiben und als »*depressives Syndrom*« in psychische Symptome, psychomotorische Symptome und psychosomatische (physische, psychovegetative) Symptome gruppieren. Nachfolgend werden einige Symptome im Einzelnen angesprochen.

> **Psychopathologische Schwerpunkte depressiver Erkrankungen (Wolfersdorf 2014, S. 124 und S. 137)**
>
> - affektiv betont, z. B. Verzweiflung, Klage
> - psychomotorisch betont, z. B. Hemmung/Stupor, Agitiertheit, Raptus
> - kognitiv betont, z. B. Einengung, depressiogene kognitive Störungen
> - psychosomatisch betont, z. B. Vitalstörungen, »vegetativ-larvierte Depression«
> - mit/ohne Krankheitsgefühl, z. B. Schuldgefühl/Selbstanklage versus Betonung des Körpererlebens/Hypochondrie
> - mit/ohne Wahn, z. B. Schuldverarmung, Untergangswahn, nihilistischer Wahn

## 3.1.1 Depressive Gestimmtheit

Auf der Basis eines insgesamt reduzierten Lebensgefühls dominiert eine persistierende, durch äußere Faktoren (fehlende Reaktivität) kaum aufhellbare »depressive Herabgestimmtheit«, die für den Betroffenen selbst und für Außenstehende umso schwerer zu erfassen und zu beschreiben ist, je tiefer und unmotivierter sie erlebt wird. Jaspers (1913) hat den Kern der Depression beschrieben als »[…] motivlose, tiefe Traurigkeit, zu der eine Hemmung alles seelischen Geschehens kommt, die sowohl subjektiv schmerzlich empfunden als auch objektiv festzustellen ist«. Das Ausmaß der Depressivität kann von leicht gedrückter Stimmung bis zum schwermütigen, scheinbar ausweglosen, versteinerten Nichts-mehr-fühlen-können (»Gefühl der Gefühllosigkeit«) reichen. Die melancholische Herabgestimmtheit hat dabei eine eigene Qualität (»distinct quality of mood«).

Zwar wird in der ICD-10 die depressive Episode anhand ihrer Hauptsymptome – die depressive Herabgestimmtheit in ungewöhnlichem Ausmaß, die meiste Zeit des Tages anhaltend, fast jeden Tag vorhanden, unbeeinflusst von äußeren Umständen und Ereignissen und mindestens zwei Wochen anhaltend; sodann Interessens- oder Freudeverlust an normalerweise angenehmen Aktivitäten sowie verminderter Antrieb oder gesteigerte Ermüdbarkeit (mindestens zwei Wochen, keine manischen oder hypomanischen Symptome in der Vorgeschichte, Ausschlusskriterium: nicht auf Missbrauch psychotroper Substanzen (F1) oder auf eine organische psychische Störung (F0) zurückzuführen) (Dilling et al. 1993) (ICD-10 Forschungskriterien 1997) – charakterisiert, allerdings wird diese Formulierung den Charakter einer Kompromissbildung nicht los. Nicht nur, dass sich die Schweregradeinteilung in »leicht, mittelgradig, schwer« allein an der Zahl der Nebensymptome und des melancholisch-somatischen Syndroms orientiert, wo jedoch bereits allein die Freudlosigkeit, das Gefühl der Gefühllosigkeit, die fehlende Reaktivität auf Reize, die Lebens- und Erlebensqualität eines depressiv Kranken massiv herunterfährt und beeinträchtigt. »Sich nicht freuen können, ist schlimmer als sexuelle Impotenz«, formulierte es ein knapp 30-jähriger Patient. »Früher hat mich der Dreck auf der Straße gefreut, heute spricht mich nichts mehr an«, beschrieb es ein schwäbischer Bauer, nahm sein Gewehr und ging in den Wald; er lebt heute noch, seine Ehefrau sah ihn durchs Küchenfenster und lief hinterher. »Wenn ich durch meinen Wald gehe, alle Oberfranken haben einen Wald, hat mich jede Blume interessiert. Jetzt bin ich froh, wenn ich nicht ins Holz muss«, erzählte ein depressiver Bänker. Die meisten depressiv Erkrankten erleiden diese Herabgestimmtheit, die mit Apathie, einer Gleichgültigkeitseinstellung, nichts bewegt mich, einem aktiven sozialen Rückzug einhergeht. Die Frage an Patienten, die für das Wochenende nach Hause beurlaubt wurden, wie es denn gewesen sei, ist für viele schwer Depressive schwierig zu beantworten: »Ja, es war schön. Genießen? Es hat mich nicht bewegt«. Manchmal kommt als Ergänzung: »Es hätte mich doch eigentlich freuen sollen, meine Enkel (Kinder oder andere) zu sehen«. Apathisch-avitale depressive Syndrome gehen oft mit dieser Konstellation einher, die auch als eine klassisch melancholische bezeichnet wurde. Depressive wissen – und sie sagen das ab und zu auch mit Recht –, dass ihr therapeutisch-pflegerisches Gegenüber das nicht nachvollziehen kann. Trauer, ja, sei so ähnlich, ist aber lebendig, Gefühllosigkeit ist eher »…. losigkeit, Leere, Gleichgültigkeit, Apathie, Schmerz und Wunde«.

Griesinger (1845, S. 165–166) meinte dazu: »Dieses ist die wesentliche Seelenstörung in der Melancholie, und dieses psychische Wehethun besteht für die Kranken selbst in einem Gefühl von tiefem geistigen Unwohlsein, [...], in einer totalen Herabgestimmtheit des Selbstgefühls«. Kraepelin (1899, S. 185) schrieb außerdem dazu: »Der Kranke ist unfähig, sich über irgendetwas zu freuen, auch die gesunde Befriedigung am Dasein selbst wandelt sich in das Gefühl schmerzlichen Lebensüberdrusses um«. Hier rutscht Depressivität dann auch näher an Lebensmüdigkeit und Todeswünsche bis hin zu aktiver Suizidalität heran. Die schwere depressive Herabgestimmtheit ist immer auch ein Risikofaktor für Suizidalität, wie Kraepelin hier andeutet. Peters (1984, S. 538) verwies darauf, dass »Stimmung [...] ein ›längerdauernder Gefühlszustand‹ sei, durch den alle übrigen Erlebnisinhalte eine ›besondere Färbung erfahren‹«. Der amerikanische Psychoanalytiker Sidney Blatt (2002, S. 29) sprach von Depression »as a basic affect that can range from relativly appropiate and transient dysphoric response to untoward life events to a severe and persisting disorder that can involve serious distortions of reality«.

Für depressiv kranke Menschen mit dieser Symptomatik ist es wichtig, gerade hier angenommen zu werden. Es ist nicht wichtig, in der Tiefe der melancholischen Herabgestimmtheit verstanden zu werden, denn Depressive sind sowie der Ansicht, dass dies nicht nachvollziehbar ist. Sie haben überwiegend auch Recht, denn selbst erfahrene Therapeutinnen und Therapeuten oder pflegerische Mitarbeiterinnen und Mitarbeiter können sich dem Erleben, wenn sie es selbst nicht erfahren haben, nur annähren. Ein plastisches Bild hierfür, wie einer der Autoren es vor einigen Jahren von einer Patientin erzählt bekam, ist, dass der Haupthahn des Wasserzuflusses zu einem Haus zugedreht ist und es aus allen Wasserhähnen im Haus nur noch tröpfelt, bis alles versiegt ist. Der Depressive ist sozusagen auf dem Boden seiner Melancholie angekommen. Für den Patienten ist dieses Verständnis seines Erlebens und Denkens wichtig, dass wir aufgeschlossen und zugewandt zuhören. Dabei kann man jedoch durchaus die eigene Unfähigkeit, dieses Erleben nachzuvollziehen, vorsichtig formulieren. Genauso sollte man depressive Denkinhalte nicht gleich korrigierend abwehren. Der Patient muss erleben, »endlich versucht jemand, mich zu verstehen, auch wenn alles so schrecklich klingt«.

Vergesellschaftet ist dies mit *Interessen- und Freudlosigkeit (Anhedonie)*, unter der eine reduzierte Fähigkeit von Empfinden von Freude, Lust und Vergnügen, einhergehend mit der Verminderung positiver Reaktionen (fehlende Reaktivität), zu verstehen ist. Dies führt oft zum Rückzug depressiver Patienten von der Umwelt, was Tellenbach (1983) als »Remanenz«, als »Zurückbleiben« hinter Entwicklungsschritten und »Inkludenz« (»Eingeschlossensein«) in der bestehenden Ordnungswelt mit all ihren engen Grenzen und der Unfähigkeit des Überstiegs bezeichnet hat.

Die depressive Herabgestimmtheit wird oft auch begleitet von Angstgefühlen, Panikattacken und Irritierbarkeit. Unbestimmte oder Zukunftsängste werden berichtet, Aufgaben nicht gerecht werden zu können, nicht mehr leistungsfähig zu sein, nicht gemocht, geliebt, anerkannt zu werden, was bis in panikartige Zustände der existenziellen Bedrohtheit des eigenen Lebens reichen kann. Verbunden sind diese mit Irritierbarkeiten, dem Gefühl der Überforderung, Verpflichtungen nicht gerecht zu werden, Rollen nicht gerecht zu werden, oft verbunden mit quälender innerer Unruhe und gleichzeitiger Antriebshemmung. Man müsse nur lange genug Angst haben, um, wenn das System erschöpft sei, dann depressiv zu werden, hat es jemand genannt. Die Verbindung zwischen Angstzuständen und psychomotorischer Agitiertheit hat schon vor Jahrzehnten zur Beschreibung eines »agitiert-ängstlichen depressiven Syndroms« geführt, welches in der psychopharmakotherapeutischen Konsequenz dann zur Verwendung sedierend-anxiolytischer Substanzen, z. B. aus der Gruppe der Antidepressiva oder zur Kombination mit Benzodiazepinen und sedierenden Neuroleptika geführt hat.

### 3.1.2 Depressives Denken und Erleben, Antrieb und Sprache

Die zentrale Thematik im Denken depressiv kranker Menschen ist das »Nichtkönnen«, der Gedanke von Insuffizienz in der Folge von Minderwertigkeit, der Gedanke von Schuld und Scham, nicht geliebt zu werden, eigentlich überflüssig zu sein. Ein depressiver Bauer hat es einmal so formuliert: »Ich kann nichts, ich bin nichts, keiner mag mich, denn so jemand kann man auch nicht schätzen, schuld bin ich selber daran, weil ich nichts kann und weil ich ein Versager bin, das war immer schon so, das wird sich auch nie ändern. So jemand wie mich kann man auf der Welt nicht brauchen, das Beste ist, ich tu mich weg«. Darin beinhaltet sind die gesamte depressive Logik vom Erleben der Insuffizienz, dem Fehlen von Attraktivität für andere Menschen, von Wertschätzung durch andere Menschen und auch die Schuldzuschreibung an sich selbst – z. B. nicht an das System, nicht an die Gesellschaft, nicht an andere Menschen, an Gott oder das Schicksal –, die Hilflosigkeit und die Hoffnungslosigkeit bis hin zur Suizidalität. Klassischer kann man das nicht formulieren. »Lieber Herr Professor, in meinem ganzen Leben habe ich alles falsch gemacht«, sagte ein endvierzigjähriger Ingenieur, verheiratet, zwei Kinder in der höheren Schule, eine kleine eigene erfolgreiche Firma, in voller und nicht korrigierbarer Überzeugung. »Das muss schrecklich sein, so über sich denken und fühlen zu müssen.«, meinte der Therapeut, »Könnte man das auch anders sehen bzw. würden andere das auch so beurteilen?«. Die

Selbstentwertung und die Schuldzuschreibungen an die eigene Person »Ich habe Fehler gemacht« wird dann in der überwertigen und wahnhaften Ausgestaltung zur Überzeugung, die nicht korrigierbar ist, die auch nicht belegt werden muss, weil sie für sich selbst evident ist, »alles auf der Welt falsch gemacht zu haben«, »der schlechteste Mensch zu sein«, was sich dann in den verschiedenen depressiven Wahnformen und -inhalten vom nihilistischen Wahn bis hin zum Verarmungs- und Versündigungswahn abbildet.

Die Verworfenheit der eigenen Person in der Welt, die einen völlig ablehnt, ist ein extrem schweres Erleben für depressiv kranke Menschen, denn es nimmt ihnen die Berechtigung zur weiteren Existenz, weist ihnen Schuld an Verarmung, am Untergang, an Zerstörung von Familie und Struktur zu und sie ist auch ein körperlich quälend erlebter Zustand, der mit einem hohen Suizidrisiko einhergeht. Unabhängig davon, dass das subjektive Erleben nicht der Realität entspricht.

Im Prinzip denken depressiv kranke Menschen nicht anders als gesunde Menschen. Aber sie verschieben die Schwerpunkte ihrer Bedenken, Zweifel, Sorgen, Befürchtungen, Ängste aus einer mittleren – wie man das so sagen darf – Position, die negative und positive Aspekte und Bewertungen ausgleicht wie ein Regulationssystem, hin zum negativen Pol. Positive Aspekte werden unzureichend bis nicht mehr wahrgenommen, unzureichend erinnert und eher externen Wirkfaktoren zugeschrieben und nicht der eigenen Person. Negative Aspekte werden mit zunehmender Schwere belastet, bis aus der noch normal psychologischen Sorge die überwertige Idee und letztlich die wahnhafte Überzeugung wird, die nicht mehr der Realitätsüberprüfung und der Korrektur bedarf, sondern zu tiefst vorhanden ist. Aus »Ich habe Fehler gemacht« wird »Ich bin der schlechteste Mensch auf Erden«, aus »Ich habe meinen Arbeitsplatz verloren« wird »Wir verarmen, wir verhungern, alle gehen unter«, aus »Ich habe mir mein Schienbein angeschlagen, da ist eine Schwellung« wird »Ich werde an dem Tumor versterben«. »Lieber Herr Professor, in meinem ganzen Leben habe ich alles falsch gemacht«, sagte ein endvierzigjähriger Ingenieur, verheiratet, zwei Kinder vor dem Abitur, eine eigene kleine und erfolgreiche Firma in der Region. Die Antwort des Therapeuten war: »Es muss schrecklich sein, so über sich denken und fühlen zu müssen«. Das Erschrecken über eine derartige Mitteilung und Überzeugung, also die Betroffenheit des Therapeuten wurde hier mitgeteilt. »Könnte man das auch anders sehen bzw. würden andere das auch so wie Sie beurteilen?« Ein Versuch, vorsichtig so etwas wie Realitätsüberprüfung oder eine banale Hinterfragung der Aussage anzustoßen.

Nach der Literatur weisen etwa 12–20 % aller schwer depressiv kranken Menschen psychotische Symptome in der Depression auf, auch »wahnhafte Depression« genannt, depressive Syndrome mit Verarmungs-, Versündigungs-, nihilistischem, körperbezogenem Wahn, mit Schuldwahn, mit akustischen oder haptischen Halluzinationen, selten optischen Halluzinationen (eher ein Hinweis auf Substanzmissbrauch bzw. eine nicht affektive Störung) z. B. als »Stimme des Gewissens: Du bist schon tot«, mit Schuldvorwürfen, der Aufforderung zur Selbsttötung, oder »Es riecht nach Friedhof«, Gedanken beobachtet zu werden, weil man sich zurückgezogen habe usw. Paranoide Beziehungsideen von Beobachtung, Verfolgung, Beeinträchtigung müssen den Charakter von Schuld beinhalten, von Schuldig-Gewordensein und deswegen in die Aufmerksamkeit gerückt zu sein – »die Polizei verfolgt mich, weil ich der größte Verbrecher bin« -, man wird beobachtet, weil man Schuld auf sich geladen hat. »Herr Professor, sehen Sie die beiden Polizisten, die werden mich verhaften, weil ich mich in die Klinik geflüchtet habe. Ich bin der einzige Mensch, der weiß, dass in drei Tagen die Welt untergehen wird. Bringen Sie sich in Sicherheit!« So formulierte es ein Patient kurz nach seiner Aufnahme in die psychiatrische Klinik.

## 3.1 Symptome einer depressiven Episode/eines depressiven Syndroms

> **Persönliche Anmerkung der Autoren**
>
> Warum wird wahnhaftes Erleben in der Depression hier betont. Zum einen, weil die Fehlzuweisung zur F2-Gruppe der schizophrenen und paranoiden Erkrankungen naheliegt und dann zu psychopharmakologischer und psychotherapeutischer Fehlbehandlung führt. Zum anderen aber, weil im »Zeitalter der Psychotherapie« solche Krankheitsbilder fehleingeschätzt, über- oder unterdeutet werden, der verständnisvolle Nachvollzug innerseelischer Vorgänge (Psychodynamik) wie im Einzelfall auch lebensgefährliche Psychopathologie des psychotischen Erlebens nicht richtig sehen lässt und leicht eine psychotherapeutische Überforderung mit vordergründiger Deutung und damit Überforderung des Patienten passiert. Gefordert sind laut Leitlinie »Unipolare Depression« bei wahnhafter Depression die Kombination von Antidepressivum plus Neuroleptikum, wobei auch die Elektrokrampftherapie immer wieder entweder als primäre Behandlungsmethode oder als Ultima Ratio besprochen wird. Eigene Erfahrungen zeigen, dass die kombinierte antidepressive und antipsychotische Medikation von Anfang der Therapie an adäquat ist.
>
> Therapeuten sind Hilfs-Ichs, sie garantieren hier das Überleben und sichern die Behandlung, die hier auch gegen den Willen des Patienten geschehen muss. Auch ein aufgrund seiner wahnhaften depressiven Erkrankung krankheitsuneinsichtiger Patient hat ein Recht auf eine fachlich adäquate Therapie zu seinem Nutzen, auch wenn es vordergründig gegen sein Selbstbestimmungsrecht geht. Depressiver Wahn nivelliert Selbstbestimmung, Therapie zielt auf Wiederherstellung von Selbstbestimmungsfähigkeit des Patienten ab.
>
> Üblicherweise ist depressives Denken inhaltlich zum größeren Teil im Beziehungsfeld, in der Arbeitssituation, in der Lebenssituation, hinsichtlich situativer Veränderungen mit Verlusten von nahestehenden Menschen, von Lebenskonzepten, von Lebensinhalten angesiedelt und hat oft einen »neurotisch überwertigen« Charakter, einhergehend mit Hilflosigkeits- und Hoffnungslosigkeitsgefühlen und -überzeugungen, mit Minderung des eigenen Selbstwertgefühls, aber nicht psychotischen Charakters. Da gelingt zeitweise Distanzierung, Aufrechterhaltung der Lebens- und Alltagsvollzüge, evtl. sogar das kritische Fragen an das eigene Erleben, an die eigene Person selbst. Das Denken der meisten depressiv Kranken – und wie sie die Welt erleben – pendelt zwischen normalpsychologischer Sorge und Leid, Klage und Selbstanklage und berührt Beziehungs-, Arbeits- und Alltagssituationen bzw. deren Erleben.
>
> Wenn wir wissen, dass wahnhaft depressive Verzweiflung ein Hochrisikofaktor für Suizid ist, ergibt sich daraus eine Verpflichtung der Notfallpsychiatrie und -psychotherapie ähnlich einem akuten Herzinfarkt oder Schlaganfall.

*Antrieb und Sprache:* Der Antrieb der Erkrankten ist typischerweise gehemmt, sie können sich zu nichts aufraffen, sind erschöpft und energielos. Die Lebensbewegung ist im anthropologischen Sinne ins Stocken geraten. Mimik und Gestik sind reduziert bis erstarrt, die Sprache kann leise, monoton mit großen Pausen und langsamen Formulierungen sowie inhaltlich verarmt sein. Depressive wählen häufiger Begriffe, die negative Gefühle ausdrücken. Neben der psychomotorischen Gehemmtheit, die sich bis zum depressiven Stupor steigern kann, gibt es die Agitiertheit mit Unruhe und stereotypen Klagen.

## 3.1.3 Kognitive Störungen

Unter »Kognitiven Störungen« bei der Depression ist das subjektive Erleben depressiv Kranker zu verstehen, Probleme bei Aufmerksamkeit, Konzentration, Merken, Erinnern, Zugriff auf das Gedächtnis zu haben. »Es war, wie wenn alles weg wäre, was ich noch vor kurzem bearbeitet hatte. Ich musste wieder, nach der schweren Grippe, von vorne anfangen. Es fiel mir alles so schwer und wie ich das vor zwei Monaten gelöst hatte, war einfach weg. Ich werde doch keinen Alzheimer haben«, so ein depressiver Beamter, Mitte 50 Jahre alt, gehobene Laufbahn. »Mir fiel nicht mehr ein, wo die Akten waren und was ich da an Daten für die Polizei erhoben habe«, meinte etwa ein 60-jähriger Polizist. Stationär fiel auf, dass er mehrfach sein Zimmer verwechselte und Therapeutentermine nicht wahrnahm. Im ersten Fall klang auch die kognitive Symptomatik mit der Besserung des depressiven Zustandsbildes ab, im letzteren Fall entwickelten sich im nächsten Jahr zusätzliche Hinweise auf eine dementielle Erkrankung, die diagnostisch mit den entsprechenden Konsequenzen abgeklärt und bestätigt werden musste.

Dass in der Depression Denkhemmung, Grübeln und thematische Einengung das sog. normale Denken beeinträchtigen, verlangsamen, den Zugriff auf Gedächtnisinhalte verzögern, ist bekannt. Ein Extremfall: Ein Ingenieur in der Waffenindustrie braucht in der schwer psychomotorisch gehemmten Depression über 45 Minuten, um eine Frage des Therapeuten zu verstehen, Dinge zu erinnern und eine Antwort zu formulieren. Nach Abklingen der depressiven Erkrankung konnte er dies so schildern. Eine ca. 60-jährige Chefsekretärin einer großen Firma brauchte 45 Minuten vom Aufstehen bis zum Wegfahren ins Büro einschließlich Hygiene, Kosmetik und Frühstücken. In der Depression wusste sie nicht einmal mehr, wie Zähneputzen geht und musste sich alle Hygieneabläufe Schritt für Schritt vorsagen; es dauerte dreimal so lange.

Bei der Klage über kognitive Störungen und dem Vorliegen eines Vollbildes einer depressiven Episode geht es aus Patienten- und Angehörigensicht immer auch um die Abklärung: Altersbedingter Prozess? Leichte kognitive Störung, evtl. im Sinne des »*mild cognitive impairment* (MCI)«? Demenzieller Prozess?

> **Persönliche Anmerkung der Autoren**
>
> Die Befürchtungen gehen häufig in Richtung eines demenziellen Prozesses. Die meisten Patienten haben sofort Angst vor einer »Alzheimer Demenz«. Das Problem und die Sorge lassen sich weder beim Patienten noch bei den Angehörigen »wegreden« bzw. durch ärztliche Kompetenz und durch Information aus der Welt schaffen. Wichtig ist die umfängliche diagnostische Abklärung: Klinik (Psychopathologie, Psychodynamik, Entwicklung und Verlauf bisher), Psychometrie (Testverfahren), Bildgebung (CCT, MRT), Labor (Lumbalpunktion). Gerade wegen der therapeutisch unterschiedlichen Konsequenzen, der Problematik für die Angehörigen, des Umgehenmüssens des Patienten mit der Diagnose, mit der Prognose und dem zu erwartenden Verlauf sowie den Konsequenzen von familiärer Versorgung bis Heimunterbringung, der Perspektive für die begleitenden Therapeuten und Ärzte ist die klare Diagnostik wichtig, auch wenn sie umfänglich – und teuer – erscheint.
>
> Die Frage einer »weichen Diagnose«, was will der Patient hören, stellt sich dabei nahezu immer. Es ist schwierig, das zu beantworten. Medizinethisch ist die klare Prognose längerfristig hilfreicher, kurzfristig kann sie aber auch schaden. Nur, was soll man tun, diese Entscheidung hängt vom individuellen Fall ab, auf jeden Fall ist jedoch die weitergehende Betreuung des Patienten bzw. der Patientin dringend erforderlich.

Kognitive Dysfunktionen in Form von Störungen der Aufmerksamkeit, des Gedächtnisses und von Exekutivfunktionen weisen 20–70 % aller depressiven Patienten auf. Sie sind von großer funktionaler Alltags- und Berufsrelevanz und können relativ lange persistieren. Jüngst wurde ein computerisiertes Screening zur Selbsteinschätzung entwickelt (THINC-it). Das Denken ist typischerweise gehemmt (Einfallsarmut, Konzentrationsstörungen), manche Patienten befürchten an einer Demenz zu erkranken (»depressive Pseudodemenz«), sie können sich zu nichts oder nur schwer entscheiden, häufig ist ein zumeist pessimistisch gefärbtes Grübeln. Die zentrale Thematik im Denken depressiv Kranker ist das Nichtkönnen, der Gedanke von Insuffizienz und Minderwertigkeit (Selbstwertmangel), Schuld, nicht geliebt zu werden, eigentlich überflüssig zu sein. Typische Denkfehler beinhalten ein »Schwarz-Weiß-Sehen«, Katastrophisieren, Übergeneralisieren, negative pauschale Selbstbewertungen und ein übertriebenes Verantwortungsbewusstsein. Als Extremform kann es zum melancholischen und/oder Versündigungswahn kommen.

> **Merke**
>
> Hieraus resultiert ein ausgeprägtes *Suizidrisiko*: 40–80 % der Patienten leiden während einer depressiven Episode unter Suizidideen, 15–60 % weisen Suizidversuche in ihrer Krankheitsgeschichte auf, 10–15 % der bereits einmal hospitalisierten schwer Depressiven begehen Suizid (Wolfersdorf und Etzersdorfer 2011).

Nach einer Untersuchung korrelieren Suizidgedanken Depressiver v. a. mit Hoffnungslosigkeit, Schuldgefühlen, geringer Selbstachtung, früheren stationären psychiatrischen Behandlungen und niedrigem Funktionsniveau. Das Risiko für einen Suizidversuch war bei jüngeren Depressiven und solchen mit Persönlichkeitsstörungen erhöht. Zudem weisen Männer ein deutlich erhöhtes Suizidrisiko auf. Im Folgenden wird auf einzelne Aspekte genauer eingegangen.

*Hoffnungs- und Hilflosigkeit:* Hoffnungslosigkeit und Hilflosigkeit kennzeichnen als Attributionsstile depressives Denken und ziehen sich in gesunden Zeiten häufig als »pessimistischer Zug« durch das Leben des Betroffenen. Hierzu gehören eine negative Bewertung der eigenen Person im Sinne der kognitiven Trias nach Beck sowie Hilflosigkeits- und Hoffnungslosigkeitseinstellungen (gelernte Hilflosigkeit nach Seligman) mit Resignation, Verzweiflung und Perspektivlosigkeit. Diese Grundeinstellungen – von Tellenbach mit den Begriffen Remanenz (Zurückbleiben) und Includenz (Eingeschlossenbleiben), in den Attributionstheorien von Beck und Seligman als Hilflosigkeit, Hoffnungslosigkeit beschrieben – sind typische Kennzeichen für depressives Denken.

*Angstgefühle und Irritierbarkeit:* Unbestimmte oder Zukunftsängste werden oft berichtet, einhergehend mit Irritierbarkeit und dem Gefühl der Überforderung, z. T. auch mit quälender innerer Unruhe (bei gleichzeitiger Antriebshemmung!).

*Tagesschwankungen:* Etwa die Hälfte der Patienten berichtet über deutliche Tagesschwankungen der Stimmung mit einem schlechteren Befinden am Morgen (»Morgentief«) und einer Aufhellung gegen Abend.

Für Patienten kann das häufig zur Qual werden: abends gut (»fast wie früher«), morgens depressiv und antriebslos. Aber es ist ein Symptom (Tagesschwankung!), das zeigt, dass das chronobiologische System wieder in Bewegung geraten und nicht wie Polareis weiter erstarrt ist. Aus psychiatrischer Sicht heißt das, es bewegt sich etwas.

> **Hauptsymptome depressiver Erkrankungen: affektive und kognitive Symptome (in Anlehnung an Wolfersdorf 1992 und Faust et al. 1984)**
>
> - depressive Herabgestimmtheit, depressive Verstimmung
> - Freudlosigkeit, Gefühllosigkeit, Nicht-weinen-Können, Weinkrämpfe, Verzweiflung, Dysphorie
> - Globale Angstzustände (vor allem, was auf einen zukommt)
> - Angst vor dem Tag und seinen Anforderungen, objekt- und situationsbezogene Ängste, Zukunftsangst, übersteigerte Befürchtungen
> - Grübelzustände, Gedankenkreisen, Denkhemmung, Leeregefühl im Kopf, Monotonie in der Sprache
> - Selbstvorwürfe wegen Nichtkönnen (Insuffizienzgefühl), Versagen und Minderwertigkeit (Selbstwertstörung), Nichtgeliebt-, Nichtgeschätztwerden, Schuldgefühle (Selbstverurteilung, -anklage), Klage über materielle Probleme, Verarmung oder körperliche Befindlichkeit (Hypochondrie)
> - Gefühl von Hilflosigkeit, Hoffnungslosigkeit; negative Selbsteinschätzung
> - Depressiver Wahn: Verarmungs-, Schuld-, Versündigungs-, Untergangswahn und hypochondrische Ideen
> - Ruhe- und Weglaufwünsche, Todeswunsch, Suizidideen als Erwägung, Einfall; Suizidabsicht, frühere Suizidalität
> - Klagen über subjektiv erlebte Merk- und Konzentrationsstörungen
> - durchgängige und anhaltende depressive Herabgestimmtheit
> - Keine anhaltende Aufhellung im emotional zugewandten Gespräch (Angehörige, Therapeuten, Pflege)
> - Freudlosigkeit bzw. eingeschränktes Ansprechen auf Zuwendung, empathische Kommunikation (fehlende Reaktivität auf positive Außenreize)
> - Panikattacken, vor allem nächtlich und Angstzustände in Bezug auf Bewältigung des anstehenden Alltags
> - Emotionale Schwingungsfähigkeit abgeflacht (lächelnde Fassade)
> - Klage über erhöhte Vergesslichkeit, über Unfähigkeit Informationen zu behalten, komplexere Zusammenhänge entgegen früher nicht mehr nachvollziehen zu können
> - Zugriff auf Gedächtnisinhalte verlangsamt bzw. nicht mehr möglich
> - Gedankliche Abläufe verzögert, verlangsamt

## 3.1.4 Sogenannte larvierte, d. h. körperbetonte depressive Syndrome

Die Psychiatrie hat lange Jahre eher auf die affektiven und kognitiven Symptome einer Depression geschaut. Körperbezogene oder rein antriebsbezogene depressive Zustandsbilder waren nicht im Blickpunkt. Erst die Formulierung der »*larvierten Depression*«, der »*masked depression*« unterstrich, dass es neben einer konflikt- und belastungsbezogenen Depression auch ein depressives Bild mit eindeutig somatischer Ausprägung gibt: Der Patient, der sich nach zwei kurz hintereinander erlittenen hoch fieberhaften Grippeerkrankungen plötzlich in einer Depression befindet, der Patient nach Herzinfarkt bzw. mit KHK oder mit einem Schlaganfall in der Post-Stroke-Depression, der Patient mit einer anhaltenden, sog. chronischen körperlichen Erkrankung, der krankheitsbedingt oder auch als Folge sozialer Einschränkungen depressiv wird.

> **Persönliche Anmerkung der Autoren**
>
> Die somatogenen Depressionen als Folge von therapeutischen Maßnahmen werden ebenfalls unterschätzt. Letztlich geht es darum, dass Menschen entweder durch direkte Einwirkung auf den zerebralen Stoffwechsel und in der Bewältigung von körperlicher Erkrankung (akut traumatisch, anhaltend chronisch mit Einschränkung der Lebensqualität) und deren Folgen »resignativ, depressiv« werden (können). Dass dies nicht alle betrifft, hat mit einer Bewältigungskraft der Person zu tun, heute als »Resilienz« bezeichnet, deren Ursachen vielfältig sind. Wahrscheinlich ist die Kraft gemeint, die sich aus Beziehung, Kinder, persönlichem Glauben, Überzeugungen, aus Erfahrung, mit Belastungen umzugehen ohne »durchzudrehen«, ergibt (siehe ▶ Kap. 8.2).

Neben diesen akuten, früher »reaktiv« depressiv machenden Ereignissen gibt es »Entwicklungen«, wie die »Erschöpfungsdepression« (Kielholz und Hole 1973) oder auch Entwicklungen wie das »Burnout-Syndrom«, welches letztlich am Endpunkt mit der ICD-10-Benennung Z73 das Querschnittsbild eines Zustandes darstellt, welches sich unter klassisch arbeitspsychologisch belastenden Bedingungen entwickelt hat.

Im physischen, vegetativ-somatischen Bereich steht der Verlust des »Élan vital«, die Vitalstörung im Zentrum. Dies äußert sich in einer allgemeinen Schwung-, Kraft- und Energielosigkeit. Praktisch obligat sind *Schlafstörungen*. Zu den typischen somatischen Beschwerden gehören Appetitverlust, Obstipation, Libidomangel und Leibgefühlsstörungen wie Kopfdruck, Schwindel, Engegefühle und Spannungsschmerzen. In neueren Studien wurde die Bedeutung somatischer Symptome hervorgehoben, Schmerzen wurden z. B. von mehr als der Hälfte der Patienten angegeben.

> **Persönliche Anmerkung der Autoren**
>
> Die depressive Symptomatik muss häufig gezielt exploriert werden, da der Patient im Rahmen seiner psychomotorischen Hemmung und wohl aus Scheu keine psychischen Symptome, sondern nur körperliche Beschwerden angibt (sog. larvierte Depression). Dies gilt insbesondere für ausländische Patienten, bei denen neben sprachlichen Verständigungsproblemen kulturspezifische Somatisierungsphänomene von großer Bedeutung sind. Das Endbild eines schweren depressiven Syndroms ist symptomatisch oft sehr ähnlich, der Weg dorthin meist sehr unterschiedlich.

## 3.2 Burnout-Syndrom

Das sog. »Burnout-Syndrom« (ICD-10: Z73) ist keine eigenständige Krankheit (»Zusatz-Diagnose«), aber eine medizinisch relevante Gesundheitsstörung, die am Ende einer langen Entwicklung über Jahre hinweg steht und nicht selten in eine depressive Erkrankung mündet. In einer HTA-Analyse von über 25 Studien zum Burnout im Auftrag von DIMDI wurde festgestellt, dass gesicherte allgemeine Kriterien und eine einheitliche Defintion fehlen. Beim klassischen Burnout-Syndrom liegt der wesentliche Belastungsfaktor extern in der Arbeitswelt, die angeschuldigt wird. Kippt dies in die Selbstanklage, die Selbstentwertung der eigenen Person, mündet dies in eine (Erschöpfungs-)Depression. Christina Maslach (1982) hat in ihrem Buch »Burnout – The Cost of Caring« skizziert, welche Folgen ständige Selbstüberforderung haben kann, also ein sozialpsychologischer Ansatz, welcher im letzten Jahrzehnt zu einer breiten Diskussion über die psychischen Belastungen und psychosozialen Konsequenzen von Arbeitssituation und Arbeitsansätzen geführt hat (► Tab. 3.1).

**Tab. 3.1:** Burnout-Symptomatik. Das »Burnout-Syndrom« ist der Endzustand einer meist langjährigen psychosomatischen Entwicklung mit Phasen körperlicher und affektiver Symptomatik.

| Symptomklasse | Einzelne Symptome |
| --- | --- |
| Emotionale Symptome | • Reizbakeit<br>• Depressivität<br>• Angst<br>• Unruhe<br>• Schuldgefühle<br>• Hilflosigkeit |
| Kognitive Symptome | • Selbstzweifel<br>• Gedächtnis- und Konzentrationsstörungen<br>• Leistungsabfall |
| Körperliche Symptome | • Neigung zu Infektanfälligkeit<br>• Schlafstörungen<br>• körperliche Erschöpfung<br>• Müdigkeit |
| Verhaltensänderungen | • abwertend-zynische Äußerungen<br>• sozialer Rückzug<br>• kaum noch Freizeitaktivitäten<br>• vermehrter Konsum von Nikotin, Alkohol, Medikamenten |

> **Persönliche Anmerkung der Autoren**
>
> Glaubt man den Titelbildern der Medien im letzten Jahrzehnt, dann leidet die Hälfte der deutschen Bevölkerung an Burnout, die andere Hälfte an ADHS. Burnout (früher Erschöpfungsdepression genannt) steht am Ende einer Entwicklung als Querschnittsbild und hat auf dem Weg zu diesem Endzustand viele Gesichter, vor allem auch im somatischen Bereich, z. B. Bluthochdruck, chronische Rückenschmerzen, Herzrhythmusstörungen u. ä.

Burnout hat etwas mit dem Verhalten anderer, in der ursprünglichen Fassung der Arbeitgeber, zu tun und auch mit eigenen Einstellungen zur Arbeit im Sinne eines hohen Anspruches an sich selbst und mit einer daraus sich ergebenden, über die Zeit hinweg sich entwickelnden emotionalen Erschöpfung. Von Letzterem kommt auch die Nähe zu Depression und auch der Übergang in depressive Episoden. Die klassischen Burnout-Risikogruppen waren immer schon Lehrer im Schuldienst, Ärzte und pflegerische Mitarbeiter, also Personen mit anhaltender Mehrfachbelastung, hohem Verpflichtungsgefühl und zugewiesener Verpflichtung. Die Bundespsychotherapeuten-Kammer (BPtK) sprach 2012 von einer starken Zunahme der Burnout-Krankschreibungen von 2004 mit 0,67 AU-Tagen wegen Z73 pro Hundertversichertenjahre auf 9,1 AU-Tage im Jahr 2011; allerdings waren Depressionen mit 73 AU-Tagen deutlich führend. In der DGS 1-Studie (Korth 2012) zu Gesundheit Erwachsener in Deutschland wurde eine 12-Monatsprävalenz für ein Burnout-Syndrom mit 4,2 % angegeben (Frauen 5,2 %, Männer 3,3 %), wobei bezogen auf Altersgruppen die 18–29-Jährigen 1,4 %, die 50–59-Jährigen 6,6 %, die 60–69-Jährigen 3,4 % und die über 70-Jährigen 1,9 % Burnout-Syndrom angaben. Im Berufsvergleich (Nübling 2011) wiesen Ärzte im *Copenhagen Burnout Inventory* (CPI) durchgängig Werte über dem Durchschnitt auf, während die niedrigsten Werte bei Ingenieuren, Ordnungs- und -Sicherungsbeauftragten sowie Priestern zu finden waren.

Den Begriff »Burnout« hat der Arzt und Psychoanalytiker Dr. med. Herbert J. Freudenberger 1974 zur Beschreibung der psychophysischen Situation von Mitarbeiterinnen und Mitarbeitern in die Literatur eingeführt. Dabei wollte er zugleich auch die Situation der eigenen Mitarbeiter beschreiben, die in der alternativmedizinischen Betreuung sozialer Randgruppen in der New Yorker »Free Clinic« ehrenamtlich über Jahre tätig waren und sich in der Supervision entsprechend äußerten. Ursprünglich kam die Benennung wohl aus der Drogenszene, wo es die Bezeichnung »burned out on drug« gibt, um das Nachlassen einer Drogenwirkung zu beschreiben. Freudenberger hatte das »staff burnout« (1974) subjektiv als Gefühl der Verausgabung, der Müdigkeit, Infektanfälligkeit, einhergehend mit häufigen Kopfschmerzen, Magen-Darm-Problemen, mit Schlaflosigkeit und Kurzatmigkeit beschrieben und im Kontakt mit Kollegen emotionale Ausbrüche und leichte Reizbarkeit, im Denken Rigidität und fehlende Flexibilität gesehen. Insgesamt ist die Symptomatik vielfältig und bei jedem Betroffenen anders, wobei es sich letztlich um die Entwicklung zu einem Burnout als Querschnittsbild am Ende der Geschichte handelt. Burnout ist keine seelische Erkrankung, sondern resultiert aus einer anhaltenden beruflichen Überlastung (Freudenberger 1974). Der Schweizer Psychiater Kielholz hat 1957 in seinem Buch über die »Erschöpfungsdepression« die »emotionale Erschöpfung« in den Mittelpunkt gestellt, was letztlich dann zu der Untergruppe depressiver Erkrankungen im Sinne einer »Erschöpfungsdepression« führte (Kielholz und Hole 1973).

**Fallbeispiel: »Burnout« – typische Depression**

35-jähriger Abteilungsleiter, verheiratet. Er habe sich an seinem strengen Vater orientiert, in der Firma habe er als Lehrling angefangen und sei unter Förderung des Firmenbesitzers jetzt Abteilungsleiter. Der Besitzer habe einen eher autoritären und fordernden Führungsstil, in den letzten Jahren sei die Arbeit mit dem Vorgesetzten schwieriger geworden. Lob und Tadel werde willkürlich verteilt. Jüngst sei seine Ehefrau wegen des Verdachtes auf eine schwere lebensbedrohliche Erkrankung stationär untersucht worden, der Verdacht habe sich jedoch als falsch herausgestellt. Er leide unter starken Schlafstörungen mit ausgeprägtem morgendlichen Stimmungstief mit Antriebslosigkeit und Konzentrationsstörungen, hinzu kämen Appetitlosigkeit und Gewichtsverlust. Am meisten leide er unter einem Grübelzwang, der sich vollständig um seine berufliche Situation drehe, auch um aus seiner Sicht von ihm verschuldete Fehler im Betrieb. Er sei überzeugt, ein Versager zu sein und denke darüber nach, zu kündigen. Am Abend gehe es ihm deutlich besser. Nach dreiwöchiger Therapie mit einem Antidepressivum ist die Depression vollständig abgeklungen.

In den 60er und 70er Jahren des 19. Jahrhunderts waren die Beschreibungen deutlich gesellschaftskritisch formuliert und betonten für die Entstehung eines Burnout-Syndroms eine besondere emotionale Belastungssituation des Berufstätigen in seinen Arbeitsbeziehungen. Es war also eine sozialpsychologische Definition, die sich auf spezifische Arbeitssituationen bezog. Deswegen waren hier besonders die Berufe angeführt, in denen man es mit Menschen zu tun hatte, also Ärzte, Krankenschwestern, Lehrer, Sozialpädagogen. Danach kam es zu einem bemerkenswerten Gestaltwandel: Das Burnout von heute stammt überwiegend von dem Druck, die eskalierenden Ansprüche anderer zu erfüllen, oder von der intensiven Konkurrenz, besser als andere in der selben Organisation oder Firma zu sein, oder von dem Antrieb, immer mehr Geld zu machen, oder von dem Gefühl, es werde einem etwas vorenthalten, was man offensichtlich verdient. Das heißt, nicht mehr die arbeitspsychologische Beziehung Person-Arbeitssituation-Arbeitgeber im Sinne eines »Burnout-Dreiecks« steht psychodynamisch im Vordergrund, sondern die »Ego-narzisstische Orientierung des Einzelnen und das Scheitern am eigenen erhöhten Ich-Ideal«. Das heißt, wir scheitern bzw. erschöpfen uns selbst im Versuch, eigenen überhöhten Ansprüchen (Ich-Ideal) und überfordernden Erwartungen anderer (Leistungsnormen, Fremdbild) nachzukommen. Dieses heutige Verständnis von »Burnout«, also emotional erschöpft zu sein, ließ von einer »Burnout-Epidemie« sprechen und danach fragen, ob es sich hier um einen »bodenlosen Begriff« handle.

In der Entwicklung eines Burnout-Syndroms als sozusagen abschließendes Querschnittsbild finden sich in der Vorgeschichte vielfach körperliche und psychophysische Symptome wie

- Schlafstörungen jeglicher Art
- chronische Schmerzen ohne Befund
- unspezifische Magen-Darm-Beschwerden
- funktionelle Herz-Kreislauf-Beschwerden
- Erschöpftheit und rasche Ermüdbarkeit

- sowie psychische Symptome wie
- emotionale Leere
- Gefühllosigkeit und Depressivität
- Desinteressse und Apathie
- Hilf- und Hoffnungslosigkeit
- Frustriertheit
- Enttäuschung
- Abwertung anderer
- negative Sichtweise anderer Menschen
- Zynismus

Maslach (2001) hat Burnout als Folge des emotional belasteten zwischenmenschlichen Kontakts am Arbeitsplatz beschrieben und als wesentliche Kennzeichen in einem sozialpsychologischen Ansatz die emotionale Erschöpfung, eine gefühllose, gleichgültige oder zynische Einstellung gegenüber Klienten/Patienten, Kunden, Kollegen und als Drittes eine negative Einschätzung der eigenen Leistungskompetenz benannt. Als individuelle Risikofaktoren für ein Burnout-Erleben lassen sich nennen: Überhöhter Leistungsanspruch an Quantität und Qualität der eigenen Arbeit, hohe Verausgabung und Bereitschaft, Neigung zur Selbstüberforderung, Selbstwertprobleme und hohe Kränkbarkeit, soziale Fertigkeitsdefizite, z. B. fehlende Fähigkeit sich abzugrenzen, geringe Fertigkeiten des Selbstmanagements, erlernte Hilflosigkeit, ungünstiges Gesundheitsverhalten und mangelnde Coping-Strategien.

Erwähnt sei aber auch, dass Menschen durch Unterforderung erkranken, am sogenannten Bore-out. Gut ausgebildete engagierte Mitarbeiter werden zum Beispiel alle paar Jahre auf einen neuen Posten versetzt, der ihre Autonomie extrem einschränkt, bei dem sie ständig Rücksprache mit Vorgesetzten halten müssen und nichts mehr selbst entscheiden dürfen. So fühlen sich nicht wenige degradiert, kündigen innerlich und langweilen sich – auch das macht krank.

### Persönliche Anmerkung der Autoren

Was unterscheidet nun »Depression« und »Burnout«? Die wichtigsten Unterschiede sind in der Psychodynamik und in der Psychopathologie zu suchen. Psychopathologisch ist beim Burnout-Syndrom die Vielfältigkeit der Symptome aus vielen somatischen Bereichen bedeutsam, die sich über die Jahre hinweg erstreckt und die mit dem Empfinden, krank zu sein, »Ich bin fertig«, verbunden sind. Und damit nicht mit Selbstentwertung wie bei der Depression, nicht mit Versagensideen und vor allem auch nicht mit Selbstanklage im Sinne von »Ich bin selbst schuld, dass man mich nicht befördert, wahrnimmt, respektiert« u. ä. Eine Burnout-Entwicklung ist eine sehr viel buntere Entwicklung wie die einer Depression, die im Endstadium der depressiven Episode ein relativ homogenes und über viele Menschen hinweg vergleichbares Bild anbietet. Psychodynamisch ist die Ursachenzuweisung, wer ist »schuld« beim Burnout-Syndrom externalisiert: Der Arbeitgeber, die vielen fordernden Patienten, die chronisch Arbeitslosen, die »böse Welt«, die chronische Überforderung usw. Die Externalisierung und die Schuldzuweisung an andere ist der wesentliche psychodynamische Faktor. Kippt dies um, dann liegt psychodynamisch eine »narzisstische Depression« vor. Der Burnout-Patient sagt, »Das schaffe ich, das will ich schaffen« (Ich-Ideal eher narzisstisch selbstüberschätzend) und legt noch einmal zu, bevor er »umkippt«, und versucht eine »Aufwärtsspirale«. Der Depressive sagt von vornherein, »Das schaffe ich sowieso nicht«, ist also abwertend-negativistisch. Wenn die »Aufwärtsspirale« des Burnout-Patienten erschöpft ist, kippt er in die depressive Abwärtsspirale, d. h. in eine Position der Selbstentwertung, es wieder einmal nicht geschafft zu haben. Das nennt man die »psychische Phase« der Erschöpfungsdepression. Die psychosomatische Symptomatik entspricht sowieso der einer depressiven Erkrankung. Burnout und Männerdepression können schwer zu unterscheiden sein, zumal Aggression und Wut, Überschätzung der eigenen Kräfte und Aktivismus im Kampf gegen Probleme in beiden Formen deutlich sind.

Man könnte also festhalten, dass das »Burnout-Syndrom« eine Vorstufe in der Entwicklung einer »Erschöpfungsdepression« ist und mit dem Ich-Ideal des Betroffenen zu tun hat. Andernorts wird das Burnout-Syndrom auch als »narzisstische Depression« bezeichnet. Burnout ist die End-Symptomatik einer emotionalen Erschöpfung eines (über-)engagierten Menschen mit einem hohen Ich-Ideal und der Neigung zu narzisstischer Selbstausbeutung und geht mit Scham-, nicht mit depressiven Schuldgefühlen einher. Damit ist das Burnout-Syndrom bei aller symptomatischer Buntheit im Vorfeld Ausdruck eines gescheiterten Anspruchs an ein erfolgreiches Leben, an sich selbst, wobei psychotherapeutisch nach dem Ausmaß des Anspruchs und der Vorstellung von Erfolg zu fragen wäre. Burnout hat immer etwas mit dem Lebenskonzept und der Arbeitssituation eines Menschen zu tun. Wahrscheinlich betrifft es deswegen gerade die »ideell motivierten Lebensentwürfe« von Menschen.

Beim klassischen Burnout-Syndrom wird die »Schuld« externalisiert, d. h. jemandem außerhalb der eigenen Person zugeschrieben: nicht wahrgenommen, nicht geschätzt, nicht befördert werden u. ä. Wenn diese Externalisierung in »So jemand wie ich ist einer Anerkennung gar nicht wert« kippt, also in »Selbstbeschuldigung«, dann ist das bereits depressive Selbstentwertung.

Die heutigen Ansätze zum Verständnis von Burnout-Syndromen heben, im Gegensatz zu den sozialpsychologischen Ansätzen der 1970er und 1980er Jahre, nicht mehr auf die

Arbeitssituation, sondern auf die psychische Situation des Einzelnen ab; man könnte auch sagen, damit ist der Arbeitsbereich exkulpiert und die Verantwortung für das eigene Befinden der Person zugewiesen. Die Arbeitssituation und damit die Arbeitgeber sind hingegen aus ihrer Fürsorgeverpflichtung entlassen. Deswegen ist der heutige Burnout-Begriff schwammig geworden und bereits nach einem Burnout-Hype wieder im Abnehmen begriffen. Auch bei den therapeutischen Empfehlungen steht heute eher das Individuum und nicht so sehr die Arbeitsplatzsituation im Vordergrund, wenn es um die Förderung von Resilienz geht, also um die Förderung der Fähigkeit, aus widrigsten Lebensumständen gestärkt und mit größeren Ressourcen ausgestattet als zuvor herauszukommen, mit Belastungen geschickt umgehen zu können, ohne sich selbst dabei zu schädigen. Hierzu gehören internale Kontrollüberzeugungen im Sinne von Eigenverantwortlichkeit, Temperament, gute soziale Fähigkeiten, Akzeptanz von Krisen, Aktivität statt Opferrolle und keine eigenen Schuldzuweisungen sowie die Vermeidung von Selbstabwertungen.

Letztendlich ist das Burnout-Syndrom eine medizinische Störung, die unter dem Bild einer depressiven Erkrankung einhergeht, oftmals in eine sog. Erschöpfungsdepression, eine depressive Episode mündet, die mit Arbeitssituation, Selbstausbeutung und Arbeitgeber in Zusammenhang steht. Die nur auf den einzelnen Patienten bezogenen therapeutischen und rehabilitativen Empfehlungen sind unzureichend, wenn sie nicht auch die Arbeitssituation, die Atmosphäre am Arbeitsplatz, den Umgang und die Gratifikationsphilosophie des Arbeitgebers miteinbeziehen.

Der besonders in Deutschland populäre Begriff »Burnout« ist nicht verbindlich definiert und keine wissenschaftlich anerkannte Diagnose. Verschiedene Störungen können dahinterstecken, oft liegt eine »Erschöpfungsdepression« vor. Alleiniger »Arbeitsstress« führt nicht zum Burnout, weitere (persönlich-private) Konflikte müssen hinzukommen. Dieser Zustand ist als Risikofaktor für die Entstehung einer manifesten Depression anzusehen. Umgekehrt sind depressive Störungen ein Risikofaktor für die Entwicklung arbeitsplatzbezogener Burnout-Syndrome.

## 3.3   Depressive Syndrome

Unter einem »Syndrom« wird die regelhafte Kombination von Symptomen aus unterschiedlichen Bereichen verstanden.

Depressive Syndrome lassen sich vielfach nach psychopathologischen Schwerpunkten beschreiben, wobei die klassische Einteilung nach Kielholz (1966) anhand der Psychomotorik durch weitere Aspekte wie kognitive Störungen, psychotische Symptomatik oder Krankheitseinsicht vorhanden/nicht vorhanden zu ergänzen ist. Geht man davon aus, dass weltweit ein depressives Kernsyndrom eher mit einem apathisch-avitalen Symptombild einhergeht und die depressiven Denkinhalte eher kulturabhängig sind (z. B. Fuchs 2011), dann kommt ergänzend zur Psychopathologie auch psychodynamischen und psychosozialen Faktoren Bedeutung zu.

> **Depressive Syndrome – klinische Bilder (in Anlehnung an Faust et al. 1984 und Hole 1979)**
>
> - Agitiert-ängstliches depressives Syndrom
> - Apathisch-avitales depressives Syndrom
> - Gehemmt-apathisches depressives Syndrom
> - Gehemmt-ängstliches depressives Syndrom
> - Vegetativ-larviertes depressives Syndrom
> - Katalon-erregtes depressives Syndrom
> - Wahnhaft depressives Syndrom
> - Depressives Syndrom mit Zwangsgedanken und -handlungen
>   - mit paranoiden Ideen
>   - mit überwertig körperbezogenen Ideen
>   - mit nicht depressiven kognitiven Störungen
>   - u. a.

Durch die differenzielle Wirkung von Antidepressiva auf agitierte oder gehemmte depressive Zustandsbilder wurde die Beschreibung von »depressiven Syndromen« bedeutsam. Sehr rasch war aber auch deutlich, dass die einfache *Trennung nach »agitiert« oder »gehemmt«* nicht ausreichend war. Die klinisch vor Jahrzehnten von Kielholz oder Pöldinger eingeführte Regel, agitierte Zustandsbilder mit sedierenden Antidepressiva und gehemmte depressive Syndrome mit aktivierenden Antidepressiva zu behandeln, wurde durch klinische Zusätze wie »gehemmt-apathisch« oder »gehemmt-ängstlich« ergänzt (Kielholz 1966; Pöldinger 1968). Bis heute gilt der klinische Hinweis, bei Suizidalität keine aktivierenden antriebsfördernden Antidepressiva zu verwenden, wegen der sog. »Stimmungs-Antriebs-Dissoziation«. Darunter versteht man die Beobachtung, dass sich unter antidepressiver Therapie häufig die Antriebsseite, also z. B. eine psychomotorische Hemmung oder eine ausgeprägte Agitiertheit rasch wieder bessern, jedoch die depressive Herabgestimmtheit und letztlich damit auch die Freudlosigkeit und die daraus sich ergebende Hoffnungs- und Perspektivlosigkeit bzgl. der Zukunft, die ja die zentrale Motivationslage bei Suizidalität mitbestimmen, bestehen bleibt. Die klinische Überlegung ist einfach: Die Stimmung bleibt depressiv, der Antrieb ist deutlich gebessert, suizidale Impulse werden umsetzbar. Diese schlichte, aber klinisch gut nachvollziehbare Regel ist nicht belegt. Letztlich gibt es dazu sehr viel individuelle klinische Erfahrung, jeder Psychiater und Psychotherapeut, der mit schwer depressiven Patienten arbeitet und Erfahrung hat, hat solche Phänomene schon erlebt. Aber es gibt zu dieser klinischen Erfahrung kaum empirische Arbeiten (Barg et al. 1995). Trotzdem hat diese Aussage bis heute auch juristische Bedeutung, wenn jemand wegen des Suizids ihm anvertrauter Patienten mit der Frage, war die Pharmakotherapie adäquat, vor Gericht steht. Die Empfehlung, bei Suizidalität keine aktivierenden Antidepressiva zu verwenden, geht vermutlich auf Walter Pöldinger (1968) zurück, ohne dass dies belegbar wäre, der zeitlebens dieses Thema bzgl. Suizidprävention immer wieder angesprochen hat. Die heutige psychopharmakotherapeutische Empfehlung ist dabei etwas differenzierter, denn sie hebt auf die Kombination von Antidepressiva und Neuroleptika bzw. Benzodiazepinen bei suizidalen depressiv kranken Menschen ab und meint Behandlung der Depression entsprechend dem zugrundeliegenden Syndrombild und bei Suizidalität zusätzlich emotionale Entspannung, Sedierung und Dämpfung von Handlungsdruck durch sedierende Neuroleptika bzw. Benzodiazepine. Die Verwendung von Benzodiazepinen bei akut suizidalen depressiven Kranken hat auch die S3-/NV-Leitlinie »Unipolare Depression« empfohlen.

Die Unterscheidung verschiedener depressiver Syndrome, wobei die Typologie anhand verschiedener Symptomprofile wahrscheinlich u. a. auf Kielholz und Hole (1973) und andere zurückgeht, orientiert sich in erster Linie phänomenologisch an Antriebssymptomen, d. h. psychomotorischer Agitiertheit bzw. Hemmung, in zweiter Linie am Vorliegen von innerer Unruhe, Angstzuständen, depressiver Wahnsymptomatik und in einem weiteren Schritt an der Komorbidität mit anderen psychischen Erkrankungen wie Zwang, Sucht oder in den letzen Jahren auch Persönlichkeitsstörungen. Das sog. Kielholz-Schema, das angeblich von Kielholz selbst nie propagiert oder publiziert worden ist, stellt dann einen Zusammenhang zwischen gehemmt- bzw. agitiert-depressiven Syndromen und sedierender bzw. nicht sedierender d. h. aktivierender und stimulierender Wirkung von Antidepressiva her. Die Psychiatergeneration, die in den 60er, 70er und 80er Jahren des 19. Jahrhunderts ihre Weiterbildung zum Facharzt für Psychiatrie bzw. später zum Facharzt für Psychiatrie und Psychotherapie absolviert hat, ist mit dem sog. Kielholz-Schema aufgewachsen. Sedierende bzw. sedierend-anxiolytische Antidepressiva wie Amitriptylin oder Trimipramin wurden dabei der rechten Position im Kielholz-Schema zugewiesen, welche die agitierten Zustandsbilder verkörpert. Substanzen wie Clomipramin, Desipramin, Nortriptylin waren eher für die linke Seite des Kielholz-Schemas, also für gehemmte Zustandsbilder zuständig. Imipramin als am deutlichsten stimmungsaufhellende Substanz wurde immer der Mitte zugeordnet.

> **Persönliche Anmerkung der Autoren**
>
> Für die Klinik ist diese Regel einfach, gut nachvollziehbar und auch gut umsetzbar und sie hatte letztendlich auch einen hohen Marketingwert. Dabei wussten erfahrene Kliniker schon lange, dass das sedierende Amitriptylin über längere Strecken hinweg wegen des steigenden Nortriptylin-Anteils Unruhe und Agitiertheit bewirken konnte oder dass Clomipramin als primär antriebssteigernd verstandene Substanz in höheren oralen Dosen, wenn auch der Blutspiegel hoch wurde z. B. bei Infusionstherapien, wunderbar müde machte. Der junge Assistenzarzt in Weiterbildung war irritiert, wenn Patienten davon berichteten, dass sie Clomipramin zur Nacht nähmen und trotzdem gut schlafen könnten.

Betrachtet man die sozialen Aspekte der klassischen trizyklischen Antidepressiva, so muss man als Erstes festhalten, dass es einem Patienten anzusehen war, ob er ein Antidepressivum nahm. Er schwitzte, er war den ganzen Tag müde, er nahm an Gewicht zu, er war impotent, die Libido war reduziert, alle Schleimhäute, auch im sexuellen Bereich trockneten aus. Sexueller Verkehr konnte schmerzhaft sein.

> **Persönliche Anmerkung der Autoren**
>
> Ein Ingenieur, der mit russischen Firmen wegen Eisenbahnzügen verhandelte, sagte in der Ambulanz: »Herr Professor, das Zeug (er meinte Amitriptylin) nehme ich nicht mehr. Immer wenn ich Wodka trinken muss mit meinen russischen Vertragspartnern, bin ich zu müde, um noch etwas zu verhandeln«. Es wurde daraufhin auf einen der neueren SSRI umgestellt.
>
> Die Einteilung nach »psychomotorisch gehemmt« bzw. »agitiert« wurde also bald ergänzt durch die Zusätze Angst, Wahn, Suizidalität, war aber und ist bis heute eine klare klinische Empfehlung: gehemmt-ängstliches depressives Syndrom mit depressivem Wahn bedeutet Verordnung eines sedierenden Antidepressivums plus eines modernen Neuroleptikums.

Mit der Einführung der SSRIs war die Zeit des »Kielholz-Schemas« vorbei, denn SSRIs konnte man bei allen klinischen Zustandsbildern geben, evtl. kombiniert mit einem Benzodiazepin. Diese grobe Vereinfachung begann Ende der 1980er Jahre und führte zu einem breiten Einsatz von SSRIs und war deswegen u. a. auch eine geschickte Marketingstrategie. Es schien nun nicht mehr nötig, typische Formen von Depressionen phänomenologisch anhand von Symptomprofilen zu unterscheiden. Unabhängig von dieser Kritik war die Einführung der SSRIs und der nachfolgenden Substanzen ein großer Gewinn für die Psychopharmakotherapie depressiver Erkrankungen. Zwar gilt bis heute, dass es eine Zunahme der antidepressiven Wirksamkeit gegenüber den klassischen Trizyklika nicht gegeben hat, aber das Nebenwirkungsprofil von heutigen modernen Antidepressiva und die breite Einsetzbarkeit auch bei Menschen mit körperlichen Erkrankungen und dortiger Pharmakotherapie war und ist bis heute ein großer Gewinn.

Aus Sicht der Autoren, die die Entwicklung der Therapie mit Antidepressiva sozusagen von Anfang an mitverfolgen und begleiten und auch im klinischen Alltag einsetzen konnten, ist der größte Vorteil, dass die modernen Antidepressiva der zweiten oder dritten Generation, wenn man das so einteilen mag, »sozial verträglicher« sind. D. h. man sieht einem depressiven Patienten, der einen selektiven Serotonin-Wiederaufnahmehemmer oder auch einen Serotonin-Noradrenalin-Wiederaufnahmehemmer (SNRI) einnimmt, das Medikament nicht an.

Dies ist nur der Fall, wenn der SSRI überdosiert ist und zur Hyperhydrosis führt, d. h. der Patient schwitzt ununterbrochen, wobei diese Nebenwirkung sehr schnell abstellbar ist. Später wird auf die weiteren Nebenwirkungen von SSRIs und SNRIs und heutigen modernen Antidepressiva noch ausführlich eingegangen. Im Bezug auf die hier zu diskutierenden depressiven Syndrome sei jedoch noch einmal unterstrichen, dass es zum einen zu einer Vereinfachung der antidepressiven Therapie kam, indem nun nicht mehr differenziell ausgewählt werden musste. Zum anderen ist die gute Verträglichkeit als Besonderheit der SSRIs und SNRIs hervorzuheben, da diese unabhängig von Nebenwirkungen wie Schwitzen, QT-Zeitverlängerung oder auch sexueller Problematik nicht zur sozialen Auffälligkeit führte. Nicht zu vergessen ist auch die Straßenverkehrstüchtigkeit, die unter einem modernen SSRI oder SNRI weitgehend gegeben ist im Gegensatz zu der Dosierung mit einem klassischen sedierenden Trizyklikum.

**Anhand verschiedener Symptomprofile lassen sich phänomenologisch v. a. folgende Unterformen der Depression beschreiben:**

- *gehemmte Depression* (Reduktion von Psychomotorik und Aktivität, Extremform: Stupor)
- *agitiert-ängstliche Depression* (hier prägen ängstliche Getriebenheit, Bewegungsunruhe, unproduktiv-hektisches Verhalten und Jammern das Bild); diese Depressionsform soll mit einer schlechteren Therapieresponse einhergehen und z. T. zum bipolaren Spektrum gehören
- *apathisch-avitales depressives Syndrom*
- *»larvierte«, somatisierte Depression* (vegetative Störungen und vielfältige funktionelle Organbeschwerden stehen im Vordergrund; diese Depressionsform spielt in der ärztlichen Praxis eine besondere Rolle; »leibnahe« Symptome können sich bis zur Hypochondrie steigern)
- *psychotische Depression* (paranoide Symptome v. a. in Form eines Schuld-, Verarmungs-, Versündigungswahns oder Ich-syntone Halluzinationen in Form anklagender Stimmen; teilweise fehlende Krankheitseinsicht)

Gehemmte und agitierte depressive Syndrome werden anhand ihrer Psychomotorik unterschieden. Das gehemmt depressive Zustandsbild zeichnet sich durch eine deutliche Reduktion der Psychomotorik, also in Mimik, Gestik, mit verlangsamter Sprache, eingeschränkter Aktivität, meist auch mit Denkhemmung aus, wobei als Extremform der depressive Stupor, die Erstarrtheit des Menschen in seiner gesamten Psychomotorik zu sehen ist. Allerdings sind stuporös depressive Zustandsbilder heute selten geworden und auch der klassische Raptus melancholicus, das plötzliche, fast explosionsartige Handeln eines Patienten aus einer schwer gehemmten Depression heraus, wird heute selten beobachtet.

### Fallbeispiel: Raptus melancholicus

Eine 29-jährige Patientin, Medizinstudentin in den klinischen Semestern, war der Meinung, bei einer OP-Assistenz einen Fehler gemacht zu haben und entwickelte ein ausgeprägtes gehemmt-apathisches depressives Zustandsbild. Sie lag stunden- und tagelang fast steif auf dem Bett, ohne Mimik oder Gestik, aß und trank nur auf Aufforderung, musste manchmal infundiert werden, sprach nicht. Ohne äußere Wahnzeichen kam es dann zu einem fast eruptiven Aufspringen mit dem Versuch, sich aus der Tür in das Treppenhaus zu stürzen bzw. Station und Klinik zu verlassen, um sich zu suizidieren. Sie konnte aufgehalten werden.

Bei den gehemmten depressiven Syndromen unterscheidet man zwischen gehemmt-apathischen, bei denen der Vitalitätsverlust, die Apathie und Anhedonie im Vordergrund stehen, von den gehemmt-ängstlichen, bei denen oft eine spannungsgeladene innere Angst herrscht. Letztere sind häufig mit psychotischen Ideen (wahnhafte Depression) von Nihilismus, Untergang, Bedrohtheit, Verurteiltsein, große Schuld auf sich geladen zu haben u. ä. zu finden. Auch hier liegen häufig Todeswünsche und auch Suizidideen mit einem hohen Handlungsdruck vor.

Agitierte depressive Syndrome sind in den meisten Fällen verbunden mit Angstzuständen, so dass man von agitiert-ängstlichem depressivem Zustandsbild spricht. Die Agitiertheit kann dabei so quälend sein, dass der Patient viele Dinge anfängt, nichts beendet, sich dauernd getrieben fühlt, auf und ab läuft, nicht zur Ruhe kommt.

### Fallbeispiel: Agitiertheit

Eine über 70-jährige agitiert-ängstliche depressive Patientin wurde, nachdem sie in ihrer Agitiertheit über 30 Kilometer gelaufen war, völlig erschöpft und ausgezehrt mit einem derart agitiert-ängstlichen depressiven Zustandsbild in die Klinik gebracht. Auch hier waren psychotische Befürchtungen der Hintergrund.

Sogenannte *larvierte depressive Syndrome* sind immer sehr diskutiert worden. Dafür wurden auch die Begriffe »masked depression« oder vegetativ-larviertes depressives Syndrom verwendet. Der Punkt war, dass eine hinter einer Larve versteckte Depression als solche nicht oder nur schwer erkennbar ist, und wenn die Depression deutlich wurde, es sich nicht mehr um eine maskierte Depression handelt. Klinisch wurde unter einer larvierten Depression ein depressives Zustandsbild verstanden, bei dem die somatische Seite dominierte, aber ohne dass es sich um hypochondrische Zustandsbilder handelt. Die Benennung eines larvierten depressiven Syndroms ist heute aus dem klinischen Jargon fast vollständig verschwunden, zumal dieses Zustandsbild heute mit großer Wahrscheinlichkeit eher bei den somatoformen Störungen, einhergehend dann mit depressiver Symptomatik, zu finden ist.

Der »klassischen endogenen«, melancholischen Depression (Tellenbach 1961) werden als Kernsymptome v. a. das Gefühl der Gefühllosigkeit, Schuldgefühle, Tagesschwankungen mit Morgentief, somatische Beschwerden, Störungen der Psychomotorik und psychotische Symptome zugeschrieben.

Depressionen haben viele Gesichter und die klassische, früher »endogen« genannte, meist rezidivierende depressive Erkrankung mit biologisch-genetischen, psychosozialen und psychodynamisch-tiefenpsychologisch bzw. -lerntheoretisch nachvollziehbaren Anteilen, Belastungen und Konflikten in der aktuellen und in der biographischen Situation ist seltener geworden. Ebenso hat die sog. »neurotische« Depression mit ihren definitionsgemäß unbewussten Konflikten zwischen Über-Ich-Vorgaben und Es-Bedürfnissen, zwischen Realitäts-Ich und Es-Trieben und -Ängsten in der damals typischen Form abgenommen. Die ICD-10-Generation ist nicht mehr in psychodynamischem Denken (KVT, IPT, TP) ausgebildet.

Die Schuldthematik, das Zurückbleiben hinter Über-Ich-Regeln aus Erziehung und Gewissen, Gesellschaft, Kultur und Religion ist säkularisiert und scheint einem Zurückbleiben hinter einem Ich-Ideal, dem geheimen Selbstbild, was man denn gerne wäre, gewichen zu sein. Psychodynamisch gesprochen wird die Über-Ich-Depression von der Ich-Ideal-Depression abgelöst (Benedetti 1983; Böker 2001; Wolfersdorf et al. 2015), in der es um Schamgefühle geht und nicht mehr um Schuld und Sünde. Die Es-Depression nach Benedetti (1983) als Scheitern an den eigenen Wünschen und Triebbedürfnissen wird ersetzt durch ein Gefühl und Erleben von »Ungeborgensein«, wie Purucker (2014) dies benannt hat (Wolfersdorf und Purucker 2014), d. h. durch die schmerzliche Erfahrung von Beziehungslosigkeit in der Welt. Das reicht vom Heimkind bis zur Unfähigkeit junger Männer und Frauen, überhaupt in Beziehung mit anderen zu treten und Verantwortung zu übernehmen. Die Ich-Depression scheint heute die häufigste Form zu sein, als Kombination aus erlebter existenzieller Bedrohtheit und externalisiertem Scheitern, was positiv als Burnout-Verantwortung des Arbeitgebers und der Arbeitssituation und negativ als Kränkung, Diskriminierung, Mobbing, Verbitterung bis hin zu sensitiv-paranoid anmutender Gestimmtheit erlebt und beschrieben wird.

Die klassische Psychopathologie und Psychodynamik der depressiven Episode, wie sie vor 30–40 Jahren bei schweren klinisch behandlungsbedürftigen Formen auf Depressionsstationen noch gesehen wurden, unterliegen einem kulturell und gesellschaftlichen Wandel. Dies kann man am Beispiel des sog. Bur-nout-Syndroms sehen, das fast 100 Jahre nach dem Begriff der Psychasthenie als eine arbeitsbezogene und in der Entwicklung mit zahlreichen körperlichen Erkrankungen einhergehend wieder auftaucht. Dass wir nun im Zeitalter des Narzissmus – Selfies – leben, sei angefügt als persönliches Statement.

Nicht nur die Psychodynamik, auch die Psychopathologie, also das Symptombild einer depressiven Erkrankung verändert sich und hat sich verändert. Erstere in einem *kulturell-gesellschaftlichen Kontext*, in welchem heute der Traumatisierung, der Erfahrung von psychischer und körperlicher sexualisierter und nicht-sexualisierter Gewalt besondere Bedeutung zukommt (Gabbart 2005; Möller 2006). Letztere blieb und bleibt stabiler im Vergleich zu Beschreibungen aus dem letzten und vorletzten Jahrhundert, da die depressive Symptomantwort auf individuelle Belastungen, Kränkungen, Überforderungssituationen, auf Veränderungs- und Entwicklungsdruck bis auf unterschiedliche Wortwahl in der Beschreibung gleich blieb (z. B. Blatt 2004; Burton 1621; Corvelyn et al. 2005; Faller und Lang 2011; Griesinger 1845; Hell 2012; Leuzinger-Bohleber et al. 2013). Kernberg (1999) meinte, die Psychopathologie der Depression sei durch einen komplementären Satz von ätiologischen Faktoren determiniert, worunter er auf der einen Seite eine neurobiochemisch kontrollierte Aktivierung der Depression unter Bedingungen der frühen Trennung und des Objektverlustes versteht und auf der psychologischen Seite die Entwicklung von pathologischen Ich- und Über-

Ich-Strukturen auf der Basis konzeptuell vorgegebener oder durch Umwelt verursachter Aktivierung eines aggressiven Affektes. Kurt Schneider (1959) hatte von der »Aufdeckung der Urängste« des Menschen in der Depression gesprochen und diese als wenig veränderlich verstanden, da diese zum Menschsein gehören würden. Hingegen hat er den Inhalten bei schizophrenen Psychosen durchaus Kulturabhängigkeit zugestanden. Die Inhalte depressiver Erkrankungen scheinen sich eher langfristig anzupassen, siehe Wechsel vom Schuld- zum Schamthema, vom Über-Ich-Es-Konflikt hin zu einer Ich-Thematik und zur Traumatisierung, von der affektiv betonten hin zur köperlich-vegetativ betonten Symptomatik.

### Fallbeispiel: Somatisierte Depression

Patientin kommt wegen persistierenden Schmerzen bei degenerativen Wirbelsäulenveränderungen. Keine Besserung der Schmerzsymptomatik trotz Erhöhung der Schmerzmedikation. Sie habe furchtbare Schmerzen, ihre Lebenssituation an sich sei gut, sie sei aber belastet durch die Krebsdiagnose bei ihrem Ehemann. Schlaf gut, Appetit reduziert. Sie sei seit sieben Jahren krank, verschiedene körperliche Beschwerden, vor allem Schmerzen.

Sie sei körperlich sehr sensibel, neige zu Magen-Darm-Verstimmungen und Herzrasen. Die Schmerzen würden durch Ablenkung etwas besser. Kognitiv alters- und bildungsentsprechend, lebhafter Rapport, extravertierte Persönlichkeit, keine Anhedonie, affektiv gut schwingungsfähig. Somatisierung mit hypochondrischer Tendenz, vermehrte Selbstbeobachtung.

### Fallbeispiel: Rezidivierende, endogen-melancholische Depression

70-jähriger ehemaliger Landwirt, erste depressive Phase mit 24 Jahren, dann rezidivierend ca. alle drei Jahre. Jetzt Verdauungsstörung und wieder grundlos depressiv, gehe nicht mehr aus. Psychopathologisch schweigsam-skeptisch bis abweisend, introvertiert, tief depressiver Affekt mit völliger Anhedonie, hilf-, rat- und perspektivlos, negatives Selbstwertbild, antriebslos, Denkhemmung, immer wieder lebensmüde Gedanken ohne floride aktive Suizidalität. Erstarrte Mimik.

Der Vorteil der Beschreibung depressiver Zustandsbilder anhand ihrer Phänomenologie als »Syndrome« scheint ein differenzierterer Ansatz als eine reine Operationalisierung des depressiven Syndroms (DSM-5) anhand von Haupt- und Nebensymptomen und anhand der Anzahl von Symptomen zu sein. Gleichzeitig wurde mit der Einführung der »depressiven Episode« (ICD-10) festgelegt, dass das zentrale Symptom der Depression die depressive Herabgestimmtheit ist, mit Freudlosigkeit und Gefühllosigkeit, während die Antriebsseite auf den zweiten Platz verwiesen wurde.

Wenn die Phänomenologie der Depression auf eine definierte depressive Episode rückgeführt werden kann, ist auch der Bedarf an differenziell wirksamen Antidepressiva kaum mehr gegeben. Man mag dies als Vorteil sehen, als Vereinfachung, die sich z. B. im allgemeinmedizinischen Versorgungsbereich, der einen Großteil depressiv kranke Menschen betreut, als günstig erweist. Anderseits kann man es auch als eine phänomenologische Verarmung bezeichnen, wenn in der Folge eben nicht mehr genau hingesehen, genau hingehört und auch überlegt wird.

In der amerikanischen Psychiatrie gab es in der »Practice Guideline for the Treatment of Patients with Major Depressive Disorders« interessante Überlegungen zu »Special Clinical Features Influencing the Treatment Plan«, wobei ausdrücklich depressive Subtypen psychopathologischer Art einschließlich depressiver Zustandsbilder mit jahreszeitlichen Mustern, aber auch depressive Zustandsbilder mit Suizidideen und suizidalem Verhalten oder auch mit kognitiven Dysfunktionen sowie mit Komorbiditäten und psychosozialen Variablen wie psychosozialen Stressoren, Trauerprozessen, kulturellen Aspekten, Alter und Geschlecht sowie Postpartum-Depression und Familiengeschichte einbezogen wurden. Hier wurden also psychopathologische sowie psychosoziale Aspekt zur spezifischen Beschreibung von depressiven Syndromen verwendet. Eine ähnlich differenzierte Betrachtung depressiver Syndrome, wobei hier auch ätiopathogenetische und therapeutische Empfehlungen angeschlossen werden, findet sich aus psychosomatischer Sicht bei Lichtenberg und Belmaker (2010), wobei hier depressive Zustandsbilder mit Angst, Akuität, Postpartum, im höheren Lebensalter oder auch psychotische Zustandsbilder sowie solche mit psychosozialen Faktoren differenziert werden. In beiden Ansätzen wurde also die klassische Syndromlehre, die ja im Wesentlichen psychopathologisch orientiert ist, durch psychosoziale Faktoren und auch psychodynamische Anmerkungen ergänzt. Arieti und Bemporad (1983) hatten schon sehr früh eine »schwere« und »milde« Depression unterschieden. Ebenso haben Schmale (1972) und Seligman (1975) von depressiven Syndromen mit »helplessness« bzw. »hopelessness« gesprochen.

Hier noch eine Anmerkung zu den psychotisch-depressiven Syndromen, die früher auch als »wahnhafte Depression« bezeichnet wurden. Die psychotische Depression ist eine sehr schwere depressive Erkrankung mit typischen Symptomen, nämlich der nicht korrigierbaren Überzeugung/Wahn des Untergangs durch Schwinden der Welt (nihilistischer Wahn), durch körperlichen Zerfall (Körperwahn, hypochondrischer Wahn), Überzeugung nicht mehr leben zu können, zu verhungern, zu verschwinden von der Welt. Am Ende steht die Überzeugung vom selbst schuldhaft (Schuldwahn) verursachten, eigenen Untergang, dem Untergang der Familie und der Welt und dem selbst verschuldeten eigenen Tod (Todesgewissheit). Psychomotorisch gehen psychotische depressive Zustandsbilder entweder mit einem Stupor oder einer extremen Agitiertheit bzw. raschem Wechsel beider Symptombilder einher. Bei letzterem, der Erregtheit, die aus einer psychomotorischen Hemmung heraus entspringt, spricht man auch von »Raptus melancholicus«. Gemeint ist damit ein plötzlich auftretender psychotischer Zustand mit ausgeprägter Agitiertheit, hoher muskulärer Anspannung, nicht korrigierbarer kognitiver Einengung auf eine Wahnidee von tödlicher Untergangsangst mit gewalttätiger Aktivität, die mit Selbstvernichtung, Fremdaggression und dem Drang wegzulaufen sowie dem Drang sich zu suizidieren, einhergehen kann. Patienten beschreiben das als »unerträglichen Schmerz, man will nur raus, auch wenn man dabei verstirbt«. Dabei geht es um Beendigung, um Herauskommen aus dem seelischen Schmerz und nicht in erster Linie um suizidale Selbsttötung. Der Patient ist bewusstseinsklar, aber massiv auf seine Thematik eingeengt. Der Raptus klingt unter Schutz ab, der Patient erinnert sich an alles. Beim »Raptus melancholicus« fallen die Zeit des Beginns und der Handlungsdrang fast immer zeitlich zusammen. Manchmal sind dabei die Zunahme von innerer Anspannung, Druckgefühle im Körper, rasches Kippen des Denkens und wahnhafte depressive Denkinhalte als eine Art psychische Aura beobachtbar. 1879 hat Krafft-Ebing den »Raptus melancholicus« als eine »hochgradige Steigerung agitierter Melancholie bezeichnet, die sich nicht selten aus der tiefsten Passivität des Kranken heraus entwickelt«. Er meint weiter »das Krankheitsbild des ›Raptus melancholicus‹ stellt wesentlich eine Steigerung der Präcordialangst dar, ausgezeichnet dadurch, dass eine Trübung bis zur Aufhebung des Bewusstseins sich einstellt und die namenlose Angst in heftigster, so zu sagen convulsivischer Weise motorische Reaktionen hervorrufen. Nicht selten gehen dem eigentlichen Anfall aura-artige Zustände voraus in Form gedrückter Gemüthsstimmung, Reizbarkeit, Kopfschmerz, Schwindel, neuralgischen und paralgischen Sensationen«.

Abschließend zum Kapitel »Depressive Syndrome« noch einige Anmerkungen. Man könnte das Thema »Differenzielle depressive Syndrome« auf das klassische Kielholz-Schema mit seiner bescheidenen, aber klinisch durchaus relevanten Unterscheidung nach der Psychomotorik – agitiert oder gehemmt entsprechend unruhig-getrieben oder verlangsamt-mutistisch-stuporös – reduzieren und Syndrome nach Inhalten benennen wie »mit oder ohne Angst«, »mit oder ohne Einengungen« bis hin zu »mit oder ohne psychotische Symptome«. Absicht des Kielholz-Schemas war, einen differenziellen Ansatz für Psychopharmakotherapie anzubieten: auf der einen Seite eher sedierende Antidepressiva, auf der anderen eher antriebssteigernde und in der Mitte Imipramin. Bezieht man depressive Denkinhalte ein – Angst, Ängste, überwertige depressive Ideen, psychotische Ideen –, dann folgt auf die Frage, welches Antidepressivum verschrieben werden soll (und Antipsychotikum bei psychotischer Symptomatik, beim sog. depressiven Wahn) auch die Frage nach dem Verstehen von Denkinhalten, also nach Psychodynamik und differenzierten psychotherapeutischen Ansätzen.

Fuchs (2011) unterschied zwischen »somatisch-äußerlichen Symptomen«, meinte damit ein durch Vitalitätsverlust und Vitalstörungen gekennzeichnetes Kernsyndrom, und »psychisch-innerlichen Symptomen« mit der Entfremdung von der Welt, womit er die fehlende Reaktivität auf äußere Reize, das Nichtansprechen auf Zuwendung, Fürsorge und Verständnis in der tiefen Episode meinte.

> **Depression und Leiblichkeit (in Anlehnung an Fuchs 2011, S. 39–50)**
>
> - »Somatisch-äußerliche Symptome«
>   - Kernsyndrom der Depression »keineswegs psychologischer Natur«
>   - Vitalitätsverlust
>   - Antriebsverlust
>   - Abgeschlagenheit
>   - Schmerzen
>   - Appetitstörung
>   - Schlafstörung
>   - andere biologische Rhythmusstörungen
> - »Vitalstörungen«, »spezifische zyklothyme Leibgefühle« (Schneider 1992)
> - »psychisch-innerliche Symptome«
>   - affektive Symptomatik
>   - Entfremdung von der Welt
>   - Selbstentfremdung bis zum Wahn

> **Persönliche Anmerkung der Autoren**
>
> Gelenberg et al. (2010) stellten in den »Practice Guidlines for the Treatment of Patients with Major Depressive Disorders« in einem Supplement des American Journal of Psychiatry 2010 eine ganze Liste von »Special Clinical Features Influencing the Treatment Plan« vor. Diese reichen von spezifischer Symptomatik (Suizidalität, kognitive Störungen) über »depressive Subtypen« (z. B. Psychotic Features) und »Co-Cccuring Psychiatric Featerues« (z. B. Persönlichkeitsstörungen, Dysthymia, Essstörungen) hin zu kulturspezifischen und lebenssituativen »Variables«. Dies meint doch letztendlich nichts anderes, als dass es »die Depression«, »die depressive Episode« nicht gibt, sondern dass es sich um ein buntes Bild mit wenigen Kernsymptomen wie Herabgestimmtheit und Freudlosigkeit, Antriebsstörung und Vitalstörung sowie bunter Ausgestaltung handelt. Psychopharmakologisch gedacht behandeln wir ja mit den sog. Antidepressiva nicht eine »Depression«, so im Sinne von Gründer (2018), sondern wir beeinflussen bestimmte neurobiologische Zustände im Gehirn. Gründer (2018) führt die Mandelkerne (Amygdala) an, die für Emotion verantwortlich seien und in ihrem Erregungsniveau hochgefahren eine affektive Dominanz, d. h. die depressive Prägung und

> Einengung des Denkens bewirken. Da ist dann kein Zugang mehr für anderes Denken. Psychopharmaka (z. B. SSRI) senken dieses neuronale Niveau und erlauben so einen psychotherapeutischen Zugang durch die Öffnung dieser Einengung. »Emotional blunted« oder »emotional apathy« nennt sich die sich einstellende Gleichgültigkeit gegenüber depressiogener Problematik, aber auch gegenüber der Umwelt und anderen Personen. Der Zugang zu depressiven Denkinhalten, zum depressiv kranken Menschen wird dadurch ermöglicht. Und das ist dann psychotherapeutischer Auftrag.
>
> Bezieht man Persönlichkeitsaspekte mit ein – zu denken wäre an Akzentuierungen wie die von Leonhard beschriebenen »akzentuierten Persönlichkeiten« (Leonhard 1970) – zumal eine depressive Persönlichkeitsstörung im DSM-5 bzw. in der ICD-10 ja nicht beschrieben ist – oder den »Typus melancholicus« von Tellenbach (1976; 1988) mit der Tendenz zur Eingeschlossenheit in Ordnungsstrukturen und dem Zurückbleiben hinter einer lebensgeschichtlich notwendig gewordenen psychosozialen Entwicklung mit evtl. neuen Regeln und Normen (Tellenbach hatte das Inkludenz bzw. Remanenz genannt) oder depressive Attributionen, die das Leben eines Menschen bestimmen (Beck 1967; Beck et al. 1991) und oft anhaltenden Charakters sind oder von Persönlichkeitszügen, die sich um ein geringes, ein instabiles Selbstwertgefühl als anhaltender Selbstbewertungsstil gruppieren (Böker 2001; Huber und Klug 2016; Schauenburg 2007; Schauenburg et al. 1999; Wolfersdorf 1995; Wolfersdorf und Danneberg 2011 u. a.), dann bietet sich ein Potpourri von unterschiedlichen Ausgestaltungen einer »depressiven Episode/eines depressiven Syndroms« in Abhängigkeit von Psychopathologie, aktueller Psychodynamik, Persönlichkeitsakzentuierung, psychosozialem Bedingungsgefüge im Vorfeld, kultureller Ausgestaltung der depressiven Denkinhalte, von Sorgen, Ängsten, Überzeugungen. Depression auf die ICD-10-Psychopathologie zu reduzieren, wäre sehr unbefriedigend, denkt man nur an Geschlechtsunterschiede. Es wäre genauso unvernünftig wie Depression als »Serotoninmangelkrankheit« oder als »Katecholamin-Defizit-Syndrom« verstehen zu wollen und damit einem einseitigen Biologismus das Wort zu reden.

Die psychopathologisch differenzierte Beschreibung eines depressiven Syndroms ist wichtig für die Diagnostik, gefolgt dann von Psychodynamik, psychosozialer Situation und gesellschaftlich-kultureller bis hin spiritueller Einbettung, neuhochdeutsch könnte man von »ganzheitlich« sprechen, wenn der Begriff gerade im psychosozialen Bereich nicht schon so angestrengt überdehnt würde. Als in den 90er Jahren des letzten Jahrhunderts begonnen wurde, die Indikation für die Gruppe der selektiven Serotoninwiederaufnahmehemmer (SSRI) auszuweiten, wurde auch die enge Vorstellung von »Antidepressiva« verlassen. Gerade die heutige Unschärfe der Indikationen führt nun zu einem zunehmend kritischen Blick auf die sog. Antidepressiva und fördert den Ansatz von Kombination von antidepressiver Medikation und Psychotherapie, wie er in der S3-/Nationale Versorgungsleitlinie »Unipolare Depression« (DGPPN et al. 2015) ab mittelgradiger Depressionsausprägung deutlich vertreten wird. Die Ausweitung der Indikation bei den modernen Antidepressiva führt nicht nur zu einer verstärkten Frage danach, was Antidepressiva überhaupt neurobiochemisch und psychopathologisch bewirken, einschließlich von Nebenwirkungen z. B. bei langfristiger Verordnung, sondern auch zur Frag nach alternativen, z. B. psychotherapeutischen und anderen nichtpharmakologischen Behandlungsansätzen.

> **Fallbeispiel: Therapieansatz**
>
> Ein depressiver Bauer fragt: »Warum wollen Sie wissen, was ich im Stall tue?« Psychiater: »Weil ich Sie kennen lernen möchte und verstehen will, wie Sie leben.« Das war der Beginn einer längeren Therapie einschließlich Psychopharmakotherapie.

Eine depressive Krankheitsphase wird von Patienten als ein völlig anderer und neuartiger, schrecklicher Zustand beschrieben – so als ob ihnen der Boden unter den Füßen weggezogen worden wäre. Ein Zustand völlig anders als Stimmungstiefs, Traurigsein oder Bitternisse des Lebens. Probleme werden als riesig, Situationen als ausweglos erlebt, eine unerklärliche innere Unruhe und das Fehlen von Gefühlen (auch keine Trauer, nicht mehr weinen können) stehen oftmals im Zentrum der Selbstwahrnehmung. Die Depression ist mehr als nur eine Reaktion auf äußere Lebensumstände. Äußere Faktoren können dabei als Auslöser eine Rolle spielen. Der Unterschied zwischen psychischer versus somatischer Krankheit ist folgender:

> **Persönliche Anmerkung der Autoren**
>
> Psychische Erkrankungen betreffen unser Innerstes, unser Selbst, weswegen ihnen auch partiell etwas Unheimliches zukommt.

An Schilderungen von Patienten wird deutlich, dass eine Depression eine eigenständige Krankheit ist – sie illustrieren die Depressions-Symptomatik (z. B. Gefühl der Gefühllosigkeit, Hoffnungslosigkeit) eindrucksvoll:

> **Persönliche Anmerkung der Autoren**
>
> - Die bekannte Harry-Potter-Autorin Joanne K. Rowling (geb. 1965) beschrieb ihre Depression wie folgt: »Es ist sehr schwer, es jemandem zu beschreiben, der es noch nie erlebt hat, denn es geht nicht um Traurigkeit. Depression ist die kalte Abwesenheit von Gefühlen, eine echte Leere mit Abwesenheit von Hoffnung darauf, dass es wieder besser wird.«
> - Der Journalist und Autor Alexander Wendt schreibt: »Depression ist keine gesteigerte Traurigkeit, es fließt etwas von Dir weg wie Wasser bei Ebbe, es ist wie ein innerer Erfrierungszustand, eigentlich Unverlierbares geht verloren.«
> - Ein anderer Patient schreibt: »Sie hat eine feste Mauer um meine Seele gebaut«, »in meinem Kopf alles getötet, was mit Gefühlen zu tun hat«.

### 3.3.1 Geschlechtsspezifische Depressionsformen

Verschiedene Autoren weisen auf geschlechtsspezifische Unterschiede hin: bei depressiven Männern sollen häufig Aggressivität, exzessive sportliche Betätigung, Gereiztheit, Impulsivität und Alkoholmissbrauch dominieren, weshalb Depressionen bei Männern häufiger unerkannt bleiben.

Die Beschreibung der »depressiven Episode« in der ICD-10 beschreibt eine »weibliche Depression«. Deswegen wird nachfolgend die sog. »Männerdepression« mit ihren abweichenden Zügen dargestellt, gefolgt von der typisch weiblichen, hormonell abhängigen »Postpartum-Depression«, einer depressiven Erkrankung im Kontext der Geburt eines Kindes.

**»Männerdepression«**

Die große Mystikerin des Mittelalters, die Äbtissin Hildegard von Bingen (1098–1179), hat in ihrem Buch »Causae et curae« als Erste geschlechtsspezifische Aspekte in die Beschreibung der Melancholie, heute Depression genannt, eingeführt. Melancholische Männer haben, so Hildegard von Bingen, »eine düstere Gesichtsfarbe, auch sind ihre Augen ziemlich feurig und denen der Vipern ähnlich. Sie habe harte und starke Gefäße, die schwarzes und dickes Blut […] und hartes Fleisch und große Knochen, die nur wenig Mark enthalten […]«. Depressive Frauen kommen nicht besser weg und werden noch beklagenswerter geschildert: »Sie haben ein wenig widerstandsfähiges Naturell und leiden deshalb manchmal an Schwermut […]! Auch das Kopfleiden, das von der Schwarzgalle verursacht wird, werden sie bekommen, wie auch Rücken- und Nierenschmerzen […]«. Für die Verursachung der Melancholie/Depression macht Hildegard von Bingen allerdings Adam und den biblischen Sündenfall verantwortlich, ebenso dafür, dass im menschlichen Körper die »schwarze Galle« (Melancholie) entstanden sei: »Als Adam das Gebot übertreten hatte, wurde der Glanz der Unschuld in ihm verdunkelt, seine Augen, die vorher das Himmlische sahen, wurden ausgelöscht, die Galle in Bitterkeit verkehrt, die Schwarzgalle in die Finsternis der Gottlosigkeit und er selbst völlig in eine andere Art umgewandelt. Da befiel Traurigkeit seine Seele und diese suchte bald nach einer Entschuldigung dafür im Zorn. Denn aus der Traurigkeit wird der Zorn geboren, woher auch die Menschen von ihrem Stammvater her die Traurigkeit, den Zorn und was ihnen sonst noch Schaden bringt, übernommen haben«. Unabhängig vom Konzept der Vier-Säfte-Lehre der damaligen Zeit und der spirituellen Ätiopathogenese der Melancholie hat Hildegard von Bingen hier drei wichtige Aspekte der »Männerdepression« angesprochen: Die Traurigkeit, den Zorn und die Tendenz zur Selbstschädigung.

Das Thema »Gender« hat im vergangenen Jahrzehnt an Bedeutung gewonnen. Während früher depressive Erkrankungen mit einem eindeutig weiblichen Schwerpunkt beschrieben wurden und die Postpartum-Depression als typisches Beispiel einer geschlechtsspezifischen Variante depressiver Erkrankungen galt, psychische Erkrankungen und insbesondere depressive Störungen von Männern eher bei den Suchtkrankheiten oder chronischen Schmerzsyndromen diskutiert wurden, hat sich der Fokus heute auf das Thema geschlechtsspezifische Unterschiede und hier auf Männergesundheit bzw. Männermedizin und damit auch auf Männerdepression verschoben (Möller-Leimkühler 2016). Ein wichtiges Argument hier war die seit Beginn der Suizidstatistik auffällige Geschlechterverteilung bei den Suiziden: Auf den Suizid einer Frau kommen weltweit 2–3 Suizide von Männern.

> **Persönliche Anmerkung der Autoren**
>
> Abgesehen von einer nicht ausreichenden wissenschaftlichen Evidenz spricht eine Reihe von klinischen Erfahrungen sowie eine Fülle von Ergebnissen aus der Gewalt- und Sozialforschung dafür, Stresserleben und Stressverarbeitung von Männern in der Praxis stärker zu beachten., nicht nur unter dem Aspekt des Burnout-Syndroms, und eine besondere Sensibilität in der Diagnostik als auch in der Therapie depressiver Erkrankungen bei Männern zu entwickeln.

Zu einer Depression gehört eine primäre Erkrankung der Gestimmtheit (Affektivität: Herabgestimmtheit und Reduzierung der Gefühle), beschreibbar und erkennbar anhand einer typischen Symptomatik nach ICD-10, wobei neben dem operationalisierten Symptom- und Verhaltensmuster auch eine Zeiteinheit von mindestens zwei Wochen gegeben sein muss. In der akuten Depressivität weisen depressiv kranke Menschen ein Kernsyndrom von Herabgestimmtheit mit Freud- und Antriebslosigkeit, dysfunktional negativ und hoffnungslos gefärbten depressiven Kognitionen einschließlich Hoffnungs- und Hilflosigkeitsgefühlen sowie körperliche Symptome auf, zu denen vor allem rasche Erschöpfbarkeit, Appetit-, Schlaf- und sexuelle Störungen zählen. Interaktionell ist das Krankheitsbild durch ein typisches Verhalten von Rückzug, Appell an das Umfeld sowie Entwertung der eigenen Person gekennzeichnet.

---

**Klinisches Bild einer depressiven Erkrankung bei Männern: Klinische Merkmale**

- eher gehemmte Bilder
- mehr Neigung zu Rückzug
- eigentherapeutischer Alkoholmissbrauch, Alkoholabhängigkeit und Depression
- Neigung zu Impulsivität, Aggressivität
- vermehrt Somatisierungstendenz
- höhere Suizidrate bei Männern
- eingeschränkte Veränderungsfähigkeit bei Männern
- unzureichende Inanspruchnahme des Hilfsangebots durch Männer
- bei stationärer Aufnahme Männer meist schwerer (auch wahnhafter) depressiv
- Männer mit leichten oder mittelgradig depressiven Syndromen gehen selten deswegen zum Arzt (Facharzt) (Problem Stigma)
- Selbstbehandlungsversuche bei Männern: Sport (exzessiv), vor allem Laufen/Joggen, Schwimmen u. a.
- Behandlungsansätze beim Haus-/Facharzt eher symptombezogen: Schlafstörungen, Kreuzschmerzen, Stress usw.
- Männer nehmen das medizinische Hilfesystem weniger in Anspruch (Stigma, aktivistische Abwehr)
- Veränderungsbereitschaft (Psychotherapie) bei Männern geringer
- Selbstbehandlung durch Alkohol, Drogen
- Suizidalität bei Männern näher als bei Frauen (nahezu weltweit kommen auf einen Frauensuizid drei Männersuizide)
- klinischer Eindruck, dass Männer weniger stimmungsbezogen (Verzweiflung, Klage, Hoffnungslosigkeit) in der Depression klagen, sondern eher argumentativ

---

Das klinische Bild einer depressiven Erkrankung bei Männern scheint sich vor allem durch die Kombination der klassischen depressiven Kernsymptomatik mit zusätzlicher Gereiztheit, Irritabilität, Aggressivität, Ärgerattacken oder auch antisozialem Verhalten auszuzeichnen. Meshkat et al. (2010) weisen daraufhin, dass sich die bei Männern im Rahmen von Depressionen häufigen Symptome wie Irritierbarkeit, Feindseligkeit und Aggressivität anhand der gängigen Diagnosemanuale nur teilweise erfassen lassen bzw. als Kriterien von Depressionen bei Männern nicht angeführt sind. Folglich komme es in der klinischen Praxis zu einer *Unterdiagnostik der »Männerdepression«* bzw. es würden Fehldiagnosen, wie z. B. die einer antisozialen Persönlichkeitsstörung, gestellt. Dabei konsultieren Männer meist erst bei fortgeschrittenem Krankheitsverlauf ihrer depressiven Erkrankung einen Arzt, beispielsweise im Kontext von Komorbiditäten wie Alkoholmissbrauch oder auffälliger Reizbarkeit, die von der Partnerin registriert wird, oder in der Folge von Beschwerden durch Überaktivitäten z. B. im Sport.

Die »Gotland Scale of Male Depression« wurde entwickelt, um »männliche Depression« zu erfassen. Sie enthält zusätzlich die Dimensionen Substanzmissbrauch, Reizbarkeit, Aggressivität, Selbstmitleid und Stressgefühle (Rutz et al. 2010).

> **Fallbeispiel: Selbstbehandlung**
>
> Ein 58-jähriger Patient, von Beruf selbst Arzt, hatte bei sich eine depressive Erkrankung diagnostiziert und eine Selbstbehandlung über exzessiven Sport eingeleitet, nämlich 5x pro Woche Halb-Marathon zu laufen. Das Ganze ging nahezu ein Jahr gut, der Patient »lief vor seiner Depression davon«. Danach kam es zu einer völligen körperlichen Erschöpfung und einer massiven depressiven Episode, die der längeren stationären Behandlung bedurfte.

Selbstbehandlungsversuche mit antidepressiven Strategien sind grundsätzlich erwünscht und zu begrüßen. Allerdings gilt auch hier, dass ein deutliches Zuviel wiederum in eine depressiv getönte Erschöpftheit und damit in das Gefühl des Versagens, des Nichtkönnens, des unzureichenden Genügens führt. Hinzu kommt die Neigung zu einer hohen narzisstischen Kränkbarkeit, in seinen persönlichen Fähigkeiten nun eingeschränkt zu sein, manchmal einhergehend mit einer »narzisstischen Wut« gegen sich selbst oder auch gegen das Umfeld, dem dann externalisierend Schuld zugeschrieben wird. Depressive Männer neigen dabei zu selbstschädigendem Verhalten wie Alkohol- oder Medikamentenabusus oder auch zu suizidalem Verhalten. Schaller und Wolfersdorf (2010) konnten anhand eines Überblickes über die Studien zum Suizid bei depressiv kranken Menschen zeigen, dass trotz des Überwiegens von Frauen bei depressiven Erkrankungen beim Suizid in der Depression mit zweidrittel bis dreiviertel der Suizidenten das Männergeschlecht vertreten war. Männer weisen also in der Depression ein deutlich höheres Ausmaß an Suizidgefährdung auf.

> **Persönliche Anmerkung der Autoren**
>
> Ob es sich bei der sog. männlichen Depression um eine eigenständige depressive Erkrankungsform handelt oder um eine Gender-spezifische Akzentuierung, ähnlich einer Depression mit psychotischen Symptomen oder einer Depression im höheren Lebensalter, muss offenbleiben. Im stationären Rahmen unterscheiden sich depressive Syndrome von Männern und Frauen nicht auffällig. Allerdings werden Männer, die stationärer Behandlung bedürfen, häufig bei Aufnahme als schwerer depressiv krank eingeschätzt und auch ihre selbstbeschriebene Hoffnungslosigkeit erscheint stärker ausgeprägt. Hinsichtlich der Häufigkeit von Life Events und Belastungen im Vorfeld mit möglicher depressiogener Wirkung finden sich nach der Literatur keine Unterschiede, wobei Männer jedoch bedeutsam anfälliger für Lebensereignisse sein sollen, die sie selbst betreffen, insbesondere in ihrer Leistungsfähigkeit, während bei Frauen die Depressivität in hohem Zusammenhang mit Belastungen im familiären Feld gesehen wird. Männer scheinen vor allem im Zusammenhang mit dem Verlust von Rolle und dem Verlust von Ansehen in der Öffentlichkeit, evtl. in Kombination mit gleichzeitiger Beziehungsproblematik, depressiv und dann auch suizidal zu dekompensieren, während Frauen eher im Kontext der »Cost-of-caring«-Hypothese depressiv erkranken.

Das Problem bei der sog. Männerdepression scheint nicht die Depression selbst und ihre Behandlung zu sein, sondern eher das deutlich erhöhte Suizidrisiko, wie aus der bundesdeutschen Statistik hervorgeht, aber auch weltweit bekannt ist. Demnach überwiegen Männersuizide mit zwei bis drei zu eins. Da Depressivität und Suizidalität bei Männern mit einer unzureichenden Inanspruchnahme von Hilfeangeboten bzw. Angeboten im Rahmen des medizinischen Gesundheitssystems in Deutschland einhergehen – »Frauen klagen, Männer bringen sich um!« –, ist bei der Männerdepression gerade auf die Punkte überbordendes Abwehrverhalten (süchtiges Verhalten, Sport) sowie Vermeidung von Therapie und therapeutischen Kontakten und Interventionen zu achten. Hier ist auch eine Aufgabe für Hausärzte bzw. Familienärzte zu sehen, die ihre Patienten und Familien kennen.

**Postpartale (postnatale, peripartale) Depression**

Die postpartal, also innerhalb der ersten Monate (v. a. der ersten vier Wochen) nach der Entbindung auftretende Depression (Inzidenz ca. 10%) sowie die in den letzten Jahren mehr beachtete Schwangerschaftsdepression gehen typischerweise mit Stimmungsschwankungen, Insuffizienzgefühlen, Agitiertheit/Unruhe sowie formalen Denkstörungen, Zwangssymptomen und auch suizidalen Impulsen einher. Wesentlich häufiger ist die Depressionsform »Baby blues« (»Heultage«) mit Affektlabilität (Stimmungsschwankungen).

**Fallbeispiel: Wochenbettdepression-Hypothyreose**

Vorstellung einer 31-jährigen zweifachen Mutter wegen einer Wochenbettdepression. Der besorgte Hausarzt konstatierte eine zunehmende Verschlechterung des Allgemeinzustands mit beinbetonten Muskelschmerzen, Müdigkeit und Abgeschlagenheit. Im Labor fanden sich erhöhte Transaminasen und Lipide sowie ein deutlich erhöhter TSH-Wert bei nicht meßbarem T4 und deutlich erniedrigtem Gesamt-T3. Die weiterführende Antikörperdiagnostik bestätigte eine postpartale Thyreoiditis, eine Unterform der Hashimoto-Thyreoiditis. Die Wochenbettdepression hatte also auch eine organische Ursache. Bei Zeichen einer klinischen Hypothyreose nach Entbindung sollte eine solche ausgeschlossen werden.

### 3.3.2 Anhaltende, sog. »chronische« Depression

**Chronische Depression/Dysthymia/persistierende depressive Störung**

Das Phänomen der chronischen Depression wurde bereits 1967 von Weitbrecht beschrieben. Er diskutiert ein »Ineinandergreifen der Symptome einer klassischen endogenen Depression mit denjenigen eines psychoorganischen Syndroms [...], einen chronisch anhaltenden, weiterlaufenden Krankheitsprozess oder einen Residualzustand im Sinne einer Defektheilung«. Er betont die Bedeutung sekundärer neurotischer Verhaltensstörungen sowie chronisch depressiver erlebnisreaktiver Entwicklungen unter Extrembelastungen. Ca. 20–30% der Depressionen nehmen einen chronischen Verlauf, wobei sich Unterschiede zwischen ambulanten und stationären Patienten bezüglich Häufigkeit, Alter und Schweregrad zeigen.

An einer sog. therapieresistenten, chronischen, chronifizierten Depression erkrankte Menschen machen sowohl bei klinisch Tätigen als auch bei niedergelassenen Psychiatern in offenbar zunehmendem Maße die Hauptklientel ihrer depressiven Patienten aus, nachdem durch die leichte Verfügbarkeit antidepressiver Medikamente die akute Depressionsbehandlung bei leichteren und mittelschweren Depressionen zu einem erheblichen Maße von Nicht-Fachärzten übernommen worden sei, schreibt Laux 1986 in dem Buch »Chronifizierte Depressionen«, in dem er über eine klinische Verlaufsuntersuchung unter Berücksichtigung typologischer, therapeutischer und prognostischer Aspekte berichtet. Akute unipolare depressive Erkrankungen gehen zu 11% (z. B. Angst und Preissig 1995; Kilho et al. 1988; Ruppe 1996; Steinert 1989; Wolfersdorf et al. 1990) bis zu 25% (Lee and Murray 1988) in anhaltende, sog. chronische Depressionen über. Laux (1986) hatte in seiner US-amerikanischen Gesamtstichprobe einen Anteil von 25% depressiven Patienten mit einer Krankheitsdauer von mehr als zehn Jahren und in einer Stichprobe in einer deutschen Nervenarztpraxis einen Anteil von 29 % gefunden. Als Risikofaktoren definierte er einen frühen Erkrankungsbeginn bei Frauen, einen späten Erkrankungsbeginn bei Männern, eine lange Phasendauer, eine pathologische Charakterstruktur, Hypochondrie, Wahnsymptomatik und neurotische Symptome, körperliche Erkrankungen, aber auch Fehlbehandlungen und pharmakogene Depressionen sowie ein behinderter Partner, soziale Beeinträchtigungen oder gelernte Hilflosigkeit als psychosoziale Faktoren.

Das Wort »chronisch« leitet sich von dem griechischen Wort »chronos« (Zeit) ab und bedeutet demnach »dauert länger als üblich im Durchschnitt«. Der Zeitraum wurde von der ICD-10 auf zwei Jahre festgelegt und ist somit das Ergebnis einer Vereinbarung. »Chronisch« heißt jedoch nicht »therapieresistent«! Chronische Verläufe sind zeitlich definiert als mehr als eine zwei Jahre anhaltende Symptomatik. Therapieresistenz meint dagegen das Nichtansprechen auf definierte unterschiedliche (vor allem Antidepressiva, selten Psychotherapie) Therapien, die keine Symptombesserung, keine Remission erzielen und überwiegend bei einer unbefriedigenden Response verbleiben. Dass es sich hierbei um eine rein symptomorientierte Definition handelt, ist offensichtlich.

Betrachtet man die klinischen Charakteristika von sog. chronisch depressiven Kranken, dann wird man neben oben genannten Faktoren (Laux 1986) mehr Männer als Frauen finden, überwiegend jüngere Männer, die überwiegend leistungsorientiert sind, hochnarzisstisch besetzte Tätigkeitsziele haben und leicht kränkbar sind. Darüber hinaus findet man Frauen im mittleren Lebensalter, in der Vorgeschichte mit Essstörungen, wobei die Kinder aus dem Haus sind, in der Beziehung zur Herkunftsfamilie Probleme mit den eigenen Müttern, nochmal Männer im mittleren Lebensalter jenseits der 50er Jahre, erfolgreich im Beruf, perfektionistisch und normorientiert, Workaholics, hierarchisch im Rollenverständnis, dann ältere und alte Männer, körperlich krank, in der psychosozialen Situation zeigt sich Vereinsamung, Verwitwung, Autonomieverlust, Alkoholmissbrauch, keine Versorgung in der Familie und insgesamt Beeinträchtigungen im psychosozialen Bereich und in der Lebensqualität. Ruppe (1996) konnte zeigen, dass sog. chronisch depressiv kranke Patienten am Ende einer 6-Jahreskatamnese signifikant häufiger allein lebten, keinen Kontakt zu den Kindern hatten, signifikant schlechter mit Verwandtschaft und sozialen Kontakten zurechtkamen und im Vergleich zu einer symptomfreien und auch im Vergleich zu einer Gruppe mit rezidivierendem Verlauf signifikant unzufriedener mit der eigenen Freizeitaktivität, dem sozialen Status und dem Management der aktuellen Lebenssituation waren (Wolfersdorf et al. 2005, S. 446–448). Eine geringe Häufigkeit sozialer Beziehungen, die Auswirkungen von Lebensereignissen und eine ausgeprägtere Entlasssymptomatik bzw. Symptomatik am Ende einer Behandlung scheinen mit einem insgesamt schlechteren Therapieverlauf assoziiert. Neben einer adäquaten und kontinuierlichen antidepressiven Psychopharmakotherapie mit geringster Nebenwirkungsrate aufgrund der Langzeittherapie ist die psychiatrisch-psychotherapeutische Langzeitbegleitung auf einer kognitiv-verhaltenstherapeutischen oder auch psychodynamisch-tiefenpsychologischen Ebene mit sich immer wiederholenden psychoedukativen und sozialpsychiatrischen Elementen die Therapie der Wahl. Chronisch krank heißt Langzeittherapie, die durchaus mit engmaschiger Krisenintervention bzw. Verschlechterungsprophylaxe unter Einbeziehung von Angehörigenarbeit, Soziotherapie und Selbsthilfegruppen abwechseln kann. Schauenburg und Clarkin (2003) haben Empfehlungen zu einer »langfristigen niederfrequenten Erhaltungspsychotherapie« vorgestellt, die Kontinuität der Psychopharmakotherapie bzw. auch der personellen Betreuung gefordert und das Augenmerk auf soziale

Isolierung, belastende Lebensumstände (Armut, Alleinerziehenden-Status, Krankheit, Gewalt), erhebliche Restsymptomatik und rasche Rückfälle bzw. deutliche Schwankungen in der Symptomatik gelegt. Wolfersdorf und Heindl (2003) haben als Ziel von Therapie und Intervention zur Vermeidung von Chronifizierung neue Erfahrungen mit neuen affektiven und kognitiven Besetzungen gefordert, die sich gegen Hilflosigkeitseinstellungen, ein persistierendes Krankheitsgefühl, andauernde Insuffizienzgefühle, andauernde negative Erfahrungen und negative Selbstbewertungen, ungünstige Coping-Strategien, Rigidität im Denken und ein globales Gefühl des »existenziellen Zuwenig« richten. Wo in einem Chronifizierungskreis dann therapeutisch interveniert wird, hängt von der aktuell betonten Situation ab: symptombezogen, situationsbezogen, psychosozial bzw. im Arbeitsbereich.

Psychopathologisch imponieren sog. chronisch Depressive häufig »wenig eindrucksvoll«, d. h. es muss ganz direkt nachgefragt werden, z. B. nach der Bewältigung des Alltags, nach Veränderungen dabei, nach der Teilhabe am gesellschaftlichen kulturellen Leben in der Gemeinde, der Stadt, nach Veränderungen von sportlichen Aktivitäten, nach der Befindlichkeit nach dem Arbeitsalltag (Belastbarkeit, Erschöpfung, Perfektionismus und Selbstüberforderung, anhaltender Verbitterung und Kränkungsgefühlen durch Verhalten von Arbeitgebern, Entwertung innerhalb der Familie u. ä.). Es sind die direkt individuell betreffenden Themen, die depressiogen wirken.

**Klinische Kriterien einer chronischen Depression**

- Patient ist seit längerem ambulant oder klinisch fachärztlich bekannt: anhaltend depressiv ohne ausreichende Response und ohne Remission mit zeitweiser Verdichtung der Therapie (amb./stationär)
- psychopathologisch unzureichende Symptombesserung und schwankender Verlauf mit deutlichen Verschlechterungen und Zeiten besseren Befindens
- Teilhabe am Arbeitsleben immer wieder unterbrochen durch Krankschreibungen und Krankenhausaufenthalte, eigentlich belastungsunfähig (auch in seiner fachlichen Kernkompetenz)
- Angehörige fühlen sich belastet, überfordert, halten andauernden Negativismus nicht aus, ziehen sich zurück, Distanz
- psychopathologisch dominieren Symptome wie negativistisch-depressive Grundstimmung mit Freudlosigkeit, Antriebslosigkeit zwischen Nichtkönnen aber auch Nichtversuchenwollen; viel Fremdantrieb nötig; morgendliches Tief mit Antriebsstörung; anhaltende Klage, evtl. mit Fremdvorwürfen (Schulddelegation externalisiert!); wechselnde Nähe zu Suizidalität; Vermeidung von Therapie »Man kann mir sowieso nicht helfen«: Entwertung von Therapie/Pflege usw.
- Reaktionen von Arbeitgebern, Behörden, verständnisloses Umfeld wird oft (z. T. auch mit Recht) als kränkend, entwertend, wenig verstehend und wenig verständnisvoll erlebt, Zurückstufungen als Degradierung

**Fallbeispiel: Chronifizierte schwere psychotische Depression**

68-jährige Patientin: Die Überschrift meines Lebens lautet: »Wenn ich schon die Frechheit besitze, da zu sein, dann sollte wenigstens alles, was mit mir zu tun hat, reibungslos laufen. Wenn ich will, dass mein Mann noch zu einer lebenstüchtigen Frau kommt und die Kinder zu

> einer lebenstüchtigen Mutter, dann muss ich zur Seite treten und damit Platz machen. Wider besseren Wissens habe ich immer noch den Eindruck, dass ich mich wie ein blinder Passagier ins Leben geschwindelt habe. Ohne jegliche Befähigung und Ausstattung. Der Tod hat für mich gar kein negatives Image. Es ist so ein leichter, luftiger Gedanke, lichtdurchflutet, vielleicht zwei oder drei weiße lockere Wölkchen und alles andere bleibt zurück. Der Grund für meinen Todeswunsch liegt darin, dass ich für das Leben in dieser Welt gänzlich ungeeignet bin. Das tägliche Scheitern in allen Bereichen wäre schon schlimm genug, aber zu erleben, wie man seine Familie schädigt, ist unerträglich. Deshalb sollte ich so gerne den Hut nehmen und die Familie von mir befreien. Meine Eltern konnten mich leider nicht lieben, ich kam zu ungelegen. Ich war von allen Seiten von Anfang an unerwünscht, meine Mutter wollte sich umbringen, als sie erfuhr, dass sie schwanger war. Ich wuchs isoliert auf, meine Eltern schränkten mich ein in jeder einzelnen Faser meines Seins. Ich durfte weder einen Willen noch eine Meinung haben. Ich musste zu allem »Ja« sagen und wenn irgendetwas nicht in Ordnung war, wurde ich mit absolutem Liebesentzug gestraft, ich wurde behandelt mit eisiger Höflichkeit. Ich habe dieses Leben nicht gewollt. Was fängt man an mit so einem Teil, wenn die nötige Ausstattung nicht mitgeliefert wurde. Die Schuld, dass ich die Frechheit besitze zu existieren, die Schuld, dass ich alles falsch gemacht habe – die Schuld hat mich total im Griff, die Schuld, dass ich trotz aller Bemühungen auch weiterhin so übermäßig fehlerhaft sein werde, denn ich versuche ja schon mein Leben lang dies zu ändern. Aber eigentlich kann ich doch gar nichts dafür, aber das findet einfach nicht den Weg in meinen Kopf, ich bräuchte dringendst ein Ersatzteil. Ich habe so schlimme Einbrüche, dass ich es nicht ertrage. Die Grenze dessen, was ich aushalten kann, wird immer wieder dramatisch bei weitem überstiegen. Ich weiß dann nicht ein noch aus vor lauter Schuld und Panik. Ich möchte mein ganzes Leben, für das ich definitiv nicht geeignet bin, rückgängig machen. Ich möchte mich ganz klein zusammenfalten und in eine Fußbodenritze stecken. Gerettet hat mich immer wieder mein Mann, was er allerdings mitmachte mit mir, geht auf keine Kuhhaut. Wenn es besonders schlimm war, verbrachte er die Nacht am Boden vor meinem Bett, um zu merken, wenn ich aufstand, um mich umzubringen. Ich rief ihn zum Beispiel an seinem Arbeitsplatz an und sagte ihm, die einzige Entscheidung, die ich im Leben noch treffen werde, ist die, wie ich mich umbringe. Durch ihn habe ich das gerade so überstanden, weil er mich getragen hat.«

Grundprinzip der Behandlung chronisch depressiver Patienten ist die Kombination psychopharmakologisch-biologischer, psychotherapeutisch-psychoedukativer und sozialpädagogisch-psychosozialer Verfahren von Anfang an als Fortsetzung der Akuttherapie und die Einsicht in die Notwendigkeit bzw. in ein Krankheitskonzept und Behandlungskonzept mit einem langfristigen d. h. mehrjährigen Ansatz, der durchaus streckenweise den Charakter von Begleitung und sozialpsychiatrischem Management des aktuellen Lebens annehmen kann und dann wieder psychodynamisch-tiefenpsychologischer oder lerntheoretisch-verhaltenstherapeutischer Konfliktbewältigung gewidmet sein kann. Die Einbeziehung von Angehörigen, sofern vorhanden, auf dieser Ebene ist nicht nur sinnvoll, sondern notwendig zur Entlastung der Angehörigen und zur Aufrechterhaltung einer hilfreichen partnerschaftlichen Beziehung zu ihrem betroffenen Familienmitglied, wobei dann auch Selbsthilfegruppen empfohlen werden.

In der **Langzeittherapie** wird die Frage der Arbeits- und Erwerbsfähigkeit irgendwann einmal auftauchen. Dabei geht es um die Beurteilung von Belastbarkeit, von Dienstfähigkeit, evtl. auch um gestufte Wiedereingliederung, die gerade für depressiv kranke Menschen sehr wichtig ist, meistens zu kurz gewählt wird und nach einer schwereren depressiven Episode doch mindestens drei Monate mit stufenweiser Wiedereingliederung laufen sollte. Die eigenen Erfahrungen mit Wiedereingliederung depressiv kranker und nun relativ symptomfrei und gestuft belastbarer Patienten sprechen für folgende Steigerungsstufen: 3–4 Wochen 50 % von 40 Stunden pro Woche, die darauffolgenden 3–4 Wochen 70 % und schließlich 3–4 Wochen 90 %. Sollte es Verschlechterungen der Befindlichkeit geben, so kann ein paar Tage auf die vorherige Zeit zurückgegangen und dann wieder erhöht werden. Damit ist die Wiedereingliederung nicht gescheitert.

Fasst man zusammen, so ist im klinischen Bereich und im ambulanten Versorgungsfeld von 20–25 % sog. chronischen Kranken auszugehen, bei denen dann die Langzeitperspektive im Vordergrund steht. Ob es eine »primäre Chronifizierung« bereits nach einer ersten schweren depressiven Erkrankung gibt, muss offenbleiben, der dringende Verdacht liegt jedoch nahe. Das Ziel einer Therapie ist grundsätzlich immer bei jeder Depression die Symptomremission, die Wiederherstellung und der Erhalt von Belastbarkeit und Leistungsfähigkeit im Arbeitsleben, im Beziehungsleben und im gesellschaftlichen Leben, was man heute als »Teilhabe« bezeichnet. Natürlich auch die Vermeidung von Chronifizierung und vor erneuter Erkrankung.

Eine Langzeittherapie hat begleitenden, stützenden, korrigierenden, fördernden und auch fordernden sowie schützenden Charakter, gerade bei sog. chronisch depressiv kranken Menschen bzw. bei Menschen mit Therapieresistenz, was letztlich auch ein Teil von Chronifizierung sein kann. Die Erfahrungen in der Therapie und in dem begleiteten Alltagsleben sollen neue affektive Eindrücke und Erfahrungen bzgl. sozialer Kompetenz, Selbstwertgefühl, Belastbarkeit, Beziehungsfähigkeit und externer Wertschätzung vermitteln. Eine kontinuierliche und verlässliche Langzeitorganisation von Therapie, meist über 3–5 Jahre hinweg, ist damit gefordert. Langzeitbegleitung und Langzeittherapie bedeuten Psychopharmako-, Psycho- und Soziotherapie und Einbeziehung der Angehörigen.

> **Persönliche Anmerkung der Autoren**
>
> Jeder Patient mit Diabetes, mit Bluthochdruck, nach einem Herzinfarkt oder Schlaganfall, mit Neurodermitis, um nur ein paar somatische Erkrankungen zu nennen, ist ein Langzeitpatient, der Jahre und Jahrzehnte bei seinem Hausarzt und entsprechendem Facharzt versorgt und von diesem begleitet wird. Die hilfreiche Bindung von depressiv kranken Menschen an ihren jeweiligen Facharzt für Psychiatrie und Psychotherapie ist letztendlich das Gleiche, denn sie begleitet einen Menschen durch ein Leben, in dem er anscheinend mehrfach Unterstützung benötigt und in dem er auch mehrfach mit einem externen »Berater« sprechen möchte. Die früher von sozialpsychiatrischer Seite und auch von Krankenkassenseite verurteilte »Bindung« ist ein wichtiges Instrument der Versorgung und Stabilisierung von Patienten, häufig über Jahrzehnte hinaus. Von daher sollten Kritiker nicht den Hochmut betreiben, dies als »pathologische Bindung« zu bezeichnen. Patientinnen und Patienten sind durchaus in der Lage, auch die Beendigung einer Therapie und therapeutischen Begleitung zu konzipieren und umzusetzen.

Übersichten zur chronischen Depression finden sich bei Laux (1986), Wolfersdorf und Heindl (2003) und Brakemeier et al. (2012).

### 3.3.3 Depression im Lebenszyklus

Depression hat viele Gesichter, nicht nur hinsichtlich der Psychopathologie und Psychodynamik, sondern auch über die Lebensspanne des Menschen hinweg. Die zentrale Symptomatik der Depression, die durchgängige Herabgestimmtheit und Freudlosigkeit, der Antriebsverlust, der Vitalitätsverlust, die Appetit-, Schlaf- und Libidostörungen sowie die biochronologischen Rhythmusstörungen sind weltweit und über alle Lebensabschnitte zuzuordnen. Depressive Denkinhalte sind altersabhängig, aber auch kulturspezifisch und werden vor diesem Hintergrund im psychosozialen und biographischen Kontext psychodynamisch verstehbar.

Es gibt die *unterschiedlichen Bilder über die Lebensspanne* hinweg, die bunten Bilder beim Kind, das klassische depressive Syndrom im mittleren Lebensalter, die depressive Episode mit den bekannten Hauptsymptomen, die Depression im Senium mit der affektiven Störung eher im Hintergrund und der Dominanz körperlich-psychovegetativer Symptomatik.

Tab. 3.2: Depression im Lebenszyklus (auf Grundlage von Wolfersdorf et al. 2015, S. 868)

| Lebensspanne | Klinisches Bild der depressiven Episode |
|---|---|
| Kindheit und Jugend | • anaklitische Depression: emotionale Vernachlässigung<br>• Traumatisierung, psychische und/oder sexuelle Gewalt, »Ungeborgensein«<br>• gestörtes Essverhalten, Rückzug, Lernprobleme<br>• Trennungsangst<br>• Spielunlust<br>• pubertäre depressive Verstimmungen (Mädchen früher, Jungen etwas später)<br>• postpubertäre depressive Verstimmung: depressives Bild wie bei Erwachsenen: Beziehungsthema<br>• frühe Depression: Verdacht auf bipolar |
| Mittleres Lebensalter | • typische depressive Episode<br>• somatische und psychische Komorbidität<br>• geschlechtsspezifisch unterschiedliche Bilder (»Männerdepression«), Postpartum-Depression<br>• wahnhafte Depressionen, chronische Verläufe<br>• Suizidalität, Selbstbehandlung |
| Depression im Senium | • depressive Herabgestimmtheit im Hintergrund<br>• kognitive Störungen<br>• Differenzialdiagnostik demenzieller Prozess<br>• körperbezogene Symptomatik, somatische Komorbidität |

Eine kurze Anmerkung zur Epidemiologie über die Lebensspannen hinweg. Hasin et al. haben 2005 bei jungen Erwachsenen im Alter von 18 bis 29 Jahren eine 1-Jahresprävalenz von 6,39 für Major Depressive Disorder nach DSM-4 angegeben, für 30– 44-Jährige von 5,52, für 45–64-Jährige von 5,62 sowie für über 65-Jährige von 2,69. Busch et al. (2013) geben auf der Basis der DEGS 1 diagnostizierten Depressionen eine Lebenszeitprävalenz bei den 18–29-Jährigen von 6,3, bei den 30–39-Jährigen von 9,9, bei den 40–49-Jährigen von 11,3, bei den 50–59-Jährigen von 14,7, bei den 60–69-Jährigen von 17,3 und bei den 70–79-Jährigen von 11,2 an, wobei die Lebenszeitprävalenz der Frauen durchgängig über alle Lebensabschnitte in etwa doppelt so hoch wie die der Männer ist.

Die Bilder depressiver Erkrankungen über die Lebensspanne des Menschen hinweg von der Kindheit bis ins hohe Lebensalter sind im Wesentlichen um die Hauptsymptome einer depressiven Episode nach ICD-10 gruppiert. Die Themen, die Auslöser, die Inhalte, die Psychodynamik im Vorfeld, die akute Psychopathologie können aber nicht nur kulturspezifisch unterschiedlich, sondern auch altersspezifisch unterschiedlich sein.

Analog zu den Erwachsenen wird auch im Kinder- und Jugendalter zwischen verschiedenen Schweregraden depressiver Episoden unterschieden, wobei die Symptomatik zwischen Jugendlichen und Erwachsenen deutlich differiert. Negative Zukunftserwartungen, Gewichtsveränderungen, deutliche Gedanken von Hoffnungs- und Sinnlosigkeit (42 %), von Schulwertlosigkeit und Angstgefühlen sowie Konzentrationsproblemen (90 %) neben den für Erwachsene typischen Symptomen fallen auf. Im Vorschulalter sind typische Zeichen einer Depression ein trauriger Gesichtsausdruck, Spielunlust, Introversion, Trennungsängste und auch körperliche Beschwerden. Schulkinder berichten von Traurigkeit, Konzentrations- und Leistungsstörungen und äußern auch in etwa 10 % der Fälle lebensmüde Gedanken, wobei generell Mädchen häufiger betroffen sind als Jungen (Mehler-Wex 2008; Steinhausen 2006). Angststörungen, soziale Phobien, Traumatisierungen und Aufmerksamkeits-Hyperaktivitäts-Störungen können komorbid auftreten, auch findet man Substanzgebrauch im Rahmen von Selbstheilungsversuchen bei Jugendlichen. Als kognitiv-emotionale Risikofaktoren werden u. a. eine ungünstige Emotionsregulation, eine mangelnde Fähigkeit zur Problemlösung sowie eine negative Selbsteinschätzung und Zukunftsperspektiven angesehen. Als familiäre Risikofaktoren werden Belastungen in der Familie, eine geringe Bindungsqualität, erlebte Trennungen und Verluste oder auch eine psychische Erkrankung eines Elternteils angeführt. Gering ausgeprägte soziale Kompetenzen, Ablehnung, Isolation sowie belastende Erfahrungen in der Peer-Group spielen ebenfalls eine Rolle.

Nach einer repräsentativen Telefon-Befragungs-Stichprobe mittels DesTeen im Jahr 2017 gaben 8,2 % der 12–17-Jährigen in Deutschland eine depressive Symptomatik an. Signifikante Korrelate waren u. a. das weibliche Geschlecht, eine schlechtere Schulleistung und der problematische Gebrauch sozialer Medien und von Computerspielen.

> **Persönliche Anmerkung der Autoren**
>
> Noch vor ca. 30 Jahren wurden Depressionen bei Kindern und Jugendlichen als selten angesehen, heute besteht eher die Gefahr, dass – ähnlich wie in der Erwachsenenpsychiatrie – die Diagnose Depression ohne differenzialdiagnostische Sorgfalt zu häufig gestellt wird.

Bei Depressionen im mittleren Lebensalter imponiert das bekannte Bild der depressiven Episode mit der bereits diskutierten Einschränkung, dass in der ICD-10 eher eine weibliche Depression geschildert wird und Kennzeichen einer Männerdepression hinzugefügt werden müssen. Während depressive Denkinhalte kulturabhängig erscheinen – Insuffizienzgefühle, Schuld- und Versündigungsideen, Wertlosigkeits- und Sinnlosigkeitserleben der eigenen Person, Perspektivlosigkeit, Hoffnungslosigkeit bis hin zu Todeswünschen und Suizidideen –, scheinen Vitalitätsstörungen, körperbezogene Symptome oder Biorhythmusstörungen weltweit Kernsymptome zu sein. Vitalitätsverlust, Energielosigkeit, rasche Erschöpftheit, Tagesschwankungen mit Morgentief, Tagesmüdigkeit und abendliche Aufhellung, Schlaf-, Appetit- und Libidostörungen sowie Leibgefühlsstörungen werden in allen Kulturen beschrieben. Die Deutung dieser Symptomatik mag transkulturell unterschiedlich sein.

Von den frühen Überlegungen Abrahams (1916; 1924) und Freuds (1917) sind bis heute für das Verständnis der Psychogenese und Psychodynamik der Depression (im mittleren Lebensalter) die große Bedürftigkeit depressiv kranker Menschen nach Zuwendung und

Verständnis, die erhöhte Kränkbarkeit des Selbstwertgefühls und die Annahme einer narzisstischen Verwundung des Selbstwertgefühles durch frühe Enttäuschungen bzw. Traumatisierungen mit Wiederholung dieser frühkindlichen Erfahrung in der auslösenden Situation einer Depression im späteren Leben erhalten geblieben. Wisdom (1967) hatte vom Affekt der Verstimmung und des Gefühls der Erschöpfung gesprochen, vom Gefühl, unbeliebt zu sein, einhergehend mit Verlust der Liebesfähigkeit, mit Verlust des Kontakts zu anderen, wobei das Interesse für die Umwelt aufgehoben sei, die Leistungsfähigkeit gehemmt, die Selbstachtung verloren gegangen, verbunden mit Schuldgefühlen und Selbstvorwürfen und auch evtl. mit der wahnhaften Erwartung von Strafe, mit dem Wunsch zu sterben, mit Suizidalität. Dabei ist heute, wie Benedetti (1983) ausführt, aus der Schulddepression die Ich-Ideal- bzw. Scham-Depression geworden (▶ Tab. 5.1).

Der Anteil depressiv kranker Menschen im höheren Lebensalter wird häufig unterschätzt und wird bei mindestens 10 % (Wolfersdorf und Schüler 2005) angenommen, einschließlich der subsyndromalen Formen. Im höheren Lebensalter finden sich einige psychopathologische Akzentuierungen: Die depressive Herabgestimmtheit ist häufig eher im Hintergrund, auf Nachfragen werden Gefühllosigkeit und Freudlosigkeit angegeben, oft dominieren ängstliche Klagsamkeit mit Überbewertung vorhandener oder nicht vorhandener körperbezogener Störungen, einhergehend mit apathischem Rückzug aus sozialen Verpflichtungen und Kontakten und Regressionsneigung. Episodenüberdauernde Restsymptomatik und Befindlichkeitsstörungen wie Antriebsminderung, Schwindel, Schlafstörungen und Spannungszustände fallen auf. Bei der depressiven Wahnsymptomatik, wobei Schuld- und Verarmungsideen imponieren, können auch paranoide Ideen oder akustische Halluzinationen, z. B. die Stimme des verstorbenen Partners, der aus dem Grab ruft oder auch bei der Lebensbewältigung hilft, auftreten. Bei der Suizidalität kommt das Phänomen des »stillen Suizides« hinzu, worunter man die Noncompliance in der Medikamenteneinnahme, die systematische heimliche Reduktion von Flüssigkeits- oder Nahrungszufuhr versteht, mit dem Ziel, einer Beendigung des Lebens entgegen zu gehen. Wegen der kognitiven Defizite ist die Differenzialdiagnose zu einem beginnenden demenziellen Prozess wichtig, denn hier kann eine hohe Komorbidität vorliegen.

### Altersdepressionen

Bei Altersdepressionen treten vegetative Störungen, hypochondrische Befürchtungen, körperliche Angstsymptome, kognitive Störungen, paranoide Symptomatik sowie Todesgedanken stärker in den Vordergrund des klinischen Bildes. Unterschieden werden »Lateonset«-Depressionen (> 60. Lebensjahr) und Altersdepressionen (> 65. Lebensjahr). Das Erkennen einer Depression im Alter ist schwierig. Symptome einer Depression werden gerne fälschlicherweise als natürliche Folge des Alterungsprozesses angesehen. Psychopathologisch dominieren häufig somatische Symptome und hypochondrische Befürchtungen; die Suizidrate ist erhöht. Die Diagnose einer Altersdepression wird zum einen erschwert durch die zumeist vorliegende Multimorbidität und Polypharmazie (depressiogener Einfluss mancher Pharmaka), zum anderen durch die häufige Komorbidität mit altersassoziierten Hirnerkrankungen (Alzheimer-Demenz, M. Parkinson, vaskuläre Demenz).

### Fallbeispiele: Altersdepression

85-jährige im Heim lebende Patientin, Frailty-Syndrom. Ihr Abmagern sei ihr unerklärlich, ihr Kopf sei immer in Aktion, sie komme nicht zur Ruhe. Leere psychiatrische Anamnese. Jetzt sei ihr Leben eine »Karwoche ohne Auferstehung«. Sie sei lebensmüde, möchte einschlafen –

der Schlaf sei ja der Bruder des Todes. Resignativ-fatalistisch-depressiver Affekt mit Anhedonie, passive Suizidalität.

80-jähriger Berliner Diplom-Ingenieur klagt über diffuse Ängste seit Wochen, habe schon lange Schlafstörung. Auslöser wohl Bombenterror im April 1945, hatte Angst, von Russen getötet zu werden Das komme als »dunkle Wolke« immer wieder vor der Nacht hoch. Nie in psychiatrischer Behandlung, Beruf habe ihn beschäftigt und abgelenkt, jetzt sei sein Leben inhaltslos, bestehe nur aus Katze und Zeitunglesen. Voll orientiert, differenziert, typische »männliche Depression«. Tief depressiv, antriebslos, negativistisch-fatalistisch, chronische Insomnie, nie Hilfe in Anspruch nehmend. Unverarbeitete PTSD. GDS 14 Punkte.

80-jährige Patientin ist zusammen mit Ehemann auf Reha nach Schenkelhalsfraktur. Klagt über Leistenschmerzen und Deprimiertsein. Selbstvorwürfe über Stürze, sie sei nichts mehr wert, falle nur dem Mann und anderen zur Last – »sterben sei das Schönste«. Leere psychiatrische Anamnese. Örtlich desorientiert, Auffassung ungestört, Merkfähigkeit und Konzentration reduziert. Tief depressiver Affekt mit psychotischer Denk- und Selbstwertverzerrung, passive Suizidalität, affektiv aber noch ablenkbar und schwingungsfähig.

76-jähriger früherer Immobilienverwalter, zum 3. Mal verheiratet, drei Kinder, eines davon verstorben (Drogen), zu den anderen kaum Kontakt. »Warum muss ich noch leben?« – es gebe keine Zukunftsperspektive für sich selbst, er sei für die Angehörigen eine Last, fange an sich zu hassen, weil er noch leben muss, will in Frieden sterben. Der Tod sei die absolute Erlösung, sei schön. Die Schönheit der Welt sei für ihn verschlossen. »Schlechter hören tu ich gut, aber gut sehen tu ich schlecht«. Seit Anfang des Jahres sei er ein total anderer Mensch durch die Diagnose einer unheilbaren Krankheit (Plasmazytom mit Metastasen). Die Palliativgruppe sei für ihn negativ gewesen. Seine Frau lebe in einer anderen Welt mit Zukunftsplänen, glaube, seine Krankheit gehe vorüber. Voll orientiert, guter Rapport, starrer Blick, Auffassung leicht verzögert, kognitiv leicht beeinträchtigt. Psychomotorisch unruhig, Affekt nihilistisch-fatalistisch mit passiver Suizidalität. Anhedonie, interesse-, schlaf- und hoffnungslos.

Ein wesentlicher differenzialdiagnostischer Unterschied von Trauer und Depression ergibt sich aus der differenziellen Psychopathologie, wobei die Trauersymptomatik individuell unterschiedlich ist und im Einzelfall durchaus anhaltend sein kann. Die Symptomatik einer depressiven Episode dauert definitionsgemäß länger als zwei Wochen an und erscheint im Gesamtbild relativ homogen (siehe ▶ Kap. 5.3)

Eine Übersicht zu Depressionen über die Lebensspanne findet sich u. a. bei Freitag et al. (2013).

### 3.3.4 Somatogene Depression, Komorbidität somatische Medizin und Depression (u. a. Kardiologie, Onkologie, Dermatologie, Gynäkologie usw.)

Cummings und Mega (2003) haben eine Liste hirnorganischer Erkrankungen und systemischer organischer Krankheiten erstellt, die mit Depressivität einhergehen können (modifiziert nach Reischies 2005, S. 81):

1. ZNS-Erkrankungen: extrapyramidale Störungen (Morbus Parkinson, Huntington-Syndrom, progressive paranukleäre Paralyse, Encephalomyelitis disseminata), demenzielle Erkrankungen (depressive Episoden oft zu Beginn einer Alzheimer-De-

menz), Epilepsie-Erkrankungen, Hirntumoren (z. B. Meningiome im Frontalhirnbereich), Zustand nach traumatischen Hirnverletzungen, entzündliche Erkrankungen wie Meningitis oder Encephalitis)
2. endokrinologische Erkrankungen (Hypo- und Hyperthyreose, Hypo- und Hyperparathyreotismus, Cushing-Syndrom, Addison-Syndrom, Hyperaldosteronismus)
3. Autoimmunerkrankungen (Lupus erythematodes, rheumatoide Arthritis, Arteriitis temporalis, Sjörgen-Syndrom u. a.)
4. Vitaminmangelsyndrome (Folate-Deficiency-Depression, Vitamin-B12-, Vitamin-C-, Nikotinsäure-Mangelsyndrome u. a.)
5. Anämien
6. Stoffwechselerkrankungen
7. andere virale und bakterielle Entzündungen

Bekannt ist die enge Verknüpfung von Depression und chronischen Schmerzsyndromen (van Puymbroek et al. 2007), von Diabetes mellitus und Depression (Musselman et al. 2007) oder von Krebs und Depressivität (Simon et al. 2007). So beobachtet man im Vorfeld von Pankreas- oder Ovarial-Karzinomen nicht selten depressive Episoden oder bei Hypo- und Hyperparathyreoidismus sind häufig schwere depressive Syndrome beobachtet (Kapfhammer 1992; Staab 1992; Steptoe 2007). Wolfersdorf (1992) recherchierte in einer Literaturübersicht 29 % mittel bis schwer depressive Zustandsbilder bei Patienten mit Tumorerkrankungen und ein bei Männern um das 2,1-fache, bei Frauen um das 1,6-fache erhöhtes Suizidrisiko. Als validierte Skalen liegen das Beck-Depressionsinventar und die geriatrische Depressionsskala (DGS) vor.

Dieser Ansatz würde auch die alte klinische Erfahrung erklären, dass bei Auftreten und Vorliegen einer schweren körperlichen Erkrankung die beim selbigen Patienten bekannte Depression plötzlich in den Hintergrund tritt.

### Fallbeispiele: Somatische Komorbidität

72-jähriger Patient, der auf der Depressionsstation mit einer schweren gehemmt-depressiven Episode aufgenommen wurde, dann bei dem Besuch der Ehefrau einen Norovirus übertragen bekam. Fünf Tage schwere fieberhafte Brech- und Durchfallserkrankung, hinsichtlich seiner Depressivität weitgehend reduziert.

Ein anderer Patient, Anfang der 60er Jahre, Lehrer, aktuell in einer Trennungssituation, kam wegen einer ausgeprägten depressiven Episode nach einem umfänglichen chirurgischen Eingriff im Bauchraum wegen eines Dickdarmkarzinoms zur stationären Aufnahme auf die Depressionsstation. Postoperativ bot er das Bild einer »Emotional Apathy«, also einer völligen emotionalen Entleerung mit Gleichgültigkeit und Desinteresse, Freudlosigkeit und fast eingefrorener depressiver Herabgestimmtheit, was sich unter stationärer antidepressiver und psychotherapeutischer Behandlung langsam etwas lockerte. Dabei waren aber sicher auch der Abstand zum großen chirurgischen Baucheingriff und das Abklingen des damit verbundenen Vitalitätsverlustes wichtig. Als es dann tragischerweise zu einem Ileus kam, stand sehr schnell ein deutlicher Leidensaspekt im Vordergrund mit Klage und Forderung nach Rückverlegung in die Chirurgie, was dann erfolgte. Ein erneuter chirurgischer Eingriff im Bauchraum wurde notwendig; der Patient kam dann Wochen später auf die Depressionsstation zur Behandlung seiner wieder aufgetretenen depressiven Erkrankung zurück.

### Somatische Komorbidität

Vor allem neurologische und internistische Erkrankungen wie Parkinson, Schlaganfall, M. Huntington, Epilepsie, Restless-Legs-Syndrom (RLS), KHK und Diabetes mellitus sowie onkologische Erkrankungen sind mit Depressionen assoziiert (APA 2018; Dilling 2015). Diese Depressionen werden in der ICD-10 als »organische depressive Störung« (F06.32), in der DSM-5 als »Depression im Rahmen einer allgemeinen körperlichen Erkrankung« klassifiziert. Die hohe Koinzidenz somatischer Erkrankungen mit Depressionen ist zumeist bidirektional, es besteht also ein reziprokes Verhältnis. Dies könnte mit einer gemeinsamen immunologisch-endokrin-inflammatorischen Ätiopathogenese zusammenhängen.

> **Persönliche Anmerkung der Autoren**
>
> Sieht man sich die Liste der möglichen depressiogenen Effekte durch somatische Medikation, durch moderne aggressive Chemotherapie z. B. bei Krebserkrankungen, Antibiotika wie Gyrasehemmer oder durch Biologika bei z. B. Psoriasis und Rheumaerkrankungen an, sei vor allem bei Menschen mit bekannten depressiven Vorerkrankungen angeraten, diese hochfrequent psychiatrisch-konsiliarisch zu begleiten.

**Parkinson-Depression**

40–50 % der Parkinson-Patienten weisen depressive Syndrome auf, die Symptomatik ist überlappend (z. B. Dopaminmangel-assoziierte Anhedonie) (Laux 2017b). Typisch sind Dysphorie, Gereiztheit, Irritierbarkeit und Pessimismus. Schuldgefühle und Versagensängste sind hingegen selten.

**Multiple Sklerose**

Bei 40–50 % der Patienten mit Multipler Sklerose (MS) wird die Diagnose einer Depression vor allem zu Beginn der MS gestellt (Laux 2017b). Zu beachten ist die Erhöhung des Suizidrisikos. Neu entwickelt wurde die Multiple-Sklerose-Depressions-Rating-Skala.

**Post-Stroke-Depression**

Es werden Prävalenzraten von ca. 30 % berichtet, die Inzidenz über 15 Jahre liegt bei ca. 50 % (Laux 2017b). Zur Identifizierung kann der Patienten Health Questionnaire (HQ) eingesetzt werden. Depressionen gelten als unabhängiger Risikofaktor für einen erstmaligen ischämischen Insult, umgekehrt ist eine Depression die häufigste psychiatrische Komplikation nach einem Schlaganfall. Die Depression tritt meist rasch nach dem Schlaganfall auf und dauert 6–24 Monate. Als Warnzeichen gelten Weinen und Traurigkeit. Zu den Risikofaktoren zählen hohes Alter, fehlende soziale Unterstützung und eine positive Depressionsanamnese. Dabei ist noch zwischen einer depressiven Reaktion als Verarbeitungsmodus der Erkrankung und ihren Folgen und der somatogenen Depression als Folge des Untergangs von Nervenzellen im Gehirn zu unterscheiden.

**Epilepsie**

Etwa ein Drittel der Patienten mit Epilepsie leidet auch an Depressionen, die signifikant negative Auswirkungen auf ihre Lebensqualität implizieren (Laux 2017b). Zur Diagnostik empfohlen wird das Neurological Disorders Depression Inventory for Epilepsy (NPDI-E).

**Koronare Herzkrankheit, Myokardinfarkt**

Die Häufigkeit einer komorbiden Depression bei koronarer Herzkrankheit (KHK, Herzinsuffizienz) liegt bei ca. 20 % und bedingt eine ungünstigere Prognose der KHK (Laux

2017b). So steigt die Mortalität etwa um fast das Zweifache. Die Beziehung zwischen Depression und kardiovaskulären Erkrankungen ist bidirektional, d. h. bei körperlich gesunden Depressiven besteht ein ca. zweifach erhöhtes Risiko für kardiovaskuläre Erkrankungen, umgekehrt belegen Metaanalysen, dass bei Patienten mit KHK bzw. Myokardinfarkt eine klinisch relevante komorbide Depression das Mortalitätsrisiko etwa um das Zweifache erhöht. Hierfür werden gemeinsame ätiopathogenetische Faktoren wie autonome, endokrine, metabolische und immunologische Dysregulation sowie körperliche Inaktivität als verantwortlich angesehen. Bei jedem KHK-Patienten sollte deshalb ein Routinescreening zum Beispiel mit PHQ-Fragebogen erfolgen.

### Diabetes mellitus

Auch zwischen Depression und Diabetes mellitus wird ein bidirektionaler Zusammenhang angenommen – Patienten mit Diabetes mellitus Typ 2 haben ein ca. zweifach erhöhtes Risiko für die Entwicklung einer Depression (Laux 2017b). Eine große deutsche Hausarztstudie zeigte allerdings bei Patienten mit Depression nach ICD- und DSM-Kriterien kein erhöhtes Risiko, einen Diabetes mellitus zu entwickeln. Die Depressionsprävalenz bei Diabetes mellitus liegt bei ca. 10 %.

> **Persönliche Anmerkung der Autoren**
>
> Der langjährige Chefarzt einer internistischen Klinik mit einem diabetologischen Schwerpunkt meinte gegenüber einem der Autoren: »Ein Diabetiker, der gleichzeitig depressiv ist, ist schwer einzustellen. Da ist es sinnvoller, zuerst die Depression zu behandeln, aber natürlich mit Blick auf den Diabetes mellitus, und dann erst die Zuckerkrankheit einzustellen.«

### Asthma bronchiale, COPD

Etwa ein Drittel der Patienten mit chronischen Lungenerkrankungen leidet unter einer Depression (Laux 2017b). In einer deutschen bevölkerungsrepräsentativen Studie berichteten Patienten mit Asthma bronchiale doppelt so oft von einer aktuell bestehenden diagnostizierten Depression als Patienten ohne Asthma. Eine vorbestehende Depression erhöhte das Risiko für späteres Asthma.

### Rheumatoide Arthritis

Patienten mit rheumatoider Arthritis weisen im Vergleich ein doppelt so hohes Risiko auf, eine Depression zu entwickeln (Laux 2017b). Umgekehrt können Depressionen Rheuma auslösen oder verschlimmern.

### Grippale Infekte

Virusinfektionen mit schwerem Erkrankungsverlauf (z. B. tagelanges hohes Fieber, insgesamt Immunschwäche, ausgeprägter Vitalitätsverlust) gehen oft mit depressiv-dysthymen Verstimmungen, mit Antriebs- und Vitalitätsstörungen einher, die vom Kranken selbst nicht so sehr als depressiv erlebt werden, jedoch von der Umwelt (Laux 2017b). Grundsätzlich gilt dies für alle schweren viralen und auch bakteriellen Erkrankungen. Neuere Studien zeigen bei Depressiven charakteristische Veränderungen des Darm-Mikrobioms.

### Leber- und Darmerkrankungen

Chronische Hepatitis B-Virusinfektionen, Morbus Wilson und Leberzirrhosen führen gehäuft zu depressiven Störungen (Laux 2017b). Das Depressionsrisiko ist bei Patienten mit chronisch entzündlichen und funktionellen Darmerkrankungen (Morbus Crohn, Colitis ulcerosa, Reizdarmsyndrom) mindestens zweifach erhöht. Die Datenlage ist heterogen, kontrollierte Studien fehlen weitgehend.

**Krebs**

Etwa ein Viertel der Patienten im fortgeschrittenen Stadium einer Krebserkrankung leidet an einer Depression (Laux 2017b). Bei Patientinnen mit metastasierendem Mamma-Karzinom konnte gezeigt werden, dass ein Rückgang der depressiven Symptomatik (unter supportiver Gruppentherapie) mit einer deutlich erhöhten Überlebenszeit assoziiert war. Die diagnostische Unterscheidung zwischen pathologischen und normalen psychischen Reaktionen auf eine derart schwere, lebensbedrohliche Erkrankung ist schwierig.

Daneben ist, hier global zusammengefasst, auf die »Nebenwirkung Depression, depressive Verstimmung« bei manchen Medikamenten hinzuweisen, wobei der Kenntnisstand zu neueren Krebsmedikamenten oder auch sog. Biologika in der Rheuma- und der Psoriasistherapie bzgl. Auswirkungen auf die Psyche noch gering ist.

> **Persönliche Anmerkung der Autoren**
>
> Die grundsätzliche Frage ist dabei immer, handelt es sich um eine psychogene Reaktion (reaktive Depression/depressive Reaktion) auf eine körperliche Erkrankung bzw. ihre Folgen, z. B. auf Folgen einer Chemotherapie bei Krebsbehandlung oder auf schwere Nebenwirkungen einer Psoriasisarthritis-Therapie mit Biologika oder um eine längst bekannte Nebenwirkung von Medikamenten, die auch depressionsfördernd sein können. Erinnert sei an dieser Stelle an die alten Medikamente gegen Bluthochdruck, die zur Entleerung von Noradrenalin-Speichern im Nervensystem und damit zu der biologischen Basis depressiver Erkrankungen geführt haben.

> **Fallbeispiel: Dengue-Fieber**
>
> Ein Mitte 30 Jahre alter Mann, Bundeswehrsoldat, kam aus einem Pazifik-Gebiet von einer Reise zurück mit einem Dengue-Fieber, einer Viruserkrankung, die durch Stechmücken übertragen wird. Nach über zwei Wochen Fieber und Schwäche, aber ohne schwerere vor allem hämorrhagische Ausprägung, stellte sich eine depressive Verstimmtheit neben der Vitalitätsstörung ein. Er suchte einen Psychiater auf, der eine »postvirale Depression« diagnostizierte. Die Behandlung umfasste Entlastung, leichte Physiotherapie, Verordnung eines Antidepressivums, allgemeine Revitalisierung. Nach etwa sechs Wochen dann gestufte Wiedereingliederung über ein Vierteljahr.

Bei über 75 % der Patienten mit einer Major Depression liegt mindestens eine psychiatrische Komorbidität vor (Angststörung, Persönlichkeitsstörung, Alkoholkonsumstörung).

### 3.3.5 Typologien und Sonderformen depressiver Erkrankungen

Die Beschreibung von besonderen Erscheinungsformen depressiver Erkrankungen ist sehr alt, denkt man an Bezeichnungen wie »Raptus melancholicus« oder moderner »Angst-Depression« oder die jahrzehnte lange Diskussion um »endogene versus neurotische« depressive Erkrankungsformen. Nachfolgend soll ein nicht ganz einfacher Versuch gemacht werden, einerseits klinische Typologien aufzuzeigen, wie sie heute in der Alltagspraxis der Diagnostik depressiver Erkrankungen üblich sind, und andererseits Sonderformen depressiver Erkrankungen, wie sie vor allem in der deutschen Psychiatriegeschichte entwickelt wurden. Es handelt sich also um ein Kapitel, das auf der einen Seite die aktuelle klinische Praxis und Diagnostik beschreibt und auf der anderen Seite auf die Geschichte der Diagnostik depressiver Erkrankungen und insbesondere hier deren Sonderformen zurückführt.

> **Klinische Typologie depressiver Erkrankungen (Psychopathologie, Ätiopathogenese)**
>
> - Reaktiv
>   - offensichtlicher Zusammenhang zwischen Ereignis und depressiver Reaktion
> - Entwicklung
>   - Erschöpfungsdepression (Burnout, Persönlichkeit und Umwelt), depressive Entwicklung
> - Neurotisch/dysthym
>   - zum Teil unbewusste Konfliktkonstellation bei lebensgeschichtlicher Bedingtheit (Persönlichkeit), Dysthymia
> - Psychotisch
>   - wahnhafte Depression, Raptus melancholicus

Vor einigen Jahren hat die amerikanische Psychiatrie (Gelenberg et al. 2010) in den Praxisleitlinien unter dem Titel »Special clinical features influencing the treatment plan« für die Behandlung von Patienten mit einer Major Depression Subgruppen von depressiven Erkrankungen vorgestellt. Der Kasten »Personenbezogene Diagnostik sowie individuelle Therapieinhalte bei Depression« (▶ Kap. 6.1) fasst das modifiziert zusammen und zeigt eine Typisierung anhand von Symptomen und für bestimmte Formen charakteristische Merkmale wie z. B. »Psychotic Features« oder »Seasonal Pattern«. Daraufhin werden aber Komorbiditäten sowie demographische und psychosoziale Aspekte eingeführt, die alle als wichtige Faktoren für die Therapie verstanden werden. Warum ist dies überraschend? Gerade die amerikanische Psychiatrie hat mit dem Begriff der »depressiven Episode« zu einer Art Glättung und Entdifferenzierung beigetragen. Anscheinend wird man sich nun wieder mehr der Sinnhaftigkeit von Subtypisierungen bewusst, der Notwendigkeit von Beschreibungen und Charakterisierungen anhand zusätzlicher Faktoren.

Die Empfehlungen für Subtypen von Lichtenberg und Belmaker (2010) erschienen zeitnah und verbanden Subtypen der Depression mit ätiopathologischen Überlegungen und therapeutischen Anweisungen. Die Übersichten im zuvor aufgeführten Kasten stellen die eigene Orienierung dar, die sich einerseits an klassische Einteilungen und Unterscheidungen, anderseits an psychodynamisch und psychosozial wichtige Aspekte anlehnt; letztere wären durch den Aspekt »fehlende Beziehung« z. B. Vaterlosigkeit oder das Fehlen elterlicher Beziehungen generell, also nicht Verlust, sondern von Beziehungslosigkeit (Purucker 2015) zu ergänzen. Ohne jetzt Testverfahren oder operationalisierte Diagnostiksysteme zu bemühen, greift eine differenzierte Diagnostik über die reine Psychopathologie hinaus und umfasst biographische, aktuelle psychosoziale und arbeitssituative Aspekte und deren Erleben.

> **Fallbeispiel:**
>
> Eine 62-jährige pensionierte Lehrerin, verwitwet, alleine lebend, ein Sohn, der in Hamburg lebt, zunehmend vereinsamt, mit anhaltender Trauer nach dem Tod des Ehemannes seit über drei Jahren, meinte, wenn sie gute Erinnerungen an ihre Eltern (als Einzelkind) hätte, könnte sie diese Bilder abrufen, das würde ihr helfen und sie beruhigen. Sie habe keine solchen Erinnerungen, nur an die Tante und den Onkel, den Eltern war sie im Weg. Das Fehlen positiv besetzter Erinnerungen, positiver Elternbilder war/ist das Problem. Es gibt kein Modell von Trauer.

Die klassische Verlustsituation als Auslöser depressiver Psychodynamik ist bekannt.

> **Fallbeispiel: Beziehungsverlust – Angst**
>
> Eine gerade verheiratete 29-jährige Patientin wird nach Suizidversuch aufgenommen: erste depressive Episode, Suizidversuch durch Intoxikation. Im Gespräch erzählt sie von ihrer Beziehung: »Wir haben uns zum Fressen gern«. Der Ehemann muss zu Weiterbildungszwecken acht Wochen nach Hamburg und fährt jedes Wochenende hin und her, »zu schnell«, wie sie meint. »Was wird aus mir, wenn ihm etwas passiert?«.

In der deutschen Psychiatrie gibt es jenseits von Psychopathologie und psychodynamischen Überlegungen eine Reihe von Ansätzen zur Subtypisierung depressiver Erkrankungen, die sehr lebenssituativ bzw. pesönlichkeitsbezogen zu verstehen sind. Einzelne spezielle benannte depressive Zustandsbilder werden nachfolgend kurz erklärt (siehe dazu auch Hole und Wolfersdorf 1986; Kielholz und Hole 1986, S. 164–191; Müller 1986). Das Interessante in der Übersicht in Tab. 6.1 ist (▶ Tab. 6.1), dass nicht nur von tiefenpsychologisch-psychoanalytischer Seite differenzielle Vorstellungen entwickelt wurden bzgl. Ätiopathogenese depressiver Erkrankungen, sondern dass auch im Rahmen einer vertieften und verstehend begriffenen Psychopathologie sowie zugehöriger Konstellationen in der Psychiatrie spezielle Depressionsformen für ein verbessertes Verständnis und damit auch notwendige therapeutische Schritte entwickelt wurden.

## Entlastungsdepression

Die Entlastungsdepression wurde von Ruffin (1957) als eine Depression beschrieben, die im Kontext eines »vitalen Druckes und Versagens« auftritt. Die Nähe zur sog. Erschöpfungsdepression und zum heutigen »Burnout-Syndrom«, was selbst keine Krankheitsdiagnose ist, sondern die Beschreibung eines Zustandes, der ins medizinische Versorgungssystem führt, ist offensichtlich.

## »Entwurzelungsdepression«

Bürger-Prinz (1950) beschrieb die »Entwurzelungsdepression« (▶ Kasten »Personenbezogene Diagnostik sowie individuelle Therapieinhalte bei Depression« in Kap. 6.1), die er »auf die Vernichtung aller sozialpsychischen Beziehungen zurückgehend« verstand. Der Gedanke an Kriegsflüchtlinge, Vertriebene, Migranten, wo es um den Verlust von Heimat, Umfeld, Familie, Kultur, Geschichte, also um Verlust der »Wurzeln« geht, drängt sich auf.

## »Erschöpfungsdepression«

Bumke (1919) hatte schon früh von der »Erschöpfungsneurasthenie« gesprochen, die Benennung »Erschöpfungsdepression« stammt wohl von Staehelin (1955) und Kielholz (1957) und meint eine depressive Entwicklung bei affektiver Dauerbelastung und zunehmender affektiver Erschöpfung, wobei dieser Prozess über Jahre hinweg laufen kann. Er beginnt mit einer körperlichen Phase, gefolgt von einer psychosomatischen Episode mit bereits depressionsnahen bzw. somatogenen Symptomen und letztlich in die emotionale Erschöpfung, denn dies wäre der zentrale Prozess, mündet. Ähnlich wie beim Burnout-Syndrom ist die Erschöpfungsdepression dann der Endzustand, also ein Querschnittsbild einer jahrelang anhaltenden emotionalen Auszehrung, wobei fehlende Anerkennung, fehlende Wahrnehmung und Wertschätzung der eigenen Leistung bei hoher Selbstbelastung und das Umkippen in die depressive Selbstentwertung eine große Rolle spielen. Die Nähe zum Burnout-Syndrom ist evident.

### »Existenzielle Depression«

1954 beschrieb Häfner die »existenzielle Depression« und meinte damit »vital depressive Verstimmungszustände«, die auf die erlebte Blockade »aller Wertrealisierungsmöglichkeiten« folgten.

### »Neurotische Depression«

Der umstrittenste Begriff war immer der der »Neurose«, hier der »neurotischen Depression« bzw. der »depressiven Neurose« (Kugler 1922). Tabelle 6.2 zeigt die Vielfalt der Begrifflichkeiten (Etzersdorfer 2002; Wolfersdorf 2002), die im Laufe der psychiatrischen Geschichte für die sog. neurotische Depression verwendet wurden (▸ Tab. 6.2). Verstanden wurde darunter eine »psychogene Depression«, abgegrenzt gegen endogene und somatogene Formen, wobei, so Völkel (1959, S. 2) » […] die Zusammenhänge zwischen trauriger Verstimmung und den »wirklichen Gründen und Anlässen« keineswegs ohne weiteres einsichtig seien« und »der aktuelle Konflikt nur deshalb pathogen werden konnte, weil er in seinem tiefsten Wesen mit einem lange zurückliegenden, nie verarbeiteten Konflikt zusammenfiel«. Die neurotische Depression zeichnet sich nach Völkel (1959) durch eine »starke Tendenz zur Steuerung und Beherrschung« aus, im Gegensatz zur »hysterischen Depression«, wo »das agierend-theatralische Element überwiegt« (Kuiper 1968). Nach Hole (1973) und Hole und Wolfersdorf (1986) ist der Begriff »neurotische Depression nur dann sinnvoll brauchbar, wenn seine isolierte Verwendung unter Beachtung der […] aufgezeigten Merkmale stattfindet«. Die Autoren listen auf: »Alternieren zwischen Organ- und Psychosyndrom, […] zwischen mehr trauriger und mehr dysphorischer Stimmungslage, überhaupt eine allgemein geringere Umweltstabilität, […] die Neigung, die Verstimmung durch die körperlichen Beschwerden zu motivieren, Vorrang von Einschlafstörungen, fehlen oder geringe Intensität von Tagesschwankungen, […] Auftreten sonstiger neurotischer Symptome und Verhaltensweisen, einschließlich anamnestisch eruierbarer neurotischer Brückensymptome« (Hole 1973). Dabei sei außer der singulären auch die erweiterte, begründete Verwendung des Begriffs neurotische Depression in einem multifaktuellen Konzept, praktisch also im Rahmen von Kombinations- oder Schichtdiagnosen wie »endo-neurotische Depression« oder »mehrschichtige Depression« (Hole 1984; Wolfersdorf 1992) sinnvoll.

Gerade bei der »neurotischen Depression«, deren »Verlust« auf dem Weg von ICD-9 zur ICD-10 heute wieder zunehmend beklagt wird (Katschnig und Demal 2002; Purucker 2015; Schauenburg 2007; Wolfersdorf 2005; Wolfersdorf et al. 2015), drohen dabei auch die psychodynamischen und psychosozialen Aspekte depressiver Erkrankungen verloren zu gehen. In dem Kasten ▸ Psychodynamische Themen depressiver Syndrome nach »äußeren und inneren Anlässen« (psychosozial/psychodynamisch) in Kap. 4.2 sind psychosozial-psychodynamische »Anlässe« zusammengefasst, wobei der Begriff unbefriedigend ist, gerade bei psychogenen und insbesondere bei der neurotischen Depression. Purucker (2015) hatte diese Liste durch einen weiteren Aspekt ergänzt, der vor allem in der tiefenpsychologisch fundierten Psychotherapie in den letzten Jahren auffällt, nämlich das »Fehlen jeglicher Beziehung«. Damit gemeint sind z. B. junge Männer ohne Partner in ihrem bisherigen Leben, wobei es dann nicht um Verlust, sondern um Nichtvorhandensein jeglicher Beziehung geht. Man kann also psychogene Depressionen auch nach psychodynamischen Aspekten einteilen, hier als Beispiel, wobei dann Schuld und insbesondere Scham, Über-Ich und insbesondere das Ich-Ideal sowie der Verlust von Fremd- und Selbstbild eine pathogene Rolle spielen.

**»Umzugsdepression«**

Die »Umzugsdepression« wurde 1928 von Lange beschrieben, der Umzug als pathogenetisches Modell. Die Depression beginnt vor, während oder nach dem Umzug. Tellenbach (1961) hat die Umzugsdepression als besonderes Beispiel der Konstellation der »Inkludenz« bezeichnet, des »Eingeschlossenwerdens oder Sicheinschließens des depressiven Typus in Grenzen, die er schließlich nicht mehr auf den regelmäßigen Vollzug seiner Ordnung hin übersteigen kann«. Die Bezeichnung »Umzugsdepression« wird auch heute manchmal klinisch verwendet, zum einen, um wie bei Tellenbach beschrieben das Eingeschlossensein in der eigenen Ordnungswelt zu benennen, die sprichwörtlich räumlich durch einen Umzug verlassen wird. Zum anderen wird der Begriff aber auch von der verhaltenstherapeutisch-lerntheoretischen Seite verwendet, um den Verstärkerverlust durch ein Wegziehen aus dem gewohnten und zum Teil jahrzehntelang sicheren Umfeld zu benennen. Hier wäre z. B. das Verlassen der eigenen Wohnung und der Umzug in ein Altenheim mit Verlust der gewohnten Umgebung, der Kommunikation im Lebensmittelladen oder in der Metzgerei in der Straße, der Kommunikation mit den Kindern von Nachbarn, die man aufwachsen sieht, der Verlust der gewohnten Spazierwege und des jahrelang regelhaften Treffens anderer Menschen, die ebenfalls ihren Hund ausführen, u. ä. zu erwähnen.

Tellenbach (1961) hatte in die Dynamik der Entstehung einer depressiven Episode vom melancholischen Typus zwei Begriffe eingeführt, den der »Remanenz« und den der »Inkludenz«, die sich aufeinander beziehen. Das Eingeschlossensein in der eigenen Ordnungswelt, Wertewelt, in eigenen Normen, Leistungsorientierungen, im eigenen Menschenbild als in einem im Laufe der Jahre eng gewordenen Konzept, das nicht mehr überstiegen werden kann, wobei in der Depression dann Spontanität und Kreativität daniederliegen. Der Begriff Remanenz meint das Zurückbleiben hinter notwendigen Entwicklungsschritten, die eben aus der Inkludenz herausführen würden. Heute meint der Begriff aber auch biologische Entwicklungsschritte, Veränderungen in Beziehungen, wenn z. B. aus der Zweisamkeit durch die Geburt eines Kindes eine Triade wird und sich Partner neu einstellen müssen. Angenehm am Wort »Umzugsdepression« ist auch die direkte Benennung der auslösenden Situation, wobei unter therapeutischen Gesichtspunkten die Veränderung trotzdem stattfindet und therapeutisch-pflegerisch begleitet werden muss.

**Monopolare Depressionsformen nach Leonhard**

Kurt Schneider hatte 1949 die sog. »*Untergrunddepression*« beschrieben. Dabei handelt es sich um einen Begriff, der heute nicht mehr verwendet wird und auch damals bereits etwas schwer verständlich war, zumal das Bild einer »Untergrunddepression« im klinischen Bereich kaum auftauchte und auch kaum auftauchen wird. Kurt Schneider (1949) meinte damit häufige Stimmungsschwankungen des »normalen« und des »psychopathischen Lebens«, die freisteigender Art seien und keine Motivation erkennen ließen. Sie würden zwar, so Kurt Schneider als »endogen« bezeichnet, doch von der psychotischen Endogenität wegen des Fehlens sonstiger Symptomatik streng abgegrenzt. Kurt Schneider meint weiter, was der »Untergrund« sei, sei eine »philosophische Frage«.

Karl Leonhard prägte 1959 den Begriff der »*monopolaren*« und »*bipolaren affektiven Psychosen*«. Diese Dichotomie wurde von Perris, Angst und Winokur bestätigt. Er unterschied sechs klinisch eigenständige monopolar-depressive Krankheitsbilder – *die reine Melancholie, die gehetzte, die hypochondrische, die teilnahmsarme, die argwöhnische und die selbstquälerische Depression*. Bei letzterer peinigen sich die Erkrankten mit Selbstvorwürfen,

Versündigungs- und Minderwertigkeitsgedanken, empfinden sich als wertlos und bestrafungswürdig und sind auf unbedeutende, oft weit zurückliegende (vermeintliche) Verfehlungen fixiert. Ein Ablenken gelingt nicht. Denkhemmung und Getriebenheit fehlen typischerweise. Auftreten nicht selten im Rahmen körperlicher Erkrankungen. Die Prognose ist gut, die Phasendauer eher kurz.

Deskriptiv-phänomenologisch lassen sich weitere Depressionsformen u. a. die nihilistische Depression (Cotard-Syndrom), die anankastische Depression oder die Jammerdepression charakterisieren.

> **Persönliche Anmerkung der Autoren**
>
> Es gibt also in der deutschsprachigen Psychiatrie eine Reihe von Sonderformen depressiver Erkrankungen, die unabhängig von psychoanalytisch-tiefenpsychologischer Orientierung aus der Psychiatrie heraus selbst beschrieben wurden. Hier sei noch einmal auf Lichtenberg und Belmaker (2010) verwiesen, die ein »subtyping« der depressiven Erkrankung vorgenommen haben und Depression mit Angst, akute Depression, Depression nach Kindheitstrauma, reaktive Depression auf Trennung, Postpartum-Depression, Depression im höheren Lebensalter und psychotische Depression unterschieden haben. Den einzelnen Subtypen wurde dann eine spezifische Phänomenologie und Psychodynamik zugeordnet. So steht auf der einen Seite die phänomenologisch-deskriptive Beschreibung der depressiven Episode, operationalisiert und damit auch weltweit vergleichbar, auf der anderen Seite folgen differenzielle Ansätze zumindest in der Beschreibung mit psychodynamischen Anklängen von Subtypen depressiver Erkrankungen.

Heute werden vor allem folgende Depressions-Syndrome unterschieden:

## »Atypische Depression«

Charakteristisch sind neben histrionischen Zügen ausgeprägte Kränkbarkeit, Aufhellbarkeit der Stimmung, inverse vegetative Symptome wie Gewichtszunahme, Hyperphagie und vermehrter Schlaf. Als Subtypen wurde ein »A-Typ« mit dominierender Angst-Symptomatik und ein »V-Typ« mit inversen vegetativen Symptomen (Hyperphagie, Hypersomnie) unterschieden. In einer Studie im Rahmen des Kompetenznetzes Depression zeigten Patienten mit atypischer Depression vor allem somatische Symptome und somatische Angst (Riedel et al. 2009).

Die Prävalenzraten liegen bei ambulanten Stichproben zwischen 16 und 46 %, bei stationären Patienten des Kompetenznetzes Depression erfüllten sie 15 %.

## Saisonale Depression

Bei der saisonal abhängigen Depression (SAD) kommt es zu regelmäßig auftretenden depressiven Phasen im Herbst und Winter (»Herbst-Winter-Depression«), die häufig Symptome der atypischen Depression verbunden mit dominierendem Energieverlust zeigen. Die Häufigkeit nimmt mit dem Breitengrad des Wohnortes zu; ca. Dreiviertel der Patienten sind Frauen (Partonen und Lönnqvist 1998).

## Psychotische Depression

Psychotische Symptome werden der »schweren Depression« zugeordnet. Sie beinhalten Wahnsymptome, depressiven Stupor und synthyme paranoide Beziehungsideen. Klinische, biologische und therapeutische Faktoren lassen die psychotische Depression als separate Entität gegenüber nichtpsychotischen Depressionen erscheinen.

*Depressive Syndrome mit psychotischen Symptomen*: Diese Formen werden auch als »wahnhafte Depression« bezeichnet im Sinne der klassischen affektiven Psychose und zeichnen sich durch ihre Denkinhalte aus, die entsprechend der Definition von Wahn unkorrigierbar sind und nicht der Evidenz bedürfen. Psychotische Depressionen gehen einher mit Denkinhalten in Form eines Schuld-, Verarmungs-, Versündigungswahns, mit körperbezogenen psychotischen Überzeugungen (Hypochondrie), an einer tödlichen Darmerkrankung oder einem vernichtenden Krebs erkrankt zu sein, und sie können auch mit Ich-Symptomen, akustischen Halluzinationen in Form anklagender Stimmen, die den depressiv Kranken verurteilen, entwerten, dem Tode nahe bringen, einhergehen. Bzgl. des psychotischen Erlebens liegt immer auch eine fehlende Krankheitseinsicht vor. Psychotische Depressionen gehen wegen der ausgeprägten Hoffnungslosigkeit und der fehlenden Überzeugung von positiver Veränderung mit einem hohen Ausmaß an Suizidrisiko einher. Das Vorliegen eines depressiven Wahns ist also immer auch ein Hinweis auf eine hohe suizidale Gefährdung des Patienten.

**Rezidivierende kurze depressive Störung**

Hier treten wiederkehrend kurzzeitige (2–13 Tage) depressive Verstimmungen mindestens einmal pro Monat ohne Zusammenhang mit dem Menstruationszyklus über mindestens zwölf aufeinanderfolgende Monate auf.

**Bipolare Depression**

Phänomenologisch typisch ist ein früher Beginn (< 25 Jahre), ein rascher Episodenbeginn, kürzere Episoden, mehr psychotische und atypische Symptomatik (Hypersomnie, Hyperphagie) und Affektlabilität. Eine Übersicht findet sich in Assion et al. (2013).

**Fallbeispiel: Bipolare Depression**

58-jähriger, ehemaliger Geschäftsführer, seit Wochen anhaltende starke depressive Symptomatik mit Antriebslosigkeit, gedrückter Stimmung mit Gefühl von Hoffnungslosigkeit, gleichzeitig zahlreiche Ideen und erhöhte Irritierbarkeit. Ersterkrankung im 25. Lebensjahr mit einer depressiven Episode und einer sich anschließenden manischen Episode. Insgesamt 15 Episoden in den letzten Jahren, vor drei Jahren Suizidversuch. Partnerschaftliche Trennung aufgrund der Erkrankung. Familienanamnese: Vater litt an einer bipolaren affektiven Störung. In der Anamnese immer wieder Alkoholabusus, Abhängigkeit von Benzodiazepinen. Er könne nichts mehr genießen, die Zeit komme ihm immer langsamer vor, er sei einsam und hoffnungslos… Seit vier Jahren erwerbsunfähig berentet. Zuletzt gemischte Symptomatik mit depressiven und manischen Zügen. Erst jetzt Diagnose einer bipolaren affektiven Störung, gemischte Episode und Beginn einer Therapie mit Stimmungsstabilisierer (Lithium). Patient remittiert und ist seit sechs Monaten stabil.

# 4 Ätiopathogenese

Die Krankheit Depression ist in der Mitte der Gesellschaft angekommen, aber über die Hälfte der jüngst befragten Deutschen glaubt, dass die Ursache für Depressionen falsche Lebensführung sei, knapp ein Drittel bewertete sie als Charakterschwäche, fast jeder fünfte war der Meinung, man sollte sich zusammenreißen. 96 % gaben als Ursache Schicksalsschläge, 94 % Belastungen am Arbeitsplatz, 82 % Probleme mit Mitmenschen, 66 % Stoffwechselstörungen im Gehirn, 64 % dauerhafte Erreichbarkeit und Informationsflut, 63 % Vererbung und 54 % falsche Lebensführung an (2009 Befragte; Deutschlandbarometer Depression 2017).

> **Persönliche Anmerkung der Autoren**
>
> Es ist nicht Absicht dieses »Erfahrungsbuches«, sämtliche ätiopathogenetischen Modelle der Depressionsentstehung darzustellen und zu diskutieren. Dazu sei auf die hierzu vorliegende wissenschaftliche neurobiologisch-genetische und lerntheoretisch-psychodynamisch sowie psychosoziale Literatur verwiesen. Wie hier an einzelnen Stellen bereits erkennbar, sollen die für den klinisch-therapeutischen Alltag bedeutsamen und vor allem die in der Praxis angewandten Konzepte angesprochen werden.

Aufgrund der heterogenen Erscheinungsformen und der vielschichtigen Entstehungsbedingungen einer Depression gibt es bislang keine einheitliche Störungstheorie. An der Ätiopathogenese einer Depression sind genetische, neuromodulatorische, neurobiochemische, neuropsychoendokrine, entwicklungspsychologische, lern- und lebensgeschichtliche, kulturelle, interaktionale, ökonomische, somatische und psychophysiologische Komponenten beteiligt. Für die Entstehung depressiver Erkrankungen sind verschiedene Faktoren verantwortlich. Heute wird eine multifaktorielle/multikausale Ätiopathogenese angenommen, bei der im Sinne des *Vulnerabilitäts-Stress-Modells* genetische, biologische und psychosoziale Faktoren interagieren (»nature – nurture«– ein Editorial des American Journal of Psychiatry vor Jahren war mit der schönen Überschrift versehen: »Genes and environment«). D. h., die depressiogene Wirksamkeit eines Lebensereignisses wird v. a. durch die individuelle Disposition des betreffenden Menschen bestimmt.

Eine Online-Befragung von neuseeländischen mit Antidepressiva behandelten Patienten zu den Ursachen ihrer Depression ergab komplexe Vorstellungen: über die Hälfte der Befragten gab sechs Ursachenfaktoren an, nämlich chemische Dysbalancen, Familienstress, Arbeitsstress, Vererbung, Beziehungsprobleme und Kindheitstraumen. In deutschen Bevölkerungsbefragungen dominieren psychosoziale Verursachungsgründe, nämlich »Stress«, Überlastung und Partnerschaftsprobleme.

Zu den allgemeinen klinischen prädisponierenden/Risiko-Faktoren zählen: weibliches Geschlecht, alleinlebend, soziale Isolation, Arbeitslosigkeit, niedriger sozioökonomischer Status, körperliche Erkrankungen und Behinderung sowie eine Depressions-Anamnese (positive Familienanamnese, eigene frühere Depression).

Nachfolgend sollen nach neurobiologischen Daten die tiefenpsychologisch-psychodynamischen Modellvorstellungen (z. B. Böker 2017; Schauenburg 2017) sowie lerntheoretisch-verhaltenstherapeutische Konzepte (z. B. Hautzinger und Hoffmann 1979) mit Betonung der klinischen Relevanz angesprochen werden.

> **Persönliche Anmerkung der Autoren**
>
> Während die Bedeutung von Neurobiologie und Bildgebung eher den Grundlagenwissenschaften zuzurechnen sind und ein vertieftes Verständnis der Vorgänge in diesem Bereich liefern können und darüber hinaus therapeutisch-pflegerisch weitgehend nur in der Psychopharmakotherapie relevant sind, geht es bei den psychodynamischen und verhaltenstherapeutischen sowie sozialpsychologischen Ansätzen, zusammengefasst im klassischen Modell des »Final Comman Pathway« von Akiskal and McKinney (1973), um die Zusammenstellung der für den klinischen Alltag heute sinnvollen und notwendigen Hypothesen und Theorien der Ätiopathogenese depressiver Erkrankungen.
>
> Daniel Hell hat in seinem Buch (2012) die Depression als »Störungen des Gleichgewichts« bezeichnet und damit auf komplexe Störungen der Homöostase als Ursache im modernen Depressionsverständnis hingewiesen: Biologisch ein Ungleichgewicht von Botenstoffen im Gehirn und Netzwerkstörungen verschiedener Hirnareale. Psychologisch nennt er das psychodynamische Konfliktmodell (z. B. Ich-/Über-Ich-Konflikt), das verhaltenstherapeutische Verstärkerverlust-Konzept, das vom Verlust bzw. vom Fehlen bzw. von fehlender Ansprechbarkeit auf positive Verstärker ausgeht, dann kognitive Attributionen mit einem Übergewicht an negativen Selbstzuschreibungen Als dritte große Gruppe verweist er auf systemische Störungen und hier auf depressives Verhalten als Stabilisierungsversuch bei bedrohtem Beziehungs- und Familienzusammenhalt. Nach Hell gruppiert sich die heutige Depression symptomatisch um die Niedergeschlagenheit und äußert sich als »Verlust des Aufrechtenganges«, womit Hell (2015) die »Selbständigkeit« und damit die Selbstbestimmung und Autonomie des Betroffenen meint. Damit werde in der Spätmoderne, so Hell (2015) die Depression als Gehirnkrankheit katalogisiert, wobei Hell in dem Hype des »Burnout-Syndroms« den Versuch der Entpathologisierung (siehe vorne Hinweis auf die Arbeitspsychologie) und in der sog. neurotischen Depression (ICD-9 bzw. in der ICD-10: Dysthymia F34) eine Sinn machende Störung sieht.

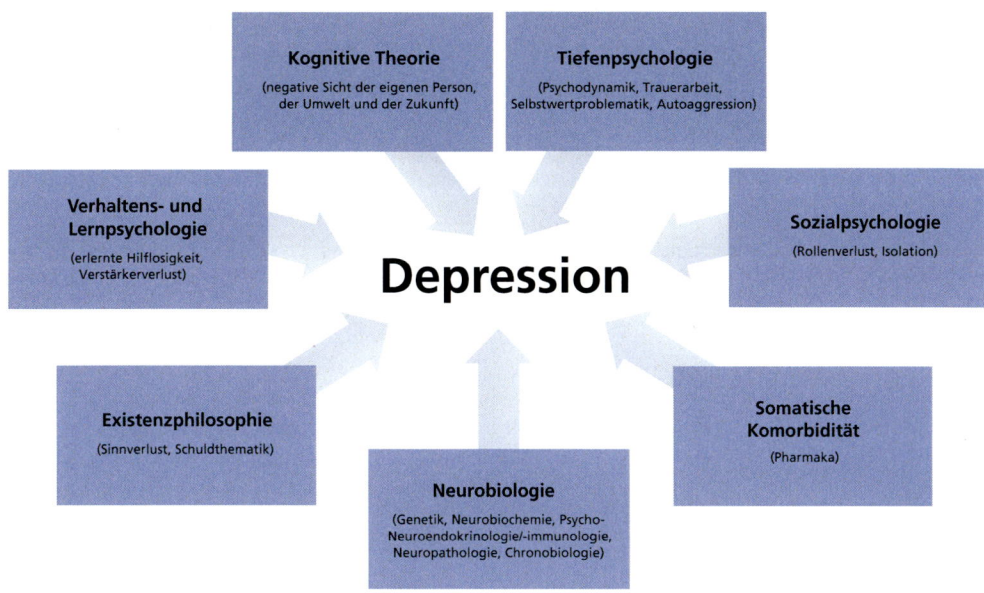

Abb. 4.1: Modellvorstellungen zur Ätiopathogenese von Depressionen

## 4.1 Neurobiologisch-somatisches Modell

### 4.1.1 Genetik

Durch Familien-, Zwillings- und Adoptionsstudien sowie mittels molekulargenetischer Untersuchungen konnte eine genetische Disposition bzw. Mitdetermination belegt werden. Die Heritabilität beträgt etwa 40 %, Angehörige ersten Grades haben gegenüber der Allgemeinbevölkerung ein ca. 50 % erhöhtes Risiko, an einer unipolaren Depression zu erkranken, ca. 70 % bei bipolarer Störung. Das Depressionserkrankungsrisiko ist für Kinder depressiver Mütter und depressiver Väter zwei- bis dreifach erhöht (OR = 2,9 bzw. 3,0). Zwillingsstudien belegen eine monozygote Konkordanzrate von 50 %. Ein besonders hohes Depressions-Risiko haben Enkel von depressiven Eltern und Großeltern, also wenn die Neigung zu einer Depression schon über zwei Generationen geht (Weissman et al. 2016).

Molekulargenetische Untersuchungen zur Identifizierung von Dispositionsgenen umfassen Assoziationsstudien von Kandidatengenen sowie genomweite Kopplungsuntersuchungen (chromosomale Lokalisation). Ein bei Erwachsenen identifiziertes Kandidaten-Gen ist CREB1 (cAMP-response-element-binding-protein-1) sowie das COMT (Catecholamin-O-methyl-Transferase) bzw. BDNF (brain-derived-neurotrophic-factor)-val-Allel. Beschrieben wurde auch eine Variation des FKBP5-Gens (Co-Chaperon = funktionsvermittelndes Hilfsmolekül des Stresshormon-Rezeptors).

Als genetische Risikovariante wurde ein funktioneller Längenpolymorphismus in der Promotorregion des Serotonintransportergens (5-HTTLPR) mehrfach beschrieben (Laux 2017b). Vermehrte Beachtung finden epigenetische Mechanismen (z. B. DNA-Methylierung, Histonmodifikation), die für die Programmierung der Zellidentität und die Reaktion der Zelle auf Umweltveränderungen eine wichtige Rolle spielen und zu einer unterschiedlichen Genexpression führen.

> **Persönliche Anmerkung der Autoren**
>
> Die Bewertung von genetischen Befunden ist immer eine schwierige Angelegenheit, insbesondere wenn es um die Frage einer genetischen Disposition bzw. die Wahrscheinlichkeit geht, als Angehöriger ersten Grades eines mit einer schweren Depression belasteten Familienmitgliedes ebenfalls depressiv zu erkranken. Zentrale Bedeutung hat die Epigenetik erlangt, also die Erforschung der »Schalter«, die die Gen-Expression beeinflussen.

### 4.1.2 Neuropathologie

Post-mortem-Untersuchungen belegen verschiedene makroskopisch und (immun-)histologisch fassbare Hirnveränderungen in unterschiedlichen Hirnregionen (Oh et al. 2012). Dazu zählen u. a. geringere Hippocampusvolumina, eine geringere Glia- und Neuronendichte im Präfrontalkortex und limbischen System sowie strukturelle Abnormitäten im Habenula-Komplex. Bei Altersdepressiven wurden atherosclerotische und endotheliale Veränderungen sowie Läsionen der weißen Substanz und Mikroangiopathie der Basalganglien beschrieben.

### 4.1.3 Bildgebung

Die Befunde bildgebender Verfahren weisen eine große interindividuelle Variabilität auf. Sie sind bei sekundären affektiven Störungen (z. B. Parkinson-Depression, Post-Stroke-Depression) besonders deutlich. Heute liegen zahlreiche Bildgebungsstudien vor, die strukturelle, funktionelle und neurochemische Abnormitäten bei majoren Depressionen belegen. MRT-Studien belegen eine Schweregrad-abhängige Volumenreduktion im frontalen Lorbitofrontalen und cingulärem Kortex, im Hippocampus und Striatum, wofür Apoptose und reduzierte neurotrophe Faktoren (z. B. BDNF, »brain derived neurotrophic factor«) verantwortlich gemacht werden. Die große Studie der ENIGMA Major Depressive Disorder Working Group (MRTs von über 2.100 Patienten vs. fast 8.000 Kontrollen) belegte erneut die Volumenreduktionen in Hippocampus (schwächer auch im N. accumbens und der Amygdala) bei chronisch Depressiven mit wiederholten Episoden vor allem bei Patienten mit frühkindlicher Traumatisierung. Stressbelastung in der Kindheit könnte zu einer Überaktivierung der neuroendokrinen Stressachse und konsekutiv zu einer Herunterregulierung der neurotrophen Hirnaktivität führen. Neben neurotoxischen Effekten kann dies zu einer Erniedrigung der Neuroneogenese bei depressiven Patienten führen (neurotrophe Depressions-Hypothese) (Wise et al. 2014).

Die Ergebnisse der funktionellen Bildgebung mittels Kernspintomografie (fMRT), Positronen-Emissions-Tomografie (PET) und Single-Photon-Emissions-Computer-Tomografie (SPECT) weisen auf einen reduzierten Metabolismus im präfrontalen Kortex und im Hippocampus sowie auf eine erhöhte Aktivität limbischer Regionen (u. a. Amygdala) bei depressiven Patienten hin. Gefunden wurde auch eine erhöhte Verfügbarkeit der Monoaminoxidase A in zahlreichen Hirnregionen. Aus heutiger netzwerktheoretischer Sicht wird eine Störung der limbisch-kortikalen Regulation/Interaktion angenommen, wobei sich die gestörten Aktivitätsmuster unter antidepressiver Behandlung (teilweise) normalisieren. Neue Studien zum affektiven Netzwerk mit Einschluss von Amygdala und orbitofrontalem Kortex weisen auf eine Unterfunktion der Emotionsregulation und auf eine Dysfunktion des Amygdala-orbitofrontalen Kortex-Netzwerks hin (Arnone et a. 2012; Rigucci et al. 2010; Jaworska et al. 2014).

> **Persönliche Anmerkung der Autoren**
>
> Eine gute Bildgebung bereichert die Diagnostik genauso wie Laborbefunde und die Ergebnisse einer psychopathometrischen Testung. Federführend bei der psychiatrisch-psychotherapeutischen Diagnostik ist aber die Klinik mit all ihren Fassetten der akuten Situation, des Verhaltens und Erlebens, der Biographie eines Menschen, der psychosozialen Umgebungsfaktoren seiner Entwicklung in Kindheit und Jugend, die Ich-Entwicklung, das Vorliegen von Schemata im Denken, im Erleben, der Umgang mit anderen Menschen, mit Aggression, das Wertgefühl, das Ich-Ideal usw. In diesem Kontext zählen bildgebende Verfahren dazu, einen klinischen Verdacht zu bestätigen, wie z. B. bei einem demenziellen Prozess, bei raumfordernden Prozessen, als ergänzende Befunde wie Hypofrontalität.

## 4.1.4 Neurobiochemie

*Noradrenalin* und *Serotonin:* Seit 50 Jahren werden Hypothesen entwickelt, wonach depressive Erkrankungen mit einer Verminderung der Neurotransmitter Noradrenalin und Serotonin zusammenhängen sollen, die sog. Monoamindefizithypothesen: *Serotoninmangelhypothese* und *Katecholamin-/Noradrenalinmangelhypothese*.

Hauptunterstützung erfuhren diese Neurotransmitterhypothesen durch die Aufklärung des Wirkmechanismus der Antidepressiva: Antidepressive Pharmaka erhöhen die Aminkonzentrationen im synaptischen Spalt entweder durch Wiederaufnahmehemmung von Noradrenalin und/oder Serotonin oder durch Blockade des Abbaus der genannten Neurotransmitter. In einigen Studien konnte gezeigt werden, dass depressive Patienten im Vergleich zu Gesunden erhöhte Katecholaminspiegel bzw. erniedrigte Konzentrationen der Noradrenalin- bzw. Serotoninmetabolite MHPG bzw. 5-HIES aufweisen. Bei suizidalen Patienten fand sich ein erniedrigter Serotonin- bzw. 5-HIES-Liquorspiegel.

Heute steht es außer Frage, dass bei depressiven Störungen Veränderungen der Neurotransmission vorliegen. Es wurde aber die Dysfunktion weiterer Neurotransmitter postuliert. Vor allem Depressive mit psychomotorischer Verlangsamung zeigten einen reduzierten *Dopaminumsatz* und eine verminderte Sensitivität zentraler Dopaminrezeptoren. Im Rahmen des M. Parkinson treten gehäuft Depressionen auf. Das dopaminerge Belohnungs-(Reward-)System scheint für Anhedonie und Antriebsminderung von Bedeutung zu sein. Alle drei Neurotransmittersysteme sind komplex miteinander verschaltet, so dass der spezifische Angriff an nur einem Target in einem Neurotransmittersystem immer auch die anderen Transmittersysteme mit beeinflusst. Die Hypothese einer verminderten *GABAergen* Funktion bei Depressionen stützt sich v. a. auf reduzierte GABA-Konzentrationen im Plasma und Liquor Depressiver. Auch das *glutamaterge System* ist in die Pathophysiologie der Depression involviert. Studien zeigen eine kortikale Glutamatdysfunktion bei Depressiven. Stressinduzierte Glutamatfreisetzung in limbisch-kortikalen Regionen ist mit morphologisch-zytoarchitektonischen Neuronenveränderungen assoziiert (Neuroplastizität). Glutamat-/NMDA-Rezeptor-Antagonisten wie Ketamin besitzen rasch einsetzende antidepressive Effekte.

## 4.1.5 Neurotransmitterdysbalance, Rezeptoreffekte, Signaltransduktion

An Stelle der Betrachtung isolierter Neurotransmitterveränderungen trat das Konzept der Dysbalance verschiedener Neurotransmitter.

Auf *Rezeptorebene* wurden v. a. Veränderungen der Dichte und Empfindlichkeit von Rezeptoren beschrieben. So zeigte die Untersuchung der neurobiochemischen Wirkungen der Antidepressiva, dass es nach der akuten Wirkung auf die Neurotransmission u. a. zu einer Herabregulierung von β-Rezeptoren (»β-Down-Regulation«) kommt, die in etwa der verzögert einsetzenden klinischen Wirkung (sog. Wirklatenz der Antidepressiva) entspricht. Aufgrund moderner molekular-pharmakologischer Befunde wird heute davon ausgegangen, dass die Beeinflussung der Neurotransmitterkonzentrationen im synaptischen Spalt lediglich den ersten Schritt einer Kaskade von Mechanismen darstellt, die unter dem Einfluss von *Signaltransduktionsmechanismen* – Proteinkinasen (PKA) und Transkriptionsfaktoren wie z. B. CREB (cAMP response element-binding) – auf zellulärer Ebene zu einer veränderten Genexpression führt. Als Endstrecke für Neurotransmitter wurden in den letzten Jahren Kaskaden von intrazellulären Reaktionen (Kopplung zwischen Rezeptoren und G-Proteinen, Aktivierung von Transkriptionsfaktoren, »Second-messenger-Systeme«) identifiziert, die via Genexpression zu zahlreichen adaptiven Veränderungen führen. Andere neue Befunde gehen von einer erhöhten Aktivität der *sauren Sphingomyelinase* (ASM) in Lysosomen Depressiver aus. Das aus ASM hervorgehende Lipid Ceramid fungiert als Signalüberträger wichtiger zellulärer Mechanismen. Antidepressiva wie Amitriptylin hemmen ASM und reduzieren Ceramid im Hippocampus (Elhwuegi 2004; Laux 2017b).

## 4.1.6 Neurogenese, neuronale Plastizität, neurotrophe Hypothese

Wie oben erwähnt fand in den letzten Jahren die *Neurogenesehypothese* – eine Verminderung der Neurogenese sei die Ursache der Depression – große Beachtung in der Depressionsforschung. Auch eine gestörte synaptische oder neuronale Plastizität (stimulusgetriggerte, funktionelle Anpassungen neuronaler Kreisprozesse) wird als eine mögliche neurobiologische Ursache für depressive Störungen angesehen (*Synaptische Plastizitäts-Hypothese*). Jüngst wurde belegt, dass bei Patienten mit Major Depression die kortikale Neuvernetzung im Sinne einer verminderten synaptischen Plastizität verlangsamt war. Nach Remission normalisierte sich die Hirnaktivität wieder. Andere experimentelle Studien beschrieben bei Depressiven erniedrigte BDNF (»Brain-derived neurotrophic factor«)-Plasmakonzentrationen, also eine herabgesetzte Bildung neurotropher Faktoren als Ausdruck einer Störung der neuronalen Plastizität, die unter Antidepressiva-Behandlung signifikant zunahmen. Hieraus wurde eine *neurotrophe Hypothese* der Depression und eine neurotrophe bzw. neuroprotektive Wirkung von Antidepressiva und Lithium bei chronischer Gabe abgeleitet (Duman 2004).

## 4.1.7 Psychoneuroendokrinologie

Zu den umfangreichsten Befunden der biologischen Depressionsforschung gehören psychoneuroendokrinologische Auffälligkeiten, insbesondere Störungen der Regulation der Hypothalamus-Hypophysen-Nebennierenrinden(HPA)-Achse, des Schilddrüsenhormon-systems und teilweise auch der Wachstumshormonregulation. Diese haben zur *Stresshormonhypothese* der Depression geführt.

Vermehrte CRH-Freisetzung mit konsekutiver erhöhter ACTH-Ausschüttung resultiert in der Ausschüttung von Glukokortikoiden, die weitere metabolische Effekte (wie z. B. Hyperglykämie) und stressassoziierte Verhaltensänderungen induzieren. Bei einem hohen Prozentsatz der Depressiven findet sich ein *Hyperkortisolismus* und bei 40–70 % der Depressiven ein pathologischer Dexamethason-Suppressionstest (DST) bzw. Dexamethason-/CRH-Test als Ausdruck einer CRH-Rezeptor-Desensitivierung → *Kortikosteroid-Rezeptor-Hypothese der Depression.* Hyperkortisolismus induziert verschiedene Stoffwechseleffekte. Neben metabolischen (katabolen) Glukoseeffekten (Insulinresistenz) wird die Proteinolyse aktiviert, woraus verstärkter oxidativer Stress mit zytotoxischen Folgewirkungen resultiert. Klinisch wird hieraus die Koinzidenz von Depression und Typ 2-Diabetes abgeleitet. Pathophysiologisch führt chronischer Stress zu einer Hypersensitivität der HPA-Achse. Die prolongiert erhöhte hypothalamische CRF/CRH-Ausschüttung geht mit neurotoxischen Effekten einher und führt zu gestörter hippokampaler Neuroneogenese.

*Schilddrüsenhormone, HPT-Achse:* Ein Teil der Depressiven weist eine latente Hypothyreose, eine erniedrigte Trijodthyronin (T3)- und niedrigere TSH-Plasmakonzentrationen auf. Die Stimulation mit Thyreotropin-Releasinghormon (TRH) führt bei Depressiven gehäuft zu einer reduzierten TSH-Response.

*Wachstumshormon:* Bei majoren, endogenen Depressionen wurde von verschiedenen Forschungsgruppen eine verminderte Wachstumshormon(GH)-Response auf Clonidin beschrieben. CRH hemmt die gonadale und die GH-Achse. Die vermehrte Cortisolsekretion, die verminderte Sekretion von GH und Insulin-like Growth Factor 1 (IGF-1) sowie die verminderte Sekretion der Geschlechtshormone können zu einer reduzierten Knochenneubildung bzw. zu einer vermehrten Knochenresorption führen.

*Melatonin:* Das in der Epiphyse synthetisierte, nächtlich ausgeschüttete Hormon spielt via Melatoninrezeptoren im Nucleus suprachiasmaticus eine Rolle für die zirkadiane Rhythmik (innere biologische Uhr).

*Gonadale Steroide:* Ein plötzlicher Abfall gonadaler Steroide postpartal scheint das Auftreten von Wochenbettdepressionen zu begünstigen. Die pathophysiologische Rolle von Östrogenen ist umstritten. Bei älteren Männern und auch bei Frauen wurden erniedrigte *Testosteronspiegel* in Verbindung mit depressiven Störungen beschrieben. Niedrige Hormonspiegel von Leptin und Ghrelin waren mit depressivem Verhalten assoziiert und chronischer Stress senkte den Serumleptinspiegel und erhöhte den Serumghrelinspiegel (Holsboer 2001; eine Übersicht findet sich auch in Laux 2017b).

### 4.1.8 Psychoneuro-immunologie

In den letzten Jahren fanden pro-inflammatorische Zytokine für die Pathogenese und Auslösung depressiver Störungen vermehrte Beachtung. Es wurden erhöhte inflammatorische Marker wie CRP, Tumor-Nekrose-Faktor (TNF)-Alpha und IL-6 beschrieben (Valkanova et al. 2013). Persistierend erhöhte TNF-Alpha-Spiegel waren mit Therapieresistenz assoziiert, so dass erhöhte inflammatorische Spiegel mit als relevant für Therapieresistenz angesehen werden. Die pro-inflammatorischen Zytokine IL-6 und TNF-Alpha üben direkte inhibitorische Effekte auf die hippokampale Neurogenese aus.

### 4.1.9 Psychophysiologie, somatische Krankheiten, Pharmaka

Depressionen können über eine Sympathikusaktivierung zur Erhöhung von Blutdruck, Puls und kardialer Kontraktilität führen (Laux 2017b). Vor allem bei älteren Depressiven und unter Belastung wurde eine reduzierte Herzfrequenzvariabilität (HRV) verifiziert. Mit diesen Veränderungen wird das erhöhte Risiko für eine Herzerkrankung in Zusammenhang gebracht. Unter anderem durch die HPA-Achsenaktivierung treten bei Depressiven Insulinresistenz und ein metabolisches Syndrom gehäuft auf. Psychophysiologische Untersuchungen konnten auch zeigen, dass die psychophysische Reagibilität Depressiver durch eine mangelhafte Ansprechbarkeit auf Umweltreize bzw. durch verstärkte Dämpfung von Reiz-Reaktions-Mustern und eine gestörte Vigilanzregulation charakterisiert ist (z. B. verminderte oder fehlende elektrophysiologische Orientierungsreaktionen, Arousal-Regulations-Modell). Elektrophysiologische Retina-Untersuchungen zeigten bei Depressiven eine deutlich geringere Reaktion der Netzhaut auf optische Reize (»seeing grey when feeling blue«). Depressive unterscheiden sich auch in der EEG-gemessenen Vigilanzregulation.

*Somatische Erkrankungen, Pharmaka, Ernährung:* Nicht selten finden sich somatische Erkrankungen oder Pharmaka als Ursachen, Kofaktoren oder Auslöser von Depressionen im Sinne organisch bedingter affektiver Störungen. Symptomatische/somatogene Depressionen sowie die mit pharmakogenen Depressionen in Verbindung gebrachten Substanzen sind in den nachfolgenden Informationskästen zusammengefasst.

### Somatogene Depressionen

Definition: Somatogene Depressionen sind depressive Erkrankungen (depressive Episoden/Syndrome), die durch eine körperliche Grunderkrankung verursacht und aufrechterhalten werden. Es sind keine psychoreaktiven depressiven Syndrome wie z. B. die Reaktion auf eine schwere Krankheitsdiagnose. Die diagnostisch zentrale Frage ist also, an welcher körperlichen Erkrankung leidet der Patient, die depressiogen wirkt, d. h. zum klinischen oder subklinischen Bild einer depressiven Episode führt?

Folgende somatische Erkrankungen können neben ihrer körperlichen Symptomatik auch zu einer Depression führen:

- Hirntumoren (z. B. präfrontales Meningeom, Glioblastome)
- Pankreas-Karzinom
- Ovarial-Karzinom
- Post-Stroke-Depression
- Encephalomyelitis disseminata (MS; öfters auch maniforme Syndrome)
- ALS

### Pharmakogene Depressionen

Definition: Pharmakogene Depressionen sind solche, die direkt und kausal regelhaft rückführbar auf Pharmakotherapie sind. Dabei handelt es sich nicht um psychoreaktive depressive Syndrome. Beobachtet wurden »pharmakogene« Depressionen bei z. B.

- manchen Antibiotika (z. B. Gyrasehemmer)
- Cortison, Antirheumatika
- Haarwuchsmittel (z. B. Finasterin)
- modernen Chemotherapien bei Karzinomen (dabei oft nicht unterscheidbar, ob es sich um eine pharmakogene Depression oder eine depressive Reaktion auf die Krankheit (evtl. tödlich verlaufende Krankheit) handelt)
- sog. klassischen hochpotenten Neuroleptika

Wegen der großen klinisch-praktischen Bedeutung sei auf das bidirektional erhöhte Risiko hingewiesen, aufgrund einer kardiovaskulären Erkrankung oder bei Diabetes mellitus an einer Depression zu erkranken.

Einige Autoren postulieren eine »*vaskuläre Depressions-Hypothese* der Altersdepression« im Sinne einer systemischen Gefäßerkrankung als Subtyp. Körperliche Krankheiten mit chronischen Schmerzen besitzen ein besonders hohes Depressionsrisiko.

Eine neuseeländische Bevölkerungsstudie postuliert eine kausale Verknüpfung zwischen Alkoholabusus und erhöhtem Depressionsrisiko. Die Rolle von reduzierten Folsäure-, Cholesterol-, Vitamin-$B_{12}$-und Magnesium-Spiegeln ist umstritten.

Ökologische und transkulturelle Untersuchungen weisen auf den möglichen Einfluss von Ernährungs- und Diätfaktoren hin: So scheint ein hoher Fischkonsum mit niedrigen Depressionsprävalenzraten einherzugehen und ein Mangel an Omega-3-Fettsäuren mit einem erhöhten Depressionsrisiko. Nach einer großen spanischen Bevölkerungsstudie könnte der mediterranen Ernährung eine depressionsprotektive Rolle zukommen. Eine Metaanalyse von 26 Studien fand einen Zusammenhang zwischen hohem Fisch-Konsum und reduziertem Depressions-Risiko.

Die sogenannte »*Darm-Hirn-Achse*«, die Verknüpfung zwischen Nervensystem und Verdauungstrakt, hat in den letzten Jahren Beachtung gefunden. Mikroorganismen des Darms (Mikrobiota) scheinen Emotionen und den Umgang mit Stress zu beeinflussen, die Schmerzwahrnehmung zu modulieren und über die Stressregulation durch Aktivierung der HPA-Achse und des Immunsystems auch die Kognition zu modifizieren. Bei depressiven Patienten wurden Veränderungen der Mikrobiom-Zusammensetzung beschrieben. Spekulativ ist die günstige Beeinflussung der Depressionstherapie durch Gabe von Probiotika (Bubl et al. 2015; Ehrenthal et al. 2010; eine Übersicht findet sich auch in Laux 2017b).

### 4.1.10 Chronobiologie

Beim depressiven Patienten sind verschiedene biologische Rhythmen wie Temperatur, Herzfrequenz, Kortisolsekretion und Schlaf-Wach-Rhythmus gestört (Laux 2017b). Letzteres dürfte mit signifikanten Alterationen der Melatonin-Sekretion zusammenhängen.

Auf die Bedeutung chronobiologischer Faktoren weisen schon früh klinische Beobachtungen hin: Ein Teil der Depressionen weist eine saisonale Rhythmik auf, sie finden sich gehäuft im Frühjahr oder Herbst. In neueren Untersuchungen kristallisierte sich eine Sonderform – die sog. *saisonale Depression* – heraus, die nur im Herbst und Winter auftritt und durch eine besondere »atypische« Symptomatik (u. a. vermehrter Appetit, vermehrter Schlaf) charakterisiert ist.

Insbesondere die *Tagesschwankungen* der Depressivität sowie die bei »endogenen« Depressionen typischen *Durchschlafstörungen* mit morgendlichem Früherwachen sind Ausdruck einer zirkadianen Rhythmusstörung. Schlafstörungen können als Risikofaktor für die Entwicklung einer Depression gelten. Die experimentelle Schlafforschung konnte zeigen, dass Depressive im Vergleich zu Gesunden mehr oberflächliche und weniger Tiefschlafstadien aufweisen. Im Schlaf-EEG zeigen sie – alters- und geschlechtsabhängig – abnorme Rhythmen, eine längere Einschlaflatenz sowie eine verkürzte REM-Latenz (Wirtz-Justice 2006).

> **Fazit**
>
> Depressive Syndrome umfassen ein breites klinisches Spektrum ätiopathogenetisch unterschiedlicher Subtypen. Im Zentrum der Forschung steht die Suche nach replizierten, objektiven Biomarkern sowie das Ziel einer individualisierten, personalisierten und hieraus abgeleiteten Therapie. Für Untergruppen sind verschiedene Pathomechanismen anzuneh-

men. Trotz jahrzehntelanger intensiver biologischer Forschung und zwischenzeitlichen Hoffnungsschimmern (z. B. Dexamethason-Suppressions-Test) gelang es bislang nicht, valide biologische Marker zu identifizieren. Eine Ursache hierfür dürfte sein, dass die klinisch vorgegebenen diagnostischen Kategorien wie z. B. das außerordentlich heterogene Krankheitsbild »Major Depression/depressive Störung« keine ausreichend definierten Diagnosegruppen darstellen.

## 4.2 Psychologische Modelle

### 4.2.1 Psychodynamisches Modell

**Persönliche Anmerkung der Autoren**

Warum sind »psychodynamische Überlegungen« (der Begriff »Psychodynamik« wird hier neutral für Tiefenpsychologie und Verhaltenstherapie gebraucht) überhaupt wichtig? Weil der Mensch und insbesondere der depressiv Kranke ein Konzept, ein Gerüst, einen Gedanken braucht, der ihm hilft zu verstehen, warum es ihm morgens im »Morgentief« als Ausdruck der Desynchronisation zeitlich gebundener körperlicher Abläufe meist am schlechtesten geht, warum der Kopfdruck mit Ibuprofen oder Paracetamol u. ä. Schmerzmitteln nicht besser wird (ein Symptom der Depression als Leibgefühlsstörung), warum ihn nichts mehr anspricht und ihn alles freudlos lässt (Herabgestimmtheit als zentrales depressives Symptom, Affektstörung), warum ihn dieses und jenes bewegt, ihm Sorge, Angst, Zukunftsangst, Gefühl existenzieller Bedrohung bereitet, warum das Wertgefühl schwankend ist und die Perspektive belastet usw.? Warum er darunter leidet, warum er erkrankt ist (Vererbung), warum die Mutter, die Großmutter, der Onkel auch schon depressiv gewesen sind? Oder doch Belastungen im Leben? Lebensereignisse, Verluste, Versagens- und Kränkungserfahrungen, Traumata? Die Psychiater des 19. Jahrhunderts haben in der Depression etwas »Schmerzhaftes« gesehen. Wir denken heute im Rahmen unseres »psychobiosozialen Modells« von psychischer Erkrankung an biologisch-genetische Aspekte, an Traumatisierungen im frühen Kindheits- und Jugendalter, an psychosoziale Belastungen, an Überforderungs-, Kränkungs- und Enttäuschungssituationen und ordnen dann Phänomenologie und Psychodynamik zu. So steht auf der einen Seite die phänomenologisch-deskriptive Beschreibung der depressiven Episode auf der Symptomebene, operationalisiert und damit auch weltweit vergleichbar. Auf der anderen Seite stehen differenzielle Ansätze zumindest in der Beschreibung psychosozialer und psychodynamischer Aspekte, die dann erlauben, von Subtypen depressiver Erkrankungen zu sprechen.

Die triebpsychologisch-psychoanalytischen Modellvorstellungen der Ätiopathogenese depressiver Erkrankungen beginnen mit den triebtheoretischen Ansätzen bei Abraham (1912), dann bei Freud (1917) in der klassischen Arbeit »Trauer und Melancholie«, gefolgt von Rado

(1927) und Fenichel (1945), von Ich-psychologischen Modellvorstellungen bei Bibring (1953), Edith Jacobson (1976) sowie Gertrud und Ruben Blanck (1974), von den Objektbeziehungstheorien z. B. bei Kernberg (1967) oder Winnicott (1966) und der Selbstpsychologie Kohut's (1971) und integrativen psychodynamischen Depressionsmodellen bei Benedetti (1987), Mentzos (1995), Rudolf (2003), Sidney Blatt (1998, 2004), Böker (2006, 2016, 2017), Schauenburg (2017) oder auch Wolfersdorf et al. (1995, 2008, 2015). Schauenburg (2017) weist darauf hin, dass von psychodynamischen Autoren Verlust, Verunsicherungs- und Enttäuschungserlebnisse bei später depressiv Erkrankten besonders betont würden, andererseits aversive Erfahrungen zum Leben gehörten und von vielen Menschen gut oder ausreichend bewältigt würden. Die Frage bei der Depressionsgenese wäre also die nach biologischen und psychosozialen Mediatoren oder Moderatoren für eine erhöhte Vulnerabilität, wobei die eigentliche »regressive Bewegung« im akuten depressiven Zusammenbruch in einer Situation von Hilflosigkeit beim Versagen von bisherigen Konfliktbewältigungsmechanismen bestünde. Eine Depression, d. h. eine depressive Symptomatik, entstünde dann aus der Hilflosigkeit heraus, bei bisherigen Mechanismen der Bewältigung von Konflikten nicht mehr funktionierten.

> **Fallbeispiel: »Vaterlos«**
>
> Ein junger Patient fragte immer wieder: »Wieso packt es mich jetzt, die Scheidung der Eltern war doch schon vor einem Dutzend Jahren«. Vor einem Vierteljahr war er zum leiblichen Vater gezogen, hatte sich endlich von Mutter und Stiefvater gelöst. Aber der leibliche Vater war nicht mehr der, der vor Jahren gegangen war, und er hatte eine neue Frau. Der junge Patient hatte das Gefühl, vom »Regen in die Traufe« gekommen zu sein. Er empfand sich als »vaterlos«.

> **Persönliche Anmerkung der Autoren**
>
> In der psychodynamisch-tiefenpsychologischen Vorstellung ist die Entstehung einer »psychischen Disposition« oder auch »Vulnerabilität« das eine. Damit kann man durchs Leben gehen. Im Übrigen, nach einer akuten Depression, gut remittiert, fragen Patienten oft: »Bin ich jetzt geheilt?« Die korrekte Antwort wäre zum Einen die Rückfrage, was man denn unter »Heilung« verstünde – Symptomfreiheit, Arbeitsfähigkeit, Beziehungsfähigkeit, sich freuen können, keine Schlafstörungen mehr haben, belastbar zu sein etc., zum anderen der Hinweis, dass eine erhöhte Bereitschaft, bei subjektiv bedeutsamen Ereignissen, Belastungen, Verlusten oder Kränkungen die Wahrscheinlichkeit bestünde, wieder zu erkranken bzw. höher als bei jemand sei, der nicht depressiv vulnerabel ist. Zum Verstehen des Hineingeratens in eine akute Depression interessieren aktuelle Ereignisse, sog. Life-Events, die umso belastender erlebt werden, desto subjektiv näher sie am Betroffenen sind, z. B. der Verlust eines Kindes. Es reicht schon, dass eine Tochter Drogen probiert hat, dass ein Sohn durch eine Prüfung gefallen ist oder dass eine erwartete Beförderung wieder nicht erfolgte. »Vulnerabilität« heißt im Volksmund »Dünnhäutigkeit« und Resilienz wäre dann die Fähigkeit, Belastungen zu überstehen, z. B. mit Hilfe, und daraus auch noch zu lernen. Ziel von Therapie wäre dann die Stärkung der Resilienz, was im Wesentlichen auf eine Stärkung des Selbstwertgefühls und der Selbstwertschätzung hinauslaufen würde. Da es im Folgenden um die akute depressive Erkrankung geht, sei noch darauf hingewiesen, dass ein ambivalenter Bindungsstil als Ausdruck eines wechselnd überfürsorglichen und wenig einfühlsamen Beziehungsangebotes

der primären Bezugspersonen ähnlich wie die triebtheoretischen Ansätze einer starken Verstrickung mit den Bezugspersonen gilt. Triebtheoretisch spielten eine hohe emotionale Bedürftigkeit zur Bestätigung und Sicherung von Beziehung und eine ausgeprägte Leistungsorientierung im Sinne von vorgegebenen Über-Ich-Themen eine Rolle.

Ein Zusammenbruch dieser Mechanismen mündet in Hilflosigkeit und Selbstentwertung als klassisch zentrale depressive Symptomatik und eine zugehörige vegetative Störung (Schauenburg 2017).

Unser eigenes psychodynamisches Konzept haben wir (Wolfersdorf 1992, 2008; Wolfersdorf et al. 2015) bereits vor Jahren formuliert. Dieses basiert auf den Erfahrungen auf Depressionsstationen in der Behandlung schwer depressiv kranker Menschen und der noch in den 1970er und 1980er Jahren dominierenden trieb- und Ich-psychologischen psychodynamischen Ansätze in Kombination mit ersten verhaltenstherapeutischen und kognitiven Angeboten. In Abb. 4.2 (▶ Abb. 4.2) wird deutlich, wie sehr Vulnerabilität aus Kindheit und Jugend letztlich das innere Erleben von akut depressiv Kranken bestimmen. Symbiotische Beziehungsgestaltung auf der einen Seite – jeder Therapeut kennt zahlreiche Patienten, die sich eng an sie binden und noch nach Jahren erinnert werden – und hohe Leistungs- und ethisch-moralische Normen auf der anderen. Dabei scheint die Über-Ich-Thematik – Schuld und Versagen gegenüber Normen, Institutionen, Kirche, Gewissen – in den letzten Jahrzehnten zunehmend durch eine Ich-Ideal-Thematik und damit eine narzisstische abgelöst zu werden. Der »Hero«, wie selbst erlebt, wird zum »Zero« und depressiv, weil er in der Welt nicht mehr anerkannt wird.

## 4.2 Psychologische Modelle

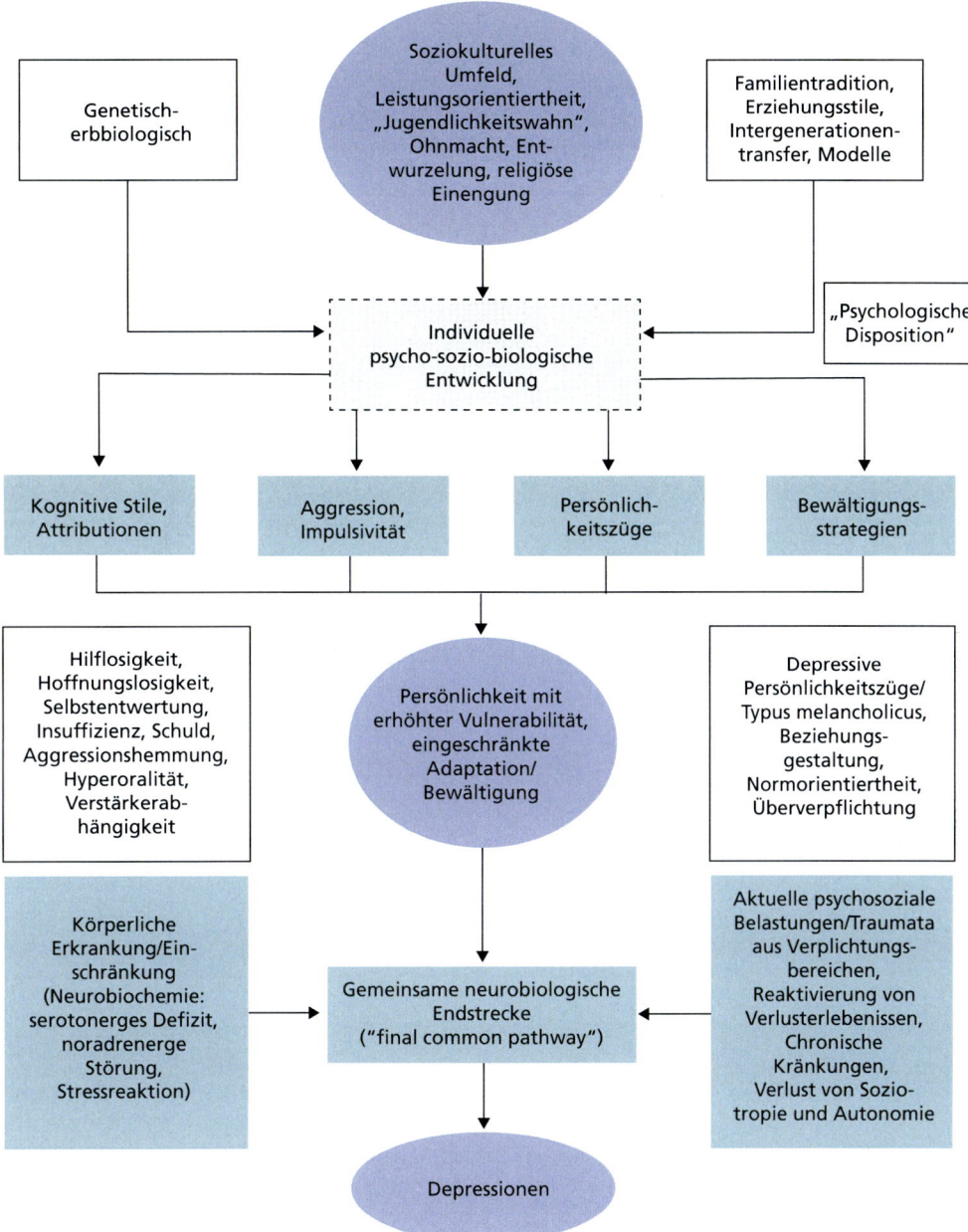

Abb. 4.2: Psychodynamisches Depressionsmodell (Wolfersdorf 1992a, S. 114)

## 4 Ätiopathogenese

> **Persönliche Anmerkung der Autoren**
>
> Was mag das für die psychotherapeutische Arbeit bedeuten? Das vertiefte Betrachten von Psychodynamik ist ein wesentlicher Bestandteil unseres Verstehens innerseelischer Vorgänge und ihrer Zusammenhänge mit internen und externen Lebensweltfaktoren. Kernberg (1976) hat dies als »innere Arbeitsmodelle« bezeichnet und damit den Zusammenhang Psychopathologie – psychosoziale Faktoren – Psychodynamik formuliert. Psychodynamik meint die Beschreibung der innerseelischen Abläufe, die den Hintergrund des gesunden und gestörten Erlebens und Verhaltens bilden. Sie beruht im Wesentlichen auf der Persönlichkeits- und Krankheitslehre der Psychoanalyse/Tiefenpsychologie, so Ermann (1997). Der Therapeut muss davon ausgehen, dass der »depressive Zusammenbruch«, da bisherige Konflikt- und Bewältigungsmöglichkeiten nicht mehr ausreichen, zur Hilflosigkeit des Betroffenen führt: Verzweiflung, Äußerungen von Hilf- und Hoffnungslosigkeit, von Beziehungsverlust – »keiner liebt mich, keiner versteht mich, keiner hilft mir, es ist alles ganz schlimm« bis zu »es geht zu Ende, das überlebe ich nicht, mir ist jetzt schon ganz leer im Kopf« usw., wie aus Patientenäußerungen bekannt. Dies reicht bis hin zu Beendigungsfantasien der Welt (z. B. Untergangswahn) oder der eigenen Person (z. B. Suizid). Psychovegetative Entgleisungen, Rückzug und Hemmung, Agitiertheit und Angst/Panik folgen. Das sind psychodynamische Notsituationen, die nicht der Deutung, sondern der konkreten Hilfe und Beruhigung bis hin zur Sicherung durch Menschen bedürfen und darüber hinaus eines beschützenden Rahmens. Ein Verstehen psychodynamischen Geschehens erleichtert die »hilfreiche Beziehung« (Wolfersdorf 1992). Notfallsituationen müssen notfallpsychiatrisch behandelt werden mit verstehendem, sichernd-schützendem (auch körperlich), z. B. bei schwerer Agitation durch Halteaktivitäten oder bei schwerer psychomotorischer Hemmung durch manuelle Unterstützung oder Festhalten beim »Raptus melancholicus«; depressiv Kranke verstehen dies im Nachhinein! Unten stehend sind psychodynamische Themen und Aspekte von Therapie schlagwortartig zusammengefasst.

> **Psychodynamische Themen depressiver Syndrome nach »äußeren und inneren Anlässen« (psychosozial/psychodynamisch) (Wolfersdorf et al. 2015, S. 865)**
>
> - *Scheitern eines Lebensentwurfes*, z. B. eines typisch männlichen Lebenskonzeptes als »starker Ernährer« (Scham-Depression, Über-Ich-Depression, oft Burnout-Syndrom)
> - *klassische Verlustsituation*, z. B. Partner (Trennung, Versterben) und die Vorstellung, nicht mehr ohne den Verlorenen leben zu können (»Symbiose«) bzw. Verlassen werden/worden zu sein, weil man den Erwartungen nicht gerecht werde (Versagen, Selbstwert; Selbstanklage und Schamgefühl (Ich-Ideal!))
> - *Fehlen jeglicher psychosozialer Beziehung* (»Ungeborgenheit« nach Purucker 2014; Beziehungsunfähigkeit: kein Modell in der Familie, keine peer-group)
> - *Verlust des Selbstbildes und des Fremdbildes*, d. h. ein Ich-Ideal bzw. eine Gewissensinstanz und ein vom gesellschaftlichen Umfeld zugewiesenes Fremdbild sind nicht mehr deckungsgleich bzw. nicht mehr erreicht (Schuld- und Scham-Depression, Über-Ich-Depression)
> - *»emotionaler Ausdruck eines Zustandes der Hilf- und Machtlosigkeit des Ichs«*

## 4.2 Psychologische Modelle

> **Psychodynamisch wichtige Faktoren bei der Depression (auf Grundlage von Woggon und Wolfersdorf 1993)**
>
> - offensichtlich konfliktbezogene Auslöseproblematik (Trennung, Verlust, Kränkung, Aggression)
> - Offensichtlich aus der Persönlichkeitsstruktur sich ergebende Problematik (Selbstunsicherheit, übermäßige Leistungsorientiertheit, rigides Gewissen, Ichidealthematik, Schuldgefühl, Schamgefühl, etc.)
> - Offensichtliche Beziehungsproblematik (z. B. Trennung)
> - Auseinandersetzung mit Krankheit und Verlauf
> - Bearbeitung lebensgeschichtlicher Ereignisse und Entwicklungen, von Zukunftsperspektive
>
> Anmerkung: Diese Themen sind u. a. auch Indikationen für eine tiefenpsychologisch orientierte Psychotherapie bzw. KVT bzw. PT.

Auf einen anderen therapeutisch bedeutsamen Aspekt kann jetzt schon hingewiesen werden. Die psychiatrisch- und psychologisch-therapeutische Arbeit mit und die Begleitung von akut depressiv Kranken bzw. für Depressivität vulnerable Menschen kann zu einer Langzeitperspektive werden, gerade wenn instabile Bindungserfahrungen aus Kindheit und Jugend als Vulnerabilitätsfaktoren oder postdepressive Belastungsfaktoren vorliegen. Dann geht es um Langzeitbegleitung und -therapie, die über Jahre hinweg anhalten kann, und nicht um 4–6 Monate Akuttherapie. Das ist gerade für Kostenträger wichtig! Nachfolgend werden noch einige Punkte kurz diskutiert.

Psychoanalytiker beschreiben als Persönlichkeitscharakteristika eine »anale Charakterstruktur« mit zwanghaften Zügen. Bei schweren Depressionen wurde ein »depressiver Negativismus« beschrieben mit tiefsitzender Resignation bzw. Hilflosigkeit, einer pathologischen negativen Beziehungsdynamik in Form negativer Verhaltenszirkel und der Identifikation mit einem lieblosen, verletzenden elterlichen Beziehungspartner, der als inneres Objekt nicht verloren gehen darf, um die eigene Wertlosigkeit und Isolierung zu überdecken (Sandner 2012). Andere Autoren betonen eher Züge des »oralen Charakters« mit niedriger Frustrationstoleranz und starker Abhängigkeit von anderen (»dependente Persönlichkeit«; Übersicht in Kronmüller und Mundt 2006).

### Paarbeziehung

Konflikte in der Paarbeziehung können ein wesentlicher Auslöser für Depressionen sein. Der Paarbeziehung kommt offenbar v. a. bei Frauen auch eine verlaufsprädiktive Bedeutung zu. Typische Muster depressiver Interaktion (»negative Interaktionsspirale«) sind schematisch in Abb. 4.3 wiedergegeben (▶ Abb. 4.3).

> **Persönliche Anmerkung der Autoren**
>
> Ein Problem unserer Zeit ist eine immer anspruchsvollere Partnerschaft mit »Traumpartner«-Vorstellungen. Beispielsweise suchen viele Frauen den »Alpha-Softie« – den selbstbewussten, durchsetzungsstarken, zugleich empathisch-hingebungsvollen, kinderlieben, kochenden Mann. Gegensätze können eine Zeit lang im Sinne einer Ergänzung faszinieren, im Laufe der Zeit werden sie aber als störende Gegensätze erlebt (der locker-spontane-kreative Partner wird als Chaot beschimpft, die zuverlässig-penible-strukturierte Partnerin als nörgelnde Perfektionistin). Dies gilt im Besonderen für depressiv strukturierte Partner.

# 4 Ätiopathogenese

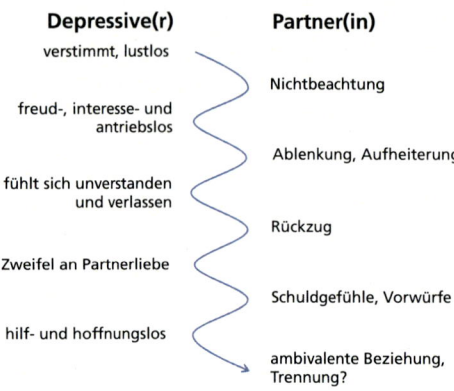

**Abb. 4.3:** Depression und Partnerbeziehung: Negative Interaktionsspirale

## 4.2.2 Kritische Lebensereignisse (Life Events), psychosoziale Faktoren/Stressoren

Eine sog. psychoreaktive Auslösung findet sich bei einem großen Teil der Depressionen. Empirische Untersuchungen zeigten, dass depressive Patienten signifikant häufiger von kritischen (belastenden, negativen) Ereignissen vor Ausbruch der Erkrankung berichteten. Typische Auslöser sind der Verlust von oder Probleme mit nahen Bezugspersonen, Entwurzelungen, anhaltende Konflikte, aber auch Entlastungen und Veränderungen der gewohnten Lebensweise wie Berentung, Umzug, Beförderung (sog. Entlastungs- bzw. Umzugsdepression) sowie Erniedrigungen, Kränkungen. Bei über 75 % der Depressionen findet sich zumindest ein belastendes Life Event in den letzten zwölf Monaten vor Krankheitsbeginn. Schwere Stressoren waren bei ersten Episoden häufiger, spätere Krankheitsepisoden scheinen durch geringere Stressoren auslösbar zu sein. Verschiedene Autoren berichten hingegen, dass schwere Life Events bei »endogen«, melancholisch-psychotisch Depressiven signifikant seltener vorkamen (Mitchell et al. 2003; eine Übersicht findet sich auch in Laux 2017b).

Empirische Daten liegen vor allem zu folgenden psychosozialen Risikofaktoren vor:

*Trennung:* Die Mehrzahl der Erwachsenen in Deutschland ist nicht verheiratet. Laut dem in der Beziehungsforschung tätigen Berliner Psychologen Asendorpf leben wir in einer »Trennungsgesellschaft«. »Lebensabschnittpartnerschaften« implizieren Trennungen – man trennt sich heute schneller. Die meisten Trennungen haben heute nicht Ehepaare, sondern Unverheiratete zu verwinden.

*Einsamkeit:* Laut deutschem Alters-Survey leiden 3–7 % der Menschen unter hoher Einsamkeit, wobei zwischen emotionaler und sozialer Einsamkeit unterschieden werden kann. Psychologen und Soziologen definieren Einsamkeit als einen subjektiv empfundenen Mangel an sozialen Kontakten. In Großbritannien gibt es jetzt eine Ministerin für Einsamkeit (Minister for Loneliness) angesichts der zunehmenden Vereinsamung von wachsenden Teilen der Bevölkerung. Gefühle von Einsamkeit und sozialer Isolierung werden als Risiko für somatische, psychosomatische und psychische Störungen angesehen. »Einsamkeit ist trostlos, macht traurig und krank«. Altersarmut und die Zahl der Singlehaushalte nehmen seit Jahren kontinuierlich zu.

> **Persönliche Anmerkung der Autoren**
>
> Eine neue Art der »Vereinsamung« stellt der »moderne Autismus« dar: vor allem junge Männer verbringen isoliert die meiste Zeit mit Computerspielen, einer virtuellen Cyberwelt oder anonymen Chats. Als »Computer-Freaks und Nerds« leben sie kontaktgestört ohne echtmenschliche Realität und Emotionalität geprägt von künstlichen Identitäten, Passwörtern und Codes.

Studien verifizierten die Bedeutung *traumatisierender Kindheitserlebnisse*, insbesondere sexuellen Missbrauch und Gewalterfahrungen. Eine Metaanalyse von 16 epidemiologischen Studien mit über 23.000 Teilnehmern kam zu dem Ergebnis, dass eine Kindheitstraumatisierung mit einem erhöhten Risiko der Entwicklung rezidivierender, persistierender depressiver Episoden verknüpft war (OR = 2.27; Nanni et al. 2012).

Eine Kohorten-Studie von fast 10.000 Erwachsenen einer amerikanischen Primärversorgungsklinik ergab eine Lebenszeitprävalenz der Depression von 23 %, die bei emotionalem Missbrauch in der Kindheit 2,7 fach erhöht war (Chapman et al. 2004). Eine Metaanalyse von zehn klinischen Studien mit über 3.000 Teilnehmern belegte die Assoziation mit Non-Response und fehlender Remission (OR = 1.43) (Nanni et al. 2012).

*Weitere Stressoren:* Befunde der psychopathologisch-psychophysiologischen Stressforschung zeigen, dass länger andauernder Stress zu einem Rückzugssyndrom, einhergehend mit Erschöpfung, »gelernter Hilflosigkeit« und Selbstaufgabe führen kann. So ist z. B. die Belastung durch die Pflege eines Demenzkranken bei den Familienangehörigen mit einem erhöhten Depressionsrisiko verbunden. Ganz aktuell scheint der Verlust sozialer Kontakte (»social distancing«) infolge der sog. Corona-Krise sich, neben der existenziellen Bedrohung im unterschiedlichen Bereich, zunehmend auf die psychische Gesundheit von sonst eher psychisch stabilen Menschen auszuwirken.

Auch auf die Bedeutung von sog. Jahrestagsreaktionen (»anniversary reactions«) ist hinzuweisen. Depressionsauslöser ist hier typischerweise der Jahrestag, an dem ein geliebter oder nahestehender Mensch verloren ging.

Hinsichtlich psychosozialer Risikofaktoren konnte auch aufgezeigt werden, dass das Risiko einer Depression von *alleinerziehenden Müttern* doppelt so hoch ist, auch *Armut* und *Arbeitslosigkeit* stellen Risikofaktoren für die Entwicklung einer Depression dar.

> **Merke**
>
> Als Risikofaktoren für die Auslösung depressiver Erkrankungen werden psychosoziale Stressoren, insbesondere Tod eines Nahestehenden, Trennungen und Verluste angesehen.

### 4.2.3 Kognitions- und lerntheoretische Modelle

Die *kognitive Theorie* von A.T. Beck (1967) sieht als Zentralproblem depressiver Erkrankungen eine Wahrnehmungs- und Interpretationseinseitigkeit depressiver Personen, die durch eine negative Wahrnehmung der eigenen Person, der Umwelt und der Zukunft gekennzeichnet ist (sog. *kognitive Triade*). Situative Auslöser werden in Form negativer, verzerrter und realitätsfremder Kognitionen verarbeitet. Diese sog. dysfunktionalen, depressionstypischen Einstellungen können u. a. folgendermaßen charakterisiert werden:

- Übergeneralisierung (Verallgemeinern einzelner negativer Erfahrungen)
- selektive Abstraktion (»Tunnelblick«)
- dichotomes Denken

> **Merke**
>
> Dysfunktionale kognitive Schemata werden als dispositionelle Verarbeitungsmuster angesehen.

Das *Konzept der gelernten Hilflosigkeit* basiert auf experimentellen Untersuchungen, die zeigten, dass die Konfrontation mit einem nichtveränderbaren, negativ belastenden Stimulus zu Hilflosigkeit mit Rückzugsverhalten, eingeschränkter Lernfähigkeit, Verschlechterung der Befindlichkeit und psychosomatischen Störungen führt. Dieses sog. kognitiv-behaviorale

Verständnis der Depression beinhaltet, dass depressive Störungen dann auftreten, wenn negative Ereignisse als unkontrollierbar und unveränderlich gewertet werden und die Person kein Verhalten zur Bewältigung und Veränderung verfügbar hat und sich selbst als unfähig einschätzt (▶ Abb. 4.4). Oft entsteht hieraus Hoffnungslosigkeit.

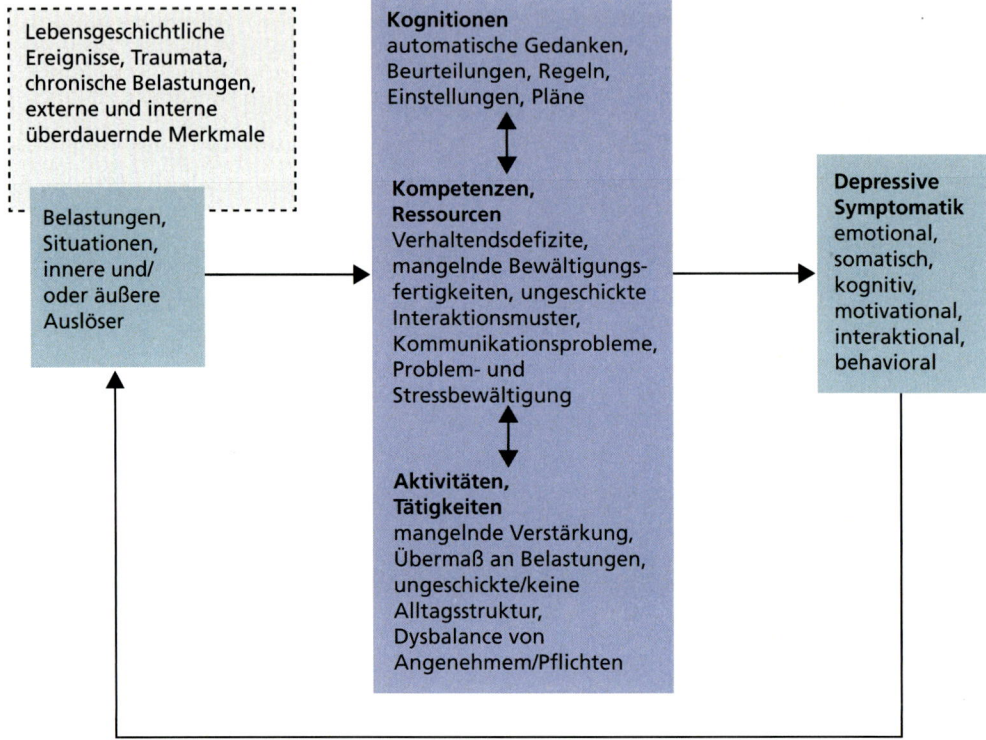

Abb. 4.4: Kognitiv-behaviorales Modell zur Ätiopathogenese depressiver Störungen (Wiederveröffentlichung mit Erlaubnis von Springer, Titel: Psychiatrie, Psychosomatik, Psychotherapie, Hrsg.: Hans-Jürgen Möller, Gerd Laux, Hans-Peter Kapfhammer, Band 3: Spezielle Psychiatrie, 2017; die Erlaubnis wurde durch Copyright Clearance Center, Inc. erteilt)

Im Zentrum des *verstärkungstheoretischen Modells* steht die Abnahme bzw. der Verlust potenziell positiver, verstärkender Ereignisse aus der Umwelt. Depressive unterschätzen Belohnungen, haben überhöhte Kriterien für die Selbstbewertung und neigen zu Selbstbestrafung. Konsekutiv entwickelt sich eine Störung der Selbstwahrnehmung, Selbstbewertung und Selbstverstärkung.

## 4.3 Neuropsychologie, Persönlichkeit

### 4.3.1 Neuropsychologie

Vor allem schwer depressive Patienten weisen häufig deutliche kognitive und mnestische Einbußen auf, was zum Begriff der »depressiven Pseudodemenz« führte. Neuere Untersuchungen ergaben v. a. schweregrad-abhängige Beeinträchtigungen exekutiver Funktionen (geteilte Aufmerksamkeit, kognitive Flexibilität) sowie Defizite im Kurzzeit-, Arbeits- und deklarativen Gedächtnis, die v. a. bei Altersdepressionen auch in der Remission persistieren (sog. cold cognition). Experimentell zeigen Depressive Veränderungen der Reaktionen auf positive und negative Affekte, d. h. Verzerrungen emotionaler Bewertungen im Sinne eines »affektiven Bias«, z. B. bei affektiven Reaktionen auf emotionsrelevante Stimuli: negativ-traurige Reize werden gegenüber positiven Reizen vermehrt beachtet (»Anhedonie«) und memoriert (sog. hot cognition). fMRT-Untersuchungen zeigten bei Depressiven u. a. eine erhöhte Amygdala-Reaktivität auf eine traurige Gesichtsexposition, die sich unter Therapie normalisierte (Rock et al. 2014).

> **Merke**
>
> Kognitive Dysfunktion/Beeinträchtigung wird heute aus Sicht der Neuropsychologie als Kernsymptom der Depression beschrieben und die Dysregulation kognitiv-emotionaler Netzwerke (Amygdala, Hippocampus, anterior cingulärer und dorsolateraler präfrontaler Kortex) von manchen als kognitive Biomarker angesehen.

### 4.3.2 Persönlichkeitsfaktoren

Persönlichkeitsfaktoren wurden lange Zeit als wesentliche individuelle Disposition zur endogenen Depression bzw. manisch-depressiven Erkrankung angesehen. So charakterisierte Tellenbach (1961) seinen *Typus melancholicus* als Primärpersönlichkeit, die sich durch Ordentlichkeit, »pathologische Normalität« mit Überkorrektheit, Genauigkeit und Aufopferungsbereitschaft auszeichnet. Untersuchungen mit Persönlichkeitsfragebögen ergaben als Kennzeichen der depressiven Persönlichkeit u. a. rigide (zwanghafte) und neurotisch-asthenische Charakterzüge (Kotov et al. 2010). Depressionen und Persönlichkeitsstörungen kommen überzufällig häufig gemeinsam vor; eine vorbestehende Persönlichkeitsstörung scheint das Risiko für depressive Störungen zu erhöhen. Komorbide Depressionen sind bei Patienten mit Persönlichkeitsstörungen mit einem erhöhten Suizidrisiko und ungünstigerer Prognose (Chronifizierung, Rezidivrisiko) verbunden. Antidepressive Therapien scheinen bei diesen komorbiden Störungen weniger günstig zu wirken.

Empirische Untersuchungen belegen bei Depressiven höhere Neurotizismuswerte bzw. für *Neurotizismus* ein erhöhtes Depressionserkrankungsrisiko. Dies zeigte sich z. B. in erhöhten Werten für Neurotizismus, Desorganisation (Ziellosigkeit, Konfusion) und Arbeitsbezug (Arbeit dominiert alle anderen Lebensbereiche). Dem *Neurotizismus* kommt große prognostische Bedeutung zu: die Responserate auf Antidepressiva ist schlechter, ein chronischer Verlauf ist häufiger. In der prospektiv sich über 50 Jahre erstreckenden Lundby-Studie konnten die Persönlichkeitszüge Nervosität und Angststörungen, bei Männern auch Alkoholismus, bei Frauen auch leichte Verletzlichkeit, als Depressionsrisikofaktoren identifiziert werden (Mattisson et al. 2009). Auch emotionale Instabilität wurde als Risikofaktor beschrieben. Eine comorbide Persönlichkeitsstörung war mehr als doppelt so häufig mit einem ungünstigeren Outcome der Depression verknüpft (OR = 2.16; Newton-Howes et al. 2014).

## 4.4 Sozialpsychologische Modell (Brown und Harris), gesellschaftlich-soziologische Risikofaktoren

### 4.4.1 Sozialpsychologisches Modell

Untersuchungen zur Bedeutung psychosozialer Faktoren für die Auflösung und den Verlauf depressiver Erkrankungen sind aktuell eher die Ausnahme (Brown und Harris 1978; Katschnig und Nutzinger 1988; Keller et al. 1990; Keller 1997; Paykal 1987; Ruppe 1996; Steiner et al. 1990; Straub 1989; Surtiss 1980; Wolfersdorf et al. 1990, 1998, 2005). Brown und Harris (1986) hatten darauf hingewiesen, dass Vulnerabilität nur in Anwesenheit eines spezifischen Auslösers wirksam werden könne. Aus den Beobachtungen von Brown und Harris (1978) oder Laux (1986) ergeben sich Hinweise, dass der Verlust – und auch das Fehlen emotionaler Verstärkung (Vogel 1989) – von wichtigen Bezugspersonen in der frühkindlichen Entwicklung und Jugend Vulnerabilität bewirken könne. Vogel (1989) sprach von einer »chronischen emotionalen Mangelsituation«, in welcher der später depressiv Kranke aufwachse. Das führe zu einem erniedrigenden Selbstwertgefühl sowie einer erhöhten Kränkbarkeit und Anfälligkeit für Kritizismen. Letztlich bedeute es, dass depressiv Kranke auch nach Remission bei guter Befindlichkeit auf der Symptomebene auf eine stabile und damit regelmäßige therapeutische Beziehung und soziale Unterstützung angewiesen sind.

Fasst man zusammen, ist festzuhalten, dass psychosoziale Faktoren für die Rezidivprophylaxe besonders bedeutsam sind, abgesehen von ihrer auslösenden Funktion bei vorhandener Vulnerabilität. Psychoedukation, Beratung von Angehörigen, Arbeitsplatzthematik, Selbsthilfegruppen usw. sind relevante Gesichtspunkte.

*Sozial-kognitive Dysfunktionen* von depressiven Patienten sind in den letzten Jahren zunehmend in den Fokus des wissenschaftlichen Interesses gerückt. In einer aktuellen Literaturübersicht weisen unipolar Depressive sowohl während der Krankheitsepisode als auch in der Remission Defizite im Bereich der sozialen Kognition auf.

### 4.4.2 Gesellschaftlich-soziologische Risikofaktoren

Im Zeitalter von Public Health und Studiengängen der Gesundheitswissenschaft werden zur »Gesundheit der Bevölkerung« und auch hinsichtlich der Ursachen von Depressionen die verschiedensten patientenfernen »Studien« und Untersuchungen (zumeist Bachelor-Befragungen) durchgeführt und unter hoher (social) Media-Beachtung veröffentlicht. Diese klingen oftmals plausibel, sind aber spekulativ und höchstens hypothesengenerierend. Zugegebenermaßen sind empirisch-wissenschaftliche Belege in diesem Feld voller intervenierender und z. T. schwer operationalisierbarer Variablen schwer zu erbringen. Die Überlegungen verdienen aber unseres Erachtens Beachtung und seien hier zusamenfassend skizziert:

> **Persönliche Anmerkung der Autoren**
>
> Die gesellschaftliche Situation hat sich zu einem Kontrast zwischen einer »sterilen, emotionslosen Businesswelt« (»Funktionieren«) und »emotionsgeladenen Medien« (Hype, Starkult, Traumwelten, aber auch »Loser«, Thriller, bedrohliche Konflikte, Kriege, Katastrophen, Elend) gewandelt.

## 4.4 Sozialpsychologische Modell (Brown und Harris), gesellschaftlich-soziologische Risikofaktoren

Es wird versucht, mittels Selfies die Welt für sich zu personifizieren, eine von Narzissmus geprägte Gesellschaft, deren Symbol der Selfie-Stick ist (auch Narcistick genannt). Die Selbstoptimierung fordert im Sinne eines Optimierungswahns ein inszeniertes Ich (schön, durchtrainiert, erfolgreich). Der Kultursoziologe Andreas Reckwitz spricht von einer »Gesellschaft der Singularitäten«. In dieser spätmodernen Gesellschaft strebt man nach dem Besonderen, nach Alleinstellungsmerkmalen. Wer nicht bemerkt wird, existiert nicht im Netz. Die »Fun-Event-Gesellschaft« suggeriert den Anspruch auf Glücklichsein. Dieser Lebensstil ist anstrengend, beinhaltet das Risiko von Überforderung, die Gefahr der Frustration ist groß, wenn ich mich ständig mit anderen vergleiche und nur das Attraktive zählt (»Individualismus-Falle« nach Kiener und Weise 2008). Kränkungen und Enttäuschungen werden verleugnet und in verstärktes Leistungsstreben überführt. Man ist angewiesen auf narzisstische Gratifikationen. Für Wolfgang Schmidbauer vollzieht sich die Verwandlung des Homo sapiens in den »Homo consumens«. Das Global Wellness Institute (GWI) berechnet jährlich die weltweiten Ausgaben für Wellness. 2015 setzte die Wohlfühl-Branche 3,4 Billionen € weltweit um. Dem GWI zufolge entfielen 940 Mrd. auf Kosmetik und Anti-Aging, über 600 Mrd. auf Nahrungsergänzungsmittel und Diäten, über 500 Mrd. auf Wellnessurlaub sowie Fitness. Für die höheren Schichten zeigt sich eine Werteverschiebung – weg vom materialistischen Geprotze hin zum eigenen Wohlbefinden, aus Wellness und Health (Gesundheit) wird eine neue Form von Wealth (Wohlstand: Wellth, »Selbstkult«).

Individualismus fördert Bindungslosigkeit mit der implizierten Gefahr der Bedeutungslosigkeit. In Gesellschaften, in denen Traditionen und haltgebende Gemeinschaften in den Hintergrund treten oder verschwinden, muss jeder seinen Weg alleine gehen. Der Soziologe Alan Ehrenberg beschreibt in seinem Buch »Das erschöpfte Selbst«, wie durch die aufgebürdete Übernahme jeder Verantwortung für den eigenen Selbstentwurf die Ermüdeten und Überforderten die »depressive Gesellschaft« (»die bleichen Schatten der Spaßgesellschaft«) formen. Der Zugewinn an persönlicher Freiheit ist mit dem Verlust verbindlicher und deshalb stützender Ordnungs- und Wertesysteme erkauft. Ratlos steht das auf sich selbst reduzierte Ich in einem Supermarkt mit unzähligen und extrem widersprüchlichen Sinnorientierungen und Lebensstilen. Die sozialen Stabilisatoren sind schwächer geworden oder weggebrochen. Nach dem Anthropologen Arnold Gehlen helfen Institutionen dabei, die reduzierte Instinktsteuerung des Homo sapiens bei wachsenden und diffundierenden Möglichkeiten zu kompensieren. Institutionen wie Ehe, Familie, Kirche, Religion oder Verbände sind aber geschwächt und demoliert worden, Autoritäten sind der historischen Kritik unterworfen. Absolut gesetzte Freiheit mündet in Haltlosigkeit. Das Individuum muss sein Leben Tag für Tag neu entwerfen, ist im Sinne von Jean-Paul Sartre »zur Freiheit verdammt«. Soziologen sehen die Ursachen für die düstere Stimmung in einer Art Alltagsverzweiflung. Menschen in der Mitte der Gesellschaft sind von dem Gefühl geplagt, dass sie in ihrem Leben unter ihren Möglichkeiten geblieben sind aufgrund von Bedingungen, die sie selbst nicht haben kontrollieren können. Hierzu zählt die neoliberal verformte Arbeitswelt, in der jeder ganz allein für den Erfolg verantwortlich ist. Durch eine systematische Überakademisierung mit Studierendenquoten von über 50 % hat die Zahl überforderter junger Menschen, die depressiv werden, ansteigen lassen. Nach neuen Zahlen ist etwa ein Fünftel der Studierenden depressiv.

In Zeiten riesiger Informations- und Unterhaltungsangebote mit maßlosem Konsum schwindet die Fähigkeit, über sich selbst zu bestimmen. Die Medien stehlen unsere Zeit. In der individuellen Anspruchsgesellschaft mit Niedergang des Soziallebens »leben wir mitten im Überfluss ohne Freude« (Erich Fromm) und sind der »Perfektionismusfalle« ausgesetzt.

Kontrapunkt bildet hier der Apostel Paulus im Galaterbrief, in dem ebenso wie im zweiten Petrusbrief die Enthaltsamkeit als das höchste Ziel des christlichen Strebens dargestellt wird. Zum Verlust religiöser Bindung siehe auch Kapitel Suizidalität (▶ Kap. 9).

Technische Innovationen haben unseren Alltag und unser Selbst verändert – wir sind permanent vernetzt – »Homo digitalis«. Wir werden mit Informationen überschwemmt, Medienexperten nennen dies eine »permanente Teilaufmerksamkeit«. Wir sind ständig in Alarmbereitschaft und nehmen Unmengen von Informationen auf, die wir aber nicht verarbeiten können, sondern nur oberflächlich wahrnehmen. Die exzessive Internetnutzung (»Handy-Sucht«) geht mit einem Mangel an Empathie und sozialer Kompetenz bis zur Vereinsamung einher. Erste Studien weisen auf einen Zusammenhang zwischen dem Phänomen des Media Multitaskings und der Entwicklung kognitiver und emotionaler Defizite sowie stressbezogener psychischer Erkrankungen hin.

Die Digitalisierung bringt Menschen nicht wie oft behauptet zusammen, sondern bewirkt eine Zunahme von Unzufriedenheit, Depression und Einsamkeit schreibt Manfred Spitzer. Eine Metaanalyse mit Daten von über 13.000 Studierenden zeigte einen deutlichen Rückgang der Empathie und der Fähigkeit zur Einnahme der Perspektive anderer. In seinem Buch »Payback« beschäftigt sich Frank Schirrmacher mit den Auswirkungen der modernen Informationsgesellschaft, in der die Menschen »aufgefressen werden von der Angst, etwas zu verpassen und von dem Zwang, jede Information zu konsumieren.« Er beschreibt, dass vierjährige Kinder die Blackberrys ihrer Eltern in die Toilette spülen, da sie spüren, dass sie mit diesen Geräten um die Aufmerksamkeit konkurrieren. Im Informationszeitalter werden wir gezwungen, zu tun, was wir nicht wollen. Die digitale Technik verändert nicht nur unsere Kommunikation, sie verändert uns. Verkabelt über Tastaturen, Touchscreens und Kopfhörer sind wir weltweit verbunden, bleiben aber in unserer eigenen Welt. Ferngesteuertes Automaten-Diktat. Gleichzeitig besteht eine weltweite ständige Präsenz über Twitter und Instagram sowie E-Mails. Gleichzeitig leistet das Internet mit seiner Anonymität Vorschub für eine ungebremste Verbreitung von Fake News, Hass und Radikalisierung. Der Historiker Harari prognostiziert, dass die Digitalisierung den Menschen überflüssig machen wird, denn schon heute entscheiden »Menschen« über unser Leben wie zum Beispiel Navigationssysteme, Partnervermittlungen oder der »Homo deus, der gottgleiche Mensch«. Humanoide Maschinen machen rasante Fortschritte. David Gelernter, der an künstlicher Intelligenz forscht, beschreibt den Transhumanismus – das Bestreben, unser Gehirn und unseren Körper durch die Installation von Technik zu optimieren. Der Mensch werde mehr und mehr in Richtung Computer entwickelt. Auf dem Vormarsch ist das Lifelogging, die digitale Selbstvermessung und die Lebensprotokollierung mittels Apps.

Die moderne Gesellschaft fordert den flexiblen Menschen, der mobil ist. Die Neurourbanistik (Stadt-Stressforschung) belegt, dass Depressionen in Städten wesentlich häufiger sind als auf dem Land. Andauernde Wohnungssuche erzeugt Stress ebenso wie tägliches Pendeln zwischen Wohnung und Arbeit. Zur Individualisierung und Flexibilisierung der Arbeitswelt gehört das Homeoffice – für manche Menschen je nach Persönlichkeitsstruktur eine große Erleichterung, für manche das endgültige »Nicht-Abschalten-Können« mit permanenter Erreichbarkeit und beruflicher Fixierung. Der flexible Mensch funktioniert außen geleitet im flexiblen Wirtschaftsleben, aber wenn er den emotionalen Rückhalt nicht bekommt, wird er traurig und mutlos. Hinzu kommt ein ständiges Entscheidenmüssen durch die Optionsvielfalt im Freizeitbereich (Fernsehprogramme, Downloads, Musikstreaming) sowie die Reizüberflutung durch Spams und Multitasking. Es besteht die Gefahr der

## 4.4 Sozialpsychologische Modell (Brown und Harris), gesellschaftlich-soziologische Risikofaktoren

»Entfremdung«, der Ent-Persönlichung«, des »gläsernen fremdbestimmten Menschen« im Netz bürokratischer Zwänge.

Der Soziologe Harmut Rosa hat eine »Theorie der Beschleunigung« vorgelegt – der technische, soziale und kulturelle Wandel wird immer schneller. Die Moderne wird als Erlebnis-, Informations- und Multioptionsgesellschaft beschrieben. Fast jede Technik dient der Zeitersparnis, aber wo bleibt die ersparte Zeit? Wenn ich heute statt 10 Briefen 10 E-Mails schreibe, spare ich die Hälfte der Zeit, das Problem ist nur, die Wachstumsrate der Kommunikation liegt über der Beschleunigungsrate – statt 10 Briefen schreibe ich 30 E-Mails. Wir müssen immer schneller sein, ohne irgendwo hinzukommen, müssen uns steigern, ohne uns verbessern zu können. Feste Zeitfenster wie der Kirchenbesuch am Sonntag lösen sich auf. Unsere Großeltern und Eltern haben mehr Zeit mit Arbeit verbracht. Die heutige Selbstverwaltung kostet Zeit, die ich nicht habe. E-Mails, den perfekten Urlaub planen, Moderhythmen einhalten, Internet-Preisvergleiche. Das Leben früher war härter, aber übersichtlicher, der Tag war unterteilt in Arbeit und in Pausen. Heute ist der Tag unterteilt in Arbeit und in Freizeit, der Freizeitanteil nimmt immer mehr zu, ist allerdings nicht das Gleiche wie Pause, eher das krasse Gegenteil. Permanentes Multitasking, Funktionieren, effizient sein – Job, Familie, Termine, E-Mails, alles muss funktionieren (Hamsterrad). Die Vielzahl der Optionen zwingt ständig zu Entscheidungen, die Optionsparalyse führt in die Frustration. In seinem Buch »Momentum« konstatiert Roger Willemsen die vertane Existenz zerstreut durch eine Multiplikation der Aufmerksamkeitsherde, verzettelt in »Daten-Halden« und entmündigt von zahllosen Elektrogeräten. Die wichtigen Ressourcen, die das Leben lebenswert machen, wie Stille, Schönheit, Natur, seien dramatisch verknappt worden.

Die fortschreitende Computerisierung und Digitalisierung unserer Lebenswelt beinhaltet auch sogenannte intelligente Assistenten. Allmählich wird nun deutlich, dass die Menschen von moderner Technik (auch) bevormundet werden, man spricht zum Teil von dem entmündigten Konsumenten. Innovationen gängeln, der Mensch/Kunde/Konsument soll zum Guten erzogen werden – zu einem Guten, das Ingenieure, Marketingprofis, aber auch Politiker bestimmen – das sogenannte »Nudging«. Eine zentrale Instanz maßt sich an, richtiges Verhalten zu definieren, und Entscheidungen werden extern moralisch bewertet. Die wichtige Fähigkeit, Entscheidungen zu fällen aufgrund eigener Wertevorstellungen, verkümmert.

Oft in der Lebensmitte kommt dann die Zwischenbilanz Midlife Crisis – war das jetzt alles…? Jeder muss für sich eine Werteskala entwickeln – was ist für mich wirklich wichtig?

Aus ökologischer Sicht erfährt das Lebensumfeld in den letzten Jahren vermehrt Beachtung. Neben Lärmexposition wird der Einfluss von »Wohnsilos, Ghettos« untersucht. Ebenso der Einfluss des Klimawandels in direkter und indirekter Form auf die physische und psychische Gesundheit. Das Erleben extremer Wetterereignisse könne depressive Symptome und Angst hervorrufen und der Verlust von Angehörigen und Freunden durch eine Naturkatastrophe wie auch eine Umsiedlung fördere eine Depression. Eine randomisierte Studie in den USA ergab kürzlich, dass die Umwandlung leerstehender Flächen in Grünflächen bei den Anwohnern zu weniger Depressionen und einem höheren Selbstwertgefühl führte (South et al. 2018). Auch von einem »Natur-Defizit-Syndrom« wird gesprochen.

Hier gilt es zu beachten, dass die genannten Faktoren allgemein und unspezifisch die Lebensqualität sowie das Wohlbefinden beeinflussen können. Es treten psychosomatische Störungen, Befindlichkeitsstörungen, Anpassungsstörungen oder depressiv-ängstliche Syndrome auf. Hierfür den Begriff »Depression« zu verwenden, ist inadäquat.

## 4.5 Integrierte Modellvorstellungen – »final common pathway«

Akiskal und McKinney haben 1973 eine vielzitierte »unified hypothesis« für die Entstehung von depressiven Erkrankungen vorgelegt. Eigentlich ist es eine Auflistung von einem Dutzend möglichen Ätiopathogenesemodellen, wie sie damals bekannt waren und heute bekannt sind, neurobiologischen Modellen, dann tiefenpsychologisch-psychoanalytischen sowie lerntheoretischen verhaltenstherapeutischen sowie psychosozialen Modellen. Alle münden letztlich in den gleichen neurobiologischen Prozess, der sich dann über eine nicht beschreibbare Schiene, wahrscheinlich neurobiochemischer Art, als depressive Psychopathologie präsentiert. Dieser Prozess wird auch als »final common pathway« beschrieben, denn am Ende ist es immer der gleiche Prozess (wie man es auch von einem Krankheitsprozess fordert). Der umgekehrte Schluss jedoch, dass Therapie an diesem »final« Prozess angreift, trifft nicht immer zu, denkt man an Lichttherapie, Psychotherapie oder auch an Antidepressiva. Es gibt eine Reihe von Möglichkeiten, sich parallel zu bewegen. Wir behandeln nicht »die Depression«, so Gründer (2018), sondern beeinflussen neurobiochemisch-biologische Strukturen in der Hoffnung, damit die depressive Symptomatik zu verändern. Das Konzept des »final common pathway« besteht darin, darauf hingewiesen zu haben, dass der Endprozess in eine depressive Psychopathologie immer gleich ist, so dass alle Therapien, die dort etwas verändern, erwünscht sind.

Aus heutiger Sicht kann hinsichtlich der Ätiopathogenese depressiver Störungen im Sinne des *Vulnerabilitäts-Stress-Coping-Modells* konstatiert werden, dass verschiedene psychosoziale Stressoren (pathogene Situationen, Traumatisierungen), toxische Einflüsse (z. B. Substanzabusus), disponierende Persönlichkeitszüge, genetische Faktoren (Dispositionsgene), neurotrophe und immunologische Faktoren sowie Stresshormone interagieren und in einen »common final pathway«, nämlich eine Dysfunktion neuronaler Netzwerke/Plastizität – Depression als Störung der synaptischen Plastizität – münden. Depression ist die gemeinsame Endstrecke verschiedener Pathomechanismen: Genetische Vulnerabilität, epigenetische Prozesse (gestörte Methylierung und Acetylierung der Promotoren des Glucocorticoidrezeptors oder des Brain-derived Neurotrophic Factors (BDNF), gestörter Monoaminmetabolismus, HPA-Achse, verminderte Neuroplastizität, inflammatorische Prozesse (▶ Abb. 4.5). Die komplexen Interaktionen werden durch Studienergebnisse unterstrichen, die zeigen, dass belastende Lebensereignisse (insbesondere Trennungen) v. a. bei Individuen mit familiärer genetischer Belastung pathogen sind. Angesichts der Interaktion verschiedenster Stoffwechselprozesse und sich zum Teil überschneidender Pathomechanismen bei körperlichen Erkrankungen ist von einer Multisystem-Erkrankung auszugehen. Integrative Depressionsmodelle berücksichtigen dies. Depression wird auch von humanistisch-psychodynamisch orientierten Klinikern als »Störung des Gleichgewichtes« beschrieben (Hell 1992; Böker et al. 2016).

## 4.5 Integrierte Modellvorstellungen – »final common pathway«

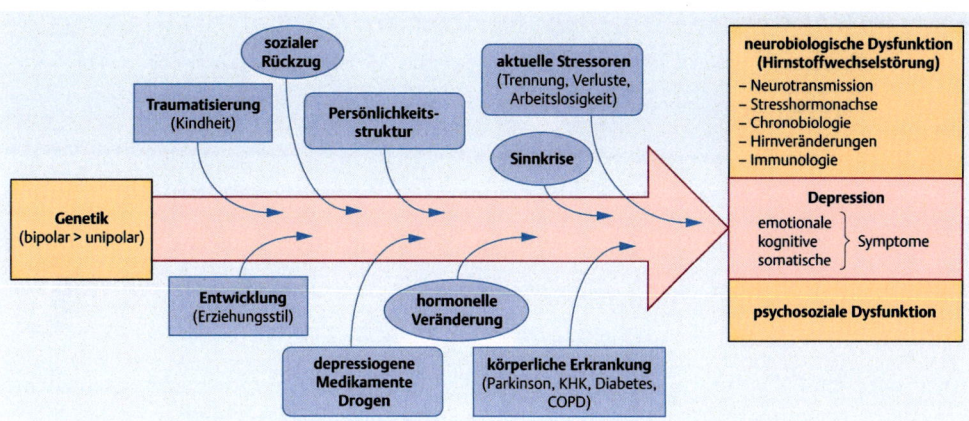

**Abb. 4.5:** Synopsis der Ätiopathogenese von Depressionen (nach Laux in Möller et al. 2015, Abb. B-1.6, S. 94, © Thieme Gruppe)

# 5 Diagnostik, Diagnosekriterien/operationalisierte Diagnosen, Klassifikationen, Psychometrie und Differenzialdiagnosen

## 5.1 Diagnostik, Diagnosekriterien

Anamnese und Exploration sind gerade bei dem breiten Spektrum depressiver Störungen wegweisend für die Diagnosestellung. Der Anteil von genetischen, neurobiologischen, psychodynamischen und psychosozialen Faktoren (Traumatisierungen, Life Events, Stressoren) auf dem Hintergrund von Persönlichkeitsstruktur und Entwicklungsdimensionen ist bestmöglich zu eruieren (Laux und Waltereit 2017) (▶ Abb. 5.1).

Praktisch nützlich sind für die Verlaufsdokumentation und -übersicht »Mood charts« (Stimmungskalender).

Zum diagnostischen Basisprogramm depressiver Störungen gehören folgende Untersuchungen und Parameter:

- Exakter Neurostatus, orientierende internistische Untersuchung
- Blutdruck RR, Herzfrequenz
- Blutsenkungsgeschwindigkeit (BSG), Blutbild
- Elektrolyte (Na, $Ca^{2+}$, K), Nüchternblutzucker
- Leber- und Nierenfunktionsparameter
- Schilddrüsenparameter ($T_3$, $T_4$, TSH-basal)
- Vitamin $B_{12}$, TPHA (Lues-Reaktionen)
- EKG (Pharmakotherapie)
- EEG
- ggf. CCT/MRT
- ggf. Schwangerschaftstest (siehe Pharmakotherapie, ▶ Kap. 6.4)

Sie dienen primär zum Ausschluss somatischer Erkrankungen und von Risiken für die Pharmakotherapie.

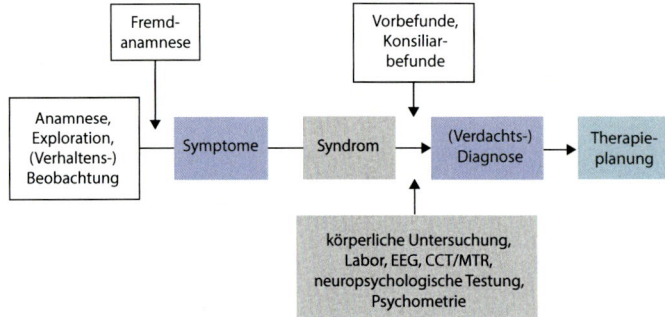

Abb. 5.1: Anamnese-Diagnose-Prozess (Laux und Waltereit 2017, Abb. 2.1, S. 16, © Thieme Gruppe)

### 5.1.1 Diagnosekriterien

Hauptcharakteristikum einer *depressiven Episode* ist eine depressive Verstimmung, einhergehend mit Verlust von Interesse oder Freude. Veränderungen der Psychomotorik zeigen sich entweder in Form einer Antriebshemmung oder einer ängstlichen Agitiertheit sowie einem reduzierten Energieniveau. Neben verschiedenen körperlichen Funktionsbeeinträchtigungen, wie z. B. Schlafstörungen und Appetitlosigkeit, prägen Gefühle von Wertlosigkeit oder Schuld, Konzentrationsstörungen sowie Suizidgedanken das klinische Bild. Beim Auftreten mehrerer Krankheitsphasen wird von einer *rezidivierenden depressiven Störung* gesprochen. Weitere Charakterisierungen umfassen die Ausprägung des Schweregrades, das Vorhandensein »somatisch-melancholisch-endogener Symptome«, psychotische Merkmale und den Remissionsgrad.

Die neueren operationalisierten Diagnosesysteme basieren primär auf der symptomorientierten Beschreibung, dem Schweregrad (»Kann der Patient seine normale (Berufs-)Tätigkeit und sozialen Aktivitäten ausführen?«) und Zeitkriterien.

Tab. 5.1: Relevante Symptome zur Diagnosestellung der Depression (auf Grundlage von Dilling et al. 2015)

| Psychische Symptome/Störungen | Erläuterungen |
|---|---|
| **Hauptsymptome** | |
| depressive Verstimmung | Unglück, Trauer, eher Leere, Verzweiflung |
| Verlust von Interesse und Freude (Anhedonie) | stark verminderte oder völlig erloschene Fähigkeit, an sonst wichtigen Dingen des Lebens teilzunehmen bzw. sich daran zu freuen (Beruf, Hobby, Essen, Trinken, sexuelle Aktivitäten) |
| **Zusatzsymptome** | |
| verminderter Antrieb und erhöhte Ermüdbarkeit | Entschlusslosigkeit, meist schuldhaft verarbeitet bei leistungsorientierter und sehr pflichtbewusster Primärpersönlichkeit |
| verminderte Konzentration und Aufmerksamkeit, vermindertes Selbstwertgefühl und Selbstvertrauen | kognitive Dysfunktion sehr häufig, hohe Relevanz für soziales Funktionsniveau |
| Gefühle von Schuld und Wertlosigkeit | übersteigert, oft wahnhaft |
| negative und pessimistische Zukunftsperspektiven | Angst vor allem und jedem, vor jedem neuen Tag |
| Suizidfantasien/-handlungen | als Erlösung von der Qual, Konsequenz des negativen Selbstwerterlebens, als Entlastung für andere, »niemand vermisst mich«, aber auch aufgrund eines unausgesprochenen Vorwurfes |
| Libidoverlust | sexuelle Unlust, fehlende Reagibilität, Errektionsschwäche (Mann) auch ohne Medikation, Genussunfähigkeit |
| **Weitere charakteristische Symptome** | |
| Grübeln | Gedankenkreisen, Entscheidungsunfähigkeit |
| Einengung der Wahrnehmung | Wiederholung von Negativem, Ausblendung von Gewinn, Erfolg oder Lob, übersteigerte Wahrnehmung von Versagen, Ablehnung, Gefahren |

Tab. 5.1: Relevante Symptome zur Diagnosestellung der Depression (auf Grundlage von Dilling et al. 2015) – Fortsetzung

| Psychische Symptome/Störungen | Erläuterungen |
|---|---|
| Wahn | synthym, d. h. stimmungskongruente Inhalte, z. B. Verschuldung, Verarmung, Versündigung, Nihilismus, Überzeugung (körperlich) unheilbar krank zu sein |
| fehlende Krankheitseinsicht | Erkrankung als Schuld, also nicht behandelbar, nicht behandlungswürdig |
| Gefühl der Gefühllosigkeit | Unfähigkeit, Gefühle zu empfinden: »versteinert sein«, damit einhergehend Liebesunfähigkeit (oft schuldhaft erlebt) |
| Unruhe und Getriebenheit | quälende innere Unruhe, psychomotorische Agitiertheit |
| **Psychomotorische Symptome** | |
| Akinese, psychomotorische Hemmung, Stupor, aber auch Agitiertheit | in Mimik und Gestik Verlangsamung |
| **Physische Symptome** | |
| Schlafstörungen | speziell nächtliches oder frühes Erwachen, oft mit Unruhe und Grübeln |
| Verminderter Appetit | oft mit erheblichem Gewichtsverlust verbunden |
| Impotenz/Anorgasmie | Libidostörungen bei Männern und Frauen |
| Verdauungsbeschwerden | oft bizarre Fixierungen, Hypochondrie |
| Obstipation | bis zur wahnhaften Überzeugung, seit Wochen keinen Stuhlgang gehabt zu haben |
| Atemstörungen | meist mit psychomotorischer Unruhe |
| Kopfschmerzen | eher Druckgefühl |
| allgemeines Krankheitsgefühl | Vitalitätsverlust, Schwächegefühl |
| Kraft- und Energielosigkeit | rasche Erschöpftheit |
| Tagesschwankungen, häufiges »Morgentief« | Symptome morgens stärker ausgeprägt, Früherwachen |

Die Diagnosekriterien für eine depressive Episode nach ICD-10 und für eine Major Depression nach klinischer Erfahrung sind in Abbildung 5.2 und Tabelle 5.2 zusammengefasst (▶ Abb. 5.2, ▶ Tab. 5.2).

## 5.1.2 Somatisches Syndrom

Bei leicht- und mittelgradiger Depression kann als Sonderform ein »somatisches Syndrom« vergeben werden, das Ähnlichkeit mit der früheren Beschreibung einer endogenen Depression aufweist. Analog findet sich im DSM-5 als Zusatzkodierung »Mit melancholischen Merkmalen« (▶ Tab. 5.3).

## 5.1 Diagnostik, Diagnosekriterien

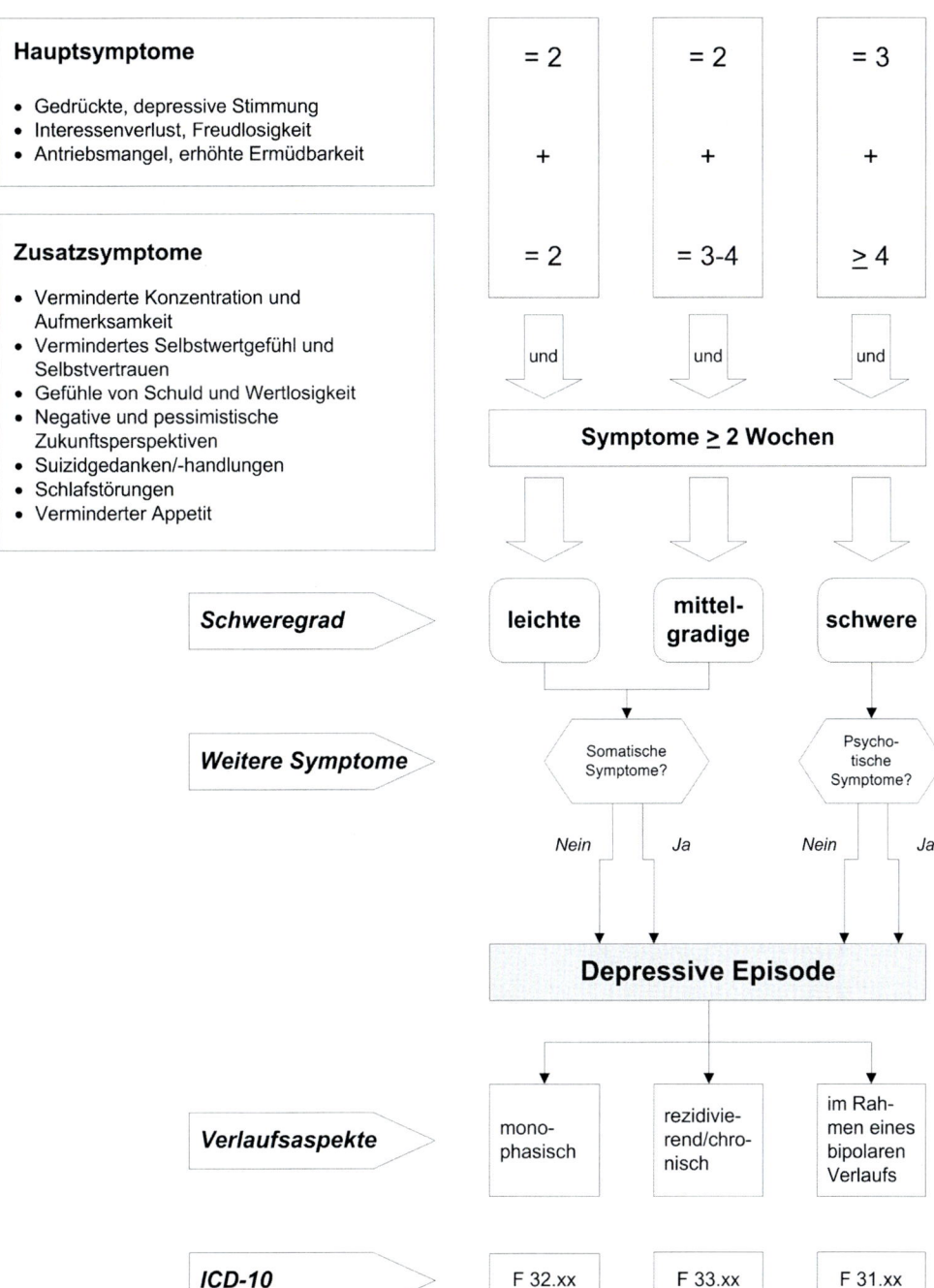

Abb. 5.2: Diagnose depressiver Episoden nach ICD-10-Kriterien (© ÄZQ, BÄK, KBV und AWMF 2015 (Quelle: DGPPN et al. 2015)).

**Tab. 5.2:** Depressive Episode nach ICD-10 (DIMDI 2019) und klinischer Erfahrung

| ICD-10 | Klinische Erfahrung |
|---|---|
| <ul><li>gedrückte depressive Stimmung, Freudlosigkeit (evtl. »Morgentief«)</li><li>Interessenverlust</li><li>erhöhte Ermüdbarkeit oder Verminderung des Antriebs, der Energie</li><li>psychomotorische Hemmung/Agitiertheit</li><li>verminderte Konzentration</li><li>vermindertes Selbstwertgefühl</li><li>Schuldgefühle, Gefühl der Wertlosigkeit</li><li>negativ-pessimistische Zukunftsperspektiven</li><li>suizidale Gedanken/Handlungen</li><li>Schlafstörungen (frühmorgendliches Erwachen), »Morgentief« in Stimmung und Antrieb</li><li>Appetit ↓, Gewichtsverlust</li><li>Libidoverlust</li></ul> | <ul><li>depressive Gestimmtheit, ausgeprägte Schwankungen, selbst berichtet oder von anderen beobachtet, oder deutlich vermindertes Interesse oder Freudlosigkeit an (fast) allen Aktivitäten</li><li>deutlich vermindertes Interesse oder verminderte Freude an (fast) allen Aktivitäten</li><li>deutlicher Gewichtsverlust ohne Diät oder Gewichtszunahme oder verminderter Appetit</li><li>Insomnie oder Hypersomnie, zerhackter Schlaf</li><li>psychomotorische Unruhe (Agitiertheit) oder Verlangsamung (Hemmung)</li><li>Müdigkeit oder Energieverlust, rasch Erschöpfung, fehlende Erholung</li><li>Gefühle von Wertlosigkeit oder unangemessene Schuldgefühle, evtl. deutliche Einengung und wahnhafte Ausgestaltung</li><li>verminderte Fähigkeit zu denken oder sich zu konzentrieren (depressive kognitive Störungen) oder verringerte Entscheidungsfähigkeit</li><li>wiederkehrende Gedanken an den Tod, Todeswünsche, wiederkehrende Suizidvorstellungen, tatsächlicher Suizidversuch oder genaue Planung eines Suizids</li></ul>Die Symptome verursachen in klinisch bedeutsamer Weise Leiden, Arbeitsunfähigkeit, Einschränkungen im Alltagsbereich oder Beeinträchtigungen in Beziehungen, in sozialen, beruflichen oder anderen wichtigen Funktionsbereichen. |

**Tab. 5.3:** Somatisches Syndrom bzw. melancholische Merkmale nach ICD-10 und DSM-5 (auf Grundlage von APA 2018 und DIMDI 2019)

| ICD-10 – Somatisches Syndrom | DSM-5 – Melancholische Merkmale |
|---|---|
| 1. Deutlicher Verlust an Freude/Interessen | A1 Verlust der Freude an allem oder nahezu allen Aktivitäten |
| 2. Mangelnde Fähigkeit, emotional auf Ereignisse zu reagieren | A2 Verlust der affektiven Reagibilität auf normalerweise angenehme Stimuli |
| 3. Frühmorgendliches Erwachen (> 2 h vor der gewünschten Zeit) | B1 Besondere Qualität der depressiven Verstimmung |
| 4. Morgentief | B2 Morgentief |
| 5. Objektiv ausgeprägte psychomotorische Hemmung oder Agitiertheit | B3 Morgendliches Früherwachen |
| 6. Deutlicher Appetitverlust | B4 Deutliche psychomotorische Unruhe oder Verlangsamung |

**Tab. 5.3:** Somatisches Syndrom bzw. melancholische Merkmale nach ICD-10 und DSM-5 (auf Grundlage von APA 2018 und DIMDI 2019) – Fortsetzung

| ICD-10 – Somatisches Syndrom | DSM-5 – Melancholische Merkmale |
|---|---|
| 7. Gewichtsverlust (> 5 % im Vergleich zum vergangenen Monat) | **B5** Deutliche Appetitlosigkeit oder Gewichtsverlust |
| 8. Deutlicher Libidoverlust | **B6** Übermäßige/unangemessene Schuldgefühle |
| Mindestens 4 Merkmale aus (1) bis (8) | Mindestens 1 Symptom aus (A1) und (A2) und mindestens 3 Symptome aus (B1) bis (B6) |

## 5.1.3 Anhaltende affektive Störungen (F34)

**Dysthymie**

Die mit dem Konzept der neurotischen Depression nach ICD-9 verwandte *Dysthymia* ist definiert als eine länger dauernde Depressivität von mindestens zwei Jahren, die nicht die Ausprägungsqualität einer depressiven Störung erreicht.

Die Diagnosekriterien sind in Tabelle 5.4 zusammengefasst (▶ Tab. 5.4):

**Tab. 5.4:** Dysthymia nach ICD-10 und DSM-5 (Quelle ICD-10: DIMDI 2019; Quelle DSM-5: Abdruck erfolgt mit Genehmigung von Hogrefe Verlag Göttingen aus dem Diagnostic and Statistical Manual of Mental Disorders, Fifth Edition, © 2013 American Psychiatric Association, dt. Version © 2018 Hogrefe Verlag)

| ICD-10 | DSM-5 (F34.1) – Auszug |
|---|---|
| A. Konstante oder konstant wiederkehrende Depression über einen Zeitraum von mindestens 2 Jahren. Dazwischenliegende Perioden normaler Stimmung dauern selten länger als einige Wochen, hypomanische Episoden kommen nicht vor | A. Depressive Verstimmung für die meiste Zeit des Tages an der Mehrzahl der Tage über einen mindestens 2-jährigen Zeitraum, von der betroffenen Person selbst berichtet oder von anderen beobachtet.<br><br>*Beachte*: Bei Kindern und Jugendlichen kann die Stimmung auch reizbar sein und die Dauer muss mindestens 1 Jahr betragen. |
| B. Keine oder nur sehr wenige der einzelnen depressiven Episoden während eines solchen Zweijahreszeitraums sind so schwer oder dauern so lange an, dass sie die Kriterien für eine rezidivierende leichte depressive Störung (F33.0) erfüllen | B. Während der depressiven Verstimmung bestehen mindestens zwei der folgenden Symptome:<br><br>1. Schlechter Appetit oder Überessen.<br>2. Insomnie oder Hypersomnie.<br>3. Geringe Energie oder Erschöpfungsgefühle.<br>4. Geringes Selbstbewusstsein.<br>5. Konzentrationsschwierigkeiten oder Schwierigkeiten beim Treffen von Entscheidungen.<br>6. Gefühle der Hoffnungslosigkeit. |
| C. Wenigstens während einiger Perioden der Depression sollten mindestens 3 der folgenden Symptome vorliegen: | C. Während des 2-Jahres-Zeitraums (1 Jahr bei Kindern und Jugendlichen) gab es keinen symptomfreien Zeitraum von mehr als 2 Monaten ohne die Symptome aus Kriterium A und B. |

**Tab. 5.4:** Dysthymia nach ICD-10 und DSM-5 (Quelle ICD-10: DIMDI 2019; Quelle DSM-5: Abdruck erfolgt mit Genehmigung von Hogrefe Verlag Göttingen aus dem Diagnostic and Statistical Manual of Mental Disorders, Fifth Edition, © 2013 American Psychiatric Association, dt. Version © 2018 Hogrefe Verlag) – Fortsetzung

| ICD-10 | DSM-5 (F34.1) – Auszug |
|---|---|
| 1. Verminderter Antrieb oder Aktivität<br>2. Schlaflosigkeit<br>3. Verlust des Selbstvertrauens<br>4. Konzentrationsschwierigkeiten<br>5. Neigung zum Weinen<br>6. Verlust des Interesses oder der Freude an Sexualität oder anderen angenehmen Aktivitäten<br>7. Gefühl von Hoffnungslosigkeit und Verzweiflung<br>8. Erkennbares Unvermögen mit den Routineanforderungen des täglichen Lebens fertig zu werden<br>9. Pessimismus im Hinblick auf die Zukunft oder Grübeln über die Vergangenheit<br>10. Sozialer Rückzug<br>11. Verminderte Gesprächigkeit | |
| Beachte: Wenn gewünscht, kann ein früher (in der Adoleszenz oder in den 20ern) oder ein später Beginn (meist zwischen dem 30. und 50. Lebensjahr, im Anschluss an eine affektive Episode) näher gekennzeichnet werden | D. Die Kriterien der Major Depression können in dem 2-Jahres-Zeitraum durchgängig erfüllt sein. |
| | E. Zu keinem Zeitpunkt ist eine manische oder hypomane Episode aufgetreten und die Kriterien für eine Zyklothyme Störung waren niemals erfüllt. |
| | F. Das Störungsbild kann nicht besser erklärt werden durch eine lang andauernde Schizoaffektive Störung, Schizophrenie, Wahnhafte Störung oder Andere Näher Bezeichnete oder Nicht Näher Bezeichnete Störung aus dem Schizophrenie-Spektrum und Andere Psychotische Störungen. |
| | G. Die Symptome sind nicht Folge der physiologischen Wirkung einer Substanz (z. B. Substanz mit Missbrauchspotenzial, Medikament) oder eines medizinischen Krankheitsfaktors (z. B. Hypothyreose). |
| | H. Die Symptome verursachen in klinisch bedeutsamer Weise Leiden oder Beeinträchtigungen in sozialen, beruflichen oder anderen wichtigen Funktionsbereichen. |

Bei einer *Dysthymie* (syn. Dysthymia) handelt es sich um eine chronische depressive Verstimmung, wobei einzelne Episoden nicht die Kriterien einer rezidivierenden depressiven Störung erfüllen. Dysthyme Störungen beginnen typischerweise in der späten Adoleszenz bzw. mit Anfang 20 und persistieren mindestens zwei Jahre. Die Patienten fühlen sich oft monatelang müde und depressiv, genussunfähig, alles stellt für sie eine Anstrengung dar. Sie grübeln, schlafen schlecht, fühlen sich unzulänglich, sind aber in der Regel fähig, mit den Anforderungen des täglichen Lebens fertig zu werden. Häufig bestehen Reizbarkeit und Selbstabwertung. Im DSM-5 werden Dysthymie und chronische Depression unter dem Typus »persistierende depressive Störung« subsumiert (APA 2018). Für chronische Depressionen wurden verschiedene Typologien vorgeschlagen (Laux 1986; Mikotaid und Hatzinger 2009; Wolfersdorf und Heindl 2003).

### 5.1.4 Atypische Depression, subdiagnostische Depressionen

Die primären Diagnosekriterien der atypischen Depression umfassen erhaltene affektive Reagibilität (Aufhellbarkeit der Stimmung), Hypersomnie, Hyperphagie/Gewichtszunahme und ängstlich-hysteroide-kritiksensitive Persönlichkeitszüge. Assoziationen mit der Bipolar-II-Störung werden diskutiert. In den letzten Jahren wurde die Existenz »milder, minorer« Depressionsformen, sog. subdiagnostische (»subtreshold«) Depressionen, sowie sog. rezidivierender kurzer depressiver Störungen (»brief recurrent depression«; F38.10) postuliert. Letztere sind durch kurze (2–3 Tage), etwa einmal monatlich auftretende depressive Episoden mit vollständiger Remission charakterisiert. Wir befinden uns hier einerseits im psychopathologischen Grenzbereich zu normalen depressiven Verstimmungen und depressiven Persönlichkeitsstrukturen. Andererseits kommt diesen Störungen offenbar eine hohe sozialmedizinische Bedeutung angesichts ihres häufigen Vorkommens im ambulanten, primärärztlichen Versorgungssystem, der impliziten sozialen Funktionsbeeinträchtigung sowie bezüglich des Verlaufs depressiver Störungen zu.

### 5.1.5 Bipolare Depression

Dass sich depressive Episoden im Rahmen einer bipolaren affektiven Erkrankung von der einer unipolaren Depression unterscheiden, ist umstritten. Hinweise für eine bipolare Depression können sein: Ersterkrankungsalter < 25 Jahre, positive Familienanamnese (genetische Belastung), raschere Entwicklung einer Episode, Hypersomnie, Hyperphagie, psychotische Symptome, Affektlabilität. Für den erfahrenen Kliniker zeigt sich die bipolare Depressivität eher flacher, eher im Hintergrund, mit weniger Verzweiflung, Hoffnungslosigkeit, demnach weniger Leid oder auch schuldgezogenen depressiven Denkinhalten verbunden, allerdings oft langanhaltend. Unipolar bedeutet hingegen mehr Verzweiflung, eher depressiv verstimmt, verzweifelt und hoffnungslos zu sein, an Konflikten, Urängsten o. ä. zu leiden bis hin zur depressiven Wahnsymptomatik. Die Antriebsstörung ist dabei eher sekundär, affektiv und kognitiv depressiv betont und auch ausgeprägter; so einige klinische Merkmale.

Die bipolare Depression ist meist eine »Expost-Diagnose« nach Auftreten einer über eine hypomane Nachschwankung hinausgehende (hypo-)manische Episode. Hypomane Züge können bei der Ersterkrankung ein Hinweis sein.

## 5.2 Klassifikationen

Die ICD-10 klassifiziert in Kapitel F3 affektive Störungen wie folgt (DIMDI 2019):

- F30 manische Episode
- F31 bipolare affektive Episode
- F32 depressive Episode
- F33 rezidivierende depressive Störung
- F34 anhaltende affektive Störungen – F34.1 Dysthymia
- F38 sonstige affektive Störungen (z. B. rezidivierende kurze depressive Episoden, saisonale affektive Störung)

Depressive Störungen umfassen in DSM-5 folgende Diagnosen (APA 2018):

- Disruptive Affektregulationsstörung
- Major Depression
- Persistierende depressive Störung (Dysthymie)
- Prämenstruelle dysphorische Störung
- Substanz-/medikamenteninduzierte depressive Störung
- Depressive Störung aufgrund eines anderen medizinischen Krankheitsfaktors
- Andere depressive Störung (z. B. rezidivierende kurze depressive Störung, kurzzeitige depressive Episode)

Die Diagnose »Disruptive Affektregulationsstörung« wurde für Kinder unter zwölf Jahren angesichts eines inadäquaten Gebrauchs der Diagnose »Bipolare Störung« eingeführt. Die Diagnose prämenstruelle dysphorische Störung wurde vom Appendix des DSM-IV angesichts hoher klinischer Relevanz in das Kapitel »Depressive Störungen« aufgenommen. Als Subtypen (specifier) werden u. a. Angst, rapid cycling, melancholischer Typ, atypische Züge, psychotische Züge, peripartaler Beginn und saisonaler Typus unterschieden.

Die traditionelle Klassifikation unterschied nach Ausschluss somatogener (symptomatischer, organischer) Depressionen hauptsächlich zwischen »endogenen« und »neurotisch«/psychoreaktiven Depressionen im Sinne eines dualistischen Konzeptes. Mit den neueren operationalisierten Diagnosesystemen hat man die ätiopathogenetisch orientierte, kategoriale Klassifikation verlassen. Die diagnostischen Leitlinien basieren jetzt primär auf der symptomorientierten Beschreibung, dem Schweregrad und den Zeitkriterien – Depression wird überwiegend als ein Spektrum von Krankheiten angesehen.

Aus klinisch-therapeutischer Sicht dürften Subtypisierungen wie in Abbildung 10 dargestellt trotz ihrer z. T. limitierten Trennschärfe von praktischer Relevanz sein (▶ Abb. 5.3).

Die Vielfalt depressiver Störungen und Erkrankungen wird u. a. daran deutlich, dass die ICD-10 35 Depressionsverschlüsselungen ermöglicht! Die zwölf häufigsten sind in nachfolgender Übersicht wiedergegeben (DIMDI 2019):

---

**Häufigste Depressionsverschlüsselungen**

- F06.32   Organische depressive Störung
- F1x.54   Depression durch psychotrope Substanzen (Alkohol, Drogen)
- F20.4    Postschizophrene Depression
- F25.1    Schizodepressive Störung
- *F32*      *Depressive Episode (leicht/mittelgradig/schwer/psychotisch)*
- F32.8    Atypische/larvierte Depression
- *F33*      *Rezidivierende depressive Störung (leicht/mittelgradig/schwer/psychotisch)*
- F34.1    Dysthymia

- F38.1   Rezidivierende kurze depressive Störung
- F41.2   Angst und depressive Störung gemischt
- F43.2   Anpassungsstörung: depressive Reaktion, Trauerreaktion
- F53.0   Postpartale Depression

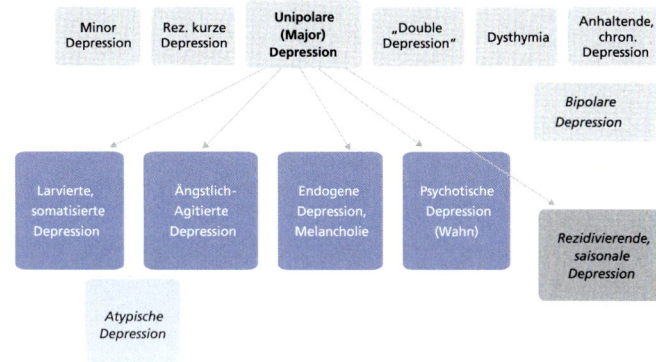

Abb. 5.3:
Klinische Depressionssubtypen

Eine Clusteranalyse des Depression Research in European Society (DEPRES II) Survey identifizierte folgende sechs Patiententypen:

- Depression mit mäßiggradiger Beeinträchtigung
- Depression mit chronischen physischen Problemen
- schwere Depression
- Depression mit sozialen Problemen
- Depression mit Schlafproblemen
- Depression mit Mattigkeit

Ausgehend von der Überlegung, dass eine nach ICD-10/DSM-5 so breit definierte und konsekutiv so häufig diagnostizierte »Störung«/Krankheit wie die Depression nicht *einen* Prozess reflektieren kann, wurde folgender intuitiv-heuristischer Klassifikationsvorschlag gemacht:

- Typ A: Depression mit Angst
- Typ B: Akute Depression
- Typ C: Depression nach Kindheitstrauma
- Typ D: Depressive Reaktion auf Trennungsstress
- Typ E: Post-partum-Depression
- Typ F: Altersdepression
- Typ G: Psychotische Depression
- Typ H: Atypische Depression
- Typ I: Bipolare Depression
- Typ J: Sekundäre (pharmakogene, symptomatisch-organische) Depression

Vor allem für den Konsiliar- und Liaisondienst sind Depressionen bei und nach somatischen und ZNS-Erkrankungen von wachsender Bedeutung. Hierzu zählen u. a. die Post-Stroke-Depression, die Depression bei M. Parkinson und Demenzen sowie Depressionen nach Schädel-Hirn-Trauma.

Abb. 5.4 illustriert das breite klinische Spektrum der Diagnose Depression – bei identischer Diagnose kann der einzelne Patient sehr unterschiedliche Symptome zeigen (▶ Abb. 5.4). Eine Depressionsdiagnose kann fast 1.500 unterschiedliche Symptomkombinationen beinhalten!

## 5 Diagnostik, Diagnosekriterien/operationalisierte Diagnosen, Klassifikationen, Psychometrie

**Patient (72-jähriger Mann)**
- Affektstarr
- Antriebslos
- Interesselos
- Konzentrationsstörung
- Hypersomnie
- Gewichtsverlust
- Suizidalität

**Patientin (35-jährige Frau)**
- Depressiv verstimmt
- Antriebsgesteigert
- Insomnie
- Gewichtszunahme
- Schuldgefühle
- Ängstlich-agitiert
- Herzklopfen

Abb. 5.4: Verschiedene Symptome – eine Diagnose

---

**Persönliche Anmerkung der Autoren**

An dieser Stelle sei darauf hingewiesen, dass bis heute keine konzeptuelle Einigung dahingehend besteht, was unter einem »depressiven Syndrom« zu verstehen ist. Syndromskalen sind für Forschung und Praxis zweifelsohne von großem Nutzen, hinsichtlich der Entwicklung von Depressionsskalen muss jedoch derzeit von einer Stagnierung (Präferierung eindimensionaler Verfahren ohne Subdifferenzierung) ausgegangen werden. ICD- und DSM-Diagnosen sind keine Krankheitsentitäten, sondern Experten-Übereinkünfte. Feldstudien zeigen, dass die Reliabilität der DSM-5-Diagnose »Major Depressive Disorder« »questionable« ist, d. h. die Diagnose-Übereinstimmung zwischen zwei Klinikern war nur mäßig und somit fraglich (kappa = 0.3; Regier et al. 2013).

Die Klassifizierung und Subtypisierung von Depressionen ist nach wie vor Gegenstand von Diskussionen: aus klinischer Sicht imponieren oft qualitative Unterschiede, die eine kategoriale Sicht nahelegen – kontrastierend zu epidemiologischen Studien, die eine dimensionale Sicht, ein Kontinuum unterschiedlicher Schweregrade und dynamisch-syndromale Verlaufsvariationen aufzeigen. Die unbefriedigende, breite, fast unisono Eingruppierung »Major Depression« führt mehr und mehr dazu, dass differenziertere Subtypen und Spektrummodelle vorgeschlagen werden. Nach den Research Domain Criteria (RDoC) als neue Klassifikationsbasis (Insel et al. 2010) werden jetzt mittels Big-Data-Ansätzen u. a. biologische Subtypen der Depression identifiziert (Bzdok et al. 2018).

Für einige Subgruppen wie die RBD besteht die Gefahr einer »Über-Diagnostizierung« von Depressionen. Für Altersdepressionen erscheint es sinnvoll, die Grenze aufgrund der heutigen Lebenserwartung auf > 70 oder > 75 Jahre anzusetzen.

Die Reduktion auf die »ICD-10 Depressive Episode«, die noch dazu eine eher weiche, weiblich imponierende Depression abbildet, birgt die Gefahr der Verarmung und der Reduktion der Psychopathologie in sich, mag hilfreich für eine vereinfachte medikamentöse Therapie sein, ist es aber nicht für die psychotherapeutische, psychosoziale und psychoedukative Arbeit mit depressiv kranken Menschen.

## 5.3 Doppeldiagnose-Problematik

> **Persönliche Anmerkung der Autoren**
>
> Man kann die »operationalisierte Diagnostik« depressiver Erkrankungen durchaus als Fortschritt betrachten. Man kann allerdings auch der Meinung sein, dass ein neues Erkenntnisniveau dadurch nicht gewonnen wurde. Wie verschlüsselt man eine »reaktive Depression«, einen »Typus melancholicus« usw. Bei der »Dysthymia« war das Chaos am offensichtlichsten. Der Sammeltopf enthält die »neurotische Depression« (nach ICD-9), die anhaltende sog. chronische Depression, Residualzustände in depressiver Färbung, Züge depressiv strukturierter Menschen usw. Die »neurotische Depression« war eindeutig definiert: Symptomatik Ausdruck von Struktur (ES-Über-Ich-Konflikte), die »chronische Depression« war ein sozialpsychiatrisches, ein Langzeitbegleitungsproblem – gute antidepressive Medikation, konstante regelmäßige Langzeittherapie, sozialpsychiatrische Maßnahmen bei Bedarf.
>
> Was haben wir jetzt? Eine »rezidivierende depressive Erkrankung« wird verschlüsselt, dazu die aktuelle depressive Episode; man kann noch die »Dysthymia« dazu nehmen, um psychisch auffällige Wahrnehmungs-, Erfindungs- und Deutungsmuster sowie depressive Verhaltensstile zu benennen. Was bei einer »Typus melancholicus«-Struktur oder ausgeprägter depressiver Deutstile der Selbstentwertung und der Insuffizienz, ohne dass diese deutlichen Symptomcharakter annehmen und schon immer da waren. Ist das eine Persönlichkeitsstörung? Die gar nicht verschlüsselbar ist? Die »neurotische Depression« war definiert, wenn auch tiefenpsychologisch.
>
> Die »reaktive Depression« gibt es in der Verschlüsselung des ICD-10 ebenfalls nicht mehr; bleibt abzuwarten, was die ICD-11 bringt. Eine reaktive Depression ist etwas anderes als eine Anpassungs- oder Belastungsstörung, und erst recht anders als eine PTSD. Es ist auch mehr als Trauer oder pathologische d.h. anhaltende Trauer. Man könnte das gleiche für die »depressive Entwicklung« und den darin enthaltenen Entwicklungsaspekt diskutieren. In der »Akut-Psychiatrie« der ICD-10 entwickelt sich nichts mehr. Dabei ist das Burnout-Syndrom (Z73), die Erschöpfungsdepression, geradezu idealtypisch der Eckpunkt einer solchen somatischen und affektiven und damit einer psychosomatischen Entwicklung.
>
> Doppeldiagnosen wie die »depressive Episode« und »xxx« führen immer dazu, den Schwerpunkt auf ersteres zu legen.
>
> Die Entwicklung auf Depressionsstationen hat mit der »operationalisierten Diagnostik« gezeigt, dass die primären depressiven Erkrankungen durch »depressive Episoden« z.B. bei »Borderline-Persönlichkeitsstörungen« ersetzt wurden. Programme für primär depressiv Kranke wurden dadurch torpediert.
>
> Das vorliegende Werk soll kein Plädoyer für eine Rückkehr zur ICD-9 und darin skizzierten Krankheitsbildern sein. Wir brauchen heute sowieso verschiedene Diagnosen, eine für die Therapie und Arbeit mit Patienten, eine für das Krankenblatt, eine für den MDK und eine für die Abrechnung der Klinikverwaltung. Gottseidank bleibt am Schluss für die therapeutisch-pflegerische Beziehung der depressiv kranke und hilfsbedürftige Mensch (Etzersdorfer 2002; Heinz 2015; Katschnig 2002; Laux 2002; Wolfersdorf 2008).

## 5.4 Psychometrie, Selbst- und Fremdbeurteilungsskalen

Allgemein-/Hausärzte sind meist die erste Anlaufstelle für Patienten mit möglicher Depression. Es wurden deshalb einfache Screeninginstrumente entwickelt wie z. B. der Gesundheitsfragebogen für Patienten (Patient Health Questionnaire, PHQ-D) – der WHO-5-Fragebogen zum Wohlbefinden ist umstritten. Fachärztlich etabliert sind standardisierte Beurteilungsskalen (Ratingskalen) wie die Hamilton-Depressionsskala (Hamilton Rating Scale for Depression, HAMD) oder die Montgomery-Asberg-Depressionsskala (Montgomery-Asberg Depression Rating Scale, MADRS). Für schwere Depressionen werden HAMD-Summenscores > 25 bzw. MADRS-Werte > 35 angesehen (CIPS 2015). Als Grenzwert (unauffällig/remittiert) gilt für die HAMD ein Wert < 7 oder 8, für die MADRS ein Wert < 9 oder 6. Für Altersdepressionen liegen spezielle Skalen wie die GDS (Geriatric Depression Scale) vor, für Kinder und Jugendliche Screening-Instrumente wie der Des-Teen (Depression Screener for Teenagers).

Für die Selbstbeurteilungsskala BDI-II (Beck-Depressions-Inventar) werden Werte > 14 als klinisch relevant betrachtet.

Zur Beurteilung des Schweregrades (und der Wirksamkeit therapeutischer Interventionen) wird im Sinne »patientenrelevanter Endpunkte« neben der Anzahl der Symptome heute zunehmend die Einschränkung der Alltagsaktivitäten (»social functioning«, Berufstätigkeit, soziale Aktivitäten) herangezogen.

> **Persönliche Anmerkung der Autoren**
>
> Fragebögen führen zumeist zu einer Überschätzung der wahren Prävalenz. Sie sind diagnostisch unspezifisch und spiegeln in erster Linie die Befindlichkeit wider. Bei den Selbstbeurteilungsskalen ist zu berücksichtigen, dass auch ein gesunder Mensch nach schlafgestörten Nächten in einer gereizten Gestimmung Werte einer depressiven Verstimmung erreichen kann. Bei der HAMD-Skala umfassen allein die Schlafstörungen drei Items. Skalen ersetzen also keinesfalls das ausführliche Gespräch und die Erhebung des psychopathologischen Befundes. Eine aktuelle Gefahr ist das »Internet-Self-Rating«!

In aktueller Entwicklung befinden sich computerisierte Screening-Tests für eine Depression. Ein Beispiel ist der Computerized Adaptive Diagnostic Test for Major Depressive Disorder (CAD-MDD). Beachtung verdient eine neuere Studie, wonach MADRS und CGI-Skalenwerte durch Kliniker erhoben signifikant höher waren als durch Partner- oder Angehörigen-Interviews erhobene Ratings.

Zur Erfassung psychomotorischer Symptome wird neben der Aktigraphie die Motor Agitation and Retardation Skala (MARS) verwendet, zur Erfassung kognitiver Dysfunktionen u. a. der Digit Symbol Substitution Test (DSST).

## 5.5 Differenzialdiagnosen und Fehldiagnosen (inkl. »Resignative Trauer«)

### 5.5.1 Somatische Differenzialdiagnosen

Der erste Schritt ist der Ausschluss organischer Ursachen (somatogene Depressionen, Sonderform pharmakogene Depression).

In der ICD-10 werden *organisch depressive Störungen* (F06.32) als Folge von primär zerebralen oder systemischen Erkrankungen, die sekundär das Gehirn betreffen, kategorisiert.

In der DSM-5 gibt es eine eigene Kategorie für *Substanz-/Medikamenten-induzierte Depressionen* (z. B. Kokain, Kortison, Zytostatika) sowie für *depressive Störungen aufgrund eines anderen medizinischen Krankheitsfaktors* (Stroke, Parkinson, MS, Chorea, Schädel-Hirn-Trauma, M. Cushing, Hypothyreose).

*Symptomatische Depression:* Sie kann als Begleitdepression körperlicher Erkrankungen bzw. als Folge extrazerebraler Erkrankungen (z. B. postoperativ, postinfektiös, nach endokrinen Erkrankungen wie z. B. einer Hypothyreose sowie pharmakogen) auftreten.

> **Fallbeispiel: Alter und Nebenwirkungen**
>
> Eine 70-jährige Patientin wird wegen einer Depression mit dem SSRI Citalopram behandelt. Nach drei Wochen klagt sie über Müdigkeit, Übelkeit, Kopfschmerzen, ist verwirrt, wird unsicher im Gang, stürzt mehrfach. Im Labor findet sich eine Hyponatriämie von 122 mmol/l. Diagnose: *Pharmakogene Hyponatriämie* (erhöhte inadäquate ADH-Freisetzung [SIADH]) unter SSRI (auch durch endokrine Erkrankungen und unter ACE-Hemmer, Diuretika, NSAR; bei jungen Patienten unter Ecstasy!).

*Organische Depression:* Basierend auf strukturellen Veränderungen des Gehirns im Rahmen neurologischer Erkrankungen (z. B. Hirninfarkt, MS, Schädel-Hirn-Trauma, Hirntumor, Meningoenzephalitis) kann es zu einer organischen Depression kommen.

Besondere Bedeutung hat neben der *Post-Stroke-Depression* die *Depression bei Parkinson* erlangt. Für Depressionen bei Älteren im Zusammenhang mit zerebrovaskulärer Morbidität wurde der Begriff »vaskuläre Depression« vorgeschlagen. Unterdiagnostiziert sind depressive Verstimmungszustände bei *Epilepsien*. Es lassen sich präiktuale, iktuale, postiktuale und interiktuale Depressionen unterscheiden. Am häufigsten scheint die dysthmieähnliche »interiktuale dysphorische Störung (IDS)« aufzutreten (polymorphes, intermittierendes klinisches Bild von kurzer Dauer). Das chronische *Fatigue-Syndrom* wird einer neurologischen Multisystemerkrankung mit Dysregulation des Immun- und Nervensystems zugeschrieben. Patienten mit chronischer Erschöpfung sollten gezielt auf einen Beginn mit Infektsymptomen und das Vorliegen CFS-assoziierter Symptome exploriert werden.

Eine Sonderform ist die *pseudobulbäre Affektstörung* – bei neurologischen Erkrankungen wie Multiple Sklerose, ALS oder Parkinson kommt es zu pathologischen Gefühlsausbrüchen wie Weinanfällen. Bei Krebspatienten kann ein *Tumor-assoziiertes Erschöpfungssyndrom* auftreten.

Als typische Symptome für Depressionen im Kontext somatischer Krankheiten imponieren affektive Instabilität mit Weinen, Hoffnungslosigkeit und Pessimismus (»Demoralisierung«).

## 5.5.2 Psychiatrische Differenzialdiagnosen

**Anpassungsstörung, (komplizierte, protrahierte) Trauerreaktion, Verbitterungssyndrom**

*Anpassungsstörungen* treten nach identifizierbaren psychosozialen Belastungen bzw. einer einschneidenden Lebensveränderung auf und gehen mit emotionaler Beeinträchtigung (Angst, Depressivität) und sozialer Funktionseinschränkung einher. Die Störung beginnt zumeist innerhalb eines Monats nach dem belastenden Ereignis oder der Lebensveränderung und dauert meist nicht länger als sechs Monate (bis zu zwei Jahre) an. In DSM-5 und wahrscheinlich auch in ICD-11 gehören diese Bilder zu den Stress-induzierten Störungen. *Trauer* wird bei ca. 10–30 % aller Hinterbliebenen beobachtet. Zu den Merkmalen zählen u. a. heftiges Sehnen und Verlangen, Gefühle von Leere und Verlust, Nicht-wahrhabenwollen des Todes, Wut und Verbitterung über den Tod und Schwierigkeiten, die schmerzliche Realität zu begreifen. Die Symptomatik klingt zumeist binnen Tagen bis Wochen (evtl. »protrahierte Trauerreaktion«) in Wellen von Trauerschmerz und Erinnerungen ab, bei bis zu einem Drittel wird ein Anhalten der Trauerreaktion beobachtet und es gelingt keine Integration des Verlustes (Rosner 2018). Die Abgrenzung zu einer depressiven Anpassungsstörung (depressive Verstimmung im Zusammenhang mit lebensgeschichtlichen Ereignissen) oder zu komplizierter Trauer kann schwierig sein. Zu den differenzialdiagnostisch im Sinne der typischen Depression wegweisenden Krankheitszeichen zählen u. a. starrer Affekt, Gefühl der Gefühllosigkeit, Schuldgefühle, depressiver Wahn, genetische Belastung, frühere depressive Episoden und die längere Symptompersistenz sowie fehlende Selbstzweifel und erhaltenes Selbstwertgefühl. Bei den meisten Menschen lässt die Trauer innerhalb von sechs Monaten nach dem Ereignis nach.

Als ein Subtyp der Anpassungsstörungen wurde von Linden (2017) die posttraumatische *Verbitterungsstörung* nach einschneidenden Lebensereignissen (z. B. Arbeitsplatzverlust) beschrieben. Hierbei handelt es sich um eine Emotionsreaktion auf Erlebnisse von Kränkung, Ungerechtigkeit, Herabwürdigung oder Vertrauensbruch. Leitemotion ist Verbitterung, die begleitet wird von Wut und Hilflosigkeit, emotionaler Erregung, dysphorischer Herabgestimmtheit, unspezifischen psychosomatischen Symptomen, Rachephantasien und aggressiven Gefühlen. Verbitterung ist nagend und hat die Tendenz zur Chronifizierung. Es gibt auch verbitterungsgeneigte Persönlichkeiten mit leichter Kränkbarkeit und querulatorischer Hartnäckigkeit im Kampf um die Wiederherstellung von »Gerechtigkeit«.

> **Persönliche Anmerkung der Autoren**
>
> Die in der ICD-10 vorgegebene Trennung zwischen F3-Depressionen als primäre affektive Erkrankungen von F4-depressiven Anpassungs- und Belastungsstörungen erscheint aus klinischer Sicht künstlich und schwer nachvollziehbar. Dabei dürfen depressive Episoden bei Anpassungs- und Belastungsstörungen eigentlich auch nicht vollausgeprägt sein entsprechend dem Vollbild der depressiven Episode, da sie sonst den F3-Depressionen zugeordnet werden müssen und der psychoreaktive Anpassungs- und Belastungsaspekt wegfällt zugunsten der sog. »double depression«, was letztlich eine nicht nachvollziehbare Krücke ist.

### Fallbeispiele: Körperliche Erkrankung und Depression

Ein pensionierter 80-jähriger Luftwaffenoffizier kann die Defizite durch die Parkinson-Erkrankung nicht akzeptieren, »aus einem schneidigen Offizier sei ein Häufchen Elend geworden«. Der hochdifferenzierte Patient äußert sich mit brüchiger Stimme fatalistisch-negativ tief depressiv mit Selbstanklagen bei einer starken, humorvollen Primärpersönlichkeit.

Ein 43-jähriger Patient berichtet bei Aufnahme über Alpträume, innere Unruhe, Abgeschlagenheit, Kraftlosigkeit und Krämpfe im gesamten Körper. Er wisse nicht weiter, sei verzweifelt, habe Gedanken, nicht mehr leben zu wollen. Er könne keine Freude mehr empfinden, habe keinen Antrieb mehr und habe sich zunehmend zurückgezogen. Durch einen anhaltenden Partnerschaftskonflikt trinke er vermehrt Alkohol. Familienanamnese: Vater alkoholabhängig, zwei Geschwister ebenfalls vermehrter Alkoholkonsum. Vier seiner insgesamt sieben Geschwister würden an ähnlichen Beschwerden wie er leiden. Psychopathologisch voll orientiert, Aufmerksamkeit und Konzentration deutlich vermindert, Merkfähigkeit geringfügig reduziert, im formalen Denken umständlich, inhaltlich eingeengt auf körperliche Symptome, den Partnerschaftskonflikt sowie Gefühle der Hoffnungslosigkeit. Innere Unruhe bis hin zu Panikattacken, Zukunftsängste, Überforderungs- und Insuffizienzgefühle. Im Affekt deutlich gedrückt, weinerlich-klagsam und affektlabil mit Anhedonie. Antrieb vermindert, psychomotorisch unruhig, psychovegetativ Libidoverlust, Appetitverlust, Insomnie. Labor und EKG ohne Befund. Somatischer Befund: Nachdunkelnder Urin, Nachweis von Porphobilinogen und 5-ALA im Urin (Schwarz-Watson-Test). *Diagnose: akute intermittierende Porphyrie (AIP), komorbid Alkoholabhängigkeit.* Die Symptomatik von Porphyrie-Attacken ist grundsätzlich unspezifisch, die akute intermittierende Porphyrie kann ausschließlich neuropsychiatrische Symptome zeigen, oder diese können den krankheitsspezifischen körperlichen Symptomen vorausgehen. Diese sind typischerweise Weinerlichkeit, Ängste, psychomotorische Unruhe, Verzweiflung bis zu Suizidalität, Depressivität mit Anhedonie, Antriebsverlust und sozialem Rückzug. Die AIP ist bei psychiatrischen Patienten wesentlich gehäuft.

56-jähriger Unternehmer mit der Diagnose einer schweren depressiven Episode sowie ADHS im Erwachsenenalter. Patient gibt an, zunehmend niedergestimmt zu sein, energielos zu sein und kaum noch Freude zu empfinden. Er sei innerlich unruhig, habe schwere Schlafstörungen, vernachlässige seine Hobbies, habe vermehrt Todesgedanken. In der Kindheit Aufmerksamkeitsschwierigkeiten, hoher Bewegungsdrang und Impulsivität, die sich später gebessert hätten. Bereits seit Kindheit ausgeprägte Einschlafstörungen, seine übliche Bettzeit umfasse die Zeit zwischen 1:00 Uhr und 7:30 Uhr, wobei der Schlaf als nicht erholsam beschrieben wurde. Diagnose: zirkadiane Schlaf-Wach-Rhythmus-Störung vom verzögerten Typ (Delayed Sleep Phase Disorder, DSPD). Typisch sind eine verzögerte Schlafphase, Erkrankungsbeginn in Kindheit oder Jugend, Komorbidität mit ADHS. Diagnosesicherung durch Fragebogen, Aktigraphie und Bestimmung des Dim Light Melatonin Onset Biomarkers. Therapie mit Melatonin und morgendlicher Lichttherapie.

60-jähriger, allein lebender Patient, Kontakt zum Sozialpsychiatrischen Dienst, sei in verschiedenen psychiatrischen Kliniken gewesen. Trinke Whisky und Wodka mit Cola. Sprachbarriere, vage-unscharfe Angaben, keine floride psychotische Plussymptomatik, im Affekt nivelliert, dysthym, pseudointellektualisierend. Diagnose: schizophrenes Residuum mit Alkoholabhängigkeit (Doppeldiagnose-Patient).

70-jähriger Patient, Ehefrau verstarb als Pflegefall. Gequält durch Gedankenkreisen über die Umstände des Todes der Ehefrau und Zukunftsängste. Möchte nicht mehr leben, könne nichts mehr tun. Die alternde Menschheit sei nicht mehr finanzierbar. Auch für ihn sei ein Heim bei seiner Rente nicht tragbar. Allein die Todesanzeige koste 450 Euro. Leere psychiatrische Anamnese. Kognitiv alters- und bildungsentsprechend. Tief depressiv mit Weinen, aufgewühlt-klagsam, formales Denken beschleunigt und eingeengt, agitiert-ängstlich, große Zukunftsängste. Diagnose: schwere Trauerreaktion.

73-jährige Patientin, verwitwet, bis vor kurzem selbstversorgend. Klagt jetzt über Gedächtnisprobleme und nachlassende Lebensfreude. Voll orientiert, freundlich zugewandt, Merkfähigkeit und Konzentration eingeschränkt, nervös-unruhig-irritierbar, Antrieb und Interesse vermindert, depressiver Affekt mit lebensmüden Gedanken. Fatalistisch ohne Zukunftsperspektive. Appetit ohne Befund, Durchschlafstörung. Diagnose: organisch-affektive Störung bei Normaldruckhydrocephalus, minimale cerebrale Dysfunktion (MMST 26 Punkte, GDS 9 Punkte).

75-jähriger Patient wird wegen sehr gedrückter Stimmungslage konsiliarisch vorgestellt bei Hirnmetastasen. Sein Gehirn funktioniere nicht mehr richtig, ihm gingen viele Gedanken durch den Kopf, die Arbeit bleibe liegen, mit ihm werde es nur noch schlechter. Zeitlich desorientiert, freundlich-schweigsam, verlangsamt, reduzierte Merkfähigkeit, Konzentration altersentsprechend, psychomotorisch starr, freud-, interesse- und hoffnungslos. Negativistisches Denken, Schlaf und Appetit gut. Diagnose: schwere suizidale Depression bei organisch affektiver Störung.

Primär lebenslustiger, extravertierter 70-jähriger Schichtmeister, klagt seit der OP vor drei Monaten darüber, nicht gehen und stehen zu können. Appetit und Schlaf seien gut, Schmerzen habe er keine. Er sei freud-, antriebs- und interesselos, habe eine Leere im Kopf mit Sinnieren und Grübeln. Einmaliger cerebraler Krampfanfall. Unscharf orientiert, Denken verlangsamt aber geordnet, reduzierter Antrieb, fatalistisch-lebensmüde mit völliger Adhedonie und suizidalen Impulsen. Diagnose: organisch affektive Störung bei Bronchialkarzinom mit Hirnmetastase.

77-jährige Patientin wird wegen plötzlichen Weinanfällen vorgestellt. Sie selbst berichtet, dass sie wegen Depressionen in Behandlung sei, beklagt Kreuzschmerzen, lebt seit einem halben Jahr im Heim. Unscharf orientiert, lebhaft-energisch-gesprächig, affektiv sehr schwingungsfähig, unerklärliches intermittierendes Weinen, nicht suizidal, Schlaf und Appetit gut. Somatische Multimorbidität. Diagnose: pseudobulbäre Affektstörung.

75-jährige Patientin kommt wegen Schwindel, Unsicherheit und Schmerzen nach Sturz. Sie sei nicht einsam, habe gute Kontakte, Schlaf sei gut, Appetit habe sie keinen. Leere psychiatrische Anamnese, Zustand nach vier Schlaganfällen. Voll orientiert, guter Rapport, Merkfähigkeit leicht eingeschränkt, Konzentration ohne Befund, psychomotorisch ruhig, Zukunftsängste, reduzierter Antrieb. GDS 6 Punkte. Diagnose: Post-Stroke-Depression.

Immer ist an das Vorliegen einer *bipolaren affektiven Störung* zu denken, bei psychotischen Symptomen (Wahn, Halluzinationen, Stupor) muss differenzialdiagnostisch außerdem das Vorliegen einer *schizoaffektiven oder schizophrenen Psychose* erwogen werden. Depressive Symptome sind im Vorfeld, zu Beginn und in allen Stadien der Schizophrenie zu finden, wie z. B. die Mannheimer ABC-Studie aufzeigte (Prodromalstadium, akute Episode, »postpsychotische Depression«, Depression im Intervall und im Langzeitverlauf). Sie können als kosyndromal oder komorbid angesehen werden und sind von einer Negativsymptomatik oder einem Residuum abzugrenzen. Die als psychomotorische Erkrankung charakterisierbare Katatonie kann als Zwischenstellung zwischen Depression und Schizophrenie angesehen werden. Zur Depressionsdiagnostik bei Patienten mit Schizophrenie wurde die Calgary Depression Scale for Schizophrenia (CDSS) entwickelt.

Insbesondere bei Altersdepressionen, die mit ausgeprägten kognitiven Störungen einhergehen, kann die Differenzialdiagnose zu einer *beginnenden Demenz* (sog. depressive Pseudodemenz) schwierig sein (▶ Tab. 5.5). Für das Vorliegen einer Demenz sprechen neben den genannten klinischen Punkten erhöhte Tau-Protein- und MAO-B-Konzentrationen und erniedrigte Azetylcholinspiegel im Liquor, eine Verlangsamung der α-Grundaktivität bzw. Zunahme der relativen θ-Aktivität im EEG, eine Hippocampusatrophie in der MRT sowie ein deutlich reduziertes kognitives Tempo, ein MMST-Score < 23 und das Fehlen eines Lerngewinns bei Wiederholung in der neuropsychologischen Testung. Zu beachten ist die (nicht seltene) Komorbidität von Depression und Demenz.

Tab. 5.5: Differenzialdiagnose Demenz und Depression (nach Wolfersdorf und Schüler 2005)

| Merkmal | M. Alzheimer | Depression |
| --- | --- | --- |
| Schweregrad der kognitiven Störung | Alle Grade | Leicht |
| Beginn | Schleichend | Relativ plötzlich |
| Dauer | Über sechs Monate | Meist unter sechs Monaten |
| Beschwerdeschilderung | Bagatellisierend | Aggravierend |
| Affektive Befundschwankung | Ausgeprägt | Gering |
| Befindlichkeitsverlauf | Leistungstief am Abend | Stimmungstief am Morgen |
| Orientierungsstörungen | Ja, jedoch anfangs nicht | Nein |
| Alltagskompetenz | Eingeschränkt | Erhalten |
| Störungen von Sprache, Praxie und Visuokonstruktion | Ja | Nein |

> **Fallbeispiel: Frontotemporale Demenz**
>
> Bei einer 70-jährigen Patientin diagnostiziert der Hausarzt eine Depression und eine beginnende Demenz, der Psychiater eine depressive Pseudodemenz, der Neurologe eine frontotemporale Demenz. Patientin äußert, sie habe einen »blöden Kopf«, sei matt, Tod der Tochter belaste sie (zeigt Foto). Seit ca. einem Jahr sei ihr Mann ein »Lump«, habe Frauengeschichten, lasse diese Zuhause duschen – die Nachbarn würden alles mitbekommen. Ehemann schildert zunehmende Vergesslichkeit und Wesensveränderung. Patientin ist zeitlich desorientiert, Auffassung und Vigilanz ohne Befund, deutliche kognitive Defizite (Merkfähigkeit, Konzentration), Gedankendrängen mit paranoider Symptomatik (szenische Wahnideen, Eifersuchtswahn), affektiv aufgewühlt, in Tränen ausbrechend aus Scham und Wut. MoCa 16 Punkte. CCT frontale Atrophie. Diagnose: *Paranoide Alterspsychose bei frontotemporaler Demenz.*

*Angst- und Panikstörung:* Depressive Symptome sind oft Bestandteil der generalisierten Angststörung sowie der Panikstörung. Komorbidität ist häufig, die Trennung nicht immer möglich (»anxiety depression«, vgl. Hamilton Angst- und Depressionsskala, atypische Depression).

**Fallbeispiel: Angst und Depression**

41-jährige Deutsch-Griechin klagt seit Wochen über Müdigkeit, Antriebsmangel, Schwindel, Durchschlafstörungen, Panikattacken mit Herzrasen und Atemnot. Zitteranfälle mit Gribbeln und Taubheitsgefühl. Sie habe Angst, den Verstand zu verlieren, Angst vor dem Alleinsein, vor Treppen und in der Einsamkeit sterben zu können. Wegen wiederholten Panikattacken mehrfach notfallmäßig in Ambulanzen vorgestellt. Zweimal stationär-internistisch abgeklärt, kein organisches Korrelat. Vater vor zwei Wochen in Griechenland verstorben, Mutter bereits vor zehn Jahren. Raucherin, bis vor wenigen Monaten fünf Bier täglich. Psychischer Befund: voll orientiert, kognitiv alters- und bildungsentsprechend. Im formalen Denken Grübelneigung und Gedankenkreisen. Ausgeprägte Ängste, getrübte Stimmung, weinerlich, Gefühl der Gefühllosigkeit, Freud- und Interesselosigkeit, Affektlabilität, reduzierter Antrieb, sozialer Rückzug, psychovegetative Durchschlafstörungen. *Diagnose: Angst und Depression gemischt* (IDC-10: F43.2).

*Depressive Persönlichkeitsstörung:* Vor allem im Rahmen der vermehrten Beachtung chronisch verlaufender und leichterer Depressionsformen gewann die depressive Persönlichkeitsstörung neuerdings (wieder) an Bedeutung. Diese ist durch persistierende negative, pessimistische Vor- und Einstellungen charakterisiert. Inzwischen wurde eine psychometrische Validierung des Diagnostischen Interviews für die Depressive Persönlichkeit (DID) vorgelegt.

*Alkoholabhängigkeit:* Erhebliche Probleme kann die diagnostische Zuordnung »Alkoholabhängigkeit und Depression« bereiten. Es wurden bei Alkoholabhängigen sehr unterschiedliche Prävalenzraten depressiver Syndrome – zumeist 30–60 % (primär depressive Syndrome bei 2–12 %, sekundär depressive Syndrome bei 12–51 %) – berichtet (Laux 2017b).

*Somatoforme Störungen:* Die häufige Koexistenz von depressiven (sowie ängstlichen) und somatischen Symptomen illustriert ein diagnostisches Übergangsfeld, das v. a. anhand der Schmerzsymptomatik verdeutlicht wurde. Bei Somatisierungsstörungen ist die Schmerzschwelle im Gegensatz zur Messung bei Depressiven erniedrigt (Laux 2017b). Atypische Depressionen mit ihren somatischen Symptomen weisen eine Nähe zu somatoformen Störungen auf.

*Aufmerksamkeitsdefizit-/Hyperaktivitätssyndrom (ADHS) bei Erwachsenen:* Ein Teil der Patienten mit der Diagnose »Dysphorie, Dysthymie oder atypische Depression« leidet an einem nicht erkannten ADHS und wird z. B. mit bei dieser Störung wirkungslosen SSRIs behandelt. Nach DSM-5 kann ein ADHS und eine affektive Störung gemeinsam diagnostiziert werden (Laux 2017b).

*Erschöpfungssyndrom/Burnout-Syndrom:* Als sozial akzeptierte Zusatzdiagnose Z73.0 hat dieses Störungsbild im Sinne einer »Modediagnose« weite Verbreitung gefunden. Die eingängige Beschreibung beinhaltet eine »körperlich-seelische Erschöpfung bei beruflicher Belastung« (Laux 2017b). Die typischen Symptome sind in Tabelle 3.1 wiedergegeben (▶ Tab. 3.1), die Entwicklung und Diagnostik in Abbildung 5.5 (▶ Abb. 5.5). Im Zentrum steht eine durch hohe Arbeitsbelastung bedingte Erschöpfung verbunden mit Reizbarkeit und diversen körperlichen Beschwerden. Das verbreitete Maslach-Burnout-Inventory trägt mangels Trennschärfe nicht zur Diagnostik bei (Laux 2017b). Die Grenze zu einer depressiven Störung/Erkrankung mit Behandlungsbedürftigkeit statt »life-style-Beratung« kann fließend sein.

## 5.5 Differenzialdiagnosen und Fehldiagnosen (inkl. »Resignative Trauer«)

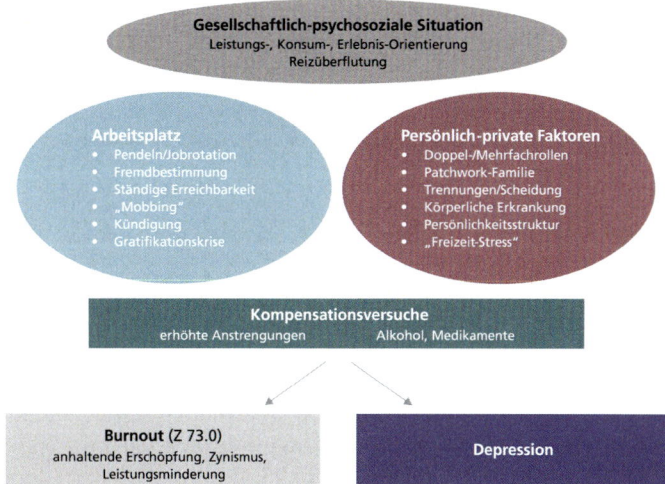

Abb. 5.5:
Entwicklung von »Burnout« und Depression

> **Persönliche Anmerkung der Autoren**
>
> Ursprünglich waren vor allem Beschäftigte im sozialen Bereich betroffen, heute ist »Ausgebranntsein« ein moralisch entlastendes Etikett- man hat nicht (wie bei der Depression) persönlich versagt, sondern ist Opfer »widriger Umstände« bzw. karriere-immanenter Stressoren. Bemerkenswert ist oft ein akzentuierter »Life style« auch im privaten und Freizeit-Bereich. Bei Depressionen besteht im Übrigen selten ein Kausalzusammenhang mit Arbeits-Stress.
>
> Als Folge einer Ausweitung des Depressionsbegriffs (»leichtgradige, minore Depression, Dysthymia, subsyndromale Depression«) ist die Abgrenzung zu »normalen Stimmungsschwankungen«, zu »Alltagskrisen« auf dem Hintergrund von Zeitgeist-Selbstoptimierung und -Hedonismus nicht selten schwierig. Keinesfalls darf die Diagnose einer Depression nur aufgrund subjektiver Beschwerden im Sinne eines gestörten Wohlbefindens gestellt werden.

In der Praxis hat sich zur Diagnostik und Differenzialdiagnostik depressiver Erkrankungen das Vorgehen nach einem hierarchischen Entscheidungsmodell bewährt (▶ Abb. 5.6).

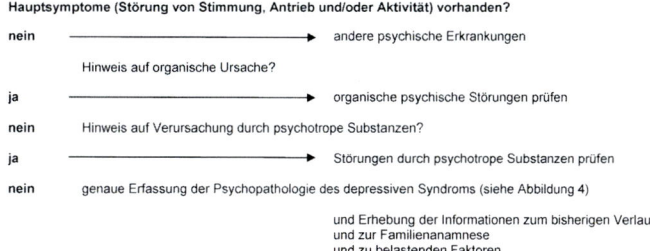

Abb. 5.6:
Prozedurales Vorgehen bei der Diagnostik der unipolaren depressiven Störung ((© ÄZQ, BÄK, KBV und AWMF 2015 (Quelle: DGPPN et al. 2015)).

# 6 Therapie

## 6.1 Grundprinzipien

Grundlage der Depressionsbehandlung ist das *verständnisvolle, stützende ärztliche Gespräch* (»supportive Psychotherapie«) mit Erstellung eines Gesamtbehandlungsplans und dem Aufbau einer vertrauensvollen Beziehung. Der Schwerpunkt der Therapiemaßnahmen orientiert sich zum einen am klinischen Bild, zum anderen an der vermuteten Krankheitsursache (▶ Tab. 6.1).

Tab. 6.1: Depression und spezifischer Therapieansatz (auf Grundlage von Wolfersdorf und Heindl 2003, S. 59–60, sowie von Wolfersdorf et al. 2005, S. 168–169 und S. 172)

| Depression | Therapeutischer Ansatz bzw. Schwerpunkte |
|---|---|
| Symptomatik/Syndrom (Affektivität, Kognition, Antrieb, Vitalstörung) | Im Wesentlichen Antidepressiva, seltener Stimmungsstabilisierer |
| Verhalten (appellativ, Rückzug, Interaktionsstörung) | Hilfreicher Umgang, Verhaltenstherapie, Interpersonelle Psychotherapie (IPT), klientenzentriert (Empathie, Verstärkung) |
| Psychodynamik (Triebkonflikt, Strukturkonflikt u. a.) | Tiefenpsychologisch orientierte Psychotherapie |
| Persönlichkeitsstruktur | Psychotherapie (tiefenpsychologisch, KVT/IPT) |
| Umfeld/Arbeit (Interaktion, depressionsfördernde Arbeitssituation, Arbeitslosigkeit) | Sozialarbeit, Familientherapie, systemische Therapie |
| Körperliche Krankheit | Internistisch bzw. fachbezogene Mitbehandlung |
| Interaktionsstörung (Beziehungsverlauf u. a.) | IPT, Paar-, Familientherapie, Angehörigentherapie |
| Ätiopathogenese<br>• neurobiochemische Störung<br>• Selbstwertstörung | Biologischer Ansatz, psychologisch-psychotherapeutischer Ansatz |
| Verlauf/Prävention | Phasenprophylaxe, Langzeitpsychotherapie (CBASP, Achtsamkeit) |

## Personenbezogene Diagnostik sowie individuelle Therapieinhalte bei Depression

### Grundsätzlich

- Psychopathologische Kriterien der akuten Depression
- Psychodynamische Aspekte der akuten Depression
- Psychosoziale Kriterien der akuten Depression
- Psychologische und genetische Aspekte der akuten Depression bzw. des depressiv kranken Menschen
- Wichtige Therapieaspekte in der Langzeitperspektive: Verschlechterungsprophylaxe, Wiedererkrankungsprophylaxe
- Subjektives Erleben einer Depression und Konsequenzen für das individuelle Lebenskonzept
- Gesundheits- und gesellschaftspolitische Konsequenzen

### Individuell

- *Geschlecht, Alter,* Familienstand, Kinder
- *Erwerbstätig* auf dem Arbeitsmarkt, Hausfrau, in Ausbildung, Studium
- *Aktueller Stand:* Veränderungen, erwünscht, erzwungen, (z. B. Kündigung, Betriebsauflösung, krankheitsbedingt), altersentsprechend
- *Aktuelle Belastungssituationen:*
  - Trennungssituationen: Partnerverlust (Tod, Trennung u. ä.)
  - Verlust von Gesundheit (z. B. chronische Erkrankung, Behinderung)
  - Arbeitsplatzverlust (Kündigung, Mobbing u. ä.)
  - Verlust des Lebenskonzeptes (Lebensplanung, Migration u. ä.)
  - Verlust spiritueller Orientierung
  - keine *materielle Absicherung*
  - *Fürsorge* für andere (z. B. Kinder) nicht erfüllbar
  - etc.
- *Aktuelle Psychopathologie/Psychodynamik:* Selbstanklage; Insuffizienzerleben; Wertlosigkeit der eigenen Person und Selbstentwertung; Schuld- und Schamgefühle (Über-Ich-Thema), Scheitern an eigenen und fremden Normen (Ich-Ideal)
*Psychodynamische Aspekte:* Perfektionismus, Normenorientiertheit, Harmoniebedürftigkeit, Aggressionshemmung; Abhängigkeit von anderen und deren Liebe bzw. narzisstische Bestätigung bzw. anhaltende Kränkung

Die Behandlungsstrategie gliedert sich in:

- Akutbehandlung,
- Erhaltungstherapie (6–18 Monate),
- Langzeittherapie,
- Rezidivprophylaxe (Rückfallverhütung; jahre- bis lebenslang)

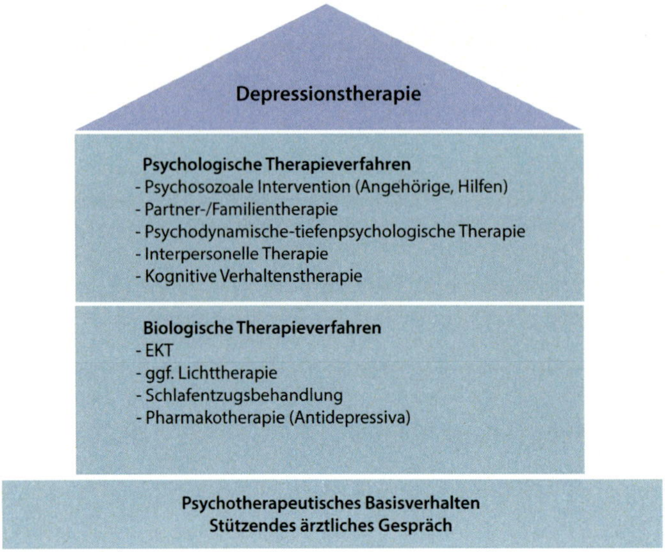

## Depressionstherapie

**Psychologische Therapieverfahren**
- Psychosozoale Intervention (Angehörige, Hilfen)
- Partner-/Familientherapie
- Psychodynamische-tiefenpsychologische Therapie
- Interpersonelle Therapie
- Kognitive Verhaltenstherapie

**Biologische Therapieverfahren**
- EKT
- ggf. Lichttherapie
- Schlafentzugsbehandlung
- Pharmakotherapie (Antidepressiva)

**Psychotherapeutisches Basisverhalten**
**Stützendes ärztliches Gespräch**

Abb. 6.1:
Übersicht der Depressionsbehandlung (Wiederveröffentlichung mit Erlaubnis von Springer, Titel: Psychiatrie, Psychosomatik, Psychotherapie, Hrsg.: Hans-Jürgen Möller, Gerd Laux, Hans-Peter Kapfhammer, Band 3: Spezielle Psychiatrie, 2017; die Erlaubnis wurde durch Copyright Clearance Center, Inc. erteilt)

## 6.2 Akuttherapie

*Abklärung vor Behandlungseinleitung:* Initial steht die Frage im Vordergrund, ob eine ambulante oder stationäre Behandlung erfolgen kann oder muss.

> **Merke**
>
> Von zentraler Bedeutung ist die Abschätzung der Suizidalität (▶ Kap. 9).

- Die Akutbehandlung beinhaltet Psychoedukation, Auslöser- und Bedingungsanalyse, Kooperations- und Aktivitätsaufbau.
- Durch eine körperlich-neurologische Untersuchung und Diagnostik sowie eine gezielte Anamnese müssen mögliche *organisch-symptomatische Ursachen* sowie depressiogene Faktoren wie Pharmaka, Drogen, Alkoholabusus eruiert werden.
- Sodann erfolgt eine *Abschätzung des Schweregrades der Depression:* Leichtgradige depressive Episoden und Verstimmungszustände können durch verständnisvoll-geduldige Zuwendung (»supportive Psychotherapie«) aufgefangen werden. Auch eine aktiv-abwartende Begleitung (sog. »watchful waiting«) kann erwogen werden (S3-Leitlinie DGPPN 2015).

Ausgeprägte Depressionen machen spezifische Therapiemaßnahmen erforderlich.

- *Psychoedukation:* Behandlungsansätze, bei denen eine umfassende Aufklärung über die Krankheit und die Behandlungsmöglichkeiten im Zentrum stehen, werden unter dem Begriff Psychoedukation zusammengefasst. Basierend auf familientherapeutischen Ansätzen fördert Psychoedukation die Compliance, wirkt entlastend, vermittelt Hoffnung, schafft Vertrauen und fördert die Eigenaktivität und Selbstverantwortung. Anwendungsformen sind

v. a. Patientenratgeber und psychoedukative Therapieprogramme, die auch für Depressive vorliegen. Allgemeinverständliche Patienteninformationen, auch in Fremdsprachen sind verfügbar (Hautzinger, Wolkenstein u. Hautzinger, Laux, Wolfersdorf).

> **Merke**
>
> Im Sinne einer Psychoedukation müssen Patient und Angehörige über die Erkrankung und die Behandlungsmöglichkeiten einschließlich jeweiliger Alternativen informiert und aufgeklärt werden. Auf mögliche Nebenwirkungen von Medikamenten und Psychotherapie und den verzögerten Wirkeintritt muss hingewiesen werden.

Studien sprechen dafür, dass auch Depressions-Website-Informationen mit Symptomreduktion assoziiert sind (Mackinnon et al. 2008).

## 6.3 Erhaltungs- und Langzeittherapie

Nach 6–12 Monaten Akuttherapie (mit Antidepressiva!) ist das Jahr nach der akuten Depression ein wichtiger Zeitraum. Nach der Erhaltungstherapie geht die Begleitung depressiv kranker Menschen in eine langfristige Perspektive über. Therapeutische Arbeit mit depressiv kranken Menschen ist eine lange und oft auch langfristig anzulegende Konzeption. Die Erhaltungstherapie dient der Aufrechterhaltung und der Stabilisierung der Symptombesserung, der Konfliktbereinigung und der Stabilisierung der Befindlichkeit der Alltagsbelastung ohne erneute depressive Dekompensation. In diesem Zeitraum finden allerdings auch Klärungen in den Familien, in den Beziehungen, in der Arbeitssituation statt, die häufig dem niedergelassenen und auch dem stationären Therapeuten gar nicht bekannt und bewusst werden.

Die Langzeittherapie (»maintenance«) dient der Rezidivprophylaxe, der stabilen Remission, bei beruflicher Wiedereingliederung der Wiederherstellung beruflicher, sozial-gesellschaftlicher und vor allem persönlicher Beziehungen. Sie sollte auf 3–5 Jahre konzipiert werden mit stabiler Medikation in niedrigster, d. h. nebenwirkungsärmster Dosierung und vor allem ohne Wiedererkrankung einhergehend. Patienten mit rezidivierenden Depressionen bedürfen einer mehrjährigen Medikation, evtl. auch der Einstellung auf einen Mood Stabilizer (obligat bei bipolaren affektiven Störungen).

Die psychiatrisch-psychotherapeutische Begleitung in dieser Zeit kann dann durchaus niederfrequent im Sinne von 4–6-wöchigen Abständen sein.

> **Merke**
>
> Psychopharmakologische Erhaltungstherapie über 6–12 Monate mit dem Ziel der Stabilisierung und Rückfallverhütung/Rezidivprophylaxe (auch »Notfall-Plan« vermitteln). Ziel ist die Remission, da sonst ein erhöhtes Rezidivrisiko besteht! Der Wirkeintritt einer Psychotherapie setzt im Vergleich zur Pharmakotherapie später ein.

### Persönliche Anmerkung der Autoren

In der deutschsprachigen Psychiatrie wird ein Zeitraum von 6–12 Monaten für die Akuttherapie (mit Antidepressiva) angesetzt, wohl wissend, dass Effekte der Psychotherapie/ärztlichen oder psychologischen psychotherapeutischen Gespräche sehr viel längere Zeit benötigen und oft erst nach einem Jahr nachweisbar sind – außer es handelt sich um eine akute Krisenintervention, die kurzfristig angehbar ist. Von daher ist die Diskussion »Effekte von Psychopharmakotherapie versus Effekte von qualifizierter (Richtlinien-)Psychotherapie« unsinnig, unabhängig davon, dass beide Therapiemethoden für sich selbst gleichberechtigte Effekte erzielen, einmal symptomorientiert, dann situations-, konflikt- und persönlichkeitsbezogen. Jeder niedergelassene oder auch ambulant tätige ärztliche oder psychologische Psychotherapeut, der mit depressiv kranken Menschen über eine lange Zeit arbeitet, weiß dies. In der längerfristigen Therapie gibt es Phasen der Symptomorientierung und es gibt Phasen, die sich auf Themen im Beziehungsfeld, im Arbeits- und gesellschaftlichen Bereich beziehen und die plötzlich die Persönlichkeitsstruktur, z. B. im Sinne des Typus melancholicus, eines Patienten deutlich werden lassen und die Hemmungen, die er durch seine depressiven Strukturanteile wie Aggressionshemmung, nicht Neinsagenkönnen, Vermeiden von jeglicher Auseinandersetzung, eher Rückzug und Vermeidung bewältigt. Bei solchen Fragestellungen ist auch der Psychiater gefragt, der nicht psychoanalytischer oder tiefenpsychologischer Ausbildung ist, denn es gehört zum Basiswissen um depressiv kranke Menschen, dass sie derartige sozial erwünschte, aber überstark ausgeprägte Züge aufweisen. Das heißt für die Langzeittherapie bei depressiv kranken Menschen sollte man sich auf eine jahrelange Begleitung mit langer Symptomfreiheit, immer wieder Spannungsfeldern zwischen der depressiven Persönlichkeitsstruktur und dem Umfeld einrichten und dies nicht unbedingt für langweilig halten, denn man begleitet einen Menschen über eine lange Strecke seines Lebens hinweg. Depressiv kranke Menschen sind »treue« Patienten und das ist eine Chance für die Langzeittherapie, abgesehen von dem Zeitraum der Rezidivprophylaxe und der Erhaltungstherapie, der Verschlechterungsprophylaxe nach der akuten Depression, die sowieso kombiniert psychopharmakologisch und psychotherapeutisch begleitet werden muss, denn sie spüren, dass über die lange Strecke hinweg Veränderungen, sehr vorsichtig, sehr punktuell, weil bisher lebbar und damit auch positionierbar, anstehen. Dass es auch ein gutes Leben nach einer Depression und mit einer Depression geben kann, ist vielfach erwiesen.

Die Wiedereingliederung depressiv Kranker wird meist viel zu kurz konzipiert, als wäre eine Depression mit einer Blinddarmentzündung und nachfolgender Wiedereingliederung vergleichbar. Wir selbst empfehlen bei der Wiedereingliederung depressiv Kranker, auf der Basis von relativer Symptomfreiheit und im privaten Bereich erprobter Belastbarkeit, 3–4 Wochen 50 %ige Belastung, dann etwa drei Wochen 70 %ige Belastung und dann erneut für 3 Wochen 90 %ige Belastung, wobei hier auch einmal als Spitze 100 % erprobt werden kann. Der Hintergrund dafür ist, dass der Patient bei einer subjektiv und objektiv eruierbaren Überbelastung jeweils 1–2 Tage auf die alte Ebene zurückgehen kann und es dann erneut probieren kann. Wenn man die Zeitabschnitte zu kurz wählt, würde er aus dem Programm herausfallen und erneut in die stationäre Behandlungsbedürftigkeit rutschen.

## Behandlungsstandards und Leitlinien

Es liegen verschiedene Leitlinien bzw. Guidelines vor. Wegweisend in Deutschland ist die S3-Leitlinie Unipolare Depression (DGPPN et al. 2015). Siehe hierzu auch ▶ Kap. 6.8.

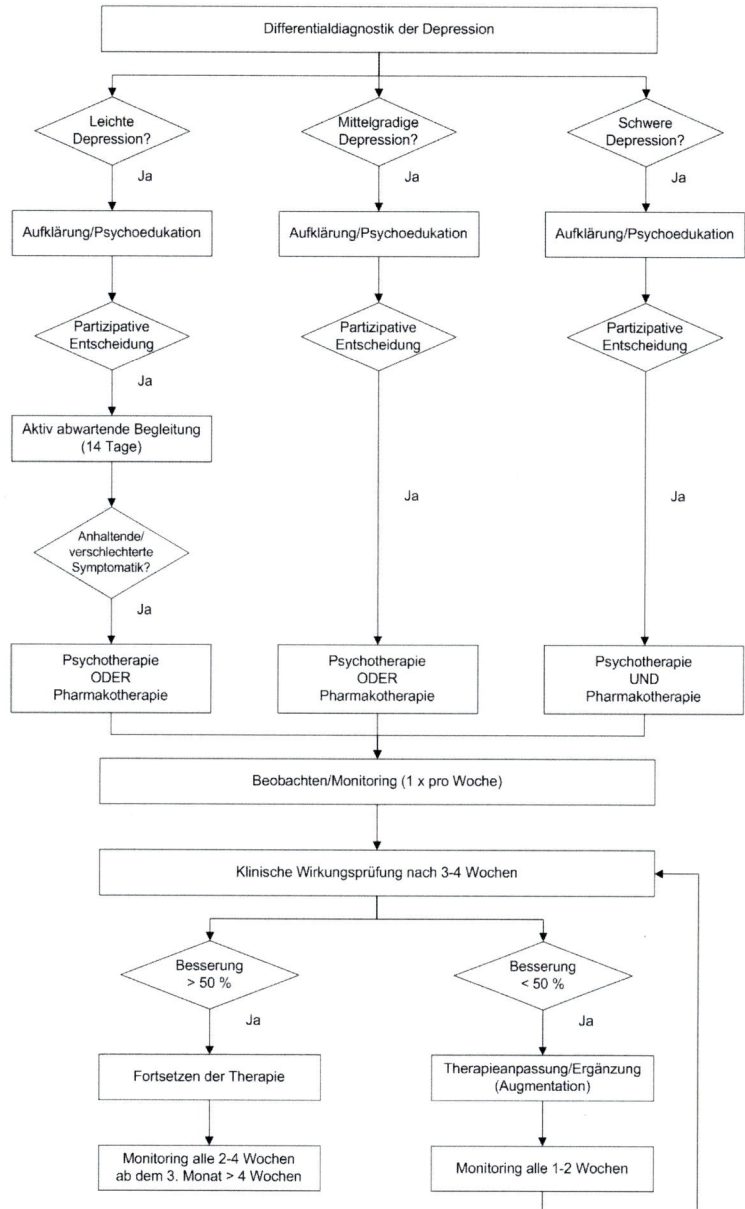

Abb. 6.2: Therapie depressiver Störungen (© ÄZQ, BÄK, KBV und AWMF 2015 (Quelle: DGPPN et al. 2015)).

## 6.4 Pharmakotherapie

Depressiven Patienten ist nicht selten eine skeptische Grundhaltung eigen, zum Teil fehlt die Einsicht an einer Depression zu leiden und ein seelisches Leiden auch medikamentös zu behandeln. Es besteht Angst vor einer Medikamentenabhängigkeit und vor Persönlichkeitsveränderungen. Studien zeigen, dass über ein Viertel der Patienten, denen erstmals ein Antidepressivum verordnet wird, das Medikament gar nicht einnehmen oder binnen zwei Wochen wieder absetzen (Laux und Dietmaier 2020). Eine Studie bei Primärärzten ergab, dass eine Psychotherapie einer Antidepressiva-Medikation vorgezogen wurde. Patienten, die ihre bevorzugte Behandlung erhielten (Sertralin oder kognitive Verhaltenstherapie), respondierten signifikant besser auf die von ihnen gewählte Therapieform. Einstellung, Erwartung und »Glaube« spielen also eine große Rolle. Dass Suizidalität immer abgeklärt werden muss, ist essenziell.

> **Persönliche Anmerkung der Autoren**
>
> Der Patient entscheidet immer mit! Er muss das Antidepressivum überzeugt, mit positiver Einstellung einnehmen (Adhärenz/Compliance)!.

Zur Effektivität von Psychoedukation bei Majoren Depressionen liegen allerdings nur wenige Studien vor.

In Anbetracht der relativ hohen Non-Compliance-Rate muss der Patient von der Notwendigkeit einer medikamentösen Therapie überzeugt werden. Insbesondere in Deutschland bestehen gegenüber Psychopharmaka ausgeprägte Ressentiments und Vorurteile, verbunden mit einem niedrigen Wissensstand. Die Akzeptanz einer medikamentösen Behandlung kann daher bei nicht wenigen Patienten eine zeitaufwendige Überzeugungsarbeit erfordern; bei manchen Patienten ist ihre Präferenz für eine pflanzliche Medikation (initial) zu akzeptieren.

*Wirklatenz:* Die sog. Wirklatenz bezieht sich auf die antidepressive Wirkung im engeren Sinne, d. h. auf die Besserung der depressiven Kernsymptomatik. Alle bislang bekannten Antidepressiva weisen diesen Nachteil auf. Metaanalysen weisen darauf hin, dass ca. 60 % der gesamten Besserung innerhalb der ersten zwei Wochen erfolgt.

> **Beachte**
>
> Grundsätzlich sollte initial nur die kleinste Packungsgröße rezeptiert werden (Suizidrisiko!).

### 6.4.1 Antidepressiva: Substanzklassen, Einteilung

Die Einteilung der 27 verschiedenen derzeit in Deutschland zugelassenen Antidepressiva kann v. a. nach chemischer Strukturzugehörigkeit, neurobiochemischer und pharmakologischer (Haupt-)Wirkung sowie nach klinisch-praktischen Gesichtspunkten erfolgen (▶ Tab. 6.2).

Eine Sonderstellung nimmt *Tianeptin* ein: Die Substanz verstärkt die Serotonin-Wiederaufnahme und senkt so extrazelluläre Serotonin-Konzentrationen (Laux und Dietmaier 2020). Sie moduliert außerdem die glutamaterge Neurotransmission. Als sogenanntes multimodales Antidepressivum wirkt *Vortioxetin* antagonistisch auf 5-HT3-, 5-HT1D- und 5HT-7-Rezeptoren, partiell agonistisch auf 5HT-1B-Rezeptoren, agonistisch am 5HT-1A-Rezeptor und ist außerdem ein Serotonin-Wiederaufnahmehemmer. Das Trizyklikum *Trimipramin* bewirkt keine Monoamin-Wiederaufnahmehemmung, sondern wirkt antagonistisch an

**Tab. 6.2:** Pharmakologische Einteilung von Antidepressiva

| Monoaktive Substanzen | | | | | Dual wirksame Substanzen | | | |
|---|---|---|---|---|---|---|---|---|
| GMO | MAO-Hemmer | SSRI | SNRI | TZA | NaSSA | SSNRI | NDRI | MASSA |
| Tianeptin | Tranylcypromin Moclobemid | Citalopram Escitalopram Fluoxetin Paroxetin Fluvoxamin Sertralin | Reboxetin | Amitriptylin Clomipramin Imipramin Doxepin | Mirtazapin | Venlafaxin Duloxetin Milnacipran | Bupropion | Agomelatin |
| Glutamatmodulator | Monoaminoxidasehemmung | 5-HT-Wiederaufnahmehemmung | NA-Wiederaufnahmehemmung | NA- und 5-HT-Wiederaufnahmehemmung | NA- und spez. 5-HT-Rezeptorblockade | NA- und 5-HT-Wiederaufnahmehemmung | NA- und DA-Wiederaufnahmehemmung | MT1/MT2-Agonismus 5-HT$_{2c}$-Antagonismus |

Histamin-, Acetylcholin-, Dopamin-, 5HT2- und anderen Rezeptoren. *Trazodon* wirkt an Serotonin-Rezeptoren und am Serotonin-Transporter, zusätzlich an H1- und adrenergen Rezeptoren.

*Klinisch-praktisch* lassen sich Antidepressiva nach dem Ausmaß ihrer Sedierung bzw. Aktivierung (mit hoher interindividueller Varianz) einteilen. Aktivierend sind vor allem MAO-Hemmer und Clomipramin, sedierend Doxepin, Amitriptylin, Mirtazapin, Trimipramin und Trazodon. Agomelatin wirkt stabilisierend auf den Schlaf-Wach-Rhythmus.

Die Wirkmechanismen von Antidepressiva sind schematisch in Abbildung 6.3 dargestellt (▶ Abb. 6.3).

Die akuten Angriffspunkte der Antidepressiva liegen hauptsächlich in der zentralen noradrenergen und serotonergen Neurotransmission (Laux und Dietmaier 2020). Die Wirksamkeit beruht auf adaptiven Veränderungen wie Beta-Downregulation, neuronalen Strukturveränderungen wie Spinedichte und Dendritenverzweigung (Neuroplastizität) sowie über aktivierte Transkriptionsfaktoren (CREB) der Neusynthese von Nervenzellen (Neurogenese-Antidepressiva vergrößern den bei Depressionen verkleinerten Hippocampus).

Die Normalisierung gestörter Neuroplastizität gilt heute als gemeinsamer Nenner der sich langsam ausbildenden antidepressiven Wirkung der Antidepressiva (Müller 2017). Diskutiert wird auch die Bedeutung der Hemmung der sauren Sphingomyelinase (Acid Sphingomyelinase, ASM) und die Reduktion depressiogenen Ceramids (Signalüberträger wichtiger zellulärer Mechanismen) im Hippocampus durch Antidepressiva.

### Trizyklische Antidepressiva (TZA)

Trizyklische Antidepressiva (= NSMRI, Non Selective Monoamino Reuptake Inhibitors) wie Amitriptylin, Clomipramin, Doxepin oder Nortriptylin haben sich bei der Behandlung von Depressionen seit vielen Jahren bewährt und erwiesen sich bei ca. 70 % der Patienten in kontrollierten Studien als wirksam (Laux 2017b; Laux und Dietmaier 2020). Die Dosierung erfolgt in der Regel einschleichend (initial 50–75 mg/Tag), bei schwereren

# 6 Therapie

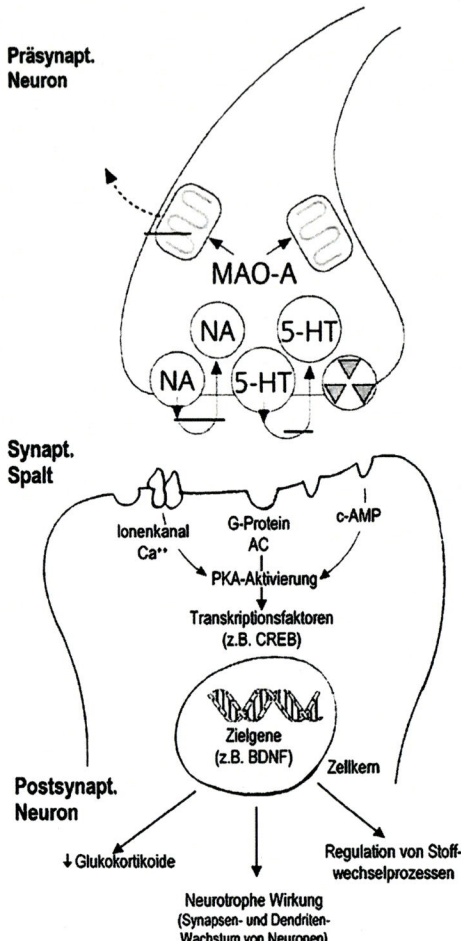

Abb. 6.3: Wirkmechanismen von Antidepressiva (Laux und Möller 2007, Abb. 4.2.3, S. 378, © Thieme Gruppe)

depressiven Episoden sind ambulant auch Tagesdosen von 150 mg nicht selten erforderlich.

## Tetrazyklische und chemische andersartige Antidepressiva

Zu den tetrazyklischen und chemisch andersartigen Antidepressiva zählen die Präparate Maprotilin, Mianserin, chemisch auch Mirtazapin sowie Trazodon. Maprotilin kann sowohl hinsichtlich Wirksamkeit als auch Nebenwirkungsprofil als Trizyklikum-ähnlich charakterisiert werden.

## Serotonin-selektive Antidepressiva

Serotonin-selektive Antidepressiva haben sich als »first line« Standard-Antidepressiva etabliert. In Deutschland sind derzeit sechs Serotonin-selektive Rückaufnahmehemmer (SSRI, Selective Serotonin Reuptake Inhibitor) verfügbar. Hinsichtlich ihrer Wirksamkeit sind diese Substanzen basierend auf Tagesdosen von 20 mg Fluoxetin/20 mg Paroxetin/20 mg Citalopram/10 mg Escitalopram/50 mg Sertralin/150 mg Fluvoxamin vergleichbar, wobei höhere Dosen in der Regel nicht zu einer erhöhten Wirksamkeit führen. Für Escitalopram wurde in kontrollierten Vergleichsstudien eine Überlegenheit gegenüber Citalopram, Fluoxetin und Paroxetin belegt. Die einfache Verordnung (1 Tablette/Tag) impliziert, dass die in der ambulanten Praxis nicht seltene Unterdosierung von Antidepressiva bei diesen Substanzen wegfällt.

## Noradrenalin- und Serotonin-selektive Antidepressiva

Zu den Noradrenalin- und Serotonin-selektiven Antidepressiva (SNRI, Serotonin Noradrenalin Reuptake Inhibitor/NaSSA, Noradrenalin- und Serotonin-spezifische Antidepressiva) gehören Duloxetin, Venlafaxin, Mirtazapin und Milnacipran. Für diese sog. dualen Antidepressiva liegen Studien und Metaanalysen einer möglicherweise überlegenen Wirksamkeit gegenüber SSRIs vor.

Das *Noradrenalin-selektive (NRI, Noradrenalin Reuptake Inhibitor oder NARI, NorAdrenaline Reuptake Inhibitor)* Reboxetin wirkt deutlich aktivierend.

## Noradrenalin- und Dopamin-Wiederaufnahmehemmer

Seit 2007 ist der selektive Noradrenalin-Dopamin-Wiederaufnahmehemmer (NDRI, Noradrenalin-Dopamin Reuptake Inhibitor) Bupropion zur Depressionstherapie in Deutschland zugelassen. Die Substanz besitzt ein aktivierendes Profil und wird in den USA häufig zur Augmentation eingesetzt.

## Melatonin- und Serotonin-selektive Antidepressiva

Seit 2009 ist in Deutschland Agomelatin verfügbar. Der Melatonin-$MT_1$/$MT_2$-Rezeptoragonist und Serotonin-$5-HT_{2C}$-Rezeptorantagonist scheint insbesondere den im Rahmen der Depression gestörten Schlaf-Wach-Rhythmus zu normalisieren.

## Multimodale Antidepressiva

Multimodale Antidepressiva weisen eine Kombination unterschiedlicher Angriffspunkte und Wirkmechanismen im gleichen Neurotransmittersystem auf. Im Falle der Substanz Vortioxetin sind dies Effekte auf prä- und post-synaptische Serotoninrezeptoren sowie eine Hemmung des Serotonintransporters. Besondere Wirkeffekte auf kognitive Funktionen wurden beschrieben. Der Hersteller hat die Substanz 2017 in Deutschland vom Markt genommen, da ihr kein Zusatznutzen attestiert und ein unwirtschaftlicher Erstattungspreis angeboten wurde (Tagestherapiekosten unter 10 Cent). Sie ist aber z. B. in Österreich oder der Schweiz verfügbar. Auch die Altsubstanz *Trazodon* hat multimodale Eigenschaften (Hemmung der Serotoninaufnahme und 5-HT2-Antagonismus), ist aber auch ein Antagonist an alpha1- und alpha2-Rezeptoren.

## MAO-Hemmer

Eine Sonderstellung unter den Antidepressiva nehmen die Monoaminoxidasehemmer (MAOH) ein. Verfügbar sind der irreversible, nichtselektive MAO-Hemmer Tranylcypromin sowie der reversible MAO-A-Hemmer (RIMA) Moclobemid. MAOH wird eine besondere Wirksamkeit bei sog. atypischen Depressionen attestiert, Tranylcypromin wird v. a. bei sog. therapieresistenten Depressionen eingesetzt. Trotz entsprechender Expertenempfehlungen werden irrversible MAOH (zu) selten verordnet.

## Phytopharmaka (pflanzliche Präparate)

Bei leicht- bis mittelgradigen Depressionen kann – insbesondere wenn beim Patienten eine entsprechende Attitüde und Präferenz besteht – ein Behandlungsversuch mit einem hochdosierten Johanniskrautpräparat (Hypericumextrakt) unternommen werden.

Kontrollierte Untersuchungen der letzten Jahre an ambulanten Patienten belegen die Wirksamkeit für zwei Hypericum-perforatum-Extrakte (Neuroplant und Laif900) vs. Citalopram, Paroxetin, Sertralin u. a. Es konnte gezeigt werden, dass der Hyperforinanteil des Johanniskrautextraktes für die Wirkung entscheidend ist. Diese beinhaltet eine Wiederaufnahmehemmung von Serotonin, Noradrenalin, Dopamin, GABA und L-Glutamat. Zu bemerken ist, dass Johanniskraut zu den häufigen »Selbstmedikationen« zählt (Over-the-Counter-Medikation) und über die Hälfte der Selbstanwender ihren Arzt über die Selbstmedikation nicht informiert. Dies ist angesichts möglicher Interaktionen zu beachten.

> **Beachte**
>
> Für andere zur »Stimmungsaufhellung« propagierte Phytopharmaka liegt ebenso wie für homöopathische Präparate kein Wirksamkeitsbeleg vor.

**Atypische Antidepressiva**

Zu den atypischen Antidepressiva zählt das auch als Hypnotikum eingesetzte sedierende Trizyklikum *Trimipramin*, das keine Effekte auf die noradrenerge oder serotonerge Neurotransmission besitzt. *Sulpirid* wirkt niedrig dosiert (50–150 mg/Tag) dopaminerg und kann als »Second-Line-Antidepressivum« eingesetzt werden, wenn die Behandlung mit einem anderen Antidepressivum erfolglos war. Für *Amisulprid* liegen v. a. französische kontrollierte positive Studien, insbesondere bei Dysthymie vor. Dopaminerge Effekte dürften für die antidepressive Wirkung dieser Substanzen ähnlich wie bei Dopaminagonisten verantwortlich sein.

Das seit 1988 in Frankreich, seit 2012 in Deutschland verfügbare *Tianeptin* moduliert glutamaterge Mechanismen, verkürzt die Verweildauer von Serotonin an der Synapse durch eine Aktivierung der Serotoninrückaufnahme und aktiviert besonders deutlich die Neuroplastizität. Die Wirkung scheint denen der SSRIs vergleichbar.

**Neuentwicklungen**

Ketamin wird in subanästhetischen Dosen bei therapieresistenten Depressionen eingesetzt. Esketamin intranasal steht jetzt auch in Deutschland als akute Kurzzeitbehandlung von Notfällen zur schnellen Symptomreduktion sowie für sog. Therapie-resistente Depressionen kombiniert mit einem oralen Antidepressivum (SSRI oder SNRI) zur Verfügung.

Botulinumtoxin wird einmalig in die Glabellaregion injiziert und unterbricht die Facial-Feedback-Schleife durch gezielte Hemmung mimischer Muskeln. Dies soll die antidepressiven Effekte erklären. Größere kontrollierte Studien zur antidepressiven Wirksamkeit sind im Gang.

Hinweise gibt es für eine antidepressive Wirksamkeit anti-inflammatorischer Substanzen. Die meisten Daten liegen hierbei für Celecoxib vor. In Entwicklung sind Glutamat/NMDA-Rezeptor-Antagonisten/Modulatoren sowie neuronale Nikotin-Rezeptor-Modulatoren. Für einzelne Antidiabetika (Pioglitazon), Antibiotika (Minocyclin) und Darm-Mikrobiota (»Psychobiotica«) wurden ebenfalls erste antidepressive Effekte beschrieben. Auch Omega-3-Fettsäuren (ungesättigte Polysaccharide, PUFA) kommt möglicherweise eine antidepressive Wirksamkeit zu.

Perspektivisches Ziel ist eine personalisierte Antidepressiva-Therapie basierend auf Biomarkern und Genotypen. Angesichts der Komplexität der Genregulation und den multiplen Interaktionen mit Umweltfaktoren ist von einem weiten Forschungsweg auszugehen.

Spannend sind neue Ansätze zur Behandlung sog. therapieresistenter Depressionen mit Psychedelika wie Psilocybin (Pilz, 5-$HT_{2A}$-Partialagonist).

### 6.4.2 Wirksamkeit

**EbM-Info**

Zahlreiche plazebokontrollierte Studien belegen die Wirksamkeit der verschiedenen Antidepressiva: Die Responseraten liegen nach Akuttherapiestudien (bis 12 Wochen) durchschnittlich bei 50–75 % vs. 25–40 % unter Plazebo, die durchschnittliche Plazebo-Verum-Differenz beträgt ca. 15–20 %. Dies entspricht einer Effektstärke von 0,3 und einer »number needed to treat« (NNT) von 7. Die Remissionsraten unter Behandlung mit einem Antidepressivum liegen in der Regel bei ca. 35–45 %, die NNT liegt bei 8–11. Die Effektstärke in der Rezidivprophylaxe liegt bei ca. 0,6 und mit einer NNT von 5 in einem sehr gut wirksamen Bereich (Evidenzlevel Ia). Neue große Metaanalysen zeigen für Antidepressiva

Response-Raten von ca. 55 %, für Psychotherapien von ca. 48 %, bei Plazebo-Raten von ca. 38 %. Bezüglich Effektivität lag Cohen's d für Pharmakotherapie bei 0.31, für Psychotherapie bei 0.25, für die Kombinationstherapie bei 0.46, was NNTs von 5.75/7.14 und 3.50 entspricht (Cuijpers et al. 2014, 2015).

**Persönliche Anmerkung der Autoren**

Von Kritikern wird immer wieder behauptet, dass Antidepressiva kaum wirksamer als Plazebos seien. Hierzu ist u. a. festzustellen, dass eine Zulassung durch die unabhängigen Behörden (BfArM, EMA) nur erfolgt, wenn eindeutige positive Studienergebnisse vorliegen. Die geforderten randomisierten kontrollierten Studien (RCTs) müssen hohe methodische Standards erfüllen (höher als in Psychotherapie-Studien, in denen ja keine echte »Plazebo-Kontrollgruppe« möglich ist und Wartelisten methodologisch inadäquat sind). Problematisch ist allerdings die hohe Patientenselektion (Ein- und Ausschlusskriterien, u. a. keine multimorbiden Patienten, keine Co-Medikationen), weshalb sog. »Real World«-Studien (randomisierte Vergleichsstudien, pragmatische prospektive Studien, nicht interventionelle Studien u. ä.) an Bedeutung gewinnen. In den letzten Jahren ist ein kontinuierliches Ansteigen der Plazebo-Responseraten in klinischen Studien zu verzeichnen. Dies dürfte u. a. damit zusammenhängen, dass in die überwiegend ambulant durchgeführten klinischen Prüfstudien immer breitere »depressive Syndrome« (leichtgradige Depressionen im Grenzbereich zu »normalen Verstimmungen«) eingeschlossen werden. Metaanalysen von RCTs zeigen im Schnitt Plazebo-Verum-Differenzen von 20 %; dies wird nicht nur als signifikant, sondern unter Beachtung der Tatsache, dass auch in der Plazebogruppe »behandelt« wird (»clinical management, unspezifische Psychotherapie«), als klinisch relevant angesehen. Bei (mittel-) schweren Depressionen profitieren bis zu 30 % der Patienten über die Plazebo-Rate hinaus von Antidepressiva.

Postuliert wurde, dass die Wirksamkeit der Antidepressiva vom Schweregrad der Depression abhänge – effektiver, je höher der initiale Depressions-Score – dies wird durch andere Analysen nicht bestätigt. Plazebo-Responseraten nehmen mit der Depressionsschwere ab. Die Wirksamkeit bei leichtgradigen Depressionen ist umstritten.

Der Begriff Plazebo ist im Übrigen äußerst komplex und missverständlich. Die Differenzkalkulation basiert auf der Annahme, dass alle Plazebo-Responder auf das Antidepressivum respondieren sollten. Die hohen, in den letzten Jahren gestiegenen Plazebo-Responseraten resultieren auch aus der intensiven Betreuung der Studienpatienten mit unspezifischen »Psychotherapieeffekten« (Zuspruch, Aktivierung, Vermittlung von Hoffnung, Suggestivwirkungen). Der Behandlungserfolg mit Antidepressiva unterliegt Plazebomechanismen (positive Erwartungen) und Noceboeffekten – erwartete (medial verstärkte) Nebenwirkungen erhöhen Nebenwirkungsberichte und Abbrüche (Rief 2020).

Die Übertragbarkeit kontrollierter klinischer Prüfstudien auf die (Routine-) Versorgungsbedingungen in Klinik und Praxis ist limitiert. Vor allem in den USA werden weit überwiegend ambulante Patienten eingeschlossen, z. T. rekrutiert aus Registern, diagnostisch sehr heterogen, mit kostenloser Behandlung, ohne suffiziente Compliance-Kontrolle. Die Studiendauer beträgt in der Regel nur 4–6 Wochen. Außerdem handelt es sich hierbei um Mittelwertunterschiede, die nicht den Nutzen für den einzelnen Patienten abbilden. Metaanalysen beinhalten Synthesen heterogener Daten mit faszinierend großen Zahlen. Die Ergebnisse können aber nur so valide sein wie die Qualität der in die Analyse einbezogenen einzelnen Studien.

In naturalistischen Studien stationär behandelter Patienten werden meist deutlich höhere Response- und Remissionsraten gefunden: Von 1.014 im Rahmen des Kompetenznetzes Depression behandelten Depressiven respondierten 69 %, 52 % remittierten, der HAMD-Gesamtscore sank von 22,3 auf 8,8. Im Munich Antidepressant Response Signature (MARS)-Projekt respondierten 81 % der 842 MPI-Patienten, 58 % remittierten.

> **Beachte**
>
> Eine Metaanalyse kam zu dem interessanten Ergebnis, dass Psychopharmaka in ihrer Wirksamkeit im Vergleich zu »somatisch-internistischen« Medikamenten keinesfalls unterlegen sind (Leucht et al. 2012).

Mehrere Studien konnten zeigen, dass ein früher Wirkungseintritt – Besserung innerhalb der ersten zwei Behandlungswochen – hoch prädiktiv für den Behandlungserfolg (Response, Remission) ist. Eine kurze unbehandelte Krankheitszeit (»duration of untreated illness«, DUI) geht offenbar mit einer günstigeren (rascheren) Response einher. Basierend auf Befunden aus der Grundlagenforschung wird deshalb eine frühzeitige Behandlung empfohlen (Szegedi et al. 2009).

### 6.4.3 Wirkpotenz im Vergleich

> **EbM-Info**
>
> Basierend auf zahlreichen kontrollierten Vergleichsstudien und einigen Metaanalysen wird konstatiert, dass alle zugelassenen Antidepressiva in etwa gleich wirksam sind. Andere Metaanalysen, Berichte des IQWiG sowie Studien z. B. zu Escitalopram und Venlafaxin sprechen dafür, dass es Substanzen mit höherer und geringerer Wirksamkeit bzw. Nutzen gibt.

Zumeist wird konstatiert, dass keine Wirksamkeitsunterschiede zwischen Antidepressiva bestehen (TZA, SSRI, alle neueren Antidepressiva). Einige Untersuchungen – z. B. von der Danish University Antidepressant Group – wiesen aber vor längerer Zeit schon darauf hin, dass TZA (Amitriptylin, Clomipramin) bei schweren Depressionen im Vergleich zu neueren Antidepressiva (SSRI, Moclobemid) wirksamer sind.

Hinsichtlich der neueren »dual« (selektiv noradrenerg und selektiv serotonerg) wirkenden Antidepressiva Venlafaxin und Duloxetin sowie für Mirtazapin wurden basierend auf Metaanalysen und RCTs Wirksamkeitsvorteile gegenüber SSRIs postuliert (Anderson 2000; Montgomery et al. 2007). Auch für das »dual serotonerge« Escitalopram wurde eine Überlegenheit gegenüber dem SSRI Citalopram, Wirkäquivalenz mit Venlafaxin beschrieben. Einige Metaanalysen kamen zu dem Ergebnis, dass den Antidepressiva Clomipramin, Escitalopram und Venlafaxin eine höhere Wirksamkeit zukommt, andere fanden keine Wirksamkeitsunterschiede zwischen den neueren Antidepressiva in Allgemeinpraxisstudien. Die International Study to Predict Optimised Treatment in Depression (iSPOT-D) untersuchte an 17 Zentren in fünf Ländern 1.008 ambulante Patienten und behandelte randomisiert mit Escitalopram, Sertralin oder Venlafaxin über acht Wochen. Ohne Unterschied zwischen den einzelnen Substanzen betrugen die klinisch relevanten Responseraten ca. 62 %, die Remissionsraten 45 %. Die Nebenwirkungen wurden als minimal oder mild beschrieben bei einer Rate unter 25 %. Schwere Angstsymptome vor der Behandlung waren mit niedrigeren Remissionsraten assoziiert, unabhängig vom Schweregrad der Depression und von Komorbiditäten (Arnow et al. 2015).

> **Persönliche Anmerkung der Autoren**
>
> Bei den Vergleichen ist u. a. zu berücksichtigen, dass die zumeist eingesetzte Hamilton-Depressionsskala (sedierende) trizyklische Antidepressiva begünstigt und neuere Antidepressiva wie die SSRIs benachteiligt (Überbetonung von Schlaf- und Sedierungsitems, Fehlen kognitiver, psychomotorischer Items).
>
> Vielzitierte Netzwerk-Metaanalysen ergaben für Agomelatin, Escitalopram und Sertralin das beste Wirksamkeits-Akzeptanz/Verträglichkeits-Verhältnis, für Amitriptylin, Mirtazapin, Duloxetin und Venlafaxin die höchste Response-Rate (Cipriani et al. 2018). Hierbei ist zu berücksichtigen, dass es sich um eine direkte und indirekte Netzwerk-Metaanalyse handelt. Die Methodik erfordert hohe Standards, die z. T. nicht erfüllt werden und zu falsch positiven Ergebnissen führen können. Das Kriterium Akzeptanz ist auch nicht mit der Verträglichkeit bzw. UAWs (unerwünschte Arzneimittelwirkung) vergleichbar.
>
> Nach eigener langjähriger klinisch-therapeutischer Erfahrung mit zigtausend Patienten kommt den Substanzen Venlafaxin, Amitriptylin, Clomipramin und Tranylcypromin (unter Umständen hochdosiert) die höchste Wirksamkeit zu.

Für einzelne Antidepressiva wird neben zusätzlichen Indikationen – z. B. serotonerge Substanzen bei Zwangsstörungen, Angst- und Panikstörungen – eine *differenzielle Wirkung auf einzelne Depressionssymptome* postuliert. So zeigte Escitalopram im Vergleich zu Nortriptylin eine bessere Wirksamkeit auf Stimmungssymptome und kognitive Symptome, Nortriptylin war bezüglich neurovegetativer Symptome günstiger. Für Duloxetin wurde eine besondere Wirksamkeit auf die Schmerzsymptomatik beschrieben, für Trimipramin auf wahnhafte Depressionen, für Mirtazapin und Agomelatin auf Schlafstörungen bzw. den Schlaf-Wach-Rhythmus, für Vortioxetin bzgl. kognitiver Symptome.

## 6.4.4 Akuttherapie

Nach Festlegung einer medikamentösen Behandlungsindikation und Vorliegen der Voruntersuchungsergebnisse (Labor, EKG etc.) sollte in der Regel mit einer niedrigen Anfangsdosis begonnen werden. Sedierende Substanzen werden bevorzugt als abendliche Einmaldosis verordnet. Bei der *Dosierung* ist zu beachten, dass zwischen einzelnen Substanzen pharmakokinetische Unterschiede bestehen, die eine Dosisreduktion bei Alterspatienten, Nieren- oder Lebererkrankungen erforderlich machen (▶ Tab. 6.3).

Tab. 6.3: Dosierung von Antidepressiva

|  | Alterspatient | Nierenerkrankung | Lebererkrankung |
|---|---|---|---|
| Agomelatin |  |  | Cave! |
| Bupropion | – | niedriger | niedriger |
| Duloxetin |  | niedriger | Cave! |
| Escitalopram/Milnacipran | niedriger | niedriger | niedriger |
| Mirtazapin |  | niedriger | niedriger |
| Moclobemid | – | – | niedrig |
| Paroxetin | niedriger | niedriger | niedriger |

**Tab. 6.3:** Dosierung von Antidepressiva – Fortsetzung

|  | Alterspatient | Nierenerkrankung | Lebererkrankung |
|---|---|---|---|
| Reboxetin |  | niedriger | niedriger |
| Sertralin | niedriger |  | niedriger |
| Venlafaxin, Vortioxetin |  | niedriger | niedriger |

Trizyklische Antidepressiva werden aus Verträglichkeitsgründen schrittweise bis zur Zieldosis aufdosiert (Zieldosis 75–150 mg täglich in der Regel). Auch die neueren Antidepressiva (SSRIs, SSNRIs) werden oft aufdosiert, bei SSRIs führen Dosiserhöhungen aber nicht zu besseren Therapieerfolgen. Für Venlafaxin und Tranylcypromin sind Wirksamkeitssteigerungen durch höhere Dosen belegt (Laux und Dietmaier 2020).

Als äquivalente Dosen wurden errechnet: Fluoxetin 40 mg/d, Paroxetin 34 mg/d, Agomelatin 53 mg/d, Amitriptylin 122 mg/d, Bupropion 349 mg/d, Clomipramin 116 mg/d, Doxepin 140 mg/d, Escitalopram 18 mg/d, Fluvoxamin 143 mg/d, Imipramin 137 mg/d, Lofepramin 250 mg/d, Maprotilin 118 mg/d, Mirtazapin 51 mg/d, Moclobemid 575 mg/d, Nortriptylin 101 mg/d, Reboxetin 12 mg/d, Sertralin 99 mg/d, Trazdon 401 mg/d und Venlafaxin 149 mg/d.

### 6.4.5 Auswahlkriterien

Die allgemeinen Auswahlkriterien sind in Abbildung 6.4 und der folgenden Übersicht wiedergegeben (▶ Abb. 6.4):

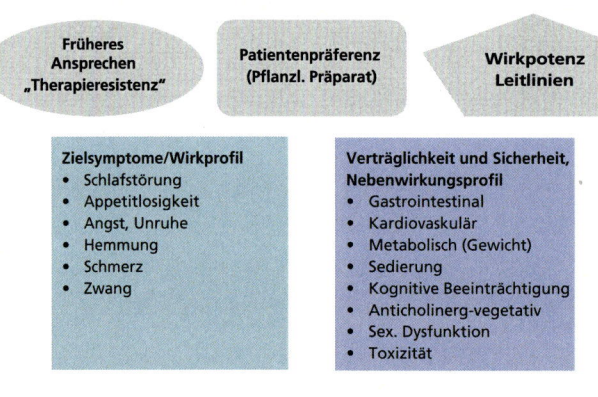

**Abb. 6.4:** Auswahl des Antidepressivums

---

**Kriterien zur Auswahl eines Antidepressivums**

- Früheres Ansprechen auf das betreffende Medikament
- Akzeptanz/Präferenz durch Patienten
- Nebenwirkungsprofil/Patientenrisiken
- Aktuelles klinisches Bild (Schlafstörungen, Unruhe, Zwangssymptomatik etc.)
- Schweregrad der Erkrankung
- Präparatekosten

## 6.4.6 Risikofaktoren und Nebenwirkungsprofil

Von großer Bedeutung sind evtl. vorliegende somatische Risikofaktoren wie Prostatahyperplasie, Hypertonie, KHK und Glaukom (▶ Kap. 6.4.13 Kontraindikationen für Trizyklika). Anfälligkeiten und Empfindlichkeiten des Patienten müssen mit dem Nebenwirkungsprofil des in Frage kommenden Antidepressivums in Einklang gebracht werden. Das Auftreten unerwarteter oder intensiver Nebenwirkungen sollte den Verdacht auf das Vorliegen einer Metabolisierungsstörung (»poor metabolizer«) lenken und eine Plasmaspiegelkontrolle (therapeutisches Drug-Monitoring) nach sich ziehen. Zu Beginn der Therapie mit einem SSRI sollte auf Blutungsneigung, Diarrhoe, Hyponatriämie und auf die mögliche Zunahme von motorischer Unruhe, Angst und Suizidgedanken geachtet werden.

Aus US-amerikanischer Sicht steht für die Auswahl des Antidepressivums die *Arzneimittelsicherheit* (Nutzen-Risiko-Index) an erster Stelle, gefolgt von der Verträglichkeit, Wirksamkeitsaspekten, Preis/Kosten und einfacher Handhabung (Dosierung, erforderliche Laborkontrollen) (Stahl 2011). Diese Auswahlkriterien – v. a. der Faktor Toxizität – implizieren eine Präferenz neuerer Antidepressiva (SSRIs, SNRIs).

## 6.4.7 Klinisch-psychopathologisches Bild

Als wichtiges Auswahlkriterium sollte das aktuelle klinisch-psychopathologische Bild gelten: Bei deutlichen Schlafstörungen oder psychomotorischer Agitiertheit sollten sedierende Antidepressiva präferiert werden (Amitriptylin, Doxepin, Maprotilin, Trazodon, Trimipramin, Mirtazapin, Agomelatin), bei zwanghaften Depressionen serotonerge Antidepressiva wie SSRIs oder Clomipramin. Bei wahnhaften Depressionen werden zusätzlich Neuroleptika/Antipsychotika eingesetzt. Tabelle 6.4 gibt eine Übersicht zur Auswahl nach Zielsymptomen bzw. UAWs (▶ 6.4).

Tab. 6.4: Auswahl von Antidepressiva nach Zielsymptomen – UAWs

| Therapie-Begleiteffekt bzw. -Ziel | Empfohlenes Antidepressivum | Zu vermeidendes Antidepressivum |
|---|---|---|
| Gewichtszunahme | SSRIs | Mirtazapin, Amitriptylin |
| Sexuelle Dysfunktion | Agomelatin, Moclobemid, Bupropion, Reboxetin, | SSRIs, Venlafaxin |
| Schlafförderung | Mirtazapin, Agomelatin, Amitriptylin, Doxepin, Trimipramin | MAOH, Bupropion |
| Antriebssteigerung | MAOH, Nortriptylin | Amitriptylin, Doxepin, Trimipramin, Mirtazapin |
| Kardiotoxizität | Agomelatin, Sertralin, Nortriptylin | TZA |
| Blutdruckerhöhung | SSRIs, Agomelatin | Venlafaxin |
| Krampfschwellensenkung | SSRIs | Bupropion, Maprotilin |
| Schmerzdistanzierung | Duloxetin, Amitriptylin, Clomipramin, Venlafaxin, Mirtazapin | |
| Kognitive Dysfunktion | Vortioxetin | TZA |

MAOH: Monoaminoxidasehemmer; SSRIs: Selective Serotonin Reuptake Inhibitor; TZA: Trizyklische Antidepressiva.

### 6.4.8 Komedikation

Vor allem bei Patienten mit dominierender ängstlich-agitierter Symptomatik sowie bei gravierenden Schlafstörungen ist eine initiale Komedikation mit einem Benzodiazepin oder schwach potenten Neuroleptikum empfehlenswert.

### 6.4.9 Responseprädiktoren

Eine erhöhte neuerliche Responsewahrscheinlichkeit besteht für das Präparat, auf das der Patient früher gut angesprochen hat. Mehrere Untersuchungen konnten zeigen, dass eine frühe Besserung innerhalb von zwei Wochen prädiktiv für den Behandlungserfolg (spätere stabile Response) ist. Umgekehrt macht ein Ausbleiben einer partiellen Besserung innerhalb der ersten beiden Behandlungswochen das Erreichen einer Remission unwahrscheinlich (< 15%). Dem Grad der erreichten Therapieresponse bei stationär behandelten Patienten kam eine prädiktive Wertigkeit für den Zustand ein Jahr nach der Entlassung zu (Szegedi et al. 2009).

Aus klinischer Sicht gelten Wahnideen, eine neurotische Primärpersönlichkeit, schizoide Züge sowie ein Nichtansprechen auf frühere Antidepressiva-Behandlungen als prädiktiv für ein schlechtes Ansprechen auf Antidepressiva. Eine längere Krankheitsdauer vor der Antidepressiva-Therapie war in der Münchner Antidepressiva-Response-Studie (MARS) mit fehlender Remission nach angemessener Behandlungszeit assoziiert (Hennings et al. 2009).

Die klinische Erfahrung, dass Patienten mit Altersdepressionen schlechter auf Antidepressiva ansprechen, wurde jüngst durch eine niederländische longitudinale Kohorten-Studie bestätigt: Patienten über 70 Jahre hatten häufiger eine persistierende depressive Symptomatik und benötigten eine längere Zeit bis zur Remission (Schaakxs et al. 2018).

Mehrfach belegt ist, dass eine dominierende Angstsymptomatik ein Prädiktor für eine schlechte Antidepressiva-Response ist.

Relevante Geschlechtsunterschiede im Ansprechen auf Antidepressiva bestehen trotz gewisser pharmakokinetischer Unterschiede offenbar nicht.

Als genetische Prädiktoren v. a. für eine Response auf SSRIs wurden Polymorphismen in Serotonin-Transportergenen (5-$HT_{1A}$- und $_{2A}$-Rezeptor, HTTLPR), im COMT-Gen und ApoE-Allel, in Varianten der CYP2D6- oder 2C19-Metabolisierung und der Val66-Met-Polymorphismus von BDNF beschrieben. Eine Hyperaktivität des FKBP5-Gens scheint zusammen mit epigenetischen Veränderungen für das Ansprechen auf Antidepressiva relevant zu sein. Visionär ist die Entwicklung von Gentests zur Responsevorhersage (»personalisierte Medizin«). Ein Ansatzbeispiel hierfür ist der (umstrittene) ABCB1-Gentest für einen Polymorphismus eines Auswärtstransporters an der Blut-Hirn-Schranke.

Neue Bildgebungsstudien sprechen dafür, dass Dysfunktionen regionaler neuronaler Regelkreise (z. B. Amygdala, präfrontaler Kortex) eine Response-Vorhersage auf eine Antidepressiva-Therapie möglich erscheinen lassen.

> **Prädiktoren für das Ansprechen auf MAO-Hemmer**
> 
> - Angstsymptome
> - Atypische vegetative Symptome: Hypersomnie, Hyperphagie
> - Vorliegen einer »atypischen Depression«
> - »Neurotizismus«: Somatisierungstendenz, hysteriforme Persönlichkeit, Selbstmitleid, Beschuldigung anderer, Irritierbarkeit und Reizbarkeit
> - Auslösender Stress, Life Events

Das *Vorliegen somatischer Komorbidität* ist mit dem Ansprechen auf eine Antidepressiva-Therapie in unterschiedlichem Ausmaß assoziiert.

*Parkinson-Depression:* Zunächst sollte eine Optimierung der dopaminergen Parkinson-Therapie erfolgen, dann die Gabe von Pramipexol, sodann die antidepressive Therapie mit Nortriptylin, Reboxetin, Bupropion oder auch SSRIs. Die empirische Datenlage ist sehr begrenzt. MAOH, SSRIs und TZA sind effektiv, erstere hatten in einer Netzwerk-Metaanalyse die besten Effekte (Mills et al. 2018).

*Multiple Sklerose:* SSRIs sind die Therapie der Wahl.

*Post-Stroke-Depression:* Metaanalysen belegen die Wirksamkeit von Antidepressiva, insbesondere von Fluoxetin, Citalopram, Nortriptylin und Mirtazapin. Bei SSRIs sind das erhöhte Blutungsrisiko sowie Interaktionen zu beachten. Auch für Akupunktur wurden positive Effekte beschrieben, psychotherapeutische Interventionen waren weniger erfolgreich (Laux und Dietmaier 2020). Beachtenswert ist die prophylaktische Wirkung von Escitalopram und Mirtazapin nach einem Schlaganfall, unter Fluoxetin wurde auch eine Verbesserung primär neurologischer Symptome beschrieben.

Eine Metanalyse kommt insgesamt zu dem Ergebnis, dass bei Patienten mit den neurologischen Erkrankungen Parkinson, MS, Epilepsie, Schlaganfall und Schädelhirntraumen nach einer sechs- bis achtwöchigen Antidepressiva-Therapie eine mehr als zweifach erhöhte Depressions-Remissionsrate (OR 2.23, NNT = 7) konstatiert werden kann.

*Koronare Herzkrankheit, Myokardinfarkt*: Die RCT Sadhart-Studie mit Sertralin konnte bei einer hohen Plazeboresponserate und deutlichen Effekten der persönlichen Betreuung bei guter Verträglichkeit keine Überlegenheit für Sertralin verifizieren. Bei Patienten mit akutem Konorarsyndrom zeigte in einer Plazebo-kontrollierten Studie Escitalopram depressionspräventive Effekte über ein Jahr. Angesichts guter kardialer Verträglichkeit werden auch Mirtazapin und Agomelatin empfohlen.

*Diabetes mellitus:* Kognitive Verhaltenstherapie und Antidepressiva (SSRIs) zeigten positive Therapieeffekte. In der Diabetes- und Depressionsstudie (DAD) war Sertralin KVT signifikant überlegen, in der Cochrane-Analyse zeigte sich nur in den Antidepressiva-Studien ein günstiger Effekt auf die Glukosewerte, nicht für psychologische Interventionen, letztere verbesserten auch nicht die Lebensqualität. Die Einnahme von Antidepressiva wird mit einem erhöhten Risiko der Entwicklung eines Typ-2-Diabetes assoziiert, eine Metaanalyse von Longitudinalstudien fand hierfür nur einen nicht signifikanten Trend. Gute Effektivität zeigen die Antidepressiva Duloxetin und Venlafaxin zur Behandlung der schmerzhaften diabetischen Neuropathie.

*Krebs:* Die diagnostische Unterscheidung zwischen pathologischen und normalen psychischen Reaktionen auf eine derart schwere, lebensbedrohliche Erkrankung ist schwierig. RCTs zu Antidepressiva liegen nur wenige mit geringer methodischer Qualität vor (Ostuzzi et al. 2018). Aus pharmakokinetischer Sicht (Interaktionspotenzial z. B. mit Tamoxifen) kommen Mirtazapin und Venlafaxin, nicht aber Paroxetin, Fluoxetin oder Bupropion in Frage. Klinisch zeigen Antidepressiva positive Effekte gegen neuropathischen Schmerz, Hitzewallungen, Fatigue, Anorexie und Kachexie. Psychosoziale Interventionen zeigen positive Effekte auf Wohlbefinden und Lebensqualität, verbessern aber nicht die Überlebensdauer. In der Palliativmedizin kommt neben Antidepressiva alternativ auch Methylphenidat angesichts seines schnellen Wirkungseintritts bei guter Verträglichkeit zum Einsatz.

Angesichts moderner, globalisierter Gesellschaftsstrukturen sind auch ethnische Faktoren bei der Antidepressiva-Response zu beachten: (Epi-)Genetische Faktoren können z. B. den Cytochrom-P450-Enzym-Metabolismus signifikant beeinflussen.

Interessant ist der Befund, dass bei chronifizierten Depressionen die Behandlungspräferenz des Patienten wesentlich für das Therapieansprechen ist: Patienten mit einer Präferenz für die medikamentöse Therapie remittierten unter Medikation zu 46 % (unter Psychotherapie nur zu 22 %), Patienten mit Psychotherapiepräferenz sprachen auf diese zu 50 % an (auf Medikation nur zu 7,8 %) (Kocsis et al. 2009).

## 6.4.10 Unerwünschte Wirkungen von Antidepressiva

Je nach Datenbasis treten bei ca. 25–64 % der mit Antidepressiva behandelten Patienten unerwünschte Arzneimittelwirkungen (UAW) auf. Im europäischen Pharmakovigilanzprogramm AMSP (Arzneimittelsicherheit in der Psychiatrie) fand sich bei über 53.000 überwachten stationär behandelten Patienten eine schwere UAW-Rate von 0,9 %. Insgesamt treten schwere UAWs in einer Häufigkeit zwischen 0,5 und 2,5 % auf. Die Beurteilung, ob Nebenwirkungen der Medikation vorliegen oder ob es sich um Residualsymptome handelt, kann schwierig sein. Die unerwünschten Wirkungen treten typischerweise zu Beginn der Behandlung auf und lassen im Verlauf nach. Bei Auftreten unerwarteter UAWs oder von Nebenwirkungen unter geringer Dosierung empfiehlt sich ein Therapeutisches Drug-Monitoring (TDM), um das Vorliegen von Poor-Metabolizern von Cytochrom-P450-Enzymen (z. B. CYP2D6) zu identifizieren (Übersichtsliteratur: Laux 2017b; Laux und Dietmaier 2020).

> **Persönliche Anmerkung der Autoren**
>
> »Nocebo-Effekt«: Eine neue experimentelle Studie konnte übrigens den vermuteten Einfluss von verbalen Suggestionen und Beipackzettelhinweisen auf das Auftreten von unerwünschten Wirkungen belegen: Durch Konditionierung konnte eine vermehrte Häufigkeit von Antidepressiva-Nebenwirkungen induziert werden (Rheker et al. 2017).

Im Zentrum der Antidepressiva-Nebenwirkungen stehen vor allem folgende:

*Zentrale und periphere anticholinerge Nebenwirkungen:* Vor allem unter TZA können kognitive Defizite und Delirien sowie Obstipation (cave Ileus!), Mundtrockenheit, Schwitzen und Akkommodationsstörungen auftreten. Diese sind vor allem bei älteren Patienten von hoher klinischer Relevanz.

*Gewichtszunahme:* Neben ästhetischen Gründen ist Übergewicht mit einer deutlich erhöhten Morbidität assoziiert und deshalb nicht nur für die Compliance von hoher Bedeutung. Die Rolle krankheits- und verhaltensimmanenter Faktoren (ungünstige Ernährung, körperliche Inaktivität) ist bei der Beurteilung von Medikamenteneffekten schwer abzuschätzen. Die größte Gewichtszunahme ist unter Mirtazapin und Amitriptylin zu verzeichnen.

- *Metabolische und endokrine Nebenwirkungen:* Die Langzeittherapie mit Antidepressiva ist ungefähr mit einem doppelten Diabetesrisiko assoziiert. Die Datenlage zum Zusammenhang zwischen SSRI-bedingter Knochendichtereduktion mit konsekutiver Osteoporose und Frakturrisiko ist widersprüchlich und erlaubt derzeit keine Konklusion.
- *Gastrointestinale Nebenwirkungen:* Vor allem unter SSRIs kann es relativ häufig zu Übelkeit, Nausea, auch zu Erbrechen und Diarrhoe kommen. Das Risiko von Blutungen des oberen Gastrointestinaltraktes ist erhöht. 0,5–3 % der Patienten unter Antidepressiva entwickeln asymptomatische leichte Erhöhungen der Transaminasen. Daten zur Leberschädigung sind rar, erhöhte Hepatotoxizität besteht für Amitriptylin, Duloxetin, Bupropion, Trazodon, Tianeptin und Agomelatin. Die geringste

Hepatotoxizität weisen Milnacipran, Citalopram, Escitalopram, Paroxetin und Fluvoxamin auf.
- *Sexuelle Dysfunktion:* Diese Compliance-relevante Störung ist zum einen ein häufiges Depressionssymptom, zum anderen eine häufige Antidepressiva-UAW. Je nach Erhebungsmethode werden Inzidenzen von 10–80 % angegeben, wobei vor allem serotonerge Antidepressiva (SSRIs, Clomipramin und Venlafaxin) ein hohes Potenzial für sexuelle Dysfunktion aufweisen, während Bupropion, Agomelatin, Trazodon und Moclobemid günstig bewertet werden.
- *Kardiovaskuläre Nebenwirkungen:* Blutdruckerhöhung/-senkung, Tachykardie sowie gelegentlich Überleitungsblockierungen treten vor allem unter trizyklischen Antidepressiva und dem MAO-Hemmer Tranylcypromin auf. Signifikante QTc-Verlängerungen wurden für trizyklische Antidepressiva, Maprotilin und Mirtazapin, in den letzten Jahren vor allem für Citalopram und Escitalopram beschrieben. Die maximale Tagesdosis wurde deshalb für diese Substanzen limitiert. Zu den QT-Risiken zählen weibliches Geschlecht, kardiale Erkrankungen (auch bradykarde Sportler!), Hypokaliämie und Co-Medikation mit QT-verlängernden Substanzen. Kohortenstudien der letzten Jahre weisen für SSRIs, auch für trizyklische Antidepressiva auf ein erhöhtes Schlaganfallrisiko (OR 1,45), ein Blutungsrisiko und eine leicht erhöhte Mortalität vor allem bei postmenopausalen Frauen hin. Selten können Blutbildveränderungen (Leukopenien) auftreten.
- *Neurologische Nebenwirkungen:* Tremor kann besonders zu Behandlungsbeginn auftreten. Zerebrale Krampfanfälle sind sehr seltene Ereignisse (ca. 0,1 %), gefährdet sind vor allem Patienten mit zerebraler Vorschädigung. Unter den Antidepressiva weisen das höchste epileptogene Risiko Maprotilin, Escitalopram und Bupropion auf. Vor allem Mirtazapin kann zu einer Auslösung oder Zunahme eines RLS oder periodischer Gliedmaßenbewegungen (PLMD), auch im Schlaf (PLMS), führen.
- *Psychische Nebenwirkungen:* Je nach Substanzprofil zählen hierzu Müdigkeit bzw. Unruhe, bei bipolaren Depressionen kann vor allem unter noradrenergen und trizyklischen Antidepressiva ein Switch in die Manie erfolgen. Kognitive Dysfunktionen (Beeinträchtigung von Vigilanz und Exekutivfunktionen) sind für die Alltagssicherheit und Fahrtauglichkeit von hoher Relevanz. Manche Patienten beklagen eine emotionale Abstumpfung (»blunting«).
- *Erhöhtes Suizidrisiko:* Die Frage, ob Antidepressiva Suizidgedanken und suizidales Verhalten induzieren können, wird vor allem für SSRIs seit über zehn Jahren diskutiert. In Kasuistiken wurde dies vor allem durch initiale exzitatorische Nebenwirkungen wie Agitiertheit bei prädisponierten Patienten beschrieben. Epidemiologische Studien kamen zu dem Ergebnis, dass Patienten mit Suizidversuchen bzw. vollendeten Suiziden nur zu einem Bruchteil lege artis mit einem Antidepressivum behandelt wurden. In der großen AMSP-Datenbasis kam es bei über 142.000 erwachsenen Patienten in 33 Fällen zu Suizidalität (12x Suizidgedanken, 18 Suizidversuche, 3 Suizide), so dass Suizidalität als sehr seltenes Ereignis unter Antidepressiva angesehen wird. Reviews sowie die Erfolge von Edukations- und Awarenessprogrammen (z. B. Gotland-Studie, Nürnberger Bündnis des Kompetenznetzes Depression, Suizidalität) sprechen für eine positive Wirkung einer Antidepressiva-Therapie auf akut-suizidale Tendenzen. Der großen prospektiven naturalistischen Studie des Kompetenznetzes Depression ist zu entnehmen, dass eine frühe klinische Besserung unter Antidepressiva-Therapie protektiv auf Suizidgedanken wirkt.

Die US-amerikanische Food and Drug Administration (FDA) veröffentlichte 2007 eine »Black Box«-Warnung für Kinder, Jugendliche und Erwachsene bis zum 24. Lebensjahr für ein erhöhtes Risiko suizidalen Verhaltens, nachdem entsprechende Daten und Publikationen bei Kindern und Jugendlichen vorgelegt wurden. Diese stark medienwirksamen Warnungen führten zu einem deutlichen Rückgang der Verordnung von Antidepressiva in den USA, was mit einem simultanen Anstieg von Suizidversuchen einherging.

Zusammenfassend ist von einer deutlichen Altersabhängigkeit des Suizidrisikos unter Antidepressiva-Behandlung auszugehen: Bei unter 25-Jährigen ist von einem erhöhten Suizidrisiko auszugehen, bei über 25-Jährigen ist unmittelbar nach Beginn der Antidepressiva-Einnahme bei beiden Geschlechtern eine deutliche und anhaltende Abnahme der Suizidversuchsrate zu erwarten. Ein RCT mit 291 Erwachsenen unter Behandlung mit einem SSRI oder interpersoneller Psychotherapie (IPT) zeigte bei knapp 14 % ein Auftreten von Suizidgedanken unter der Behandlung. Hierbei war die Rate unter der SSRI-Therapie geringer als unter IPT. Unter beiden Behandlungen kam es zu keiner Zunahme von vorbestehenden Suizidgedanken, Suizidversuche traten nicht auf. Bei jungen Depressiven besteht schon vor der ersten Antidepressiva-Einnahme ein hohes Risiko für Suizidversuche. Angesichts eines tendenziellen Anstiegs nach Ersteinnahme der Antidepressiva (zumeist SSRIs) im Monat nach Ersteinnahme ist ein engmaschiges psychotherapeutisches Behandlungssetting obligat.
- *Sturzrisiko:* Bei Älteren wurde für Antidepressiva ein erhöhtes Sturzrisiko beschrieben (OR = 1.6–1.7).
- *SIADH:* Vor allem bei Alterspatienten und unter Co-Medikation mit Diuretika und ACE-Hemmern kann das Syndrom der inadäquaten ADH-Freisetzung (SIADH) auftreten. Unter SSRIs, SSNRIs, seltener TZAs kommt es zu einer Überwässerung des Körpers mit Absinken der Elektrolyte (vor allem Natrium). Klinisch treten Übelkeit, Erbrechen, Muskelkrämpfe und Verwirrtheit/Delir auf.

> **Merke**
>
> Von großer Bedeutung ist die unterschiedliche *Toxizität* verschiedener Antidepressiva angesichts des hohen Suizidrisikos Depressiver. Anhand des fatalen Toxizitätsindex ergibt sich folgende Rangreihe: Tranylcypromin, trizyklische Antidepressiva und Venlafaxin weisen ein deutlich größeres Sicherheitsrisiko auf, SSRIs und Agomelatin besitzen hingegen eine geringe Toxizität.

Zu den *schweren UAWs* zählen Delirien, Harnverhalt und zerebrale Krampfanfälle.

Immer wieder werden UAWs unter Antidepressiva publiziert, deren klinische Relevanz sehr fraglich ist und deren Replikation aussteht (z. B. Kataraktrisiko).

> **Merke**
>
> SSRIs und neuere Antidepressiva weisen im Vergleich zu den älteren trizyklischen Antidepressiva ein geringeres Nebenwirkungspotenzial auf.

Unterschiedliche Nebenwirkungsprofile lassen sich nach Substanzklassen und für Einzelsubstanzen aufzeigen (▶ Tab. 6.5).

## 6.4 Pharmakotherapie

Tab. 6.5: Übersicht unerwünschter Arzneimittelwirkung von Antidepressiva

| | Anticholinerge Nebenwirkungen | Zentrale Nebenwirkungen | Kardiovaskuläre Nebenwirkungen | Gastrointestinale Nebenwirkungen | Gewichtszunahme | Sexuelle Dysfunktion |
|---|---|---|---|---|---|---|
| Agomelatin | 0 | ↓↓ | 0 | ++ ↑ Transaminasen | 0 | 0 |
| Bupropion | 0 | ↑↑ Krampfanfälle | 0 | ++ | 0 | 0 |
| Citalopram | 0 | ↑ | (+) | ++ | 0 | + |
| Duloxetin | + | ↑↑ | 0 | ++ | 0 | ++ |
| Escitalopram | 0 | ↑ | (+) | ++ | 0 | + |
| Fluoxetin | 0 | ↑↑ | 0 | ++ | 0 | ++ |
| Mirtazapin | 0 | ↓↓ | 0 | 0 | ++ | 0 |
| Paroxetin | 0 | ↑ | 0 | ++ | + | ++ |
| Reboxetin | + | ↑ | 0 | 0 | 0 | 0 |
| Sertralin | 0 | ↑ | 0 | ++ | 0 | ++ |
| Venlafaxin | 0 | 0 | ↑ RR | ++ | 0 | ++ |
| Vortioxetin | 0 | 0 | 0 | + | 0 | 0 |
| NSMRI/Trizyklika | +++ | ↑↑↑ bis ↓↓↓ | ++ | + | +++ | ++ |

NSMRIs: nichtselektive Monoamin-Wiederaufnahmehemmer
0 fehlend oder sehr gering; + gering; ++ moderat; +++ stark
↑ Agitation, Unruhe, Schlafstörungen (gering); ↑↑ moderat; ↑↑↑ stark
↓ Sedierung (gering); ↓↓ moderat; ↓↓↓ stark

## 6.4.11 Zusammenstellung der Nebenwirkungen nach Substanzklassen

*Trizyklika:* Im Vordergrund stehen zumeist *anticholinerge Nebenwirkungen* (peripher: Mundtrockenheit, Obstipation, Akkommodations- und Miktionsstörungen; zentral: Kognitive Störungen, Delir) sowie die *Blutdrucksenkung* (orthostatische Hypotonie). Diese unerwünschten Begleitwirkungen können bei Älteren und Risikopatienten u. U. schwerwiegende Folgen haben.

In Anbetracht ihrer multiplen Neurotransmissions- und Rezeptoreffekte (»dirty drugs«) ergeben sich folgende klinische Risiken: anticholinerges Delir, epileptische Anfälle, kardiale Reizleitungsstörungen, orthostatischer Kollaps mit Sturz (Gefahr der Oberschenkelhalsfraktur), Harnverhalt und Ileus. Diese Risiken sind besonders bei multimorbiden Alterspatienten zu beachten.

In der folgenden Übersicht sind die möglichen, dosisabhängigen unerwünschten Arzneimittelwirkungen von trizyklischen Antidepressiva zusammengefasst.

**Mögliche Nebenwirkungen von trizyklischen Antidepressiva**

- Vegetativ/anticholinerg:
  - Mundtrockenheit, Geschmacksstörungen, Obstipation, Miktions-/Akkommodationsstörungen, Schwitzen
  - Sehr selten: Ileus, Harnverhalten
- Neurologisch:
  - Sedierung, Tremor, Dysarthrie
  - Selten: Dyskinesie, zerebrale Krampfanfälle (in hohen Dosen, bei zerebraler Vorschädigung)
- Psychisch:
  - Sedierung/Unruhe, Wiederauftreten suizidaler Impulse oder Müdigkeit
  - Selten: Umkippen in eine Manie, Provokation der produktiv-deliranten Symptome, Verwirrtheitszustände
- Kardiovaskulär:
  - Orthostatische Dysregulation, Tachykardie, Schwindel
  - Selten: Kollapszustände
  - Herz: Erregungsleitungsstörungen, Brugada-Syndrom, Verstärkung einer Herzinsuffizienz
- Hämatopoetisches System:
  - Sehr selten: Leukopenien bzw. Agranulozytosen
- Endokrin:
  - Gewichtszunahme (besonders Amitriptylin und Doxepin), veränderte Glukosetoleranz,
  - metabolisches Syndrom, Abnahme von Libido und Potenz, Amenorrhoe
- Dermatologisch/allergisch:
  - Exantheme, Urtikaria, Ödeme

Die möglichen typischen unerwünschten Arzneimittelwirkungen neuerer/nicht trizyklischer Antidepressiva basierend auf den Fachinformationen und der klinischen Studienlage sind in Tabelle 6.6 zusammengefasst (▶ Tab. 6.6).

**Tab. 6.6:** Nebenwirkungen und Risiken neuerer Antidepressiva

| Antidepressiva | Nebenwirkung und Risiken |
|---|---|
| Agomelatin | Kopfschmerz, Schwindel, Leberfunktionsstörung |
| Bupropion | Übelkeit, Schlaflosigkeit, Blutdrucksteigerung, dosisabhängig zerebrale Krampfanfälle |
| Duloxetin | Übelkeit, Mundtrockenheit, Obstipation |
| Mirtazapin | Müdigkeit, verstärkter Appetit, Ödeme, Unruhe in den Füßen, RLS, Alpträume |
| Moclobemid | Schlafstörung, Unruhe |
| Reboxetin | Schlafstörung, Agitiertheit, Schwitzen, Schwindel, Hypotonie, Tachykardie, Miktionsstörung, Obstipation, Impotenz |

**Tab. 6.6:** Nebenwirkungen und Risiken neuerer Antidepressiva – Fortsetzung

| Antidepressiva | Nebenwirkung und Risiken |
|---|---|
| SSRIs (Citalopram, Escitalopram, Fluoxetin, Fluvoxamin, Paroxetin, Sertralin) | Übelkeit, Diarrhoe, Erbrechen, Unruhe, Schlafstörungen, Ejakulationsstörung, Hyponatriämie, Blutungsrisiko |
| Trazodon | Müdigkeit, Libidosteigerung, Priapismus (sehr selten) |
| Venlafaxin | Übelkeit, Schwindel, Nervosität, Anorexie, Blutdruckanstieg, Schwitzen |

*Serotonin-selektive Antidepressiva (SSRIs):* Die SSRIs (Citalopram, Escitalopram, Fluoxetin, Fluvoxamin, Paroxetin, Sertralin) weisen ein von den Trizyklika differentes Nebenwirkungprofil auf. Im Vordergrund stehen hier *gastrointestinale Nebenwirkungen* (Übelkeit, Nausea, Erbrechen, Diarrhoe), *Agitiertheit* sowie im Behandlungsverlauf eine *sexuelle Dysfunktion* (▶ Tab. 6.7).

**Tab. 6.7:** Nebenwirkungen von SSRIs

| Häufige Nebenwirkungen von SSRIs | Seltenere, aber wichtige Nebenwirkungen von SSRIs |
|---|---|
| • gastrointestinale Nebenwirkungen wie Übelkeit, Erbrechen, Diarrhoe<br>• Agitiertheit<br>• Schlafstörungen<br>• Kopfschmerzen<br>• sexuelle Dysfunktionen | • Blutungen<br>• Hyponatriämie (SIADH)<br>• QTc-Verlängerung<br>• »emotional blunting« bei höherer Dosierung (Apathie-Syndrom) |

SSRIs erhöhen das *Blutungsrisiko* im Gastrointestinum. Vasospastische und thrombozytenaggregationshemmende Effekte der SSRIs lassen auch entsprechende zerebrovaskuläre Risiken vermuten. Der Zusammenhang SSRIs und Blutungen wurde zwar in verschiedenen Studiendesigns beschrieben, eine aktuelle Analyse von zwei deutschen Pharmakovigilanz-Datenbanken (AkdÄ, BfArM) fand einen solchen (Serotonin-bedingten) aber nicht. Allerdings ist angesichts des Spontanmeldesystems ein »underreporting« und keine kausale Zusammenhangsbeurteilung möglich. Bei einer Komedikation mit Antikoagulanzien und nicht steroidalen Antirheumatika besteht aber ebenso wie bei Schlaganfallpatienten und perioperativ ein erhöhtes Blutungsrisiko (▶ Tab. 6.7).

Zu den selteneren Nebenwirkungen unter SSRIs zählen *extrapyramidal-motorische Symptome*; Risikofaktoren hierfür scheinen höheres Alter und genetische Polymorphismen zu sein. Einige Patienten beklagen unter SSRI-Therapie eine emotionale Abstumpfung (»blunting«, »emotional apathy«), die noch näherer Aufklärung bedarf.

*Vergleich einzelner SSRIs:* In verschiedenen Studien zeigten sich zwischen den einzelnen SSRIs keine signifikanten Unterschiede hinsichtlich der Verträglichkeit bzw. Nebenwirkungsraten. Unterschiede zwischen einzelnen SSRIs beziehen sich hauptsächlich auf pharmakokinetische Parameter: Fluoxetin besitzt einen pharmakologisch aktiven Metaboliten, der für die lange Eliminationshalbwertszeit dieser Substanz mit verantwortlich ist. Fluoxetin, Fluvoxamin und Paroxetin sind Inhibitoren verschiedener Cytochrom-P450-Isoenzymsysteme (v. a. CYP2D6). Unter diesen Substanzen ist deshalb mit einem erhöhten Interaktionsrisiko zu rechnen.

*Serotonin- und/oder Noradrenalin-selektive Antidepressiva (SNRIs):* Typische Nebenwirkungen von *Mirtazapin* bei insgesamt guter Verträglichkeit sind eine unerwünschte, z. T. erhebliche Gewichtszunahme und Müdigkeit, auch das Auftreten von RLS und Gelenkschmerzen ist beschrieben. Unter *Venlafaxin* treten häufiger Nausea und Erbrechen, unter höherer Dosierung Blutdrucksteigerung auf. Bei vorbestehenden Herz-Kreislauf-Erkrankungen sollte es nicht verordnet werden. Unter *Duloxetin* werden Übelkeit, Mundtrockenheit, Obstipation und Schlafstörungen registriert.

Das Noradrenalin-selektive *Reboxetin* wirkt deutlich aktivierend. Typische Nebenwirkungen sind Schlaflosigkeit, Schwitzen und (seltener) Miktionsstörungen.

*Noradrenalin-Dopamin-selektive Antidepressiva:* Das Noradrenalin-/Dopamin-selektive *Bupropion* führt relativ häufig zu (unerwünschter) Stimulierung mit Schlafstörung, kann Blutdruckerhöhung und Tachykardie verursachen und besitzt ein erhöhtes zerebrales Anfallspotenzial.

*Melatonin-Serotonin-selektive Antidepressiva:* Der Melatoninrezeptoragonist und selektiver 5-HT$_{2C}$-Rezeptorantagonist *Agomelatin* kann neben Schwindel zu Serumtransaminasenerhöhungen (< 1 %) führen, weshalb Leberfunktionstests erforderlich sind.

Unter *Hypericum-Extrakten* sind Sonnenallergien möglich.

*Multimodale Antidepressiva:* Typische Nebenwirkung von *Vortioxetin* ist Übelkeit/Nausea vor allem innerhalb der ersten zwei Behandlungswochen.

*MAO-Hemmer:* Der irreversible MAO-Hemmer *Tranylcypromin* erfordert eine konsequente *tyraminarme Diät*; seltene, aber gefürchtete Nebenwirkung ist hier die Auslösung *hypertensiver Krisen* durch tyraminhaltige Nahrungsmittel. Zu diesen zählen vor allem gereifter Käse, Rotwein, Hering, Leber, Avocados, Sojasoßen und dicke Bohnen. Typische Nebenwirkungen sind Unruhe, Schlafstörungen und Hypotonie. Unter dem reversiblen MAO-A-Hemmer *Moclobemid* sind keine Diätrestriktionen (abgesehen von großen Mengen Tyramin-reichem Käse) erforderlich; das Medikament sollte allerdings erst nach den Mahlzeiten eingenommen werden. Typische Nebenwirkungen sind hier innere Unruhe, Schlafstörungen und Übelkeit.

### Beachte

Bei der Verordnung von Tranylcypromin müssen Diätvorschriften (Tyramin-arme Kost) sowie kontraindizierte Arzneimittelkombinationen strikt beachtet werden. Bei der Umstellung auf andere Antidepressiva (Wiederaufnahmehemmer) muss ein Intervall von 14 Tagen eingehalten werden.

### Persönliche Anmerkung der Autoren

Verständnis von Nebenwirkungsrisiken: Wichtig scheint der Hinweis, dass Häufigkeitsangaben zu Nebenwirkungen in Beipackzetteln auch von Ärzten und Apothekern oftmals nicht richtig zugeordnet werden. Die Risiken entsprechend der Formulierungen werden nicht nur von Patienten, sondern auch von Ärzten deutlich überschätzt. Die standardisierte Kodierung des BfArM sollte überarbeitet werden.

## 6.4.12 Interaktionen

Multimorbidität und die häufige Polypharmazie machen heute – v. a. auch im Konsiliardienst – Kenntnisse zu Interaktionen unverzichtbar. Computergestützte Datenbanken (z. B. http://www.psiac.de, mediq.ch) bieten einen stets aktuellen und leichten Zugang.

Tabelle 6.8 fasst die klinisch wichtigsten bei der Verordnung von Antidepressiva zu beachtenden Arzneimittelwechselwirkungen/-interaktionen zusammen (▶ Tab. 6.8).

Zur Vorhersage *pharmakokinetischer Wechselwirkungen* sind Kenntnisse über die jeweiligen Substrataffinitäten und die Hemm- oder Induktionseigenschaften der betreffenden Arzneimittel notwendig. Für die Metabolisierung ist das Cytochrom-P450-Isoenzymsystem von entscheidender Bedeutung. Besonders potente Inhibitoren des CYP2D6-Isoenzyms

**Tab. 6.8:** Auswahl wichtiger Interaktionen von neueren (selektiven) Antidepressiva (AD) (SSRIs, Duloxetin, Venlafaxin, Mirtazapin, Bupropion, Agomelatin) mit Vorschlägen zum Prozedere

| Wechselwirkung mit | Klinische Effekte | Empfehlungen |
| --- | --- | --- |
| Analgetika, zentrale Opioide (Morphinanaloga) | • Verstärkte serotonerge Effekte bei Tramadol, Tilidin, Dextromethorphan und Pethidin; Wirkverlust Tramadol | • Vorsicht bei SSRIs und SSNRIs<br>• Mirtazapin, Bupropion, Agomelatin sind in der Regel unproblematisch |
| Antidepressiva, trizyklische (TZA) | • Erhöhte Plasmaspiegel der TZA, dadurch vermehrt Nebenwirkungen möglich | • Interaktion vor allem bei Fluoxetin, Paroxetin, Bupropion und Duloxetin relevant<br>• Alternativ z. B. Citalopram, Escitalopram, Sertralin, Duloxetin oder Venlafaxin einsetzen |
| Antikoagulanzien | • Verstärkung der gerinnungshemmenden Wirkung<br>• Blutungsgefahr | • Engmaschige INR-Kontrolle<br>• Interaktion vor allem bei Fluoxetin, Paroxetin und Fluvoxamin relevant |
| ASS/NSAR wie z. B. Diclofenac, Ibuprofen | • Verminderte Thrombozytenaggregation<br>• Verstärkte Blutungsneigung | • Interaktion bei SSRIs/SNRIs relevant<br>• Alternativ Mirtazapin, Bupropion oder Agomelatin einsetzen |
| Betablocker (Metoprolol) | • Verstärkte Betablockerwirkung durch Enzyminhibition<br>• Hypotonie, Bradykardie | • Interaktion vor allem bei Fluoxetin, Paroxetin, Bupropion und Duloxetin relevant<br>• Alternativ z. B. Citalopram, Escitalopram oder Sertralin einsetzen<br>• Als Betablocker wäre Bisoprolol eine Alternative |
| Carbamazepin | • Erhöhtes Risiko eines SIADH-Syndroms, dadurch Elektrolytverschiebungen (Delirgefahr) | • Vorsicht bei Kombination mit SSRIs/SNRIs<br>• Alternativ Mirtazapin, Bupropion oder Agomelatin einsetzen |
| Ciprofloxazin | • Stark erhöhte Plasmaspiegel bei Agomelatin und Duloxetin möglich | • Andere Antidepressiva nicht betroffen |
| Clomipramin | • Potenzierung serotonerger Effekte | • Kombination mit SSRIs und SNRIs kontraindiziert |
| Clozapin (mit Fluvoxamin) | • Erhöhte Clozapinspiegel infolge Enzyminhibition durch Fluvoxamin | • Interaktion nur bei Fluvoxamin relevant<br>• Alternativ z. B. Citalopram, Escitalopram, Sertralin, Duloxetin oder Venlafaxin einsetzen |
| Diuretika vom Thiazid-Typ | • Erhöhtes Risiko eines SIADH-Syndroms, dadurch Elektrolytverschiebungen (Delirgefahr) | • Vorsicht bei Kombination mit SSRIs/SNRIs<br>• Alternativ Mirtazapin, Bupropion oder Agomelatin einsetzen |
| L-Tryptophan | • Potenzierung serotonerger Effekte | • Kombination mit SSRIs/SNRIs kontraindiziert |

**Tab. 6.8:** Auswahl wichtiger Interaktionen von neueren (selektiven) Antidepressiva (AD) (SSRIs, Duloxetin, Venlafaxin, Mirtazapin, Bupropion, Agomelatin) mit Vorschlägen zum Prozedere – Fortsetzung

| Wechselwirkung mit | Klinische Effekte | Empfehlungen |
|---|---|---|
| MAO-Hemmer (Moclobemid und Tranylcypromin) | • Potenzierung serotonerger Effekte<br>• Cave: zentrales Serotonin-Syndrom! | • Kombination kontraindiziert<br>• Karenzzeiten bei Umstellung beachten! |
| Migränemittel vom Triptan-Typ | • Potenzierung serotonerger Effekte | • Kombination mit Vorsicht |
| Neuroleptika, klassische; Risperidon | • Erhöhte Plasmaspiegel, dadurch vermehrt Nebenwirkungen, insbesondere EPMS möglich | • Interaktion vor allem bei Fluoxetin und Paroxetin relevant<br>• Fluvoxamin kann zu deutlich erhöhtem Clozapin-Plasmaspiegel führen<br>• Alternativ Citalopram, Sertralin oder Venlafaxin einsetzen |
| Tamoxifen | • Inhibtion des Abbaus zum aktiven Metaboliten<br>• Erhöhte Tumorrezidivgefahr | • Interaktion bei Paroxetin und evtl. Fluoxetin relevant<br>• Alternativ z. B. Citalopram oder Sertralin einsetzen |

sind Fluoxetin und Paroxetin. Von den SSRIs bieten Citalopram, Escitalopram und Sertralin, von den NRIs und SNRIs Reboxetin und Venlafaxin den Vorteil, dass sie die Cytochrom-P450-Isoenzyme nicht oder nur minimal hemmen und entsprechende Arzneimittelinteraktionen nicht zu erwarten sind. Agomelatin und Duloxetin sind Substrate des CYP1A2 – gemeinsame Gabe mit Ciprofloxacin führt zu teilweise massiven Erhöhungen der Plasmaspiegel. Bei Rauchern können die Spiegel deutlich erniedrigt sein.

Johanniskraut-/Hypericum-Extrakte sind gut verträglich, als starker Induktor des CYP3A4 besitzt Johanniskraut aber ein hohes Interaktionspotenzial mit Immunsuppressiva (z. B. Ciclosporin), Protease-Inhibitoren (z. B. Indinavir) sowie oralen Kontrazeptiva. Zu den klinisch relevanten und potenziell gefährlichen Auswirkungen zählen Abschwächung der antiviralen bzw. immunsuppressiven Wirkung bzw. Zwischenblutungen und ungewollte Schwangerschaft.

> **Persönliche Anmerkung der Autoren**
>
> Aus klinisch-praktischer Sicht lässt sich folgende Interaktionshierarchie aufstellen: Tranylcypromin > Fluoxetin > TZA > Paroxetin > Mirtazapin > (Es-)Citalopram, Sertralin > Agomelatin.

Zusätzlich zu beachten sind pharmakokinetische Interaktionen mit Nahrungsmitteln (z. B. Grapefruitsaft).

Zu den wichtigsten bei Antidepressiva zu beachtenden *pharmakodynamischen* Wechselwirkungen zählen:

- Verstärkte anticholinerge Effekte vor allem bei der Kombination von Trizyklika (Amitriptylin, Doxepin, Trimipramin) mit gleichfalls anticholinerg wirkenden Substanzen (z. B. Antiallergika, Parkinson-Mittel, Urologika, Clozapin). Hieraus resultiert vor allem bei geriatrischen Patienten ein erhöhtes *Delir-Risiko*.

- Ein erhöhtes Risiko für kardiale Effekte (*QT-Zeitverlängerung*) besteht für die Kombination von TZA, Citalopram und Escitalopram mit QT-Zeit-verlängernden Antipsychotika wie Ziprasidon oder Sertindol sowie Antiarrhythmika, Azol-Antimykotika, Antihistaminika und Makrolit-Antibiotika.
- Die Gefahr eines zentralen *Serotonin-Syndroms* besteht bei Kombination von Antidepressiva mit serotonergem Wirkschwerpunkt (SSRIs, Clomipramin, SNRIs) mit anderen serotonergen Arzneimitteln (Opioidanalgetika, Triptane). Leitsymptome sind Agitiertheit, Tremor, Myoklodin, Fieber, Diarrhoe und Bewusstseinstrübung.
- Die potenziell verstärkte *Blutungsneigung* unter SSRI/SNRI-Medikation kann durch die Kombination mit anderen thrombozytenaggregationshemmenden Substanzen wie ASS oder NSAR (nicht steroidale Antirheumatika) deutlich steigen. Mit ASS verdoppelt sich das Blutungsrisiko annähernd, unter der Kombination eines SSRI mit einem NSAR ergab sich in einer Metaanalyse ein relatives Risiko von 6,3 im Vergleich zu Patienten, die keines der beiden Medikamente genommen hatten. Bei einer Vormedikation mit Cumarinen (Marcumar®) besteht kein erhöhtes Risiko bei der Kombination mit SSRIs bzw. SNRIs (Ausnahme Fluoxetin, Fluvoxamin).

> **Merke**
>
> SSRIs dürfen aufgrund möglicher pharmakodynamischer Interaktionen nicht kombiniert werden mit MAO-Hemmern, L-Tryptophan und Opioiden (Tramadol, Pethidin). Dies kann zu einem potenziell letalen Serotoninsyndrom führen.

## 6.4.13 Kontraindikationen

Antidepressiva dürfen nicht angewandt werden bei bekannter Überempfindlichkeit gegen die betreffende Substanz, bei akuter Intoxikation mit zentral dämpfenden Pharmaka (z. B. Hypnotika, Analgetika) sowie bei Alkoholkonsum, bei akutem Harnverhalt, Delirien und Manien.

- *Trizyklische Antidepressiva* sind außerdem kontraindiziert bei unbehandeltem Engwinkelglaukom, Pylorusstenose, Prostatahypertrophie mit Restharnbildung, paralytischem Ileus, höhergradigen AV-Blockierungen oder diffusen Erregungsleitungsstörungen und Zustand nach akutem Herzinfarkt.
- *Selektive Serotoninwiederaufnahmehemmer* (SSRIs) dürfen nicht zusammen mit MAO-Hemmern L-Tryptophan und Opioiden verordnet werden.
- *Bupropion* und *Maprotilin* sind bei Epilepsie-Anamnese kontraindiziert, *Agomelatin* bei Lebererkrankungen.
- *Irreversible MAO-Hemmer* sind kontraindiziert bei Zustand nach Hirninfarkt oder intrakranieller Blutung, Porphyrie, Phäochromozytom, Karzinoid, arterieller Hypertonie, bevorstehender Operation mit notwendiger Narkose und gleichzeitiger Behandlung mit Clomipramin, SSRIs, Venlafaxin, Serotoninagonisten, stark wirksamen Analgetika sowie Sympathomimetika.

## 6.4.14 Langzeittherapie-Erhaltungstherapie

Wie in Abbildung 6.5 dargestellt, beginnt die Erhaltungstherapie nach Remission der Symptomatik im Sinne einer Remissionsstabilisierungsphase (▶ Abb. 6.5). Diese ist durch eine erhöhte psychobiologische Vulnerabilität definiert und umfasst einen Zeitraum von ca. 6–18 Monaten. Die Wirksamkeit von trizyklischen und neueren Antidepressiva (z. B. SS-RIs) scheint auch für diesen Behandlungsabschnitt vergleichbar. Als mögliche Vorteile der neueren Antidepressiva gelten auch hier die insgesamt bessere Verträglichkeit bzw. geringere Nebenwirkungsrate sowie die damit in Zusammenhang stehende höhere Patientencompliance.

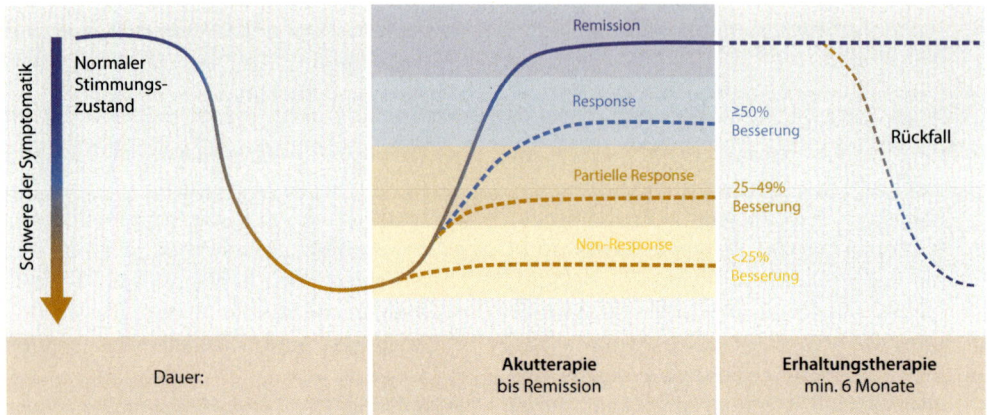

**Abb. 6.5:** Mögliche Verlaufsformen der unipolaren Depression und deren Therapie (Abb. 8.4 aus: Laux, G./Müller, W. E.: Psychopharmakologie und Psychopharmakotherapie kompakt, S. 124, © Wissenschaftliche Verlagsgesellschaft Stuttgart, 2021)

> **Persönliche Anmerkung der Autoren**
>
> Angesichts der oben dargestellten hohen Rezidiv-Wahrscheinlichkeit von Depressionen überrascht es nicht, dass 30–50 % der Patienten innerhalb von vier Monaten nach Absetzen einer erfolgreichen Antidepressiva-Medikation ein Rezidiv erleiden. Guidelines empfehlen deshalb eine Erhaltungstherapiedauer von ca. 6–12 Monaten ohne Dosisreduktion.

Untersuchungen in der Praxis ergeben leider ein anderes Bild: Etwa die Hälfte der Patienten setzt die Antidepressiva binnen 3–6 Monaten ab, die Mehrzahl teilt das Absetzen ihrem behandelnden Arzt nicht mit. Insbesondere im Rahmen der primärärztlichen Versorgung herrscht ein inadäquates Verschreibungsmuster von Antidepressiva vor.

Die Adhärenz-Einschätzung war zwischen Patienten und Ärzten signifikant unterschiedlich, Ärzte unterschätzen die Adhärenz. Eine prospektive holländische Studie über zwei Jahre ergab Non-Adhärenz (absolut und intermittierend) bei 39,7–52,8 % (DGPPN et al. 2015; Ten Doesschate et al. 2009).

### 6.4.15 Rezidivprophylaxe

Wie in der folgenden Übersicht aufgeführt, ist nach mehr als drei depressiven Episoden bzw. mehr als zwei depressiven Episoden mit kurzem Intervall sowie bei Vorliegen der genannten Risikofaktoren eine rezidivprophylaktische Therapie indiziert. Depressionsbehandlung ist, abgesehen von akuter Krisenintervention, meist eine langfristige Therapie.

> **Indikationen für eine rezidivprophylaktische Therapie (modifiziert nach Greden 2001):**
>
> - ≥ drei depressive Episoden oder ≥ zwei kurz aufeinanderfolgende Episoden
> - Vorbestehende Dysthymie
> - Höheres Ersterkrankungsalter
> - Schwere, lang andauernde Episoden
> - Positive Familienanamnese mit affektiven Erkrankungen
> - (Partielle) Initiale Non-Response auf Antidepressivum
> - Komorbidität (Angsterkrankung, Abhängigkeit)

Die Dauer der rezidivprophylaktischen Behandlung variiert entsprechend und umfasst v. a. bei ungünstigen Prognosefaktoren (u. a. hohe Episodenzahl, Residualsymptome) Jahre.

Die evidenzbasierte Datenlage zur Antidepressiva-Langzeittherapie ist limitiert. Ein Review der bei der FDA über 25 Jahre (1987–2012) eingereichten 15 Erhaltungstherapiestudien kam zu signifikant niedereren Rezidivraten unter dem entsprechenden Antidepressivum im Vergleich zu Plazebo (mittlere Relapse-Ratendifferenz 18 %, durchschnittliche Reduktion der Rückfallrate von 52 % vs. Plazebo) (Borges et al. 2014). Eine Metaanalyse von 31 randomisierten Studien mit über 4.400 Patienten fand ein Rezidiv-Risiko von knapp 18 % unter Antidepressiva vs. 41 % unter Plazebo innerhalb von 1–3 Jahren, was einer Rückfallrisikoreduktion von ca. 70 % – trotz einer Abbruchrate von ca. 18 % – entspricht. Für neuere Antidepressiva wurde mit einer NNT von 5 eine hohe Effektstärke beschrieben.

Eine der wichtigsten Langzeitstudien über fünf Jahre zeigte, dass in den zwei Jahren nach einer 3-jährigen Imipramin-Rezidivprophylaxe unter Plazebo signifikant mehr Rezidive auftraten (Borges et al. 2014). Aufgrund des methodologisch anspruchsvollen Studiendesigns verdienen die PREVERS-Studie (Prevention of Recurrent Depression with Sertraline) sowie die PREVENT-Studie (Results from the Prevention of Recurrent Episodes of Depression with Venlafaxine for Two Years) Beachtung. In ersterer Studie ergab sich unter Plazebo ein 2,3-fach höheres Rezidivrisiko, bei chronifiziert schwer Kranken war die Differenz zwischen Verum und Plazebo noch deutlicher. Die Venlafaxin-2-Jahres-Studie belegte ebenfalls das signifikant erhöhte Rezidivrisiko unter Plazebo (28 % vs. 47 %). Eine weitere Analyse der PREVENT-Studie verglich die Wirksamkeit von Venlafaxin und Fluoxetin in der Rezidivprophylaxe: Während einer zweijährigen Erhaltungstherapie blieben 72 % der mit Venlafaxin, 56 % der mit Fluoxetin behandelten Patienten rezidivfrei. Beide Substanzen wurden gut toleriert.

> **Beachte**
>
> Patienten mit mehr als drei Episoden sollten eine Erhaltungstherapie von mindestens zwei Jahren erhalten (NICE-Guideline).

*Wahl der Medikation:* Empfehlenswert ist die Fortführung der Medikation mit dem akut wirksamen Antidepressivum.

*Dosisreduktion:* Zur Verbesserung der Compliance und Verträglichkeit erfolgt in der Routineverordnungspraxis zumeist eine Dosisreduktion. Studienergebnisse sprechen jedoch dafür, dass signifikant bessere rezidivprophylaktische Effekte bei Beibehaltung der vollen Antidepressiva-Dosis erzielt werden. Die Dosierung von SSRIs kann aber bei Remission und stabilen Rahmenbedingungen im Falle von Beeinträchtigung durch »emotionales Blunting« und/oder sexueller Dysfunktion reduziert werden.

Die empfohlenen Kontrolluntersuchungen bei einer Antidepressiva-Therapie sind in ▶ Tab. 6.9 wiedergegeben:

Tab. 6.9: Empfohlene Kontrolluntersuchungen bei der Therapie mit neueren, nicht trizyklischen Antidepressiva

|  | vor Therapiebeginn | Monate (im ersten halben Jahr) | | halbjährlich | |
|---|---|---|---|---|---|
| Blutbild[1] | X | X | | X | X |
| Leberwerte[2] | X | X | | X | X |
| Nierenwerte | X | X | | X | X |
| EKG | X | X | | | |
| EEG[3] | X | X | | | |
| RR[4], Puls[4] | X | X | X | X | X |

[1] bei Mianserin in den ersten drei Monaten wöchentlich, später dann wie bei TZA
[2] bei Agomelatin zu Beginn und nach 6, 12 und 24 Wochen sowie danach, wenn klinisch indiziert
[3] bei Risikopatienten (z. B. Anfallsleiden, hirnorganische Störungen) bzw. bei Bupropion
[4] bei Venlafaxin, MAO-Hemmern und Bupropion kürzere Untersuchungsintervalle

### Lithiumprophylaxe

#### EbM-Info

Die Befunde zur rezidivprophylaktischen Wirksamkeit von Lithium bei unipolaren Depressionen sind weniger klar als die für bipolare Erkrankungen. Die Guidelines der American Psychiatric Association (APA) empfehlen Lithium nicht, für die S3-Leitlinie Unipolare Depression ist Lithium 2. Wahl (DGPPN et al. 2015).

Inzwischen ist gut belegt, dass Lithium langfristig das Suizidrisiko senken kann.

#### Merke

Zusammenfassend belegen die vorliegenden Studiendaten die rezidivprophylaktische Wirksamkeit der Pharmakotherapie. Rezidivraten von 9–58 % unter aktiver Therapie weisen allerdings auf die Notwendigkeit der Durchführung methodologisch schwieriger Untersuchungen zu der Frage hin, inwieweit Subgruppen von einer medikamentösen Langzeittherapie nicht profitieren oder ein Wirkverlust eintritt.

Zukunftsperspektive ist eine »Theragnostik«, ein Monitoring biochemischer Marker unter Therapie.

### 6.4.16 Schwangerschaft und Stillzeit

Grundsätzlich ist das Risiko embryo- und fetotoxischer sowie postnataler Effekte einer Medikation gegenüber den Risiken einer Exazerbation oder eines Rezidivs der psychischen Erkrankung sorgfältig und individuell abzuwägen (*Prinzip der Nutzen-Risiko-Abwägung*). Bei psychisch kranken Schwangeren muss unabhängig von einer Psychopharmaka-Medikation von einem erhöhten (Wieder-)Erkrankungsrisiko (insbesondere postpartal) ausgegangen werden. Mögliche Auswirkungen einer pränatalen Psychopharmakaexposition auf das Kind sind Fehlbildungen (Teratogenität), perinatale (peripartale) Toxizität und postnatale Entwicklungs- und Verhaltensstörungen (Verhaltensteratogenität).

Optimal ist eine *geplante Schwangerschaft*, da dann die Frage der Medikation nach differenzierter Beratung mit Berücksichtigung der individuellen Krankheitsgeschichte abgewogen und ggf. so angepasst werden kann, dass die Wahrscheinlichkeit einer möglichen psychischen Dekompensation gering ist und gleichzeitig das Risiko für das ungeborene Kind möglichst klein gehalten werden kann.

Die Entscheidung pro oder kontra Psychopharmaka in der Schwangerschaft kann nur auf Basis einer relativ schwachen Datenlage getroffen werden. Das geht nur im Rahmen einer guten und vertrauensvollen Arzt-Patient-Beziehung. Wichtig zu wissen ist, dass das Basisrisiko für Fehlbildungen (ohne Arzneitherapie), die sog. spontane Fehlbildungsrate, ca. 3 % beträgt (Laux und Dietmaier 2020). Insgesamt ist von keinem eindeutigen Risiko durch Antidepressiva auszugehen. Als Mittel der 1. Wahl gelten Sertralin, Citalopram und Amitriptylin. Für eine stabil auf Mirtazapin oder Venlafaxin eingestellte Schwangere gibt es keinen Grund zur Umstellung. Nicht empfohlen werden Fluoxetin und Paroxetin.

Die Datenlage bezüglich *Stillen* ist bislang unbefriedigend. Für Amitriptylin, Citalopram, Nortriptylin, Clomipramin, Paroxetin und Sertralin dürfte infolge minimaler Brustmilchkonzentrationen für Säuglinge kein Stillrisiko bestehen.

## 6.4.17 Beendigung von Psychopharmakotherapie: Ausschleichen von Medikation

Bei (fast) allen Antidepressiva kann es v. a. nach längerfristiger Einnahme bei abruptem *Absetzen* zu Absetzsymptomen kommen. Diese treten typischerweise innerhalb einer Woche nach dem Absetzen auf, sind dosisabhängig, von kurzer Dauer (maximal zwei Wochen) und üblicherweise mild. Sie äußern sich in grippeähnlichen Symptomen, Übelkeit/Erbrechen, Parästhesien, Angst, Schlafstörungen und Stimmungsschwankungen und sind bei SSRIs und SNRIs – insbesondere bei Paroxetin und Venlafaxin – besonders ausgeprägt. Sie können durch ein langsames Absetzen der Medikation (ca. ein Viertel der Dosis pro Monat) vermieden werden. Oft bestehen Befürchtungen vor dem Wiederauftreten der Erkrankung, deshalb: Ausschleichen über Wochen, Absetzen nur bei fehlender Kontraindikation.

Bei der *Umstellung* von Antidepressiva (wegen Non-Response oder Unverträglichkeit) sind z. T. Intervalle zu beachten, die in Tabelle 6.10 zusammengefasst sind (▶ Tab. 6.10):

Tab. 6.10: Umstellungsintervalle für Antidepressiva (AD) (nach Laux und Dietmaier 2020)

| Umstellung von | Umstellung auf | Therapiefreies Intervall | Bemerkungen |
| --- | --- | --- | --- |
| TZA (bis 75 mg/Tag) | Andere AD | Keines | Gilt nicht für MAO-Hemmer |
| TZA (> 75 mg/Tag | Andere AD | Ausschleichen des TZA über 3–7 Tage | Ausschleichzeit abhängig von Dosis; gilt nicht für MAO-Hemmer |
| Alle AD | TZA | Keines | Gilt nicht für MAO-Hemmer |
| Clomipramin | SSRIs/Duale Substanzen | 5 Tage | Keinesfalls kombinieren |
| SSRIs/Duale Substanzen (außer Fluoxetin) | Clomipramin | 5 Tage | Keinesfalls kombinieren |

**Tab. 6.10:** Umstellungsintervalle für Antidepressiva (AD) (nach Laux und Dietmaier 2020) – Fortsetzung

| Umstellung von | Umstellung auf | Therapiefreies Intervall | Bemerkungen |
|---|---|---|---|
| SSRIs/Duale Substanzen (außer Fluoxetin) | Andere SSRIs/Duale Substanzen | 1 Tag | |
| Fluoxetin | Andere SSRIs/Duale Substanzen | 3 Wochen | Keinesfalls kombinieren |
| MAO-Hemmer[1] | Alle AD | 2 Wochen | Keinesfalls kombinieren |
| TZA | MAO-Hemmer* | 1 Woche | Keinesfalls kombinieren |
| SSRIs/Duale Substanzen (außer Fluoxetin) | MAO-Hemmer* | 2 Wochen | Keinesfalls kombinieren |
| Fluoxetin | MAO-Hemmer* | 5 Wochen | Keinesfalls kombinieren |

SSRIs: selektive Serotoninwiederaufnahmehemmer; TZA: Tri- und tetrazyklische Antidepressiva (außer Clomipramin)
[1] *MAO-Hemmer* (Monoaminoxidasehemmer) = Tranylcypromin; für den reversiblen MAO-Hemmer Moclobemid gibt es Befunde, dass eine Umstellung ohne therapiefreies Intervall möglich ist (Benkert und Hippius 2019; Laux und Dietmaier 2020).

## 6.4.18 Verordnungspraxis, Pharmakoökonomie, Sozialpharmakologie

Die Verordnungszahlen der Antidepressiva insgesamt und einzelner Substanzen kann für den ambulanten Sektor (GKV) jährlich dem Arzneiverordnungsreport entnommen werden (Schwabe et al. 2020). Etwa 10 % der Europäer im mittleren Alter nehmen jährlich Antidepressiva ein, Frauen nahezu doppelt so häufig wie Männer. Depressionen waren 2017 für 7 % der erfassten Fehltage verantwortlich, im Mittel war jede Erwerbsperson gut einen Tag aufgrund von Depressionen arbeitsunfähig gemeldet, die Arbeitsunfähigkeit dauerte durchschnittlich 64 Tage. 49 % der Antidepressiva-Verordnungen erfolgten durch Psychiater und Neurologen, 33 % von Allgemeinmedizinern, 10 % durch Internisten. Das höchste Verordnungsvolumen wird in der Altersgruppe der 55–59-Jährigen erreicht. Die Verordnungsraten sinken mit steigender Schulbildung. Ca. 50–60 % der wegen Depressionsdiagnose Arbeitsunfähigen werden mit Antidepressiva behandelt. Am meisten Antidepressiva-Verordnungen erhielten Versicherte mit den Tätigkeitsgruppen »Erziehung, soziale und hauswirtschaftliche Berufe, Reinigungsberufe und nicht medizinische Gesundheits-, Körperpflege- und Wellnessberufe, Medizintechnik«.

> **Persönliche Anmerkung der Autoren**
>
> Die GKV-Depressions-Diagnosen müssen allerdings aus diagnostischer Sicht hinterfragt werden. Antidepressiva werden sicherlich zu einem erheblichen Prozentsatz bei Befindlichkeitsstörungen, psychosomatischen Bildern, Verstimmungszuständen und Schlafstörungen verordnet.

Ca. 90 % der verordneten Antidepressiva in Deutschland sind Generika, die durchschnittlichen Tagestherapiekosten liegen bei ca. 0,25 Euro. Die derzeit meistverordneten Antidepressiva in Deutschland sind Citalopram, Mirtazapin, Venlafaxin und Sertralin.

> **Persönliche Anmerkung der Autoren zur Therapie mit Antidepressiva**
>
> Entscheidend für die Verordnung einer Medikation bei einer depressiven Episode, einer reaktiven und/oder organischen Depression mit einem passenden Antidepressivum bzw. bei Bedarf anderer Psychopharmaka ist nicht die Ursache, sondern das Ausmaß der Symptomatik, die Einschränkung der Teilhabe am Arbeits-, sozialen und Beziehungsleben, der subjektive Leidensdruck und auch das Mit-Leiden der Umgebung und der Wunsch des Patienten nach Entlastung. »Sie müssen mit Ihrer Erkrankung umgehen lernen« –, z. B. eine Krebserkrankung oder eine KHK, auch wenn psychodynamische Zusammenhänge erkennbar sind.
>
> Beispiele: ausgeprägt leistungsorientierter Mensch, dessen Selbstbild unter der krankheitsbedingten Leistungseinschränkung leidet, oder ein narzisstisch depressiver Mensch, der die körperliche Erkrankungen als Verlust der vollen Verfügbarkeit über seine körperliche Unversehrtheit erlebt oder ein durch eine KHK gestörtes männliches Selbstbild. Nicht die Psychotherapierbarkeit ist das entscheidende Kriterium, auch wenn es von therapeutischer Seite so gesehen wird, sondern der Leidensdruck des Patienten. Dass eine psychotherapeutische Begleitung beim Tumorpatienten bis zu dessen Tod reichen kann, ist selbstverständlich.

## 6.5 Andere biologische Therapien

### 6.5.1 Schlafentzugsbehandlung (»Wach-Therapie«)

Die antidepressive Wirkung von Schlafentzug bei Patienten mit Melancholie ist seit den 1960er Jahren bekannt. Wegweisend waren die von vielen Patienten beschriebenen Tagesschwankungen der Stimmung sowie positive Erfahrungsberichte (endogen) Depressiver nach durchwachten Nächten. Systematische Untersuchungen ergaben, dass sowohl totaler Schlafentzug als auch sog. partieller Schlafentzug in der zweiten Nachthälfte ab 1:30 Uhr sich positiv auf die Stimmung auswirken können. Erwartungsgemäß sprechen Patienten mit ausgeprägtem Morgentief signifikant besser auf Schlafentzug an als Patienten ohne deutliche Tagesschwankungen der Stimmungslage.

> **Merke**
>
> Schlafentzug stellt derzeit neben der Applikation von Ketamin/Esketamin die einzige Therapiemöglichkeit dar, die bei depressiven Patienten innerhalb weniger Stunden eine signifikante Verbesserung von Stimmung, Antrieb und Denken bewirken kann.

Etwa 60 % der Patienten respondieren mit einer deutlichen Stimmungsverbesserung am Morgen nach der durchwachten Nacht positiv auf Schlafentzug.

> **Beachte**
>
> Problematisch ist allerdings die kurze Wirkdauer. Die meisten Patienten berichten über einen positiven Effekt am ersten Tag

nach Schlafentzug, einige auch bzw. erst am zweiten Tag danach (Tag-2-Responder). Die Rückfallrate nach der ersten durchschlafenen Nacht liegt bei 50–80 %. Durch eine Schlafphasenvorlagerung kann der therapeutische Effekt des Schlafentzuges über einen längeren Zeitraum aufrechterhalten werden (Wirz-Justice 2009). Üblicherweise wird bei der stationären Depressionsbehandlung die medikamentöse Therapie mit Schlafentzug kombiniert.

### 6.5.2 Lichttherapie

Die zur Behandlung saisonal abhängiger Depressionen (SAD, sog. Herbst-Winter-Depression) eingeführte Lichttherapie weist Responseraten von ca. 60–90 % binnen 2–3 Wochen auf. Nach Eruierung des Chronotyps (»Frühtyp« und »Abendtyp«) erfolgt eine tägliche 30–60-minütige Lichtexposition mit 10.000 Lux (Martensson 2015). Möglicherweise ist sie als Add-on-Therapie zu Antidepressiva auch bei nicht saisonalen Depressionen wirksam. Unterstützend ist Lichttherapie auch bei Patienten mit Tagesschwankungen, vor allem im Morgentief. Die Verlängerung der täglichen Helligkeits- und Wärmephase wird als angenehm empfunden.

### 6.5.3 Elektrokonvulsionstherapie (EKT)

Die Elektrokonvulsions-/Elektrokrampftherapie (EKT) gilt als die wirksamste biologische Depressionstherapie. Primäre Indikation stellen schwere (endogene/melancholische) Depressionen, insbesondere mit vitaler Gefährdung (akute Suizidalität) sowie wahnhafte, psychotische Depressionen und der depressive Stupor dar. Neben passageren Kopfschmerzen stellen reversible kognitiv-mnestische Störungen mit etwa einem Drittel die häufigste und wichtigste Nebenwirkung dar. Da die EKT-Wirkung oft nur wenige Monate anhält, kommt der adäquaten Antidepressivamedikation hohe Bedeutung zu. Auch eine rezidivprophylaktische Elektrokonvulsionstherapie sollte erwogen werden.

Die Wirksamkeit der EKT bei pharmakotherapieresistenten Depressionen liegt zwischen 50 und 60 % (Übersichten bei UK Review Group 2003; Grözinger 2012).

### 6.5.4 Neuere biologische und experimentelle Therapieverfahren

**Repetitive transkranielle Magnetstimulation**

Unter den neuen modernen Hirnstimulationsverfahren erreicht die bereits klinisch eingesetzte repetitive transkranielle Magnetstimulation (rTMS) ein mäßiges Evidenzniveau bei guter Verträglichkeit. Sie wird vor allem bei therapieresistenten Depressionen eingesetzt mit drei- bis fünffach höheren Response- bzw. Remissionsraten als unter Sham-Kontrolle. Eine neue Weiterentwicklung ist die tiefe transkraniale Magnetstimulation vor allem zur Antidepressiva-Augmentation bei schweren therapieresistenten Depressionen. Bei Depressiven, die auf > zwei Antidepressiva nicht respondierten, zeigte rTMS eine gewisse Wirksamkeit (Gaynes et al. 2014).

**Transkranielle Gleichstromstimulation, epidurale kortikale Stimulation und Magnetkonvulsionstherapie**

Die klinische Bedeutung der transkraniellen Gleichstromstimulation (tDCS, transcranial Direct Current Stimulation), der epiduralen kortikalen Stimulation (ECS, Epidural Cortical Stimulation) und der Magnetkonvulsionstherapie (MKT) kann derzeit noch nicht abgeschätzt werden.

### Vagusnervstimulation

Die Vagusnervstimulation (VNS) wurde in den USA zur adjuvanten Therapie der Depression zugelassen. Einige Studien sprechen für eine gewisse Wirksamkeit bei therapieresistenten Depressionen.

### Tiefe Hirnstimulation

Als mögliche Alternative bei therapieresistenten Depressionen kommt die tiefe Hirnstimulation (THS; DBS, Deep Brain Stimulation) in Frage. In unkontrollierten Studien wurden bei therapieresistenten Depressionen Symptomverbesserungen von 40–70 % berichtet. Negative multizentrische Studien machen neue Forschung erforderlich.

Vom Weltverband für biologische Psychiatrie wurden Guidelines für Hirnstimulationsverfahren vorgelegt. Die Verfahren befinden sich noch im klinisch-experimentellen Stadium. Seit 2008 ist die TMS in den USA für Patienten mit mittelgradiger therapierefraktärer Depression zugelassen. Die tiefe Hirnstimulation sowie psychochirurgische Eingriffe werden als Ultima Ratio für schwerste Fälle der Therapieresistenz erwogen.

## 6.6 Psychotherapie

### 6.6.1 Grundlagen

Basierend auf einer psychotherapeutischen Grundhaltung gehören *stützende ärztliche Gespräche* obligat zur Behandlung Depressiver. Die therapeutische Beziehung ist die Voraussetzung jeder Depressionsbehandlung. Sie wird angesichts der eingeschränkten Beziehungsfähigkeit Depressiver in der akuten Episode oftmals z. B. durch die Denk- und Gesprächshemmung des Patienten und durch die depressive Sogwirkung auf den Therapeuten erschwert.

Die sog. unspezifischen Wirkfaktoren wie Empathie, emotionale Wärme, Geduld, »beruhigende Versicherung« und Akzeptanz stellen die Grundelemente einer Psychotherapie auch bei Depressionen dar.

---

**Psychotherapeutisches Basisverhalten im Umgang mit depressiv Kranken (in Anlehnung an Wolfersdorf et al. 1982)**

1. *Empathie/Fürsorge:* akzeptierende und hohe empathisch-fürsorgliche Grundeinstellung der gesamten Station
2. *Positive Verstärkung* sowie Förderung aller nicht depressiven Verhaltensweisen, Denkstile und Aktivitäten
3. *Aktivierende und zu Aktivität anhaltende* Maßnahmen psychotherapeutisch-pflegerischer, sportlicher, gymnastischer, ergo- und kunsttherapeutischer Art
4. *Ordnungsstruktur* mit tagesstrukturierenden verbindlichen und nicht obligaten anregenden Verbindlichkeiten
5. *Familiäres beziehungsorientiertes Milieu* und Umgehen miteinander
6. *Förderung eines störungsbezogenen* und damit entlastenden *Verständnisses* von Depression

7. *Vermittlung von Kompetenz hinsichtlich der eigenen Erkrankung* (»Selbsthilfe«): Antidepressive Medikation zur Symptombehandlung, »Gespräch« und »soziale Unterstützung« zur Problem-/Konflikt-/Lebenssituationsklärung und -bewältigung, »Selbsthilfe« zur Förderung von Autonomie und Eigenaktivität
8. Diskussion des mittel- und langfristigen *Krankheitsverlaufs:* aktuell Wiedereingliederung gestuft in Arbeitsprozess/Haushalt/Ausbildung, langfristig adäquate Beschäftigung

In den letzten Jahren wurden verschiedene Psychotherapieverfahren zur Behandlung des breiten Depressionsspektrums vorgestellt: die kognitive Verhaltenstherapie (KVT), die psychodynamisch-tiefenpsychologisch fundierte Psychotherapie, die interpersonelle Psychotherapie (IPT) und das Cognitive Behavioral Analysis System of Psychotherapy (CBASP).

Die therapeutische Methodik besteht aus therapeutischen Basiskompetenzen, allgemeinen psychotherapeutischen Interventionen (z. B. kognitive Umstrukturierung, Emotionsmodulation) und störungsspezifischen Kompetenzen. Heute werden allgemeine Prozessvariablen und Wirkfaktoren über Therapieschulen hinweg im Sinne eines allgemeinen Wirkfaktoren-Modells angenommen.

Die *Wirksamkeit von Psychotherapie* in der Behandlung von Depressionen ist durch RCTs, Metaanalysen und (Cochrane-)Reviews vor allem für die kognitive Verhaltenstherapie, die IPT und die tiefenpsychologisch fundierte Psychotherapie gut belegt. Auch für die Gesprächspsychotherapie und die systemische Therapie (Paar- und Familientherapie) liegen Wirksamkeitsnachweise vor, für die analytische Langzeitpsychotherapie nur aus naturalistischen Studien. Der notwendige Umfang der Stunden und der Zeitraum, innerhalb dessen eine Rezidivprophylaxe durch Psychotherapie stattfinden soll, ist bislang nicht durch Studien belegt.

Während für die Antidepressiva-Therapie mögliche *unerwünschte Wirkungen* (»Nebenwirkungen«) ausführlich dokumentiert und kommuniziert werden, wurde diese Thematik für die Psychotherapie lange Zeit ausgeklammert. Nur selten wurden Kasuistiken publiziert, erst ab dem Jahr 2012 wurden Publikationen zu Risiken und Nebenwirkungen von Psychotherapie vorgelegt (Linden und Strauß 2012). Methodisch ist die Frage einer Abgrenzung vorübergehender Verschlechterungen im Rahmen einer Therapie oder aufgrund bestimmter Lebensumstände von einer nicht korrekt angewandten therapeutischen Technik schwierig, ebenso die Einordnung eines Behandlungsabbruchs, der nicht notwendigerweise als Misserfolg zu werten sein muss. Als Nebenwirkungen lassen sich unerwünschte Ereignisse im Rahmen einer sachgerechten Psychotherapie bezeichnen, als Therapieschäden negative und anhaltende Konsequenzen einer unsachgemäß erfolgten Behandlung. Zu den Interventionsfehlern zählen die Aufdeckung zugrunde liegender Konflikte in einem zu frühen Stadium der Therapie sowie maligne Regressionen im Rahmen von Langzeittherapien. Auch die Definition von Rückfällen und Erfolglosigkeit scheint mangels des Einsatzes von Evaluationskriterien (Ratingskalen) schwierig. Es werden deshalb verschiedene Begriffe wie »Fehlentwicklungen (Setting, Therapieorientierung, mangelnde Kenntnisse des Therapeuten)«, »Passungsprobleme zwischen Patient und Therapeut« oder »Unerwünschte Wirkungen und Therapieschäden« verwendet. Problematisch ist u. a. die Abgrenzung zwischen »unvermeidlichen Krankheitsfolgen« von Widerstand und Motivationsmangel. Das Abhängigkeitsverhältnis kann zu Grenzüberschreitungen bis hin zu extrem seltenen sexuellen Übergriffen führen. Psychodynamische Psychotherapien sind möglicherweise aufgrund ihres interpersonalen Fokus als »nebenwirkungsanfälliger« anzusehen. Angaben zur Häufigkeit dieser unerwünschten Ereignisse liegen bislang kaum vor. Zu beachten sind auch die belegten negativen

Auswirkungen psychotherapeutischer Behandlungen auf Partnerschaften. Empirische Befunde legen nahe, dass es in 3–15 % der Behandlungen zu unerwünschten Ereignissen kommt. Bei psychodynamischer Gruppentherapie wurde eine relativ hohe Abbruchquote von durchschnittlich ca. 35 % beschrieben. In einer Studie berichteten fast 44 % der 71 Patienten einer verhaltenstherapeutischen Gruppentherapie über mindestens ein stark belastendes Negativereignis wie Induktion von Hoffnungslosigkeit und Demoralisierung (Linden und Strauß 2012).

Psychotherapieforschergruppen haben jetzt Instrumente zur systematischen Erfassung dieser Ereignisse vorgelegt wie z. B. das »Inventar zur Erfassung negativer Effekte von Psychotherapie« (INEP) sowie Selbstbeurteilungsbögen zur Missbrauchsthematik.

*Kontraindikationen:* Als Kontraindikation für eine analytisch orientierte Psychotherapie gelten Unreife, primitive Abwehrmechanismen und Beziehungsmuster, mangelnde Introspektionsfähigkeit, hohe Impulsivität und geringe Motivation.

## 6.6.2 Psychodynamische Psychotherapien

Die Geschichte der psychoanalytischen/psychodynamischen Ansätze im Verständnis depressiver Erkrankungen beginnen mit Freuds klassischem Werk »Trauer und Melancholie« (Freud 1917). Ein zentraler Punkt war, so Gabbart (2010), dass Verluste in der frühen Kindheit zu einer Anfälligkeit für Depression im Erwachsenenalter führen. Blatt (2004) hatte darauf hingewiesen, dass Freud zwei psychodynamische Modelle der Depression beschrieben habe, eine primär interpersonelle Thematik, wo es um Gefühle von Verlust, Zurückweisung und Hilflosigkeit gehe, und eine Depression im Zusammenhang mit einem strengen und strafenden Über-Ich mit Selbstwertproblematik, Selbstanklage und Schuldgefühlen. Böker und Northoff (2016) sowie Böker 2017 beklagen die Vernachlässigung psychodynamischer Zusammenhänge und meinen, »dass die neuropsychodynamische Psychotherapie die Mechanismen und die Genese dieser Prozesse untersucht – wie entstehen sie, warum entstehen sie so und nicht anders, […] und welche Faktoren machen es möglich, dass die Extremausprägungen […] zu den uns bekannten psychiatrischen Symptomen führen?« (Böker et al. 2016, S. 13). Es gehe um die »integrative Transformationsebene zwischen Psyche und Soma, zwischen Gehirn und Bewusstsein, zwischen Gehirn und Umwelt«. Nach Gabbart (2010) entwickelt ein Kind mit frühen traumatischen Erlebnissen problematische Selbst- und Objektrepräsentanzen, Bilder von quälenden und bestrafenden und verlassenden inneren Figuren, was zu einem verletzlichen Selbstwertgefühl sowie zu Beziehungsproblemen im Erwachsenenalter führen mag.

> **Fallbeispiel:**
>
> So fällt bei einem jungen Mann, selbstständiger Handwerker und Leiter eines kleinen Betriebes, eigentlich erfolgreich, verheiratet, ein Kind im Grundschulalter, immer wieder auf, dass er sich nach der Sympathie des Therapeuten für ihn erkundigt, als müsse er sich rückversichern, dass er geschätzt werde. Biographisch ist bekannt, dass er als uneheliches Kind bei der Mutter aufwuchs und nach seinem eigenen Gefühl vom Vater nicht als Sohn angenommen worden war.

Der Fokus (tiefenpsychologisch) psychodynamischer Psychotherapie liegt bei den Auswirkungen vergangener Erfahrungen auf das aktuelle Erleben und Verhalten im Denken, in den Fantasien, in Stimmung und Gefühlen, im Antrieb, in der Kommunikation mit anderen, im Lebensgefühl.

Psychodynamische Psychotherapie kann als Kurzzeittherapie durchgeführt werden oder auch z. B. mit Richtlinienverfahren auf verschiedene Jahre angelegt sein. Die Gesprächsfrequenz ist, außer in notfallmäßigen Verdichtungen, meist einmal wöchentlich, die Gespräche finden im Sitzen gegenüber statt, Regression soll nicht gefördert, eher vermieden werden. Angesprochen wird, was der Patient als Thema einbringt und reflektiert. Es geht um die affektiven und kognitiven Muster des Patienten aus seiner frühen Lebensgeschichte und um konflikthafte Beziehungen in der Gegenwart, die sich z. B. auch in der Arzt-Patienten-Beziehung widerspiegeln können.

In dem ▶ Kasten »Wichtige Aspekte für die Psychotherapie mit depressiv Kranken« sind einige wichtige Aspekte für die psychodynamische Psychotherapie mit depressiv Kranken formuliert (▶ Kap. 6.6). Unser psychodynamisches Verständnis sowohl bzgl. der Entstehung einer akuten depressiven Erkrankung wie auch einer biographischen Grundlegung ist in den nachfolgenden Abbildungen zusammengefasst. Im Wesentlichen geht es, wie oben bereits ausgeführt, um das Vorliegen einer frühkindlichen Mangelerfahrung von Zuwendung, Förderung und Anerkennung, was zu einem basalen Versorgungsdefizit und zu einem Selbstwertdefizit führt. Auf dieser Basis entsteht eine hohe emotionale Bedürftigkeit, verbunden mit einer hohen Kränkbarkeit und einem starken Bedürfnis nach Anerkennung und Wertschätzung, was auf der einen Seite in Kompensationsmechanismen wie symbiotische Beziehungsgestaltung, Überanpassung und Aggressionshemmung, auf der anderen zur Entwicklung überhöhter Leistungs- und ethisch-moralischer Normen und einer großen Abhängigkeit davon führt. Eine Kränkung, eine Infragestellung, eine Einschränkung dieser Kompensationsmöglichkeiten, z. B. durch eine körperliche Erkrankung, welche die 150 %ige Leistungsorientierung reduziert, führt zum Verlust der Wertigkeit der eigenen Person, bedrückt, stimmt herab, geht mit Gedanken von Nichtgeliebtwerden, Nichtgeschätztwerden, selbst noch schuldig daran zu sein, mit Recht verlassen zu werden, weil man ja doch ein Versager und nichts wert sei und nichts könne, einher. Dass der depressive Patient sehr auf das Verhalten und die Reaktionen des Therapeuten achtet, ist vor diesem Hintergrund gut nachvollziehbar. So werden auf den ersten Blick als banale Alltagsproblemchen erscheinende Dinge wie z. B. Terminverschiebungen, wertende Äußerungen, Zuspätkommen des Therapeuten, Zeichen von Unaufmerksamkeit oder Müdigkeit des Therapeuten u. a. in der therapeutischen Beziehung bedeutsam.

Eine (tiefenpsychologisch) psychodynamische Therapie schließt eine gleichzeitige Psychopharmakotherapie mit einem Antidepressivum nicht aus. Handelt es sich um einen nicht ärztlichen Therapeuten, ist die Zusammenarbeit mit einem Psychiater anzuraten. Ist der Psychotherapeut selbst Psychiater, ist es sinnvoll, über den Rollenwechsel von der psychotherapeutischen Arbeit beispielsweise in die ärztliche Information über Nebenwirkungen von Antidepressiva, über die Indikation, über die Dosierung des Antidepressivums, die Dauer der Einnahme ausführlich und ernsthaft zu sprechen. Denn der Patient wird nicht nur die wissenschaftlichen Inhalte dieser Psychoedukation beachten, sondern auch, wie es von der therapeutischen Seite aus an ihn herangetragen wird, ernstnehmend, wertschätzend, Ängste und Befürchtungen bzgl. Nebenwirkungen nicht abwertend.

Als zentrales Merkmal »psychodynamischer Psychotherapie«, die er als an der psychoanalytischen Theorie und Behandlungstechnik orientiert erlebt, hat Schauenburg (2007) die »Fokussierung auf innere, meist unbewusste Konflikte, die als auslösend bzw. bedingend für eine aktuelle psychogene Symptomatik gesehen werden« bezeichnet. Dabei zentriere sich die psychodynamische Psychotherapie besonders auf die Beziehungsgestaltung des Patienten zu wichtigen Personen. Trotz der Bedeutung äußerer Belastungen (Life Events, Traumata) seien vor allem Persönlichkeitsfaktoren bedeutsam, z. B. innere

Konflikte bzw. maladaptive Interaktionen. Das Selbstwertgefühl spielt dabei eine zentrale Rolle. Frühe Beziehungserfahrungen mit den Eltern würden als »vernachlässigend und überwiegend bestrafend« erlebt, was zu kompensatorisch hohen Leistungsanforderungen an sich selbst führe und Misserfolge als persönliches Versagen und Scheitern schuldhaft werden lasse. Auslöser von Depressionen könnten so nicht nur Verlusterlebnisse, sondern auch Kränkungen, das Erleben andauernder Hilflosigkeit, Desillusionierungen und Enttäuschungen sein, die mit Gefühlen von Hilf- und Machtlosigkeit und dem Verlust von Kontrolle und Selbstachtung einhergingen. Das Konzept des »depressiven Grundkonfliktes« nach Rudolf (2000, 2003) geht aus von einer unsicheren Bindung an primäre Bezugspersonen in der frühen Kindheit und Jugend, was zu überstarker Abhängigkeit von äußeren und inneren Objekten bzw. Idealen führe. Ein Verlust an Sicherheit werde unerträglich, was zu Selbstüberforderung, altruistischer Aufopferung und Anpassung und einer narzisstischen Selbststabilisierung führe. Der Zusammenbruch ist Folge der nicht mehr bewältigbaren Bannung zwischen Angst vor Verlassenwerden/eigenem Autonomiebestreben sowie dem Wunsch nach Zuwendung und Fürsorge und aggressiven Impulsen gegenüber anderen eben wegen Enttäuschungen und Verlust.

Als Charakteristika der Behandlungsstruktur führt Schauenburg (2007, insbesondere S. 49–62) für depressiv Kranke folgende Aspekte als besonders wichtig auf:

- Kontaktaufnahme und Diagnostik: Unaufdringliches Zuhören und die Bereitstellung von Zeit und Raum mit genauer Erhebung der depressiven Symptomatik insbesondere auch des Erkennens und der Abschätzung des Suizidrisikos
- Die Möglichkeit einer körperlichen Erkrankung als Ursache der depressiven Entwicklung muss ausgeschlossen werden
- Vermittlung von Informationen über Symptomatik und Charakter und gegebenenfalls über Hintergründe der Erkrankung (psychoedukative Elemente)
- Indikationen zur stationären Behandlung sind schwere suizidale Krisen, differenzialdiagnostische Unklarheiten im somatischen und zusätzlichen psychiatrischen Erkrankungsbereich, eine deutliche Verschlechterung unter ambulanter Behandlung, das Vorliegen von psychotischer Symptomatik, die weitgehende Unfähigkeit zur Alltagsbewältigung, ein plötzlicher Zusammenbruch des sozialen Netzes
- Zu Beginn der Behandlung häufig eine betreuende und schützende Funktion bzgl. der Bewältigung sozialer Probleme
- Erschließung antidepressiver Strategien und Formen aktiver Betätigung
- Biographische Arbeit und Bestimmung des Behandlungsfokus
- Besprechung basaler Beziehungsmuster, Schwerpunkt ungünstige Verhaltens- und Interaktionsmuster
- Zulassung schmerzlicher Erfahrungen und Trauer um Verluste und Begrenzungen
- Anerkennung schmerzhafter Affekte
- Beachtung der ambivalenten therapeutischen Beziehungsgestaltung
- Evtl. auch Diskussion der Einbeziehung einer Psychopharmakotherapie in Abhängigkeit von der Symptomausprägung (nach Leitlinie ab mittelgradiger depressiver Episode)
- Vorbereitung des Abschlusses der Therapie bei Symptomfreiheit bzw. ausreichender Stabilisierung, Wiedereingliederungsregelung (eigentlich sozialpsychiatrische Arbeit), Regelung der Rückfallprophylaxe und Langzeittherapie

Die bereits mehrfach angesprochene Beziehungsproblematik kennzeichnet depressiv Kranke und ist ein zentrales Element: Angst vor dem Alleinsein und Rausfallen aus einer schützenden Geborgenheit, Angst vor Verlust bzw. Bedrohung von Sicherheit, Angst vor Verlust der Liebe bedeutsamer Anderer, Angst vor Verlust von Nähe, vor Trennung und

Distanz, Angst vor Verlust von Achtung, Wertschätzung, Anerkennung, Angst vor Ohnmacht, Hilflosigkeit, aber auch Angst vor Versagen in der eigenen Leistungsfähigkeit, in den eigenen Normansprüchen, den eigenen Erfolgen, und dann nicht mehr den eigenen Über-Ich-Ansprüchen bzw. dem geheimen Ich-Ideal entsprechen zu können. Überanpassung, Aggressionshemmung und -verleugnung, Autoritätsgläubigkeit, Symbiose statt Partnerschaft, Überverpflichtung und Selbstausbeutung, aktive und passive Inaktivierung anderer, überzogene Helferideologie, Schuldzuweisung und Externalisierung von Schuld, Opfer- und Märtyrerideologien, all dies erklärt sich aus dem grundsätzlichen Beziehungskonflikt bzw. der instabilen Beziehungserfahrung und dem Zusammenbrechen der entsprechenden Kompensationsmechanismen. In der Abbildung 6.6 ist dies auch dargestellt (▶ Abb. 6.6).

Auf zwei Formulierungen zum psychodynamischen Verständnis von Depression sei noch hingewiesen, nämlich auf die Bedingungen für das Entstehen einer Depression nach Bibring (1992) und die Typologisierung von depressiven Erkrankungen anhand des psychoanalytischen Strukturmodells von Benedetti (1993, 1988). Ersterer hat es schön formuliert, dass Depression mit der Versagung von Ansprüchen, die jeder Mensch in sich trage, zusammenhänge, nämlich vom Wunsch, geliebt, geachtet und vollwertig zu sein, d. h. nicht minderwertig zu sein, vom Wunsch, stark zu sein, d. h. nicht schwach zu sein, und vom Wunsch, gut und liebevoll zu sein, d. h. nicht aggressiv und destruktiv zu sein, wobei dieses Versagen zum Erlebnis der Hilflosigkeit, zum Absinken der Selbstachtung und zur Ich-Hemmung führe. Für Bibring (1952) ist Depression der »gefühlsmäßige Ausdruck eines Zustandes von Hilflosigkeit des Ichs«. Im klinischen Erleben manch depressiv kranker Menschen lässt sich dies gut nachspüren und erfahren. Benedetti (1983, 1988) teilte die Depressionen in Ich-, Über-Ich- und Es-Depressionen ein. Bei Ersterer fand er ein Spannungsfeld zwischen Frustration und Ich-Bedürfnissen, z. B. gut, tüchtig, anerkannt, erfolgreich, geliebt sein zu wollen, und mühsamen bzw. erfolglosen Anstrengungen und er sprach von depressiver Entwicklung, von Erschöpfungsdepression, in der heutigen Sprache würde man auch Burnout-Syndrome darunter subsummieren. Die Über-Ich-Depression ist nach Benedetti gekennzeichnet durch den Konflikt Normorientiertheit/Gewissen versus (verbotenes) Triebbedürfnis und er meinte, man findet dies beim Typus melancholicus, beim depressiven Wahn oder auch bei bipolaren Depressionen. Die Es-Depression beruht auf einem Konflikt (unbewusst, vorbewusst) zur Bedürftigkeit nach Liebe und Zuwendung und Ich-Erfordernissen (Abhängigkeit versus Autonomie), was man insbesondere bei der sog. neurotischen Depression und auch bei reaktiven Depressionen beobachten könne. Die klinische Beschreibung von Benedetti ist faszinierend, denn außer der klinischen Erfahrung gibt es dazu keine Datenlage.

In Ergänzung zu obigen Empfehlungen zum Procedere aus psychodynamischer Sicht nach Schauenburg (2007) wird das *Phasenmodell des psychotherapeutisch orientierten Handelns* bei akut depressiv Kranken nach Wolfersdorf (1992) vorgestellt:

*Phase 1: »Hilfreicher Umgang« (stützend, supportiv)*

- Grundprinzipien des »hilfreichen Umgangs«
- Zuverlässige Kontakte/Termine
- Einbeziehung von Angehörigen
- Entlastung, Tagesstruktur
- Medikamentöse und andere Therapie

*Phase 2: Nach Akutsymptomatik*

- Fortführung Phase 1
- Methodische Psychotherapie (psychotherapeutisches Gespräch, Richtlinienpsychotherapie)

- Psychiatrisch-psychotherapeutische Phasenprophylaxe/Langzeittherapie tiefenpsychologisch-psychodynamischer bzw. kognitiv-verhaltenstherapeutischer Orientierung

Dabei steht in der Eingangssituation die Beziehungsaufnahme mit Offenheit für depressives Erleben, frei schwebender Aufmerksamkeit, Empathie für die Leidenssituation und Akzeptanz des Gegenübers im Vordergrund, gefolgt von psychopathologischer Diagnostik inkl. Abklärung von Suizidalität, Ausschluss von Wahnsymptomatik, Erhebung somatischer Erkrankungen und deren Mitbehandlungsbedürftigkeit, gefolgt von der biographisch-lerngeschichtlichen Anamnese und Ausführungen zur auflösenden Situation (belastende Lebensereignisse, chronische Belastungen, anniversary reactions, Anpassungsanforderungen, Verstärkerverlustsituationen, Überforderungssituationen, akute und vor allem anhaltende Kränkungen usw.) und, soweit bereits ausführbar, zu depressionsfördernden Persönlichkeitszügen, z. B. des Typus melancholicus. Darauf sollte sich die aktuelle Psychodynamik formulieren lassen. In den nachfolgenden psychotherapeutischen Sequenzen geht es dann um Akzeptieren und empathisches Stützen, um Bewusstmachung der aktuellen Psychodynamik mit Entwicklung eines gemeinsamen Krankheits- und Behandlungs-/Hilfskonzeptes, um die Auseinandersetzung mit interaktionellen intrapsychischen Abläufen (vorsichtige Konfrontation mit Persönlichkeitsstruktur im Sinne eigener Anteile, eigener Konflikte; zurückhaltende Deutung, Vermeidung von Schuldzuweisungen, Diskrepanz ist/soll immer wieder durchgearbeitet werden), immer wieder prüfen an der aktuellen Lebenssituation (beachten, dass nach therapeutischen »Flitterwochen« es oft zu einer Endmystifizierung des Therapeuten kommt/kommen muss, manchmal einhergehend mit einer vorübergehenden Symptomverschlechterung), mit Herbeiführen einer »Trauerreaktion« im Sinne der Einsicht in der Akzeptanz von Begrenztheit, Endlichkeit, eigene Aggression, Mitverursachung, »Schuldigkeit«, gewordener und gelebter Biographie (»es war nicht schön, aber die Bewältigung der aktuellen Gegenwart und der Zukunft steht an«), mit anschließender Neuorientierung mit Wiedererkrankungsprophylaxe und Interaktion-Strukturveränderung sowie langfristiger Planung von Behandlung (z. B. begleitende Psychopharmakotherapie mit Antidepressiva) und Begleitung.

Schauenburg und Clarken (2003) haben Empfehlungen zu einer »langfristigen niederfrequenten Erhaltungspsychotherapie« zusammengestellt und dabei folgende Punkte als Indikation genannt:

- erhebliche Restsymptomatik zu Therapieende,
- mehr als drei eindeutige vorherige depressive Episoden,
- erste Episode sehr schwer und vor dem 20. Lebensjahr,
- ausgeprägte Persönlichkeitsstörung,
- ausgeprägte (vor allem soziale) Ängstlichkeit und Scham,
- soziale Isolierung,
- belastende Lebensumstände (Armut, Alleinerziehenden-Status, Gewalt, Krankheit etc.),
- ausdrücklicher Wunsch des Patienten,
- ebenso wurde auf die Fortführung einer antidepressiven Psychopharmakotherapie hingewiesen.

### Persönliche Anmerkung der Autoren

»Psychotherapie« als Methode der spezifisch gestalteten, theoretisch fundierten und, im Rahmen eines Krankheits- und Behandlungskonzeptes, störungsbezogenen beschreibbaren Interaktion, meist verbaler Art, mit dem gemeinsamen Ziel der Besserung von Leiden ist Bestandteil jeder hilfreichen Arbeit mit leidenden und behandlungsbedürftigen Menschen. Das gilt im Übrigen nicht nur für psychisch Kranke, sondern auch für Menschen in Leidenssituationen, die sich z. B. aus besonderen sozialen Situationen oder auch aus der Betroffenheit mit körperlicher Erkrankung ergeben. Insofern ist Psychotherapie Teil psychiatrisch-psychotherapeutischer Alltagsarbeit mit leidenden Menschen (Wolfersdorf et al. 2003).

> **Wichtige Aspekte für die Psychotherapie mit depressiv Kranken:**
>
> - hoher Zuwendungsbedarf (»Oralität«)
> - mangelndes bzw. instabiles Selbstwertgefühl (narzisstische Störung)
> - Ich-Insuffizienz, negatives Selbstbild, Zurückbleiben hinter eigenen bzw. internalisierten Idealbildern von sich (Ich-Ideal-Problematik)
> - strenge, rigide Norm- und Leistungsorientiertheit (strenges Über-Ich, Unfähigkeit zum Positionswechsel), (Über-Ich-Problematik)
> - Hoffnungslosigkeit, fehlende Entwicklungs- bzw. Zukunftsperspektive, Suizidalität
> - Aggressionsvermeidung, Fehlen von Zugreifenkönnen, indirekte Aggressivität, Forderungen an Umfeld
> - Schuldgefühl, Versagensgefühl, Selbst- und Fremdanklage
> - »psychischer Schmerz« als innerer Druck, Spannung, der entkommen werden muss, Suizidalität

Johann Christian Reil (1803), Schöpfer des Begriffs »Psychiaterie«, zu »Heilmethoden« in seinem Buch »Rhapsodien über die Anwendung der psychischen Curmethode auf Geisteszerrüttungen«: »Dass uns bis jetzt noch einen Wurf zur bestmöglichen Heilmethode der Geisteszerrüttung fehle, habe ich bereits oben beiläufig erwähnt. Die Aerzte bestehen darauf, sie allein durch Arzneien zu heilen, durch Mohnsaft und Niesewurz soll jede verstimmte Seite des Gehirns zum normalen Ton verschoben werden […]. Allein die Grenze ist zu eng gesteckt. Denn wahrscheinlich ist die directe Heilung […] allein durch eine psychische Curmethode bewerkstelligt werden.« (S. 22). Er schreibt weiter (S. 24 und 25): »Doch es gibt noch andere Dinge, die Heilmittel sind, weil sie Krankheiten heben; aber weder chemisch, noch mechanisch, sondern psychisch wirken […]. Alle Instrumente derselben wirken daher eins (chemisch; die Nahrungsmittel, Arzneien und Gifte), zwei (physisch-mechanisch; die chirurgischen Heilmittel) […] und endlich drei (psychisch; wenn sie durch eine bestimmte Richtung der Seelenhälfte, der Vorstellungen, Gefühle und Begierden solche Veränderungen in der Organisation hervorbringen, durch welche ihre Krankheiten geheilt werden)«. So einer unserer Vorväter, dem nicht nur die Benennung unseres Fachs »Psychiatrie«, sondern auch frühe Vorstellungen über eine »psychische Curmethode« zugeschrieben sind.

### 6.6.3 Verhaltenstherapie und kognitive Verhaltenstherapie

Die behaviorale Depressionstherapie/Verhaltenstherapie (VT) geht davon aus, dass Depressionen durch das Verhalten (Aktivitäten) und spezifische Kognitionen ausgelöst und aufrechterhalten werden (Hautzinger 2013). Es besteht ein negativer Teufelskreis Denken – Fühlen – Handeln. Sie basiert auf dem Verstärkerverlustmodell und dem kognitionstheoretischen Modell. Der Verstärkermangel führt zu reduziertem aktiven Verhalten und schließlich zu den depressionstypischen Symptomen Rückzug, Passivität und Vermeidung. Im Sinne verzerrter kognitiver Schemata und systematischer Denkfehler sehen Depressive sich selbst, ihre Zukunft und die Umgebung

## 6.6 Psychotherapie

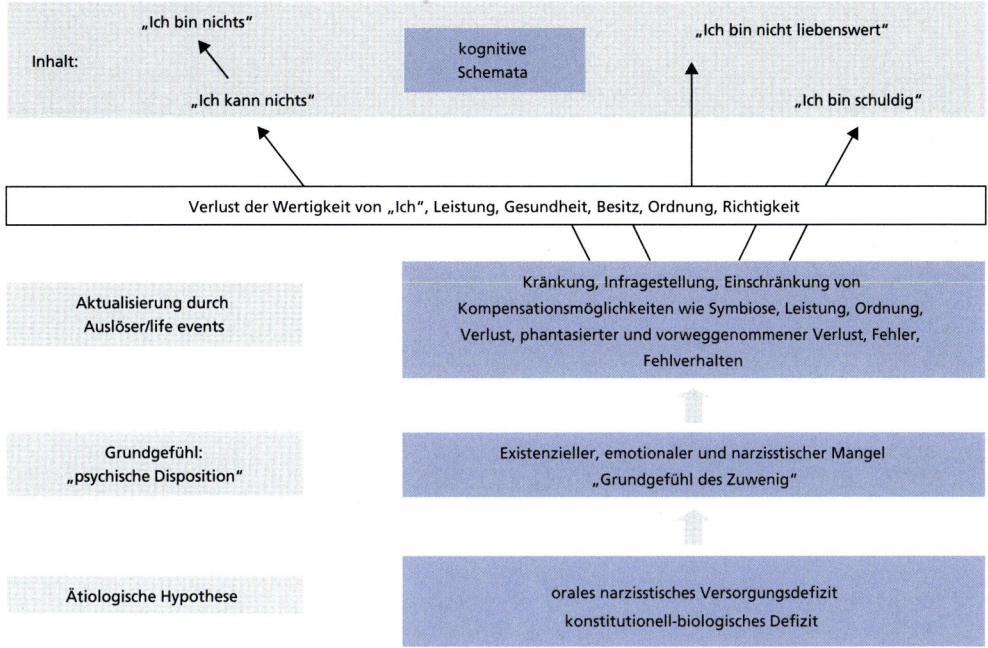

Abb. 6.6: Schema der Psychodynamik bei Depressiven nach Wolfersdorf (Wolfersdorf 1992a, S. 122)

(»kognitive Triade«) negativ. Ein Circulus vitiosus entsteht durch soziale Verstärkung des depressiven Verhaltens und durch vermehrte Zuwendung von Familienangehörigen, Freunden, Arbeitskollegen und Therapeuten.

Tabelle 6.11 gibt eine Übersicht zu Behandlungselementen und -ablauf (▶ Tab. 6.11). In Abbildung 6.7 ist ein schematisches Modell dargestellt (▶ Abb. 6.7).

Tab. 6.11: Phasen und Elemente kognitiver Verhaltenstherapie bei Depression (modifiziert nach Hautzinger 2013)

| Phasen | Inhalte |
| --- | --- |
| 1. Phase: Schlüsselprobleme benennen | • Überblick verschaffen<br>• Kriterien: Dringlichkeit, Wichtigkeit, Veränderbarkeit<br>• Aufbau einer therapeutischen Beziehung<br>• Patienten in negativer Sichtweise akzeptieren<br>• Interesse (aktives Zuhören)<br>• Arbeitsbündnis<br>• Erklärungen und Informationen zum Krankheitsbild Depression |
| 2. Phase: Vermittlung des therapeutischen Modells | • Zusammenhang von Gedanken, Gefühlen und Verhalten anhand der Erlebnisse des Patienten herausarbeiten<br>• Elemente und Struktur der Therapie darstellen |
| 3. Phase: Aktivitätsaufbau | • Erfolg-Vergnügen-Technik<br>• Wochenplanung<br>• Gestuftes Vorgehen |

Tab. 6.11: Phasen und Elemente kognitiver Verhaltenstherapie bei Depression (modifiziert nach Hautzinger 2013) – Fortsetzung

| Phasen | Inhalte |
|---|---|
| 4. Phase: Soziale Kompetenz | • Rollenspiele<br>• Klare Instruktionen<br>• Verhaltensbezogene Rückmeldung |
| 5. Phase: Kognitive Techniken (werden meist schon beim Aktivitätsaufbau eingesetzt) | • Erfassen von negativen Gedanken und Einstellungen sowie Denkverzerrungen<br>• Zusammenhang von negativen Gedanken, Gefühlen und Verhalten verdeutlichen<br>• Überprüfung der Realität<br>• Reattribution<br>• Alternative Erklärungen<br>• Entkatastrophisieren<br>• Pro und Contra |
| 6. Phase: Transfer, Erfolgssicherung und Rückfallverhinderung | • Rückblick und Zusammenschau der angewandten, als hilfreich erlebten Interventionen<br>• Materialien für den Alltag<br>• Erkennen von Krisen, Frühsymptomen, Notfall- und Krisenplanung<br>• Auffrischungs- und Stabilisierungssitzungen |

Zu den KVT-spezifischen Therapiebausteinen zählen:

1. Vermittlung eines individuellen Erklärungsmodells
2. Ableitung der Therapieziele
3. Zustandsbarometer
4. Aufbau angenehmer Aktivitäten
5. Tagesstrukturierung und Stressmanagement
6. Denkfallen erkennen (mittels sokratischem Dialog, Verhaltensexperimenten, Rollenspiel), prüfen und korrigieren
7. Grundannahmen erkennen, prüfen und korrigieren (Pro-Kontra-Liste, Vergleich mit Extremen, Metaphern)

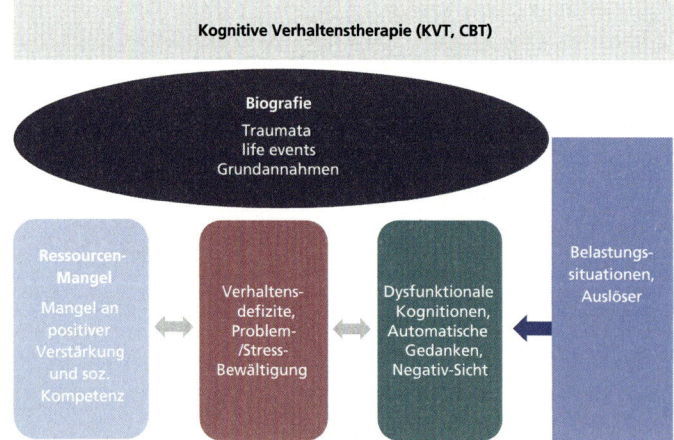

Abb. 6.7: Schematisches Modell der kognitiven Verhaltenstherapie der Depression

Der Therapeut nimmt eine aktive, ermunternd-anleitende Rolle ein, zur Unterstützung dienen Arbeitsmaterialien (Manuale). Im Durchschnitt werden 12–20 wöchentliche Sitzungen durchgeführt, einzeln oder in der Gruppe.

Kognitive Therapien (▶ Abb. 6.7) basieren auf kognitionspsychologischen Ansätzen. Zu ihnen gehören die Verfahren nach Beck et al. sowie die Theorie der erlernten Hilflosigkeit nach Seligman (Beck 2013; Seligman 1975). Ziel der *kognitiven Verhaltenstherapie (KVT)* ist die Korrektur dysfunktionaler Gedankenprozesse im Rahmen der negativen kognitiven Triade. Initial steht eine sorgfältige Analyse der depressiv verzerrten Wahrnehmungen und Einstellungen unter Zuhilfenahme protokollierter Selbstbeobachtung im Vordergrund. Patient und Therapeut identifizieren Probleme, erkennen die individuellen (kognitiven) Blockaden, eruieren Alternativen und prüfen diese. Die erarbeiteten Kognitionen werden auf logische Fehler (z. B. selektive Abstraktion, dichotomes Denken, Personalisierung) untersucht und einer Realitätstestung unterzogen mit Hilfe von Beispielen aus dem Leben des Patienten. Es entsteht so eine neue Sichtweise von Situationen und Problemen. Das Hinterfragen der rationalen Überzeugung durch den Therapeuten geschieht unter Anwendung des sog. sokratischen Dialogs, bei welchem der Therapeut dem Patienten durch gelenktes Fragen hilft, zu neuen Bewertungen und Einstellungen zu gelangen (Reattribuierung, kognitive Neubenennung). Essenziell ist die Bearbeitung der Wechselbeziehung von Kognition und Affekt im Sinne eines Negativ-Feedbacks. Die neuen Bewertungen werden in relevanten Problembereichen erprobt und in Form von Hausaufgaben angewandt. Die Rolle des Therapeuten ist direktiv, strukturierend, erklärend-aktiv. Die strukturierte, problemzentrierte Kurzbehandlung umfasst durchschnittlich 20 wöchentliche Sitzungen einzeln oder in der Gruppe. Es existieren elaborierte Behandlungs- und Trainingsmanuale. Zu den Behandlungsschwerpunkten gehören:

1. Überwindung der Inaktivität bzw. von einseitigen, belastenden Aktivitäten,
2. Verbesserung des Interaktions- und Sozialverhaltens,
3. Erkennen und Korrigieren dysfunktionaler Einstellungen und Überzeugungen,
4. Aufbau eines Bewältigungs- und Problemlöserepertoires.

Wichtigstes Instrument des Aktivitätsaufbaus ist ein Wochen- und Tagesplan mit täglicher Selbstbeobachtung und der Erstellung einer Liste persönlicher Verstärker und angenehmer Aktivitäten. Entscheidend ist das Erkennen des Zusammenhangs von Handeln und Fühlen sowie des wechselseitigen Einflusses von Aktivitäten und Befinden. Zur Erlangung sozialer Kompetenz wird ein Selbstsicherheitstraining (Wünsche äußern, Nein sagen etc.) üblicherweise in der Gruppe, evtl. videounterstützt durchgeführt. Ergänzend haben sich Rollenspiele bewährt.

In Tabelle 6.12 ist ein Beispielprotokoll kognitiver Verhaltenstherapie wiedergegeben (▶ Tab. 6.12).

Die kognitive Therapie ist von allen psychologischen Depressionstherapien am umfassendsten evaluiert (über 150 RCTs). Es wurden hohe Erfolgsquoten gefunden.

> **EbM-Info**
>
> Die kognitive Verhaltenstherapie erfüllt höchste Evidenzstufen (Evidenzgrad Ia) mit Effektstärken von 1,5–2,3.

Untersuchungen belegen die vergleichbare Wirksamkeit mit der Pharmakotherapie, aber auch die Abhängigkeit von Therapeutenfaktoren (De Rubeis et al. 2005). Bei 240 Personen mit mäßig- bis schwergradigen Depressionen betrug z. B. die Responserate nach acht Wochen unter Medikation 50 %, unter KVT 43 %, unter Plazebo 25 %. Die Remissionsraten nach 16 Wochen lagen unter Medikation bei 46 %, unter KVT bei 40 %.

Tab. 6.12: Beispiel einer kognitiven Therapie: Protokoll negativer Gedanken (modifiziert nach Hautzinger 2013)

| Datum | Situationsbeschreibung | Gefühle | Automatische Gedanken | Rationalere Gedanken | Ergebnis |
|---|---|---|---|---|---|
| | Aktuelle Ereignisse, die zu unangenehmen Gefühlen führen | Genau angeben (Angst, Wut usw.) | Die automatischen, negativen Gedanken angeben, die dem Gefühl vorausgingen | Rationale Reaktion auf automatische Gedanken aufschreiben | Gefühle nach den rationaleren Gedanken angeben und einschätzen von 0–100 % |
| | Gedanken, Tagträume usw., die zu unangenehmen Gefühlen führen | Einschätzen von 0–100 % | Wie gültig sind diese Gedanken? Einschätzen von 0–100 % | Wie gültig sind diese rationaleren Gedanken? Einschätzen von 0–100 % | |
| Beispiel 1: Denke an all die Dinge, die zu tun sind (Haushalt, Tochter, Arbeit, Wohnung) | | Niedergeschlagen, hoffnungslos (85 %) | Wie soll ich das bloß schaffen? Sicher geht alles schief. Ich weiß nicht, wie das alles geht? | Ich habe das doch früher auch gemacht. Ich war sogar froh, wenn mir niemand reingeredet hat. Immer der Reihe nach. | Auswegslos, noch etwas verzweifelt (30 %) |
| Beispiel 2: Anruf von H. (getrennt lebende Ehefrau) | | Zum Heulen, leer, deprimiert (100 %) | Ich kann ohne sie nicht leben. Was soll bloß werden? So ist das Leben wertlos. | Es tut zwar weh, doch früher war ich auch glücklich ohne sie. Die Wunde ist noch zu frisch, doch ich werde es schon schaffen. | Leer, deprimiert (60 %) |

Eine Metaanalyse zur Effektivität von CBT/KVT von ambulant behandelten Depressiven ergab eine Effektstärke d von 0.67-0.88 bei einer Drop-out-Rate von 25 % (Hans und Hiller 2013). Eine randomisierte Vergleichsstudie mit 16 manualisierten KVT-Sitzungen versus Kurzzeit-psychodynamische Therapie ergab keine signifikanten Unterschiede bzgl. Outcome, die durchschnittliche Remissionsrate betrug 22,8 % (Driessen et al. 2013). Die Autoren folgern, dass kurzzeitige Psychotherapie für viele Patienten insuffizient ist.

In den letzten Jahren standen Studien zu Langzeiteffekten und zur *Rezidivprophylaxe* im Vordergrund (Laux 2017b). Hierbei konnten für die KVT anhaltende Effekte verifiziert werden. So ergab eine 2-Jahres-Katamnese, dass remittierte Patienten mit einer rezidivierenden depressiven Störung bei einer zusätzlichen Gruppen-KVT (acht Sitzungen über 16 Wochen) im Vergleich zur üblichen Behandlung (Arztvisite und Medikation) signifikant weniger Rezidive aufwiesen (46 vs. 72 %). Eine Metaanalyse von 28 Studien mit 1.880 Patienten kam zu dem Ergebnis, dass Patienten nach einer KVT gegenüber allein medikamentös Behandelten ein geringeres Rezidivrisiko binnen eines Jahres aufwiesen. In einer Metaanalyse zur Rezidivprophylaxe bei Major Depression basierend auf 25 RCTs kamen die

Autoren zu dem Ergebnis, dass psychologische Interventionen einem Treatment As Usual (TAU) sowie einer Erhaltungstherapie mit Antidepressiva signifikant überlegen waren (RR = 0.64, NNT = 5 bzw. RR = 0.83, NNT = 13). Eine Übersicht zur Rezidivprophylaxe mittels kognitiver Verhaltenstherapie (KET), integrierend KVT, Ansätzen der achtsamkeitsbasierten Therapie (MBCT), der Akzeptanz- und Commitment-Therapie (ACT) und der Wohlbefindenstherapie (WBT) findet sich bei Risch et al. (2012).

Zur Frage des Wirkmechanismus einer KVT wurden in den letzten Jahren auch cerebrale Bildgebungsstudien durchgeführt (fMRT, PET, MRS). Eine aktuelle Übersicht kommt zu dem Ergebnis, dass eine KVT zu messbaren biologischen Hirnveränderungen u. a. im ACC (Anteriorer Cingulärer Cortex) und Amygdala-Hippocampus führt (Franklin et al. 2015).

*Weiterentwicklungen:* Zur Rückfallprävention unipolarer Depressionen wurden in den letzten Jahren v. a. folgende Weiterentwicklungen der kognitiven Verhaltenstherapie (sog. 3. Welle der VT) bekannt:

- Wohlbefindenstherapie (Well-being-Therapie, WBT)
- Cognitive-Continuation-Therapie (C-CT)
- Achtsamkeitsbasierte Therapie (Mindfulness-based Cognitive Therapy for Depression, MBCT)
- Akzeptanz- und Commitment-Therapie (ACT)
- metakognitive Therapie (MKT)

Die WBT entstammt der positiven Psychologie und betont die Stärkung des Wohlbefindens sowie die Förderung individueller Ressourcen. Postakut werden die Bereiche Autonomie, persönliches Wachstum, Kontrollierbarkeit der Umwelt, Sinnhaftigkeit des Lebens, positive Beziehungen zu anderen und Selbstakzeptanz bearbeitet. WBT ist eine Kurztherapie von etwa acht wöchentlichen Sitzungen zwischen 30 und 50 Minuten. Die Therapie ist direktiv, strukturiert, problemzentriert und edukativ. Zu den Dimensionen zählen Umweltbewältigung, persönliche Entwicklung, Lebensziel und -sinn, Autonomie, Selbstakzeptanz und positive Beziehungen (Fava et al. 2009).

Die C-CT ist als Fortsetzung einer kognitiven Akuttherapie konzipiert. Primäres Ziel ist die Generalisierung der in der Akutbehandlung erlernten Kompetenzen u. a. durch sog. »Belastungstests«.

Die MBCT verbindet gruppentherapeutische Elemente der KVT (»Aufzeigen des Zusammenhangs zwischen Gedanken und Gefühlen«) mit solchen des »Mindfulness-Based Stress Reduction Programs« (kontemplative und meditative Methoden) und mit dem zentralen Element der »Mindfulness« (Achtsamkeit). Diese Intervention scheint aber nur einem Teil der depressiven Patienten zu helfen. So wurde in einer randomisierten kontrollierten Studie zur Rezidivprophylaxe (PREVENT) mit 424 Patienten aus 95 Allgemeinarztpraxen in United Kingdom über zwei Jahre keine Überlegenheit der MBCT im Vergleich zu einer Antidepressiva-Erhaltungstherapie gefunden (Kuyken et al. 2015).

Ziel von ACT (»act«) ist die eigene Fähigkeit für achtsames, wertegeleitetes Handeln zu steigern (»psychische Flexibilität«), also das Potenzial für ein sinnvolles Leben zu maximieren und den effektiven Umgang mit unvermeidlichem, zum Leben gehörenden Leid zu lernen. ACT umfasst sechs therapeutische Kernprozesse (u. a. Akzeptanz [sich öffnen], Defusion [sich von Gedanken distanzieren], Werte [wissen was zählt], engagiertes Handeln [tun was nötig ist – Commitment]) (Harris 2020).

### 6.6.4 Interpersonelle Psychotherapie, CBASP

**Interpersonelle Psychotherapie (IPT)**

Die IPT wurde von Klerman und Weissman entwickelt (1984), basiert auf der Interpersonellen Schule Sullivans und der Bindungstheorie Bowlbys und verbindet psychodynamische Elemente mit verhaltenstherapeutischen Grundsätzen. Psychische Störungen werden v. a. als misslungene Versuche betrachtet, sich an belastende Umweltbedingungen (z. B. Verlust von Bezugspersonen) anzupassen, wobei das psychosoziale und interpersonelle Umfeld des Patienten/Klienten eine zentrale Rolle spielt. Das Verfahren ist semistrukturiert zeitlich begrenzt (12–20, in der Regel 16 Sitzungen), bearbeitet schwerpunktmäßig aktuelle Beziehungsmuster und -probleme und setzt direkt an den Lebensbezügen an. Die Basis sind interpersonelle Konsequenzen der Depression, d. h. die Bearbeitung von Verhaltenskonsequenzen wie Rückzug, Negativismus und Abwehrmechanismen. Als Techniken werden direkte Fragen und Exploration sowie »encouragement of affect« angewandt. Der Therapeut nimmt keine neutrale, sondern eine aktive Rolle ein. Im Fokus stehen aktuelle Probleme und Möglichkeiten der Problembewältigung, nicht ihrer Erklärung. Ziele der IPT sind Symptomreduktion, Verbesserung der partnerschaftlichen Beziehungen sowie Bewältigung aktueller, belastender Situationen.

*Grundannahme:* Die IPT orientiert sich an empirischen Befunden der Life-Event- und »Social-Support-Forschung« oder der Bindungsforschung nach Bowlby. Hintergrund ist die Annahme einer misslungenen Anpassung an psychosoziale Stressoren. Grundannahme ist die Beobachtung, dass es einen Zusammenhang zwischen dem ineffektiven Umgang mit interpersonellen Belastungen und dem Auftreten depressiver Episoden gibt.

Die depressionsassoziierten Problembereiche und zu bearbeitenden Therapiebereiche umfassen:

- Trauer und Verlust
- Interpersonelle Konflikte
- Rollenwechsel
- Interpersonelle Defizite (Vereinsamung, Isolation)

Therapeut und Patient einigen sich in einem Behandlungsvertrag auf einen, maximal zwei dieser vier Problembereiche.

Die Behandlung gliedert sich in drei Phasen, deren Ziele und Inhalte in der folgenden Übersicht zusammengefasst sind. Die Anfangsphase beinhaltet die Aufklärung über die depressive Störung, die Beziehungsanalyse und die Identifizierung der Problembereiche. Die mittlere Therapiephase stellt die eigentliche Arbeitsphase dar, in der gezielt die vereinbarten Hauptproblembereiche (Fokus interpersonelle Konflikte, Fokus Rollenwechsel, Fokus langanhaltende Einsamkeit, Fokus komplizierte Trauer) bearbeitet werden. Geeignete Strategien und Fähigkeiten zur Bearbeitung der festgelegten Problembereiche werden erlernt. Die Schlussphase zieht eine Bilanz des Therapieprozesses, thematisiert die Wiedereingliederung in den Alltag und informiert hinsichtlich Rückfallprophylaxe.

---

**Ziele, Techniken und Strategien in den drei Phasen der interpersonellen Psychotherapie (IPT) am Beispiel eines Rollenwechsels (nach Schramm 2010)**

**Initiale Phase (1.–3. Sitzung)**

- Hauptziele:
  - Entlastung des Patienten
  - Symptombewältigung
  - Informationsgewinnung
- Haupttechniken:
  - Exploration

- Psychoedukation
- Unterstützung
- Ermutigung
- Zuspruch
- Behandlungsvertrag
• Strategien (beispielsweise):
- Dem Patienten die Depression als Krankheit erklären
- Die Depression in einen interpersonellen Kontext bringen

**Mittlere Phase (4.–13. Sitzung; Beispiel »Rollenwechsel«)**

• Hauptziele:
- Betrauern und Akzeptieren des Verlusts der alten Rolle
- Positivere Sichtweise der neuen Rolle
- Wiederherstellen des Selbstwertgefühls
• Haupttechniken:
- Ausweitung des Themas
- Klärung
- Ermunterung zum Ausdruck von Gefühlen
- Positives Umformulieren problematischer Aspekte
- Entscheidungsanalyse
• Strategien (beispielsweise):
- Positive und negative Aspekte alter und neuer Rollen besprechen
- Gefühle über den Verlust explorieren
- Zum Aufbau eines sozialen Stützsystems und neuer Fertigkeiten, welche die neue Rolle erfordert, ermutigen

**Schlussphase (14.–16. Sitzung)**

• Hauptziele:
- Angemessener Umgang mit dem Abschiedsprozess
- Vorbereitung auf die Zukunft
• Haupttechniken:
- Ermunterung zum Ausdruck von Gefühlen
- Unterstützung
- Ermutigung
- Zuspruch
- Positive Bestätigung
• Strategien (beispielsweise):
- Abschluss der Therapie ausführlich besprechen
- Dem Patienten seine autonomen Kompetenzen bewusst machen
- Besprechen von typischen Frühwarnzeichen einer Depression

Als therapeutisch relevante Ursachen werden v. a. psychosoziale Faktoren wie Stress, Life Events, die Partnerschaft sowie eine Prägung durch frühe Bindung (»attachment«) angesehen. Im Sinne eines Stress-Vulnerabilitäts-Modells werden auch genetische Faktoren bei der Depressionsentstehung akzeptiert. Das Verfahren bekennt sich ausdrücklich zu einer gleichzeitigen, sequenziellen/kombinierten Behandlung mit Antidepressiva.

Die Wirksamkeit der IPT ist in über 40 RCTs empirisch gut belegt.

*Modifikationen: Kurz- und Gruppentherapie:* In den letzten Jahren wurde die Anwendung von IPT in Gruppen sowie eine Kurzform entwickelt. Erstere sollten aus 8–10 Patienten bestehen, wobei nach zwei Einzelsitzungen 12–24 Gruppensitzungen (nach den ersten drei Sitzungen als geschlossene Gruppe) von 90-minütiger Sitzungsdauer folgen. Zur thematischen Fokussierung sowie hinsichtlich der Gruppenregeln wurden entsprechende Materialien entwickelt. Die »Brief-IPT« besteht aus acht Sitzungen.

**Cognitive Behavioral Analysis System of Psychotherapy (CBASP)**

Ausgehend von der Erfahrung, dass chronisch Depressive nur unbefriedigend auf eine kognitive Verhaltenstherapie oder interpersonelle Psychotherapie ansprechen, entwickelte McCullough ein spezifisches Verfahren, bei dem behaviorale, kognitive, psychodynamische und interpersonelle Strategien integriert werden. Ausgangspunkt ist ein (»erwachsener«) Patient, der sich emotional, interpersonell und sozial auf dem Stand eines präoperatorischen Kindes befindet, d. h. ein begrenztes kognitives Leistungs- und Funktionsniveau sowie eine geringe Änderungsmotivation aufweist. Als charakteristisch für den chronisch Depressiven wird eine empathie- und kontaktarme, egozentrische Ich-Orientierung mit monologisierender Sprache und Negierung der Ansicht anderer angenommen. Initial wird der Patient gebeten, eine Liste seiner prägenden Bezugspersonen zu erstellen und typische Reaktionsmuster zu beschreiben.

CBASP basiert auf dem Modell, dass bei chronisch depressiven Patienten die Interaktion zwischen Person und Umwelt gestört ist. Schwerpunkt der Behandlung liegt auf den verhaltenen sozialen Beziehungen und der Steigerung der sozialen Kompetenz. Wichtige lebensgeschichtliche Themen werden in Übertragungshypothesen bearbeitet. Zu den Therapiezielen zählen die Anwendung sozialer Problemlöse- und bewältigungsstrategien und das Erkennen der Konsequenzen des eigenen Verhaltens. Die zentralen Lernerfahrungen werden in einem kurzen, prägnanten Satz zusammengefasst (»Stempel«). Die Liste prägender Bezugspersonen und die kausalen Schlussfolgerungen (»Stempel«) werden mit dem Patienten erarbeitet. Die Übertragungshypothesen können vier verschiedenen Domänen zugeordnet werden: Scheitern/Versagen, Nähe/Intimität, emotionale Bedürftigkeit und negativer Affekt.

**Therapieablauf**

Psychoedukation, Liste prägender Bezugspersonen und Formulierung der kausalen Schlussfolgerungen (»Stempel«), Formulierung der proaktiven Übertragungshypothesen. Durch Situationsanalysen erfolgt ein Vergleich von tatsächlichem und erwünschtem Ergebnis, woraus ein »Veränderungsdruck« entsteht. Nicht zutreffende und irrelevante Interpretationen werden gestrichen und durch zielführendere Interpretationen ersetzt. Da die Patienten in präoperationalen Denkmustern verhaftet sind, ist ihre Wahrnehmung Ich-zentriert. Das zwischenmenschliche Verhalten wird im Kiesler-Kreis elaboriert: Auf der vertikalen Achse wird das zwischenmenschliche Verhalten zwischen dominant oder offen und unterwürfig oder verschlossen eingeordnet, auf der horizontalen Achse zwischen freundlich oder nah und feindselig oder distanziert (Motive Kontrolle/Dominanz und Zugehörigkeit). Der Kiesler-Kreis erlaubt eine einfache Analyse zwischenmenschlichen Interaktionsverhaltens.

Hauptziele des CBASP sind, dass der Patient die Konsequenzen seines chronisch depressiven Verhaltens und seine negativen Stimuli auf andere erkennt und soziale Interaktions- und Bewältigungsstrategien entwickelt. Zu den speziellen Behandlungstechniken gehören die als behaviorale Technik im Zentrum stehende Situationsanalyse (Explorations- und Lösungsphase), interpersonelle Therapietechniken (Liste prägender Beziehungen, Aufarbeitung negativer oder traumatisierender zwischenmenschlicher Erfahrungen), Übertragung und Diskriminationsübungen (Diskriminationslernen zwischen dem Verhalten des Therapeuten und dem Verhalten von Bezugspersonen, therapeutische Beziehung als Übungsfeld) sowie der Aufbau von Verhaltensfertigkeiten. Zu den therapeutischen Übertragungsproblemen zählen die Domänen Nähe/Intimität, Fehler/Versagen, emotionale Bedürftigkeit und negativer Affekt. Zu den kritischen interpersonellen Brennpunkten (»Hot-Spots«) zählen das Äußern eigener Bedürfnisse, Versagen und Fehler machen, negative Gefühle gegenüber anderen ausdrücken und Intimität. CBASP ist direktiver und strukturierter als die IPT, erfordert das persönliche Einbringen des Therapeuten, setzt ein geringeres kognitives Leistungsniveau als die KVT voraus und fokussiert auf die Patient-Therapeut-Beziehung. Die Wirksamkeit wurde durch mehrere kontrollierte Studien nachgewiesen. Die besten Wirkeffekte scheint CBASP bei der Patientengruppe zu zeigen, für die es ursprünglich konzipiert wurde: chronisch Depressive mit frühem Beginn im Rahmen früher Traumatisierungen sowie bei komorbider Persönlichkeitsstörung (außer Borderline-Störungen).

## 6.6.5 Weitere und neuere Psychotherapieformen

**Paar- und Familientherapie**

In den letzten Jahren wurde der Bedeutung ehelicher/partnerschaftlicher Beziehungsaspekte für Entstehung und Verlauf der Depression basierend auf den Erkenntnissen der interpersonellen Kommunikationsforschung und der systemischen Betrachtungsweise vermehrtes Forschungsinteresse zuteil. Untersuchungen hatten gezeigt, dass die Ehepartner depressiver Patienten häufig die offene Kommunikation von Ärger und Feindseligkeit mit dem Ergebnis vermeiden, dass sich ihr Interaktionsverhalten als auffällig ambivalent darstellt. Dies konnte durch eine empirische Strukturanalyse ehelicher Beziehungsmuster verifiziert werden. Diese Beziehungsstrukturen scheinen vorrangig in Ehebeziehungen bei Patienten mit Rezidiven vorzukommen. Die häufig emotional gespannte Partnerbeziehung weist typischerweise ein ausgeprägtes gegenseitiges Abhängigkeitsverhältnis auf, wobei sich die Ehegatten in der depressiven Phase gegenseitig verstärkt kontrollieren und kritisieren und depressives Verhalten vom Partner z. T. als versteckter Vorwurf empfunden wird.

In einer kontrollierten Untersuchung zeigte eine manualisierte Paartherapie (12–20 Sitzungen) nach einem Jahr für eine Untergruppe depressiv Erkrankter (Patienten, die mit einem kritisierenden Partner zusammenleben) eine einer Pharmakotherapie zumindest vergleichbare Wirksamkeit bei einer deutlich geringeren Abbruchrate (15 vs. 58 % unter Pharmakotherapie) und ähnlichem Kostenaufwand (Leff et al. 2000).

Als Konsequenz für die psychotherapeutische Behandlungspraxis Depressiver sollte ein paartherapeutisches Angebot (Ehetherapie) insbesondere für depressive Frauen eingesetzt werden. Das Ziel besteht darin, bei beiden Partnern eine vermehrte Offenheit und Transparenz hinsichtlich ihrer zwischenmenschlichen Schwierigkeiten und im persönlichen Umgang mit der Depression zu erlangen. Dies scheint ein wichtiger rückfallprophylaktischer Faktor darzustellen.

**Kurz-Psychotherapie**

Für die Facharztpraxis wurde eine psychiatrische Kurz-Psychotherapie (PKP-Depression) modular in Karten- und Tablet-PC-Version, zugeschnitten auf ein 20–25 bzw. 50-Minuten-Sprechstunden-Setting entwickelt. Das Verfahren integriert verhaltenstherapeutische und psychodynamische, aber auch interpersonelle Therapieansätze (Sulz und Deckert 2015).

**Online-/Internet-Psychotherapie**

In den letzten Jahren wurden basierend auf kognitiv-verhaltenstherapeutischen Techniken verschiedene Web-, Online- und Internet-basierte Psychotherapien entwickelt. E-Mental-Health als innovative Form der psychotherapeutischen Versorgung reicht von niedrigschwelligen webbasierten Selbsthilfeprogrammen (Internet als Informationsmedium) bis zu Online-Psychotherapien (Internet als Kommunikationsmedium). Das Online-Internet-Programm »PRO MIND Stimmung« der Barmer GEK soll z. B. Betroffenen mit niedergeschlagener Stimmung, Interessensverlust oder ersten depressiven Symptomen mit bewährten Methoden der kognitiven Verhaltenstherapie helfen, diese effektiv zu bewältigen und ihre Lebensqualität und Wohlbefinden nachhaltig zu steigern.

Für von Psychologen entwickelte computerisierte kognitive Verhaltenstherapie (cCBT, iKVT, iCBT) liegen inzwischen auch für depressive Störungen Wirksamkeitsnachweise in Form kontrollierter Studien vor (z. B. Deprexis 24, DepNet; Übersichten in Berger 2015; Laux 2016; Meyer et al. 2016). Neue Studien unterstreichen die Wirksamkeit von iCBT (Karyotaki et al. 2017). Im Vergleich zu »echter face-to-face« Psychotherapie war guided iCBT bei psychiatrischen Erkrankungen global äquivalent (Carlbring et al. 2018). Für schwer Depressive können PC-Depressionsangebote eigentlich nur als Add-on-Therapie, also unterstützend zur ambulanten oder stationären Therapie eingesetzt werden; Depressionstherapie ist eine beziehungsorientierte Therapie und keine informationsorientierte.

Die Abbruch-/Drop out-Raten der cCBT lagen bei 24–34 % – im Vergleich unter individueller oder Gruppen-CBT bei ca. 25 % (Fernandez et al. 2015).

Von der DGPPN liegt eine Checkliste mit Qualitätskriterien als Grundlage für eine Zertifizierung vor. Zur Depressionstherapie zertifiziert, zugelassen im Rahmen digitaler Gesundheitsanwendungen (DiGA) durch das BfArM, auf Kassenrezept verordnebar (von den Krankenkassen/Kostenträgern übernommen) ist z. B. deprexis.

> **Beachte**
>
> Derzeit existieren ca. 350.000 mobile Health Apps, sodass es für Patienten schwierig, ja nahezu unmöglich ist, seriös-sinnvolle Quellen von anderen zu unterscheiden. Für den behandelnden Arzt ist es deshalb heute obligat, auf den »Dr. Google/Internet«-Wissensstand seiner Patienten einzugehen!

Einerseits kommt den psychotherapeutischen Verfahren hohe Akzeptanz, ja nicht selten Präferenz gegenüber der Pharmakotherapie in der Bevölkerung zu, andererseits ist die empirisch-evidenzbasierte Datenlage u. a. aufgrund methodologischer Probleme wie beispielsweise Plazebokontrollgruppen, Patientenselektion oder Datenanalyse-Techniken (ITT, LOCF) problematisch-komplex.

### 6.6.6 Wahl des Psychotherapieverfahrens, Wirksamkeitsvergleiche

Die Auswahl des Psychotherapieverfahrens in der Versorgungsrealität hängt zum einen von der regionalen Therapeuten-Verfügbarkeit, den Empfehlungen und Qualifikationen der behandelnden Ärzte und Psychologen, zum anderen von der Präferenz der Patienten ab.

Viele Studien mit hoher Selektion und geringgradiger Methodologie kamen zu dem Ergebnis, dass Patienten von allen Psychotherapieverfahren profitieren. Dies wurde bekannt als das »Verdikt des Dodo« – »Everybody has won and all must have prizes«, d. h. die wichtigsten Psychotherapieverfahren gelangten zu ähnlichen Effekten, was auch als »Äquivalenzparadoxon« in der Psychotherapie bezeichnet wurde. Andererseits ist die Bedeutung des »Therapeuten-Faktors« unbestritten.

In den letzten Jahren wurden methodisch anspruchsvollere Studien durchgeführt. Bekannt wurde die niederländische RCT von Driessen et al. (2013), in der 341 Patienten mit KVT oder psychodynamischer Therapie in 16 Sitzungen behandelt und anschließend über ein Jahr nachverfolgt wurden. Die Autoren konnten keine statistisch signifikanten Unterschiede hinsichtlich der Wirksamkeit beider Therapieformen finden – bemerkenswert war die geringe Remissionsrate von 22,7 % bei allen Patienten. Sie folgern, *dass eine Kurzzeittherapie für eine nicht geringe Anzahl von Patienten als insuffizient anzusehen ist.* Systematische Cochrane-Reviews verglichen Verhaltenstherapien bzw. Verfahren der 3. Welle der kognitiven Verhaltenstherapie mit anderen psychologischen Therapien (psychodynamische Psychotherapie, humanistische Therapie). Sie kamen zu dem Ergebnis einer Überlegenheit von kognitiven Verhaltenstherapien über psychodynamischen Therapien.

> **Persönliche Anmerkung der Autoren**
>
> Angesichts des »Psychotherapie-Booms« muss die Frage der Indikation mit Sorgfalt geprüft werden. Zur Psychotherapierbarkeit gehören prinzipiell Introspektionsfähigkeit, ausreichende Motivation und Änderungspotenzial. Zum Teil ist zu beobachten, dass fast alltägliche psychische Befindlichkeitsstörungen zu behandlungsbedürftigen Krankheiten hochstilisiert werden. Auch liegen für manche Langzeittherapien keine empirisch-wissenschaftlichen Wirksamkeitsbelege vor.

## 6.7 Begleittherapien

Bewährt hat sich in der Depressionsbehandlung auch der Einsatz von kunst- und musiktherapeutischen sowie körperorientierten Verfahren. Zu letzteren zählen beispielsweise:

- Physikalische Therapie
- Körperbezogene Psychotherapie
- Physiotherapie
- Gerätetraining
- Systematische Entspannung (insbesondere progressive Muskelrelaxation, aber auch andere, die nicht das Grübeln verstärken)

### 6.7.1 Körperliche Aktivität, »Sporttherapie«/ Bewegung

In den letzten Jahren wurde die Bedeutung körperlicher Aktivität – auch im Rahmen eines psychosomatischen Krankheitsverständnisses – zunehmend beachtet. Untersuchungen an depressiven Patienten der letzten Jahre legen nahe, dass der aeroben kontinuierlichen körperlichen Aktivität Joggen (mindestens für 30 Minuten an fünf Tagen die Woche, Kriterien des American College of Sports Medicine), auch (Felsen-)Klettern und Bouldern ein gewisser antidepressiver Effekt zukommt. Die Effekte eines derartigen Dauerleistungstrainings könnten u. a. darauf beruhen, dass körperliche Aktivität zerebrale Monoamine und neurotrophe Faktoren (z. B. BDNF) aktiviert sowie immunologisch den Interleukin-6-Spiegel senkt. Studien belegen, dass Bewegungsinterventionen auf depressive Symptomatik und affektive Befindlichkeit signifikant positive Auswirkungen zeigen (Ledochowski et al. 2017). Hierzu liegen auch positive Metaanalysen von RCTs vor. Laufen, Joggen, Klettern und Schwimmen sollen die beste antidepressive Wirkung aufweisen; auch allgemeines Gerätetraining (Fitness) wird empfohlen (Repple und Opel 2021).

Dass sportliche Aktivität, nicht nur Ausdauer, sondern auch Kraftsport, antidepressiv wirksam sein können, weiß man im klinischen Setting seit einem halben Jahrhundert. Beim Sport ist es insbesondere das Laufen (gemeint sind damit alle Formen von Laufen einschließlich Joggen, wobei von mehrfachen Marathonläufen pro Woche nachdrücklich abgeraten wird). Wichtig ist dabei nicht die Strecke, sondern die Regelmäßigkeit: 4–5 Mal pro Woche z. B. eine halbe Stunde und 5 oder 6 Kilometer.

> **Fallbeispiel: Sporttherapie**
>
> Ein heute über 70-jähriger Patient, seit seinen 40er Jahren an einer rezidivierenden depressiven Erkrankung leidend, läuft 5x pro Woche sechs Kilometer und empfindet dies als eigene antidepressive Strategie, die er leisten kann, um seinen Gemütszustand einigermaßen stabil zu halten. Dies funktioniert nun seit mehreren Jahrzehnten, wobei seit seinem 40. Lebensjahr bis nun in die 1970er Jahre hinein nur zwei kurze stationäre psychiatrische Aufenthalte notwendig waren.

Am Ende des Laufs muss eine leichte Erschöpfung stehen, das Gefühl körperlicher Beanspruchung, dass die Stressachse aktiviert wurde. Nicht umsonst ist in den psychiatrischen Kliniken vor allem in der Depressionsbehandlung, aber auch allgemein bei anderen Krankheitsgruppen die körperliche Aktivität in Sport und Gymnastik, heute »psychiatrische Bewegungstherapie« genannt, ganz hoch angesiedelt. Es vermittelt dem Patienten ein Gefühl für seinen Körper, das Gefühl, selbst etwas an seiner Befindlichkeit, seiner Antriebsstörung, seiner Kommunikationsstörung machen zu können, und zumindest im klinischen Bereich gehört dazu auch das Gruppenerlebnis, zu mehreren ein »Power Walking« hinbekommen zu haben. »Bewegung und Licht« formulierte es eine Patientin, die quer durch Deutschland gelaufen war, um ihre Depression zu bekämpfen.

Gerade in der Depressionsbehandlung ist jede Form von körperlicher Aktivität zu begrüßen und sollte aktiv auch nach einem stationären Aufenthalt weiterbetrieben werden.

Sportliche Aktivität muss auch bei ambulant behandelten depressiv kranken Menschen ein Teil des Therapiekonzeptes neben antidepressiver Medikation (sofern notwendig) und psychotherapeutischer Intervention sein. Aus dem Blickwinkel der Selbsthilfe ist dies einer der Aspekte, die ein depressiv kranker Mensch selbst als antidepressive Strategie ins Auge fassen kann.

> **Beachte**
>
> Die Patientenmotivation ist eine Herausforderung für Ambulanz und niedergelassene Kollegen!

## 6.7.2 Entspannungsverfahren

Zur Wirksamkeit von Meditation, Akupunktur, Yoga, Tai Chi und Chigong liegen widersprüchliche Ergebnisse von methodologisch defizienten Studien vor. Die achtsamkeitsbasierte Meditation zeigte eine gewisse Wirksamkeit, Thai Chi und Chigong waren unwirksam. Relaxierende Körpertherapieverfahren können wirksam sein. Für die Wirksamkeit von Massage bei Depressionen ergab eine Analyse (spärlich) vorliegender RCTs aber keinen Hinweis.

Eine moderate Druckmassage kann offenbar Depressionen günstig beeinflussen, neben einer Erhöhung der Vagusaktivität und einer Reduktion der Cortisolspiegel wurden stress- und emotionsassoziierte Hirnregionen (Amygdala, Hypothalamus, ACC) beeinflusst.

Diese Methoden scheinen besondere Bedeutung für die Patienten zu besitzen, deren Körpergefühl vermindert, die in ihrer Emotionalität eingeschränkt oder in einer verbalen Psychotherapie schwer zu erreichen sind.

Beeinflusst von der chinesischen Medizin findet in letzter Zeit auch die Akupunktur Eingang in die Depressionstherapie. Ein Review zur Effektivität anhand kontrollierter Kurzzeitstudien kam zu dem Ergebnis, dass eine gewisse Wirksamkeit vorhanden sein könnte. Eine Cochrane-Analyse von 30 kontrollierten Studien mit 2.812 Patienten zeigte keine konsistente Wirksamkeit von Akupunktur im Vergleich mit Wartelisten- und Scheinakupunktur-Kontrollen. Akupunktur zeigte keinen Unterschied zur Sham-Akupunktur. Weitere v. a. standardisierte und Langzeitstudien sind zur Evidenzbeurteilung nötig.

Als Genusstherapie wird die Förderung von euthymem Erleben und Verhalten (Genussfähigkeit) bezeichnet.

Ähnliches gilt für die *Ergotherapie* bzw. die zur Ergotherapie gehörige *Kunsttherapie*. Auch hier besteht das Ziel darin, Antriebsdefizite durch kreative Arbeit zu reaktivieren und dabei positive Erfahrungen bzgl. der noch vorhandenen eigenen Kreativität zu machen. Dazu gehören sowohl Einzelarbeiten wie auch Gruppenprojekte.

**Fallbeispiel: Ergotherapie**

Eine 5-köpfige Depressionsgruppe hat in der Ergotherapie beschlossen, einen Pappmascheedrachen herzustellen und dann auf der Depressionsstation aufzuhängen. Es war ein meterlanges Ungetüm, eigentlich ein Krokodil auf Beinen, das dann grün angemalt wurde und feierlich von der gesamten Gruppe unter Beifall der anderen stationären Patienten auf die Depressionsstation getragen wurde und dort mit Hilfe von Handwerkern aus der Werkstatt des Hauses an der Decke verankert wurde. Es war wochenlang Thema der stationären Therapiegruppen, wobei die gemeinsame schöpferische Aktivität im Vordergrund stand, nicht die vielleicht schräge Deutung des Krokodils als Ausdruck von verdrängter Aggressivität.

### 6.7.3 Soziotherapie

Aus soziotherapeutisch-sozialpädagogischer Sicht gehören v. a. folgende Punkte zur Depressionsbehandlung:

- Entpflichtung des Patienten (Krankschreibung, Vermittlung von Haushaltshilfen etc.)
- Einbeziehung von Angehörigen und Umfeld (Aufklärung, Entlastung von Schuldgefühlen, Etablierung von Compliance)
- Beratung und Unterstützung durch die Einrichtungen des psychosozialen Versorgungsnetzes (sozialpsychiatrische Dienste, Eheberatung etc.)
- Begleitung am Arbeitsplatz (Wiedereingliederung, evtl. »Place and Train«, Betreuung durch Betriebsärzte u. ä.)
- Beratung und Unterstützung in existenziellen Krisen, z. B. Arbeitsplatzverlust, Insolvenz, u. ä.

## 6.7.4 Komplementär alternativmedizinische Therapieansätze

Angesichts der häufigen Anwendung wurden in neuerer Zeit auch komplementär-alternativmedizinische Therapieansätze (CAM) evaluiert. Reviews kamen zu der Feststellung, dass aufgrund evidenzbasierter Daten Johanniskraut, Omega-3-Fettsäuren und S-Adenosylmethionin bei Depressionen wirksam sind. Die Studien waren allerdings zumeist von geringer methodologischer Qualität, auch ist die Bedeutung assoziierter psychosozialer Faktoren zu berücksichtigen. In überwiegend chinesischen Studien waren auch chinesische Pflanzenextrakte zumindest als zusätzliche Medikation antidepressiv wirksam und reduzierten Nebenwirkungen. Basierend auf der Darm-Mikrobiom-Hypothese werden jüngst auch Diätvorschläge gemacht.

> **Persönliche Anmerkung der Autoren**
>
> In Deutschland gibt es – weltweit einmalig – ca. 43.000 als Behandler zugelassene Heilpraktiker – so viele wie approbierte psychologische Psychotherapeuten! Angesichts einer Zeitgeist-naturheilkundlich-esoterischen Faszination finden sie großen Zuspruch (Homöopathie – »Bach-Blüten« – »Kügelchen«). Die Effekte basieren auf persönlicher Zuwendung und Suggestion, empirisch-wissenschaftliche Belege (»Schulmedizin«) fehlen.

## 6.7.5 Persönlichkeitsentwicklung – »Weisheitstherapie«

Das Spannungsfeld zwischen wachsender (Entscheidungs-)Freiheit (»Selbstbestimmung«, »Autonomie«) und zurückgehenden institutionellen und gesellschaftlichen Vorgaben kann zu Orientierungslosigkeit und Überforderung führen. Die Suche nach persönlichen Werten, die Halt geben, die Entwicklung langfristiger Lebensziele und -konzepte sowie das Streben nach einem Lebenssinn bleiben nicht selten aus. Der Begriff »Sinn« leitet sich von »sinnan, einen Weg gehen« her. Merkmale sind die Beziehung zu sich selbst, zu anderen, zur Gesellschaft und zur Welt.

Die **humanistische Psychologie und Psychotherapie** hat sich diesen Fragen gewidmet (Gesprächspsychotherapie C. Rogers, Logotherapie V. Frankl, Bedürfnispyramide A. Maslow). Der Medizinsoziologe A. Antonovsky entwickelte das Konzept der Salutogenese. Hieraus entstand die Salutotherapie, die alle Behandlungsmaßnahmen zur Förderung bzw. Wiederherstellung von Gesundheit bei Krankheiten zusammenfasst (im Gegensatz zu Wellness-Angeboten außerhalb des Gesundheitswesens). Für die »positive Psychologie« liegen inzwischen auch neurobiologische Studienbefunde vor (Esch 2017).

In schwierigen Lebenssituationen wie auch Depressionen stellen sich existenzielle Fragen. Eine gewisse Renaissance haben wieder philosophisch-religiöse Betrachtungsformen erfahren. »Spiritualität« hat in den letzten Jahren große Popularität erlangt, war lange auf Frömmigkeit beschränkt, umfasst heute auch schillernde Bereiche wie New Age, Esoterik und Wellness. Der Begriff leitet sich von »spiritus«, Atem, Seele, Geist, Mut und Sinn ab. Als spirituelle Haltung wird das Nachdenken über das Leben, die Auseinandersetzung mit der Frage nach dem Woher und Wohin bezeichnet. Als wissenschaftliche Disziplin hat sich jüngst »Spiritual Care« als Schnittstelle zwischen Seelsorge, Theologie und Medizin vor allem in der Palliativmedizin etabliert (»Mensch als Ganzes im Blick«; Utsch et al. 2014; Frick et al. 2021). Spiritual Care sieht Spiritualität als Heilverfahren (Behandlungsziel »in Frieden mit sich selbst kommen«). Werte werden als eine über die Zeit relativ konstante Konzeption des Wünschenswerten angesehen, metaphorisch als Kompass. Die Suche nach Sinn ist eine individuelle Herausforderung und eine Grundfrage in der Religion. Werte haben eine Orientierungsfunktion und helfen bei der Auswahl von Zielen. Sinn gibt einen Bezugsrahmen und ermöglicht eine Lebenshaltung für die Herausforderungen des menschlichen Lebens. Sinn bezieht sich auf die grundsätzliche Weltsicht einer Person (Heidenreich et al. 2017). Zur Exploration von Zielen und Werten stehen Arbeitsblätter und Imaginationen zur Verfügung. Eine sinnzentrierte Therapie ermöglicht einen größeren Kontext und eine Lebensperspektive gerade unter schwierigen Lebensumständen.

Es liegen Belege vor, dass spirituelle Praktiken und religiöser Glaube durch Vermittlung von Hoffnung im Sinne einer Coping-Strategie helfen können, Stressoren und Lebensbelastungen zu bewältigen (Kasen et al. 2012). In einer offenen deutschen Studie korrelierte höhere Religiosität, gemessen mit dem Religions-Struktur-Test RST und der Gottesbeziehung (ECR-G), bei stationären Patienten mit einem günstigeren Depressionsverlauf. Allerdings ist die Gefahr der Verstärkung von Schuldgefühlen zu beachten (Zur präventiven Wirkung von »Glaube« siehe ▶ Kap. 8.4).

Weisheit kann als »Expertise zur Bewältigung schwieriger Lebenssituationen«, als »Wissen um ein gelingendes Leben unter den Bedingungen menschlicher Unvollkommenheit« definiert werden. Hierbei handelt es sich um eine komplexe psychische Fähigkeit analog zu Selbstsicherheit oder sozialer Kompetenz. Sie ist ein Resilienz- und Copingfaktor im Umgang mit negativen Lebensereignissen (Baumann und Linden 2008). Wichtige Dimensionen sind die Fähigkeit zum Perspektivwechsel, zur Wahrnehmung und Akzeptanz eigener Gefühle, zu Empathie, zur Selbstdistanz, zu Humor und zur Selbstrelativierung. Weisheit enthält Wissen über die Grenzen von Wissen, besteht aus einem Wissen, das besonders tief, umfassend und ausgewogen ist

In der Weisheitstherapie werden »weisheitsaktivierende« Problemlösestrategien vermittelt, die ermöglichen sollen, das erlittene kritische Lebensereignis zu verarbeiten, sich davon innerlich zu distanzieren, aktive Coping-/Bewältigungs-Strategien zur kognitiven Umbewertung zu erlernen und neue Lebensperspektiven aufzubauen (Sandau et al. 2009). Zu den Prinzipien zählen die Eruierung spezifischer Grundannahmen und Wertvorstellungen des Patienten, die Klärung von Ressourcen zur Konfliktbewältigung, der Perspektivwechsel, die Empathietraining sowie die Förderung von Emotionswahrnehmung und Emotionsakzeptanz.

## 6.8 Kombinationstherapie – Integrierte Ansätze

Lange Zeit kontrastierten – basierend auf der ätiopathogenetischen Dichotomie »endogen-biologische« vs. »neurotisch-psychogene« Depression – Pharmakotherapie und Psychotherapie in der psychiatrisch-psychotherapeutischen Versorgung. Die Diskussionen »antidepressive Pharmakotherapie vs. Psychotherapie« führten in den USA sogar zu juristischen Auseinandersetzungen. Die Entscheidung, ob Pharmakotherapie oder Psychotherapie ist abhängig von der Präferenz der Patienten, dem Medien-vermittelten Wissensstand, der regionalen Verfügbarkeit von Psychotherapie und der Empfehlung des behandelnden Arztes. Solange keine Biomarker vorliegen, gilt es, eine Reihe klinischer Variablen (Symptomatologie, Schweregrad, Komorbiditäten, Persönlichkeit) und sozial-situativer Faktoren für die Entscheidung zu berücksichtigen.

Eine Literaturübersicht hinsichtlich Entscheidungsfaktoren für eine antidepressive Pharmakotherapie oder eine Psychotherapie kam zu dem Ergebnis, dass für die ärztliche Entscheidung genetische und ätiologische (melancholisch vs. nicht melancholisch) Faktoren entscheidend sind, in gewissem Ausmaß auch Persönlichkeitsstörungen, während demografische Faktoren wenig relevant waren (in Laux 2017b). Eine Studie bei Primärärzten ergab, dass Psychotherapie einer Antidepressiva-Medikation vorgezogen wurde. Depressive Patienten, die ihre bevorzugte Behandlung erhielten (Sertralin oder kognitive Verhaltenstherapie), respondierten signifikant besser auf die von ihnen gewählte Therapieform (in Laux 2017b).

Ein »*psychotherapeutisches Basisverhalten*« (Wolfersdorf 1982a) ist ebenso wie die *Vermittlung psychoedukativer Elemente* in Anbetracht der erwähnten niedrigen Complianceraten in der (Langzeit-)Therapie heute obligat. Die Integration medikamentöser und psychotherapeutischer Ansätze bei der Behandlung eines depressiven Patienten besitzt nach Überwindung dogmatischer Barrieren unmittelbare Evidenz. Der kombinierte Einsatz von Pharmakotherapie und störungsorientierter Psychotherapie wird von vielen als Via regia angesehen und in modernen Leitlinien empfohlen. Die empirische Basis für die Vorteile einer Kombination von störungsorientierter Psychotherapie mit einer Antidepressivatherapie ist allerdings v. a. für die Akutbehandlung uneinheitlich. Die Durchführung wissenschaftlich fundierter Studien ist, wie erwähnt, durch eine Reihe methodologischer Probleme erschwert. Aus theoretischer und empirischer Sicht scheint die allgemeine Aussage möglich, dass Psychotherapie stärkere Effekte auf die soziale Rollenfunktion und auf kognitive Funktionen, die medikamentöse Therapie v. a. auf die »somatischen Symptome« der Depression ausübt. Unbestritten ist die positive Wirkung psychotherapeutischer Interventionen auf die Compliance.

Die umfassende »Landmark-Vergleichsstudie« des National Institute of Mental Health (NIMH) verglich in den 1980er Jahren in einem 4-armigen Design Imipramin (150–300 mg/Tag) mit interpersoneller Psychotherapie, kognitiver Verhaltenstherapie sowie Plazebo, jeweils ergänzt durch wöchentliche Konsultation (klinisches Management mit Aufklärung und Unterstützung durch den behandelnden Arzt). Von 239 Patienten mit Major Depression nach DSM-III verblieben 156 protokollgerecht bis zum Ende der 16-wöchigen Behandlung in der Studie. Bei allen Gruppen fanden sich hochsignifikante Prä-post-Unterschiede. Insgesamt konnte keine Überlegenheit einer Behandlungsweise demonstriert werden, Imipramin zeigte jedoch sowohl einen rascheren Wirkungseintritt als auch eine höhere Wirksamkeit bei schwer Depressiven. Diese Studie wurde in ihrer Methodik vielfach kritisiert. Die unerwartet hohe Wirksamkeit der Plazebobedingung und die insgesamt geringe Überlegenheit der verschiedenen Therapieverfahren dürfte darauf zurückzuführen sein, dass die Mehrzahl der ambulanten Patienten nur an leicht bis mittelgradigen Depressionen litten (Elkin et al. 1989).

Eine Metaanalyse von 28 Studien mit 3.381 Patienten kam zu dem Ergebnis, dass bei leicht- bis mittelgradigen Depressionen die Wirkung von Antidepressivatherapie und Psychotherapie vergleichbar ist: die Responseraten lagen bei ca. 70 %, die Remissionsraten nur bei ca. 30 %, die Plazebo-Responserate bei 30–40 % (Imel et al. 2008).

Eine kürzlich publizierte Netzwerk-Meta-Analyse (101 kontrollierte Studien, 11.910 Patienten) kam zu dem Ergebnis, dass Pharmakotherapie und Psychotherapie gleich wirksam und für (mittel-)schwere Depressionen die Kombinationsbehandlung effektiver war (Cuijpers et al. 2020).

> **Merke**
>
> Antidepressiva kommt in der Regel ein rascherer Wirkungseintritt zu, wohingegen Psychotherapie bei wöchentlichen Sitzungen eine Wirklatenz von ca. 12 Wochen zeigt. Psychologische Therapieverfahren weisen aber zum Teil längerdauernde Effekte auf, da weniger Rezidive im Langzeittherapieverlauf entstehen.

Im Sinne des Vulnerabilitäts-Stress-Konzeptes erfolgt in der heutigen Depressionsbehandlung in Klinik und Praxis häufig eine Kombination von Pharmakotherapie und Psychotherapie in folgender Form:

- sequenziell (Psychotherapie nach medikamentöser Akutbehandlung)
- augmentierend (Psychotherapie oder Pharmakotherapie zusätzlich bei jeweils ungenügender Response oder spezifischen Indikationen)
- primär kombinierend

Eine Metaanalyse zur Effektivität einer *sequenziellen* Psychotherapie nach erfolgreicher Pharmakotherapie belegte die Überlegenheit dieses Vorgehens im Vergleich zu einer alleinigen Antidepressivatherapie oder TAU hinsichtlich Depressions-Rezidiven. Eine andere Metaanalyse mit über 2.000 Patienten kam zu dem Ergebnis, dass die *Kombinationstherapie* einer alleinigen Pharmakotherapie leicht überlegen war, allerdings nicht bei Patienten mit Dysthymie. Die Abbruchrate war in der kombinierten Behandlung signifikant niedriger. Ein Review von 16 Studien konstatiert, dass in Studien über einen Zeitraum > 12 Wochen die Kombinationsbehandlung einer alleinigen Pharmaka-Monotherapie signifikant überlegen ist. Eine 25 randomisierte Studien mit 2.036 Patienten umfassende Metaanalyse fand mit einer Effektstärke von 0,31 einen geringen Vorteil für die Kombinationstherapie (noch geringer für Patienten mit Dysthymie) bei einer signifikant niedrigeren Drop-out-Rate (OR = 0,65) (Übersicht in Laux 2017).

Die S3-Leitlinie bzw. Nationale Versorgungsleitlinie empfiehlt bei akuten schweren Depressionen eine Kombinationsbehandlung mit medikamentöser Therapie und Psychotherapie (DGPPN et al. 2015).

Bei Patienten mit Dysthymie, Double-Depression und chronischer Depression liegen bislang nur wenige kontrollierte Studien über kurze Therapiezeiträume vor. Bei Dysthymie gibt es Hinweise für eine Überlegenheit der Pharmakotherapie, überwiegend wird eine Kombinationstherapie mit Antidepressiva und KVT, CBASP oder IPT heute als am effektivsten angesehen.

*Akutbehandlungen:* Die Ergebnisse einzelner kontrollierter Studien bei leicht- bis mittelgradigen ambulant behandelten Depressionen hinsichtlich der Wirksamkeitsvorteile kombinierter Akutbehandlungen sind inkonsistent. Schramm et al. (2006) beschrieben v. a. bei früh traumatisierten Patienten eine signifikante Überlegenheit der mit IPT plus Pharmakotherapie behandelten Patienten im Vergleich zur medikamentösen Standardbehandlung. Eine zusätzliche KVT-Gruppentherapie war bei rezidivierenden Depressionen einer reinen medikamentösen Therapie (TAU, »treatment as usual«) in der Rezidivprophylaxe überlegen. Zur stationären Depressionskombinationsbehandlung liegen folgende Untersuchungen vor: Eine Freiburger Studie legte hierzu ein positives Ergebnis für die Kombination von interpersoneller Psychotherapie mit Standard-Psychopharmakotherapie bei 124 schwer bzw. chronisch depressiven Patienten sowohl nach fünf Wochen als auch nach drei Monaten vor. Eine Berliner Studie konnte ebenfalls Wirkeffekte einer zusätzlichen KVT auf die Reduktion depressiver Symptome bei stationären Patienten belegen, auch die Remissionsraten waren signifikant höher (60–72 % vs. 43–51 %). Analog fand eine Münchner RCT nach fünfwöchiger Behandlung sowie nach drei und zwölf Monaten bei Patienten, die kombiniert mit interpersoneller Psychotherapie und Pharmakotherapie behandelt wurden, eine signifikant stärkere Reduktion des HAMD-Scores als bei Patienten ohne Psychotherapie (Übersicht in Laux 2017). Nach fünf Jahren war der Unterschied allerdings nicht mehr signifikant, es profitierten nur Patienten mit einem Trauma von der IPT.

> **Merke**
>
> Die kontrollierten Studien der letzten Jahre konnten belegen, dass insbesondere bei schweren Depressionen, aber auch bei Dysthymie medikamentöse und psychologische Kombinationsbehandlungen der jeweiligen Einzeltherapie überlegen sind.

*Erhaltungs- und Langzeittherapie:* In der Erhaltungs- und Langzeittherapie sind die Vorteile einer Kombinationsbehandlung offenkundiger: In einer ersten Studie zeigten Frank et al. (1990), dass eine kombinierte Rezidivprophylaxe-Therapie deutlich geringere Rückfallraten aufweist (in ihrer Studie 7,6 % vs. 12–48 % unter Antidepressiva-Monotherapie). Eine Verlaufsstudie nach Akutbehandlung entweder mit kognitiver Psychotherapie oder Pharmakotherapie über einen Zeitraum von zwei Jahren zeigte für die Patientengruppe, die während der Akutbehandlung mit kognitiver Psychotherapie behandelt wurde, eine geringere Rezidivrate. Eine kontrollierte Studie an 187 Altersdepressiven konnte nachweisen, dass eine kombinierte Behandlung mit Nortriptylin und IPT effektiver als die jeweilige Monotherapie war. Die Rezidivraten innerhalb von drei Jahren betrugen unter Nortriptylin plus IPT 20 %, unter Nortriptylin alleine 43 %, unter IPT alleine 64 % und unter Plazebo 90 %. Metaanalysen zeigten, dass die Rückfallraten nach Beendigung der kognitiven Therapie signifikant geringer waren als nach Absetzen der medikamentösen Therapie. Zur Wirksamkeit psychodynamischer Therapien liegen nur wenige kontrollierte Studien vor: Die Datenanalyse von drei RCTs mit »Short Psychodynamic Supportive Psychotherapy« ergab aus Sicht von Therapeuten, Patienten und unabhängigen Beobachtern unterschiedliche Ergebnisse, insgesamt Vorteile für die Kombination mit Pharmakotherapie.

Vielfach wird angenommen, dass Psychopharmaka und Psychotherapie über unterschiedliche Mechanismen bei verschiedenen Patientenpopulationen wirken. Hierbei spielen Krankheitsmodellvorstellungen der Patienten (biologisch-medizinisch-somatisch orientiert vs. psychologisch-psychodynamisch orientiert), aber auch der Therapeuten eine erhebliche Rolle. So nehmen offenbar Psychotherapeuten bei der Beurteilung einer Kasuistik im Vergleich zu Psychiatern häufiger eine reaktive Ätiologie und Neurose an, während Psychiater häufiger von einer endogenen Ätiologie ausgehen, öfter eine Psychose diagnostizieren und eine Psychopharmakotherapie empfehlen. Ebenfalls von Bedeutung sind die Therapieerwartungen von Seiten des Patienten (Symptomreduktion vs. Ich-Entwicklung) – wer von Psychotherapie oder der Pharmakotherapie überzeugt ist, weist höhere Responseraten bei der jeweiligen Therapie auf (Mergl et al. 2011).

Aus klinischer Sicht lassen sich folgende Indikationen für eine primäre Kombinationsbehandlung von Antidepressivum mit störungsorientierter Psychotherapie aufführen:

- Neurotische Persönlichkeitsstruktur
- Mangel an sozialer Adaptation
- Stark ausgeprägte Konflikte
- Gestörte Patient-Partner-Interaktion
- Sekundärer Krankheitsgewinn
- Rollenverlust durch länger bestehende Depression

Neuere neurobiologische Forschungsbefunde haben angesichts der Effekte von Psychotherapie auf Hirnfunktionen und zelluläre Vorgänge (z. B. Reduktion der bei Depressiven pathologisch gesteigerten Amygdala-Aktivität oder Effekte auf CREB und BDNF) zu einer Annäherung der Therapieansätze geführt (»brain meets mind«). Die Bedeutung der Neurobiologie zum Verständnis und zur Verbesserung wichtiger Psychotherapie-Mechanismen sowie für den Einsatz neurobiologischer Parameter im Rahmen von Psychotherapiestudien ist zu unterstreichen.

> **Fazit**
>
> Zusammengefasst muss die globale Bewertung der Effektivität einer (aufwendigen) kombinierten Behandlung von Antidepressiva und Psychotherapie derzeit offen bleiben. Kontrollierte Studien sprechen dafür, dass eine Kombinationsbehandlung bei schweren und chronischen Depressionen sowie in der Langzeittherapie wirksamer als die jeweilige Monotherapie ist (Cuijpers et al. 2020).

> **Persönliche Anmerkung der Autoren**
>
> Die Versorgungsrealität steht allerdings in großem Kontrast: Häufig findet eine Trennung statt – der (Fach-)Arzt verordnet Antidepressivum bzw. Stimmungsstabilisierer, die Psychotherapie eine psychologische Psychotherapeutin (meist KVT, manualisiert) oder eine ärztliche Psychotherapeutin (meist tiefenpsychologisch-psychodynamisch, Richtlinien-Psychotherapie, oft über lange Zeit). Es besteht ein großes Stadt-Land-Gefälle und eine hohe Patienten-Selektion (praktisch keine Alterspatienten) (▶ Kap. 10.2).

# 7   Selbsthilfe – Selfmanagement; Angehörige

Die »Selbsthilfe« bei psychischen Erkrankungen wurde in den letzten Jahrzehnten eine weitere Säule des Lebens von Betroffenen und des Umgangs von Angehörigen mit einem psychisch kranken Familienmitglied. Hundertmark-Mayser hat 2017 zum Thema »Selbsthilfe und Psychotherapie« über NAKOS (Nationale Kontakt- und Informationsstelle zur Anregung und Unterstützung von Selbsthilfegruppen) berichtet und eine Definition von Selbsthilfegruppen abgeliefert: »In Selbsthilfegruppen kommen Menschen zusammen, die unter einem gemeinsamen Problem leiden, um mit vereinten Kräften und ohne professionelle Leitung etwas zu dessen Überwindung beizutragen«. Die erste Selbsthilfekontaktstelle in Deutschland entstand 1977 an der Universität Gießen, 1982 wurde die Deutsche Arbeitsgemeinschaft Selbsthilfegruppen e. V. ebenfalls in Gießen unter Leitung des Psychoanalytikers Moeller gegründet. Inzwischen gibt es solche Selbsthilfegruppen an rund 350 Orten in Deutschland und die Nachfrage von Menschen mit seelischen Problemen und Erkrankungen steigt stetig an. Derzeit geht man von jährlich 60.000 Anfragen aus, wobei sich im Jahr 2016 8,8 % auf Angst und Depression bezogen und weitere 5,2 % auf akute Lebenskrisen und -probleme. 6,6 % aller Selbsthilfegruppen für Menschen mit psychischen Beschwerden sind im engeren Sinne Depressionsgruppen, 13,2 % Angehörigengruppen (nicht näher definiert) und 9,1 % Trauergruppen.

In der deutschen Psychiatrieszene hat es relativ lange gedauert, bis die ersten Selbsthilfegruppen für depressiv Kranke, sog. »Depressionsgruppen« entstanden sind. Selbsthilfegruppen bieten die Möglichkeit, sich mit anderen Betroffenen, hier primär depressiv kranken Menschen zu treffen, sich über die Erkrankung auszutauschen, von den Erfahrungen, den antidepressiven Strategien der anderen, von deren Erlebnissen zu profitieren, Informationen über Behandlungsmöglichkeiten, dabei auch über Ärzte und Therapeuten, zu denen man gehen kann oder auch nicht gehen sollte, und den Umgang mit der eigenen Erkrankung zu erhalten. Die Leiterinnen und Leiter von Depressionsselbsthilfegruppen werden von der Gruppe bestimmt. Dabei gibt es (nach eigenen Erfahrungen) manchmal Konkurrenz, wobei hier deutlich wird, dass auch depressiv strukturierte Menschen durchaus in der Lage sind, sich auseinanderzusetzen und Positionen zu beziehen, die von anderen in der Gruppe abgelehnt werden. Das primäre Ziel ist natürlich, sich gegenseitig zu unterstützen, Mut zu machen, Erfahrungen auszutauschen und, soweit notwendig, auch Trost und Mitgefühl zu spenden. Gemeinsame Aktivitäten, z. B. nach der Selbsthilfegruppe in einen Biergarten zu gehen, sich in einem Restaurant zu treffen oder einen Spaziergang zu machen, führen auch zu freundschaftlichen Beziehungen und damit auch zu einer Verstärkung des Wertgefühls, wenn man von anderen auch in dieser Beziehung angenommen wird.

Selbsthilfegruppen für Depressive sind kein Therapieersatz, sondern begleitend und unterstützend. Es macht letztendlich keinen Sinn, jemanden mit einer ausgeprägten Symptomatik einer mittelgradigen oder schweren Depression in eine Selbsthilfegruppe zu schicken; diese würde ihn klugerweise an seinen behandelnden Arzt bzw. seine behandelnde

Therapeutin verweisen. Oftmals ist aber bereits das Gefühl hilfreich, dass es hier eine Gruppe von Menschen gibt, die Betroffene in ihrem subjektiven Erleben völlig verstehen und so in ihren Empfehlungen, die manchmal bis zu direkten Anweisungen reichen, glaubwürdig sind – manchmal glaubwürdiger als behandelnde Ärzte oder Psychologen.

In Selbsthilfegruppen für Depressive, sog. Depressionsgruppen, findet sich nur ein kleinerer Teil der schwer depressiv kranken Menschen und meistens diejenigen, die aus der stationären Behandlung kommen, z. B. einer Depressionsstation, von wo aus die Teilnahme an einer Selbsthilfegruppe vermittelt wurde. Daneben gibt es andere Möglichkeiten, Einfluss auf die eigene Gestimmtheit zu nehmen, vor allem aus dem sportlichen Bereich, aber auch aus dem ergotherapeutischen oder kunsttherapeutischen Bereich.

Als Selbsthilfeaktivitäten, die ein einzelner als antidepressive Strategie beschreiben kann, kommen als erstes sportlich-gymnastische Aktivitäten in Frage. Dabei ist der regelmäßige Besuch eines Fitnesscenters genauso angesagt wie regelmäßiges Laufen. Wenn sich Angehörige hier anschließen, ist dies umso förderlicher. Angehörige sollten allerdings aufpassen, dass sie dabei nicht die Führung übernehmen, um den depressiv Kranken in seiner Depressivität durch Fremdantrieb und Fremdorganisation zu entlasten. Damit wäre die Initiative von Seiten des depressiv Kranken blockiert und gebremst.

Für Kapitel ihres Buch »Die verkannte Depression« hatte die Psychologin Ursula Nuber (1991) Überschriften wie »Man muss warten, bis es vorbeigeht« oder »Wie man sich selbst helfen kann« gewählt und gleich fortgesetzt: »Um von vornherein kein Missverständnis aufkommen zu lassen: Wer in einer schweren depressiven Phase steckt, hat kaum eine Möglichkeit, sich selbst, ohne Hilfe von außen, aus der Depression zu befreien. Und auch leichte depressive Verstimmungen können, solange sie akut sind, einen Menschen völlig lähmen.« (Nuber 1991, S. 101).

»Selbsthilfe« meint dabei nicht, sich einfach abzulenken, nicht so viel zu grübeln, meint also nicht die schulterklopfenden Ratschläge, zu denen wir manchmal neigen, sondern die Möglichkeit und die Fähigkeit, den eigenen Zustand, sofern dies noch möglich ist, soweit dies geht und nicht einer völligen depressiven Blockierung unterliegt, selbsttätig zu beeinflussen. Dies wäre gerade die psychologisch wichtige Seite, nämlich das Gefühl und das Wissen, auch selbst etwas beitragen zu können zu der Besserung des eigenen Zustandsbildes. Die einen nennen es »dickere Haut«, die anderen nennen es »Neinsagenkönnen«, eine andere Gruppe läuft lieber Halbmarathon zwei- oder dreimal in der Woche und spürt dabei, dass zumindest körperlich noch etwas geht, eine weitere Gruppe entscheidet sich, in eine Selbsthilfegruppe für depressiv kranke Menschen zu gehen und dort emotionale Unterstützung zu erleben. Bei all diesen Ansätzen handelt es sich um aktive antidepressive Strategien, die hilfreich sind. Fragt man depressiv kranke Männer und Frauen, so erfährt man, dass unterstützende Gespräche mit verständnisvollen Menschen für wichtig gehalten werden, dass körperliche Aktivitäten, vor allem alle aus dem Bereich von Laufen, zumindest im Anschluss an die körperliche Tätigkeit als antidepressiv und erleichternd empfunden wird. Andere Empfehlungen beziehen sich auf Entspannungsverfahren, bei denen jedoch eine relative Symptomfreiheit gegeben sein muss, damit sie überhaupt durchgeführt werden können, wobei vor allem das Muskelentspannungstraining nach Jacobson bevorzugt wird, das meist auch in den Kliniken auf den Depressionsstationen gelehrt wird. Außerhalb von depressiven Erkrankungen sind natürlich auch alle autosuggestiven Verfahren, wie das autogene Training oder auch Hypnose der Yoga-Übungen hilfreich.

»Selbsthilfe« bei psychischen Erkrankungen wurde in den letzten Jahrzehnten als eine weitere Säule des Lebens von Betroffenen und des Umgangs von Angehörigen mit ihrem psychisch kranken Familienmitglied formuliert. So gibt es inzwischen eine ganze Reihe von sog. Depressionsgruppen, zum Teil orientiert an den Anregungen von NAKOS (Deutsche Arbeitsgemeinschaft Selbsthilfegruppen e. V.). Die Thematiken in Selbsthilfegruppen, die angesprochen werden, wobei die Leitung aus der Gruppe selbst organisiert wird, sind u. a. angenehme Erfahrungen und Erlebnisse aus der vergangenen Woche, Abgrenzung und vermehrtes Achten auf sich selbst, eigene Fähigkeiten stärken und der Umgang mit Konflikten. Ebenso werden Fragen behandelt, wie man sich am besten entspannen kann, wie geht man mit seiner Depression um, wer soll davon wissen, wer nicht, was tut man, wenn es einem schlechter geht, wie stabilisiere ich mein Selbstwertgefühl usw. (Rupprecht und Heindl 2003).

Die Etablierung von Selbsthilfegruppen sozusagen am Rande von Kliniken, in eigenständiger Leitung und unter Selbstbestimmung empfiehlt sich für die stationäre Depressionsbehandlung aus mehreren Gründen. Zum einen sind es meistens Gruppenmitglieder, die ehemals stationäre Patienten waren, die also ihr Wissen über Behandlungsmodalitäten, über Atmosphäre, Umgang, Hilfe und Unterstützung weitergeben. Das reduziert Hoffnungslosigkeit in der Depression und damit natürlich auch Suizidalität, man weiß, wo man hingehen kann, und es schafft Vertrauen in das Krankenhaus.

### Angehörige – »Befriending«

> **Persönliche Anmerkung der Autoren**
>
> »Soziale Unterstützung« ist gerade für Depressive von großer Bedeutung (▶ Kap. 2.2 und ▶ Kap. 4.4). Der Partner sollte Verständnis und Geduld zeigen, zum Teil als »Co-Therapeut« fungieren. Das impliziert, dass er gut über die Krankheit informiert ist – deshalb ist sein Einbeziehen in die Psychoedukation essenziell. Wie im Abschnitt zur Paartherapie ausgeführt (▶ Kap. 6.6.5), sollte die Partnerbeziehung und -interaktion beachtet und ggf. bearbeitet werden. Vor allem bei chronisch Depressiven muss berücksichtigt werden, dass die emotionale Belastung so groß werden kann, dass der Partner dekompensiert bzw. ebenfalls erkrankt. Die Unterstützung durch Dritte und ein soziales Netz ist deshalb wichtig.
>
> Einer engen vertrauensvollen Bezugsperson – z. B. Freundin – kann im Sinne einer supportiven Rolle große Bedeutung zukommen. Für die enge nicht professionelle Begleitung/Intervention hat sich der Begriff »Befriending« eingebürgert. Mead et al. (2010) kamen in ihrem Review zu dem Ergebnis, dass Befriending auf depressive Symptome und emotionalen Distress einen moderaten Effekt aufweist. Jüngst wurde eine neue Übersicht mit Metaanalyse zur Effektivität vorgelegt: Basierend auf 14 Studien mit 2.411 Teilnehmern zeigte sich eine nicht signifikante Symptomverbesserung, auch kein signifikanter Benefit hinsichtlich Outcome. Die Autoren folgern hieraus eine relativ geringe Effektstärke (Siette et al. 2017).

Die *Einbeziehung von Angehörigen* in das therapeutisch-pflegerische Geschehen im klinischen psychiatrisch-psychotherapeutischen Bereich ist längst eine Selbstverständlichkeit und sie umfasst einen fremdanamnestischen Teil, einen informativen Teil, der sich auf Diagnostik und Therapie bezieht, eine Einbeziehung in die Therapieplanung insgesamt, eine gemeinsame Planung und Konzeptualisierung des poststationären und langfristigen Verlaufs, im Einzelfall auch in partnerschaftlichen Konfliktsituationen oder familiären Krisensituationen die Einbeziehung in den direkten und interaktionellen psychotherapeutischen Prozess. Dass der Patient damit einverstanden sein muss, ist selbstverständlich. Von therapeutischer Seite her muss jedenfalls die Bereitschaft, die Offenheit und auch die Belastbarkeit für Angehörigengespräche bestehen.

> **Persönliche Anmerkung der Autoren**
>
> Dass die globale Aussage, Angehörige in den therapeutisch-pflegerischen Prozess einzubeziehen, in der Realität nicht in dieser Klarheit und Kontinuität umsetzbar ist, kennt jeder, der einen depressiv kranken Angehörigen in der Klinik hatte und z. B. wegen der eigenen Arbeitszeiten oder wegen der eigenen familiären Belastung durch Kinder und Angehörige nicht zu den regulären Dienstzeiten von Ärzten und Psychologen oder Sozialarbeitern in die Klinik zum gemeinsamen Gespräch kommen konnte.

Depressive Symptomatik und depressives Verhalten werden in der Alltagssituation zu Signalen an das umgebende Umfeld, vor allem an die Personen, die dort mit dem depressiv Kranken interagieren. In den meisten Fällen handelt es sich um Partner, denen es dann nur sehr schwer möglich ist, sich depressiven Äußerungen und Verhaltensweisen zu entziehen und davon unberührt zu bleiben. Böker (2003) hat dies bei Patienten der Klinik für affektive Erkrankungen an der Psychiatrischen Universitätsklinik Zürich in Interviews gut zeigen können.

Üblicherweise wirken depressives Verhalten, depressive Mimik und Gestik sowie depressive Äußerungen zunächst einmal als appellative Botschaft an das Umfeld, die Mitgefühl und Anteilnahme weckt und wecken soll. Der Psychoanalytiker Rado (1956) hat Depression auch als »Schrei nach Liebe« interpretiert. Neben Mitgefühl und Anteilnahme und dem Bedürfnis nach hilfreicher Unterstützung rufen depressive Patienten durch ihre Klagsamkeit, vor allem wenn diese über längere Zeit ohne Einschränkung ergeht, ablehnende Gefühle hervor. Da das Umfeld die Inhalte der Klagen emotional nicht versteht und oft inhaltlich auch nicht nachvollziehen kann, auch Familie und Partner sich üblicherweise in der ersten Phase des Zusammenlebens mit einem depressiv Kranken zugewandt und unterstützend verhalten, ohne dass sie dann einen verändernden Effekt erleben, ruft dies oft Unverständnis, Ärger und auch Rückzug hervor. Wenn erwartet wird, dass eine intensive emotionale Zuwendung beim Partner eine Verbesserung der depressiven Symptomatik, insbesondere seines depressiven Erlebens und Verhaltens auslöst, was aufgrund der »fehlenden Reaktivität auf äußere Reize« unmöglich erscheint, dann führt dies längerfristig bei engagierten Angehörigen zu Rückzug, zu Ablehnung, zu Unverständnis bis hin zu Kränkung und Verärgerung. Man hat das Gefühl, dass das Bemühen um die Befindlichkeit des depressiv Kranken, um Aufhellung der depressiven Gemütsverfassung vergeblich ist und entwickelt ein Gefühl des Abgewiesenwerdens, was zu Ärger und Rückzug führen mag. Das anfängliche appellative Verhalten, gekennzeichnet durch die Klage über die depressive Gestimmtheit und das depressive Erleben, einhergehend mit Hilflosigkeit und Hoffnungslosigkeit, führt in der Partnerschaft zu Mitgefühl und Mitleid, insgesamt zu Anteilnahme, wobei in der Folge fehlende Veränderung von Symptomatik und Verhalten auf depressiver Seite Enttäuschung, Unverständnis und Rückzug bei Partnern und in der Familie bewirkt. Langfristig führen dann vor allem die Antriebslosigkeit, der Interessensverlust, die fehlende Beteiligung an irgendwelchen Aktivitäten und der Rückzug des depressiv Kranken in seine innere Welt zu Spannung gegenüber dem depressiv kranken Familienmitglied, dann zu Isolation und vor allem auch zu einer Veränderung der Rollen innerhalb der Familienhierarchie. Ganz zwangsläufig wird ein traditionell dominanter, nun depressiv kranker Vater in seiner Rolle als dominante Figur innerhalb der

Familie durch die Ehefrau ersetzt, evtl. auch durch den ältesten Sohn. Auf jeden Fall gibt es bei der Rückkehr in die vorherige Rolle eine ganze Reihe von Problemen, die Familienstruktur wiederherzustellen. Daher ist die Einbeziehung von Angehörigen auch bei sog. einfachen depressiven Erkrankungen eine zwingende Forderung und zumindest auf der Ebene von regelmäßiger Information erforderlich. Jeder Angehörige wird verstehen, wenn von therapeutischer Seite her Wert daraufgelegt wird, dass es in der Einzelpsychotherapie um eine duale Beziehung und um Themen geht, die nicht über diesen dualen Rahmen hinausgehen sollten. Allerdings ist es hilfreich, Angehörige darüber zu informieren, dass eine Einzeltherapie stattfindet, und sie in gemeinsamen Gesprächen daraufhin einzubeziehen, denn auch Angehörige depressiv Kranker leben vielfach in einer Stresssituation. Sie sind bedrückt, fühlen sich hilflos, in ihren Versuchen, ihr depressiv krankes Familienmitglied aufzuheitern, scheiternd, verbunden auch immer mit dem Wunsch, sich zurückzuziehen, sozusagen um sich selbst vor dem Sog der in der Partnerschaft und Familie sehr nahen Depressivität zu schützen.

Lernt man solche Beziehungen vertieft zu erkennen, dann fällt manchmal auf, dass es innerhalb dieser Beziehung sehr viele Idealisierungswünsche gegeben hat, dass die Beziehungsmuster zu ergänzend und manchmal substituierend sind, wobei dann die Themen Entlastung von Schuld des Partners an der Erkrankung des depressiv Kranken, das zukünftige Leben mit einem Menschen, der wieder depressiv erkranken kann, wichtig werden, und auch Enttäuschungen und Trauer über unerfüllbare Wünsche an das Lebenskonzept und über idealisierte Beziehungswünsche. Es soll daran erinnern, dass insbesondere die interpersonelle Psychotherapie und auch die CBASP Wert auf die Beziehungsmuster und auf die Person-Umfeld-Perspektive, gemeint ist die mit Personalumfeld, legen. Gerade bei chronifizierten Depressionen erscheinen therapeutische Interventionen, die nicht nur auf Symptomreduktion und eine (meist sowieso nicht erreichbare) Wiedererlangung von früherer Belastbarkeit und Wiedereingliederung in den ersten Arbeitsmarkt abzielen können, besonders bedeutsam. Wolfersdorf und Heindl (2003) haben darauf hingewiesen, dass sich bei chronischen Depressionen die Therapieziele nicht nur auf Symptomreduktion und Verhaltensänderung beschränken sollten, sondern dass das gesamte Lebensumfeld des Patienten miteinbezogen werden müsse, wobei interpersonelle Psychotherapieansätze besonders geeignet seien, da sie Depressionen in einen psychosozialen Kontext setzen. Dabei kann u. a. Ziel sein, einen angemessenen Umgang mit Symptomen zu finden, mit der Einschränkung der Leistungsfähigkeit und der reduzierten Belastbarkeit, mit dem dann möglicherweise eintretenden Rückzug aus der beruflichen Situation und mit einer beginnenden (meist dann mehrere Jahre andauernden) Umorientierung des Lebenskonzeptes (Dykierek und Schramm 2005). Rüger (1997) veröffentlichte diesbezüglich einen interessanten Artikel über die Kombination von psychiatrischer Pharmakotherapie und Psychotherapie und über die Veränderung von bipolaren Patienten unter einer regelhaften Lithium-Therapie sowie psychoanalytischer Gruppentherapie; über die Jahre hinweg hatte sich ein etwas »lässigerer« d. h. nicht so perfektionistisch orientierter Umgang mit Leistungsnormen, mit ethischen Normen, mit Regeln, also mit Über-Ich-Vorgaben herausgestellt. Dass dies auch zu einer Veränderung von Strukturen innerhalb der Partnerschaft und Familie führte, war damals sozusagen im Nebensatz schon erwähnt.

In den obigen Ausführungen wurden Themen und Probleme diskutiert, die sich meist im Verlauf von längerfristigen Therapien und vor allem bei der längerfristigen Begleitung eines Familienmitglieds mit depressiver Erkrankung einstellen können. Dabei gibt es noch schwierige Punkte, die nicht nur die

Beziehung zwischen depressiv Kranken und Partnern, sondern auch die *Beziehung zur therapeutisch-pflegerischen Seite* sehr erschweren können. Es gibt immer wieder auch Angehörige, die sozusagen ideologisch eingeschworen sind auf das, was man heute (meist missverständlich, da unzureichend informiert) als »ganzheitliche Therapie«, als »alternative Therapie«, als »Naturheilmedizin« usw. versteht. Manchmal trifft man auf einen vor Depression dominanten Partner, der sich jetzt besonders aufgefordert fühlt, seinen depressiven Partner oder sein depressives Familienmitglied zu begleiten und vor allem vor einer »aggressiven Therapie mit Psychopharmaka« zu schützen. Sofern eine solche Begegnung nicht gleich von Anfang an in eigentlich überflüssige Auseinandersetzungen einmündet, ist es wichtig, eine Ebene von gegenseitiger Akzeptanz und gegenseitiger Verbundenheit in der Fürsorge für den depressiv Kranken zu finden. Das heißt nicht, jeden therapeutisch unsinnigen Vorschlag eines Partners eines depressiv kranken Menschen einfach zu akzeptieren, aber es ist anstrengend, für die heutige naturwissenschaftlich-medizinische und psychologisch-interaktionell orientierte Therapie depressiv kranker Menschen, die laut Leitlinien und Erfahrungen auch biologische Verfahren von Lichttherapie bis zur Psychopharmakotherapie einbezieht, Akzeptanz zu finden. Oft ist im Umgang eine Mischung aus belegter wissenschaftlicher Evidenz und zeitaufwendiger Zugewandtheit für den fürsorglichen, aber auch dominant einengenden Partner angebracht. Selten kann es auch zu Konfrontationen und Auseinandersetzungen kommen. Die Reaktion von therapeutischer Seite hängt dann von der Befindlichkeit des depressiv kranken Patienten ab, für den von medizinischer Seite die Verantwortlichkeit besteht, die dann möglicherweise auch juristisch bestätigt werden muss. Solche Situationen sind selten, allerdings eindrucksvoll. Viel häufiger ist aber das allgemeine Gefühl von Hilflosigkeit und Sorge, was könne man tun.

Noch eine Anmerkung zum Thema »*soziale Unterstützung*«: Gerade für Depressive ist die soziale Unterstützung von großer Bedeutung. Der Partner sollte Verständnis und Geduld zeigen, zum Beispiel als »Co-Therapeut« fungieren, wobei die Grenzen der Verantwortung für diese Funktion auch besprochen werden müssen. Das impliziert, dass der Partner gut über die Krankheit informiert ist – deshalb ist sein Einbeziehen in die Psychoedukation, in Gespräche, auch wenn sie nur fünf Minuten im Dienstzimmer dauern, essenziell. Die therapeutische Beziehung zum Patienten muss durch eine hilfreiche Beziehung zum Angehörigen ergänzt und unterstützt werden. Vor allem bei chronisch Depressiven muss berücksichtigt werden, dass die emotionale Belastung so groß werden kann, dass der Partner ebenfalls dekompensiert und erkrankt. Die Unterstützung durch Dritte und ein soziales Netz, z. B. in einer Selbsthilfeorganisation, sind deshalb wichtig.

### Was Angehörige wissen müssen:

- Depression ist eine Erkrankung, es ist kein Nichtwollen, sondern ein Nichtkönnen.
- Depression hat nichts mit Versagen oder Schuld zu tun. Sie wird ausgelöst durch belastende Lebensereignisse, die den Charakter von Verlust, von anhaltender Überforderung, von massiver und anhaltender Kränkung, von anhaltendem Stress u. ä. haben.
- Depression verschiebt das Erleben, Denken und Verhalten des Betroffenen in die negative Ecke, aus der er kaum heraus kommt im Sinne einer Regulation bei gesunden Menschen zwischen negativ Erlebnissen und positiven Ereignissen. Das »narzisstische Regulationssystem« im Sinne von »Ich habe zwar Mist gebaut, bin aber ein ganz netter Kerle«, wie eine schwäbische Mutter es formulierte, funktioniert nicht. Die psychodynamische Psycho-

therapie möchte dies verstehen, die kognitive Verhaltenstherapie dies umstrukturieren. Eine banale argumentative Äußerung wie »Das kann es doch nicht geben« verstärkt eher. Bei einer wahnhaften Ausprägung ist eine Diskussion über richtig oder falsch obsolet und eher krankheitsfördernd. Dahinter steckt immer eine nicht mehr abweisbare Angst, dass es so ist, wie es formuliert wird. Eine Psychopharmakotherapie (Antidepressiva, Neuroleptika) verhilft dazu, diesen Teufelskreis aufzubrechen und aus der Gewissheit eine Angst und Sorge werden zu lassen, über die dann psychotherapeutisch gesprochen werden kann.

- Depression hat psychovegetative sprich körperliche Folgen, die sich in Schlafstörungen, sexuellen Störungen, Appetitstörungen und Gewichtsverlust, aber auch in eingeschränkter Leistungsfähigkeit und Belastbarkeit sowie in reduzierter Arbeitsfähigkeit äußern. Depressive brauchen für die gleiche Leistung wie in gesunden Zuständen sehr viel mehr Zeit, sehr viel mehr Kraft, sehr viel mehr Anstrengung und Fokussierung auf jeden Ablauf von Tätigkeit.
- Konzentrations-, Merk- und Gedächtnisstörungen sind »depressive kognitive Störungen«, die sich manchmal auch mit dem Alterungsprozess des Gehirns decken, also dem Lebensalter entsprechend, aber besonders stark erlebt werden. Sie sind kein Zeichen von Demenz und entwickeln sich nicht zurück mit Besserung des demenziellen Prozesses.
- Hoffnungslosigkeit und Gedanken wie »Die Welt wäre besser ohne den Depressiven dran« sind Risikozeichen für akute suizidale Gefährdung. Hier geht es um Notfallpsychiatrie, um notfallpsychiatrische Versorgung und oftmals bei akuter Suizidgefahr und Wahnsymptomatik um stationäre psychiatrische Behandlungsbedürftigkeit. Handeln in solchen Situationen auch gegen den erklärten Willen des Patienten kann dann lebensrettend sein.

Die meisten Angehörigen von depressiv kranken Menschen verhalten sich einfühlsam, unterstützend, aktivierend und damit positiv zugewandt zu ihrem depressiv kranken Familienmitglied. Damit sind sie hilfreich und unterstützend.

# 8 Verlauf, Prognose, Prädiktoren und Prävention

## 8.1 Verlauf und Prognose

Der Verlauf einer Depression ist variabel, die Dauer unbehandelter depressiver Episoden beträgt durchschnittlich 3–12 Monate. Die Länge des Intervalls zwischen zwei Phasen verkürzt sich mit zunehmender Phasenfrequenz. Die Zyklusdauer (Zeitspanne zwischen Beginn einer Phase und Beginn der nächstfolgenden Phase) beträgt bei unipolaren Depressionen initial 4–5 Jahre und nimmt mit dem Alter ab (»Phasenakzeleration«) (Angst 1980; Laux 1986).

Longitudinal wird der Verlauf für das Langzeit-Monitoring sinnvollerweise mittels Phasenkalender (»*Life chart*«) dokumentiert. Diese anschauliche Darstellung ist für Patient und Therapeut nützlich und jetzt auch elektronisch (z. B. im Rahmen von Internet-/Online-Programmen) verfügbar.

Depressionen nehmen typischerweise einen rezidivierenden, episodischen Verlauf mit großer interindividueller Variabilität. Mit jeder weiteren Episode steigt das Risiko für einen weiteren Rückfall: ca. 50–60 % erleben eine 2. Episode, 70 % ein Rezidiv nach zwei Episoden, nach drei Episoden besteht eine 90 %ige Wahrscheinlichkeit für das Auftreten weiterer Episoden (Kennedy et al. 2003). Binnen fünf Jahren erleiden ca. 60 %, binnen zehn Jahren ca. 67 % und nach 15 Jahren ca. 85 % der Patienten ein Rezidiv (Hardeveld et al. 2010; Maj et al. 1992). Das Rezidivrisiko ist nach einer schweren depressiven Episode sowie nach mehreren Episoden erhöht, persistierende depressive Restsymptome in der Remissionsphase sind ein starker Prädiktor für ein Rezidiv.

*Psychosoziale Folgen:* Die aus der Depression resultierende Behinderung steigt mit der Anzahl der Episoden und beinhaltet zunehmend *Arbeitsunfähigkeit* sowie eine *Abnahme der Lebensqualität*. Bemerkenswert ist, dass die Arbeitsfähigkeit erst deutlich später als die Symptomremission wiedererlangt wird. Neben der Teilhabe am Arbeitsleben ist häufig auch die Teilhabe am kulturellen Leben und im Beziehungsbereich eingeschränkt. Man denke auch an die Rollenveränderungen in Partnerschaften. Hinsichtlich der psychosozialen Konsequenzen muss konstatiert werden, dass Patienten auch noch zwei Jahre nach Remission deutliche Defizite hinsichtlich Partnerschaft, Sexualleben, Freizeitverhalten und globaler Lebenszufriedenheit aufweisen. Individuell und gesellschaftlich bedeutsamer als Symptomfreiheit (Remission) sind Funktionsverlust (»social functioning«) und Einschränkungen der Lebensqualität. Neue Studien zeigen, dass die Beeinträchtigung kognitiver Funktionen eine entscheidende Determinante des funktionalen Outcomes von Depressionen ist. In einer prospektiven Follow-up-Studie wurden 50 Patienten zehn Jahre nach Entlassung aus der Klinik nachbeobachet. Über 56 % erlitten in dieser Zeit einen depressiven Rückfall, 18 % hatten sich von ihrem Partner getrennt und 42 % bezeichneten ihre Partnerschaft als unglücklich (Kronmüller 2011).

Als *Remission* gilt eine vollständige Wiederherstellung auf das prämorbide Niveau, eine Genesung (»*Recovery*«) wird nach einer etwa 6-

monatigen Symptomfreiheit (Remission) angenommen. Ungefähr 60 % der Patienten remittierten nach sechs Monaten, etwa 70 % nach einem Jahr und ca. 80 % nach zwei Jahren. Allerdings weisen die Patienten in Verlaufsstudien minore und dysthyme Depressionssymptome mit signifikanter psychosozialer Beeinträchtigung in über der Hälfte der Beobachtungszeit auf (Judd et al. 1998).

Etwa 25 % aller Depressionen gehen in eine »Doppeldepression« über, je nach Erkrankungsbeginn bzw. Katamnesedauer nehmen 5–25 % (manche Autoren wie z. B. Angst nehmen einen wesentlich höheren Prozentsatz an) einen bipolaren Verlauf.

Ein Review von Fallkontroll- und Kohorten-Studien zeigte, dass das Risiko für eine Demenz-Entwicklung erhöht ist – insbesondere bei rezidivierenden und schwereren Depressionen (da Silva et al. 2013). Insbesondere Altersdepressionen mit exekutiver Dysfunktion gehen nach einer Kohorten-Studie mit einem erhöhten Risiko für die Entwicklung einer (Alzheimer-) Demenz einher (Vilalta-Franch et al. 2013).

## 8.2   Prädiktoren

Die Datenlage bezüglich unterschiedlicher *Response-Raten* von Depressionssubtypen ist uneinheitlich. Depressionen mit Angstsymptomatik, sog. atypische Depressionen und solche mit Komorbidität respondieren schlechter, ein melancholisch-endogener Subtyp war z. T. mit einer besseren Response assoziiert. Dies entspricht auch der klinischen Erfahrung.

In einer Metaanalyse von zehn klinischen Studien war Missbrauch in der Kindheit mit Non-Response in der Depressionstherapie assoziiert (OR 1.43) (Nanni et al. 2012).

Via Bildgebung (MRT, fMRT, PET) wurden verschiedene Prädiktoren für das Ansprechen auf eine Behandlung untersucht (u. a. Volumina verschiedener Teile der grauen Substanz; Insula-Metabolismus; höhere 5-HT1A-Bindung). Auch verschiedene genetische Polymorphismen wurden mit Therapie-Non-Response in Verbindung gebracht. Die Ergebnisse sind aber inkonsistent und nicht repliziert.

Aktuelle Studien untersuchen das Ansprechen auf Pharmakotherapie oder Verhaltenstherapie in Abhängigkeit von neuralen Emotionsregulations-Netzwerken mittels fMRT (funktionale Konnektivität des subcallosalen Kortex cinguli, präfrontalen und ventromedialen Kortex).

Als *Rückfallprädiktoren* wurden beschrieben:

- »Umweltstress« (Life Events, LE), insbesondere persönlich Selbstwert verletzende LE
- mangelnde soziale Unterstützung, z. B Beziehungsstörungen, Arbeitsplatzverlust bzw. -degradierung u. ä.
- die Zahl früherer Episoden
- die Episodendauer/lange Phasen ohne Therapie
- das Vorliegen einer neurotischen Persönlichkeitsstruktur (»Neurotizismus«)
- Depressionen bei Verwandten 1. Grades
- frühes (< 20 Jahre) oder spätes (> 50 Jahre) Ersterkrankungsalter
- anhaltende Schlafstörungen
- Residualsymptome bzw. unvollständige Remission trotz Therapie
- Komorbidität, somatisch und psychisch

Vor allem der Zahl früherer Episoden und Residualsymptomen kommt Bedeutung für das Rückfallrisiko zu. *Ziel der Depressionsbehandlung muss deshalb das Erreichen einer*

*Remission sein.* Auch eine persistierende sog. Subthreshold-Depression bzw. eine Minor Depression erhöhen das Risiko für Rückfälle bzw. die Entwicklung einer Major Depression. Eine Schmerzsymptomatik scheint prädiktiv für eine ungünstigere Prognose bzw. verlängerte Zeit bis zur Remission zu sein.

Fiedler et al. (1998) beschrieben, dass die Langzeitverläufe depressiver Erkrankungen offenbar in erheblichem Maße von der Qualität der ehelichen bzw. partnerschaftlichen Beziehung abhängig sind. Demnach ist ein »Expressed Emotion« (EE) auch im Bereich depressiver Störungen rückfallbedeutsam. Im Selbstrating waren die »Eheunzufriedenheit« der Patienten und die von ihnen »wahrgenommene Kritik« durch den Partner rückfallprädiktiv, außerdem eine Diskrepanz beider Partner hinsichtlich der Einschätzung ihrer Ehezufriedenheit. Neurotizismus war in verschiedenen Studien rückfallverlaufsprädiktiv.

> **Persönliche Anmerkung der Autoren**
>
> Die Datenlage bezüglich *biologischer Prädiktoren* erlaubt bislang keine konsistenten Rückschlüsse.

## 8.3 Prävention

Zu den Empfehlungen zur *Prävention* psychischer Störungen zählen

- geistige Aktivität/psychomotorische Aktivität (Bewegung/Sport) über die gesamte Lebensspanne (nicht Leistung: Kontinuität!)
- soziale, gesellschaftliche Kontakte und Beteiligung
- ausgewogene Ernährung (Gemüße, Fisch, Früchte)
- Vermeidung von Rauchen und Alkohol
- gute Einstellung somatischer Krankheiten und Risikofaktoren (Blutdruck, Diabetes, KHK)

Ein Aufenthalt in der Natur (»Seelentröster Wald«) senkt den Stress, stärkt das Immunsystem zeigen Untersuchungen der Umweltpsychologin Cervinka der Universität Wien. Am stärksten war der entspannende Effekt, wenn die Zeit im Grünen in der Nähe von Wasser verbracht wurde.

Die entspannende Wirkung natürlicher Umgebung wie zum Beispiel von Wald erklären Psychologen mit der sogenannten Attention-Restoration-Theorie: Menschen in der Stadt sind ständig Reizen wie Lärm und Sirenen ausgesetzt, die sie abwehren müssen, weil sie nicht wichtig für die eigene Situation sind. Diese unaufhörliche Reizabwehr ermüdet. In der Natur wird die Aufmerksamkeit ohne Anstrengung auf nur wenige Reize gelenkt. Persönlichkeitszüge scheinen eine Rolle zu spielen – introvertierte Menschen fühlen sich in den Bergen am wohlsten, extravertierte eher am Meer.

## 8.4 Resilienz, Religion

Unter Resilienz (von lateinisch *resilire* »zurückspringen«, »abprallen«) versteht man psychische Widerstandsfähigkeit, die Fähigkeit, Krisen zu bewältigen und sie durch Rückgriff auf Ressourcen für Entwicklungen zu nutzen. Mit Resilienz verwandt sind die Entstehung von Gesundheit (Salutogenese) und Bewältigungsstrategien (Coping). Das Gegenteil von Resilienz ist Vulnerabilität (Verletzlichkeit). Bildlich kann Resilienz beschrieben werden im Sinne einer Bindung bzw. Geborgenheit, die stark macht für das Leben. *Resilienzfaktoren* sind beispielsweise Offenheit für Neues und Realitätssinn. Der Medizinsoziologe Antonowsky beschrieb mit seinem Konzept der Salutogenese relevante Faktoren, der Wiener Psychiater Viktor Frankl hob die Bedeutung der Sinnstiftung für eine widerständige Seele heraus. Gene scheinen unter epigenetischem Einfluss (biographische Ereignisse) eine Rolle zu spielen.

Resilienz ist keine angelegte Charaktereigenschaft, sondern vielmehr eine Strategie. Wer resilient ist, kann sich Wege erschließen, aus einer fatalen Situation wieder herauszukommen, ein Schicksalsschlag belastet ihn, er steht aber wieder auf. Eine wichtige Strategie zur Vergrößerung der Resilienz ist der Aufbau eines sozialen Netzes und einer überschaubaren, fördernden Alltagsumgebung. Resiliente Menschen haben erkannt, was ihnen guttut, erkennen ihre persönlichen Stärken. Zum Beispiel lassen sich im Züricher Stärkenprogramm nach Ruch Charakterstärken trainieren, beispielsweise durch Besinnen auf Optimismus, Humor, Enthusiasmus und Dankbarkeit. Zum Optimismus-Training empfiehlt Seligmann, jeden Abend vor dem Zubettgehen drei Dinge aufzuschreiben, die an diesem Tag gut gelaufen sind (positive Verstärkung). Gleichzeitig ist zu beachten, dass es erforderlich ist, sich Krisen und Herausforderungen zu stellen, sich nicht weg zu ducken – »Posttraumatisches Wachstum« als Chance eines Neuaufbaus/Neuanfangs. So entsteht Sicherheit. Resilienz bezeichnet, dass sich Menschen dennoch positiv entwickeln können, obwohl widrige Umstände vorliegen.

Die Widerstandsfähigkeit ist erlernbar, Schlüsselsätze und Strategien sind bspw.:

- Zunächst erkennen, dass die Krise keine Bestrafung ist.
- Schicksal nicht personalisieren: Es ist nicht mein Fehler.
- Des Weiteren wird die Krise nicht ewig andauern.
- Die Krise zerstört nicht alle Bereiche des Lebens – Fähigkeit, Dinge abzuspalten.
- Realistische neue Ziele setzen.
- Berühmter Trauer- und Verlust-Zyklus aller schweren Lebenskrisen nach Elisabeth Kübler-Ross: Leugnen, Wut, Verhandeln, Depression, Akzeptanz.
- Einsicht: Es kann jeden treffen, ich bin kein Opfer, auch als Gescheiterter bin ich als Mensch nicht weniger wert, es ist nicht alles kaputt.

Resiliente Menschen kämpfen nicht gegen ein äußeres Unglück, sie nehmen an, was ist und finden zu einem neuen Umgang, zu neuer Souveränität.

Empfehlungen:

1. nicht ankämpfen, akzeptieren, annehmen (was immer das psychotherapeutisch auch heißt: Trauma muss Teil der Geschichte werden, nicht Gegenwart bleiben!)
2. keine Schuldgefühle, keine Schamgefühle
3. nicht alle Bereiche des Lebens sind zerbrochen
4. das Drama dauert nicht ewig, es ist Teil der persönlichen Geschichte
5. Hilfe annehmen vonm Fachleuten, Angehörige sind fast immer überfordert, sind zum Teil indirekt selbst mit betroffen.

Das *Gefühl von Sinnhaftigkeit und Existenzialität* gilt als zentraler Resilienzfaktor. Maßgeblichen Einfluss auf Gesundung bzw. Krankheitsbewältigung hat das Wissen um eine Sinnhaftigkeit des eigenen Lebens.

> **Merke**
>
> Untersuchungen zur Salutogenese und die Ergebnisse der Resilienzforschung legen den Schluss nahe, dass folgende Faktoren für die Prävention depressiver Erkrankungen von Bedeutung sind:
>
> - Sinnhaftigkeit des eigenen Lebens, z. B. in Form ehrenamtlicher Tätigkeit
> - Eingebettet-Sein in einem sozialen Netz
> - stabile Partnerschaft
> - Aufbau von Bewältigungs-/Coping-Strategien
> - geistige und körperliche Aktivität

In den letzten Jahren wurde empirisch untersucht, inwieweit *spirituelle Faktoren und Religiosität* protektive Faktoren darstellen. Reviews kommen zu dem Ergebnis, dass in den meisten Studien Glaube und gelebte Religion mit einem selteneren Auftreten und einer rascheren Remission von Depressionen assoziiert sind. Eine prospektive 10-Jahresstudie fand häufigen Gottesdienstbesuch ebenso wie hohe soziale Anpassung protektiv hinsichtlich der Entwicklung einer Depression. Andere Studien (Barton et al. 2013) zeigten eine Unabhängigkeit von Konfession (evangelisch oder katholisch) und Häufigkeit von Gottesdienstbesuchen und besonders ausgeprägte Effekte bei hohem genetischen Risiko. Neuroanatomisch wiesen Gläubige im MRT regional einen dickeren Kortex auf. Eine ausgeprägte persönliche Religiosität (bewertet u. a. durch Gottesdienstbesuche) sowie großes soziales Engagement schützte bei weißen katholischen oder evangelischen Nordamerikanern in mehreren Studien vor depressiven Erkrankungen vor allem bei (genetischen) Hochrisikogruppen (Barton et al. 2013). Als neuroanatomisches Korrelat wurde insbesondere bei hohem familiären Risiko erneut ein (u. a. parieto-occipital) dickerer Kortex gefunden (Miller et al. 2014). Als Resilienzfaktoren für Hochrisiko-Individuen wurden Religiosität und Spiritualität eruiert (Kasen et al. 2012). Religiosität »heilt« nicht, aber verstärkt Resilienz, deswegen braucht es Klinikseelsorger in den psychiatrischen Kliniken.

Eine Übersicht gibt Abbildung 8.1 (▶ Abb. 8.1).

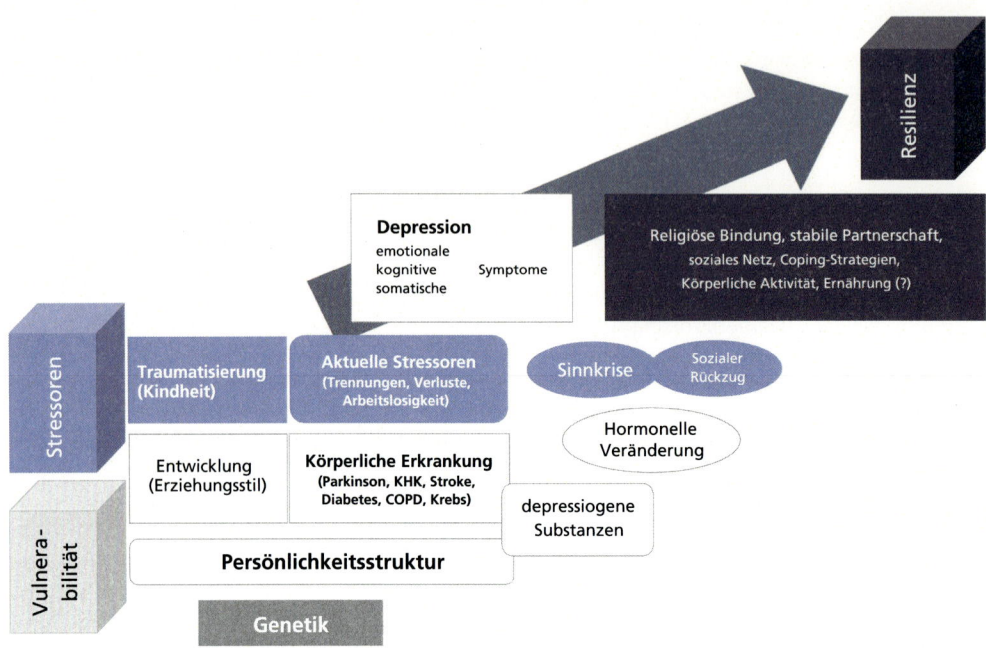

Abb. 8.1: Bio-psycho-soziales Depressionsmodell: Risikofaktoren vs. protektive Faktoren – Stress-Vulnerabilität und Resilienz

## 8.5 Fazit

Insgesamt weisen Verlaufsuntersuchungen der letzten Jahre darauf hin, dass die Verlaufsprognose depressiver Erkrankungen weniger günstig ist als lange Zeit angenommen. Sie sind gravierende Erkrankungen mit einer hohen Rezidivrate (höchstes Rezidivrisiko in den ersten zwei Jahren). Etwa 15–30 % nehmen einen chronischen anhaltenden Verlauf, bis zu 15 % der schwer erkrankten Patienten sterben durch Suizid im Lebensverlauf, wobei die Zahlen über alle Schweregrade heute niedriger angegeben werden (Wolfersdorf und Etzersdorfer 2011). Im Rahmen der demographischen Entwicklung und ganzheitsmedizinischen Konzepte hat die Bedeutung von komorbiden Depressionen bei internistischen und neurologischen Erkrankungen (Parkinson-Depression, Post-Stroke-Depression, Postinfarkt-Depression) erheblich zugenommen – siehe heutige Gebiete der Psychokardiologie und Psychoonkologie.

Da trotz umfangreicher Aufklärungs- und Fortbildungsbemühungen depressive Erkrankungen nach wie vor relativ oft erst spät erkannt nicht adäquat behandelt werden, muss die Verbesserung dieser Situation der Ansatz sein, um die Prognose dieser häufigen Erkrankung zu verbessern. Diese Chance besteht heute mehr denn je bei den zur Verfügung stehenden (Akut-) Behandlungs- und (Langzeit-)Begleitungsmöglichkeiten.

# 9 Suizidalität und Depression

Der Umgang mit suizidalen depressiv kranken Menschen ist ein zentraler Auftrag klinischer Arbeit, letztlich unabhängig davon, wo suizidgefährdete Patienten oder solche nach Suizidversuch gesehen werden, ob auf einer Intensivstation nach Tablettenintoxikation oder Strangulation oder in der Klinik für Psychiatrie, Psychotherapie und Psychosomatik, wo der Anteil von Menschen mit Suizidideen, Suizidabsichten und Zustand nach Suizidversuch klassischer Einweisungsgrund ist. Die **Lebenszeitsuizidmortalität** depressiv Kranker liegt gerechnet über alle Schweregrade bei ca. 4 % und reicht noch heute über die Lebensspanne bis zu 15 % bei den schwerst Depressiven (Wolfersdorf und Etzersdorfer 2011). Bei schizophren kranken Patienten, überwiegend junge Männer, ist von 8–10 % auszugehen. Das Vorliegen einer psychischen Erkrankung gilt als der härteste einzelne Risikofaktor für Suizidalität (Schneider 2003, 2015).

Die Depression gilt aufgrund der mit ihr oft einhergehenden Hoffnungs- und Perspektivlosigkeit als diejenige Erkrankung mit dem höchsten Suizidrisiko. Untersuchungen der letzten Jahrzehnte (z. B. Bertolote et al. 2004) haben immer wieder einen Anteil von 40–60 % primär depressiv Kranker an den Suiziden in der Allgemeinbevölkerung gezeigt. Nimmt man die Dysthymia (IDC-10: F34) nach der ICD-10 dazu, dann geben manche Autoren bis zu 90 % affektive sprich depressive Störungen bei Suiziden als psychiatrische Diagnose (psychologische Autopsien) an.

Als weiteres Problem kommt hinzu, dass *Depressivität und Hoffnungslosigkeit als Komorbidität* bei anderen psychischen und auch somatischen Erkrankungen das Suizidrisiko erhöhen, auch wenn die Grunderkrankung z. B. eine Suchtkrankheit, eine Zwangsneurose oder eine schizophrene Erkrankung Suizidalität nicht in dem Ausmaß beinhalten würde. Dies gilt auch bei Komorbidität von Depression und körperlicher Erkrankung (Schneider 2003).

Die klassische Ringel'sche Beschreibung (Ringel 1953) der »**Einengung**«, womit der Verlust innerer und äußerer Ressourcen, Werte und Beziehungen gemeint ist, im sog. »präsuizidalen Syndrom« zielt gerade auf dies ab. Erkrankungen, aber auch soziale Situationen, die mit »Einengung« einhergehen bzw. in eine solche münden, führen an ein erhöhtes suizidales Risiko heran. Wenn »Suizid« am Ende des Hohlwegs steht und keine Alternative mehr gesehen werden kann, geht es nicht mehr um Selbstbestimmung bzw. Autonomie im medizinethischen Sinne, sondern um »Einengung« als Psychopathologie.

Die »Depression« ist der Prototyp einer solchen Erkrankung. Hoffnungslosigkeit, Einengung im Denken bis hin zu depressiver Wahnsymptomatik von Verarmen, Verhungern, Weltuntergang oder Auslöschung – alles schreckliche Vorstellungen – kennzeichnen hier den schwer depressiv kranken Menschen, wobei Suizidalität bei mittelgradig und leicht Erkrankten (Schweregrade der depressiven Episode nach ICD-10) nicht unterschätzt werden darf.

*Suizidverhütung ist traditionelle Aufgabe der Psychiatrie und Psychotherapie* und auch ein *traditionelles Problem*, denn eine absolute Verhütung von suizidalen Handlungen hat es nie gegeben und gibt es auch nicht, trotz heute deutlich verbesserten Wissens und Umgehens mit Gefährdeten. Denn zum Erkennen und Verhüten von Suizidalität braucht es die *Mithilfe des Betroffenen*. Er muss seine Not, seine Einengung, den zunehmenden Kontrollverlust, den zunehmenden suizidalen Handlungsdruck auch kommunizieren, offenlegen und auf Nachfragen auch angeben. Dabei sind primär depressiv Kranke bzgl. Suizidalität sehr offen, denn es ist ein schuld- und schambeladenes Thema, stigmatisiert, oft noch mit dem Etikett von Sünde und Verbot versehen. Es liegt dabei auch an demjenigen, der den Befund erhebt, also mit dem suizidalen depressiv kranken Menschen spricht, wobei man nach Suizidalität fragen kann »wie nach Fieber bei der Grippe«. Dass jemand in einer Depression näher an Suizidalität heranrückt, ist Teil depressiven Erlebens und damit Teil der Erkrankung, für die man sich nicht zu schämen braucht.

Dass durch tragische große Ereignisse wie die Germanwings-Tragödie mit insgesamt 150 Toten, einschließlich des Kopiloten, der das Flugzeug gegen einen Berg steuerte, und unglückliche Politikeräußerungen depressiv Kranke stigmatisiert werden, zumal der suizidale Kopilot eigentlich gar kein primär depressiv Kranker war, zeigt, wie schwierig es ist, nach den Themen zu fragen, welche mit den Werten, den Normen und der Sinnhaftigkeit im eigenen Leben verbunden sind. Ebenso sind Themen schwierig, deren suizidfördernde Wertigkeit durch die tiefe Freudlosigkeit einer Depression, die Hoffnungslosigkeit bzgl. Veränderung in der Zukunft, die Hilflosigkeit hinsichtlich Veränderungsmöglichkeiten bis hin zu wahnhaften Überzeugungen, man sei doch schon längst tot, verändert wird.

Zum Erkennen und Verhüten von Suizidalität braucht es – neben dem obligaten ärztlichen Abfragen von Suizidalität – die Mithilfe des Betroffenen, der seine suizidale Not kommunizieren und offenlegen muss. Erfahrungsgemäß kann man darüber mit depressiv Kranken, auch wenn sie sich in einer schweren depressiven Episode befinden, nach einem geglückten Einstieg in die Therapie gut reden. Alle Versuche, ein antidepressives und antisuizidales, im Leben haltendes Klima auf einer psychiatrischen Station herzustellen, sind aber begrenzt, wenn der Patient seinen suizidalen Handlungsdruck nicht vermittelt. Natürlich gibt es die Risikogruppen und die Risikopsychopathologie als Warnsignal und pflegerisches wie auch ärztlich-psychologisches Personal weiß darum, weil Suizidalität heute eben ein Standardthema für Fort- und Weiterbildung ist (z. B. Mann et al. 2005). Das Fragen nach Suizidalität bei jeder Befunderhebung ist heute längst Teil dieser geworden. Die von Hegerl und anderen (z. B. Hegerl et al. 2004, 2006, 2009) massiv geförderte Aufmerksamkeit für das Thema »Depression und Suizidalität« oder auch die Aktivitäten der Arbeitsgemeinschaft »Suizidalität und Psychiatrisches Krankenhaus« (z. B. Spießl et al. 2002; Wolfersdorf et al. 2015; Wurst et al. 2011) haben sich neben der Verbesserung der Depressionsbehandlung und der Implementierung qualifizierter Psychotherapie-Ausbildung in den Facharzt für Psychiatrie in den 1990er Jahren als sehr hilfreich erwiesen. Die sog. »Kliniksuizide« haben deutlich abgenommen und »Awareness« bei Depression und Schizophrenie hat sich bewährt. Trotzdem gibt es Suizide von psychisch Kranken *und jeder Suizid eines psychisch kranken Menschen ist ein überflüssiger und letztendlich sinnloser, denn es gibt heute umfängliche Hilfs- und Behandlungsmöglichkeiten*. Von Selbstbestimmung kann dabei keine Rede sein, denn es geht um Einengung, um emotionales Chaos, um eine komplexe Motivationslage, um Psychopathologie und Psychodynamik. Es sei nicht in Frage gestellt, dass es »selbstbestimmte« und für die einzelne Person auch »sinnvoll« erlebte suizidale Handlungen gibt oder geben mag. Das Hinzukommen einer psychischen Erkrankung, hier der Depression, einer existenziell bedrohlichen sozialen Notlage, das Hinzukommen von psychopathologischer und psychodynamischer Einengung schränken Selbstbestimmung ein und nehmen damit Freiheit und alternative Wahlmöglichkeiten. Hier ist die Schutzverpflichtung des therapeutisch-pflegerischen Berufsstands und des politischen Gesetzgebers gefragt.

Die medizinethische Legitimation von Suizidprävention leitet sich aus dem Wissen um den Einfluss von Psychopathologie ab (keine eindeutige Motivationslage, kein eindeutiger anhaltender Todeswunsch), eher emotionales Chaos und Ambivalenz, Einengung (z. B. Tunnelblick), als gäbe es nur noch den Weg in den Suizid (wer keine Wahlmöglichkeit mehr hat, nur einen Hohlweg sieht, ist nicht selbstbestimmt). Autonomie fordert Wahlmöglichkeit und die Fähigkeit, Alternativen sehen zu können; alternative Entscheidung pro Leben bei alternativen Möglichkeiten (Auftrag von Therapie).

Man geht im klinisch-psychiatrischen Rahmen davon aus, dass etwa 60 % der stationär aufgenommenen Patienten im weitesten Sinne suizidal (Todeswünsche, Suizidideen, Suizidabsichten) sind und dass ca. 20 %, also ein Fünftel aus dieser Gruppe bereits suizidale Krisen zum Teil mit Suizidversuch in der Anamnese hatten. Das heißt, Suizidalität ist in einem psychiatrischen Krankenhaus ein tägliches Thema, das bewältigt werden muss, und hier im *Spannungsfeld von einerseits Selbstbestimmung des Patienten*, Vermeidung von Zwang und Zwangsbehandlung, *und anderseits Anspruch*, auch wenn nicht wahrgenommen, ja verneint und abgelehnt aus Krankheitsgründen, *auf Hilfe und Behandlung* für einen psychisch kranken, in seiner Selbstbestimmung eingeschränkten Menschen. Letzteres fordern auch Staatsanwälte und Gerichte beim Suizid eines Patienten während stationären Behandlungsbedingungen.

Das *Assessment, das Erkennen und die Einschätzung von Suizidalität* sind heute in der Psychiatrie, Psychotherapie und Psychosomatik bei Ärzten und Psychologen sowie pflegerischen Mitarbeitern bei der Befunderhebung und dem täglichen Umgang mit den Patienten zur Selbstverständlichkeit geworden. Heutige Lehrbücher diskutieren dies seitenweise. Was ist zu fragen?

> »Wenn es jemandem so schlecht geht wie Ihnen, ist es naheliegend, daran zu denken, das halte ich nicht mehr aus, das will ich nicht, das ertrage ich nicht, lieber bin ich tot ...«

Gefragt wird also nach *Todes- und Ruhewünschen*, letztere mit dem Risiko, nach Einnahme mehrerer Schlaftabletten zu versterben – »Ist mir auch recht« – oder wieder aufzuwachen – »Gottesurteil, ist dann auch okay«.

Der *Wunsch von alten und sehr alten Menschen, lieber tot sein zu wollen*, wie man es in der Gerontopsychiatrie und -psychotherapie, in Alten- und Pflegeheimen, auch in der Palliativmedizin erlebt und immer wieder hört, entspringt oft einer Lebensmüdigkeit, einer Lebenssattheit, verbunden mit dem Wunsch, die Familie nicht mehr zu belasten: »Ich habe lange genug gelebt, ich will jetzt zum Vater und zum Herrgott«, formulierte es eine fast 100-jährige Patientin. Sie verneinte jede Selbsttötungsabsicht, aber »Wenn der Herrgott mich jetzt holen würde, hätte ich nichts dagegen!«.

Ob dieser Todeswunsch Ausdruck von Suizidalität ist, ist fragwürdig. Allerdings gibt es den »stillen Suizid« durch Noncompliance bzgl. Medikamenteneinnahme, durch Reduzierung von Flüssigkeitsaufnahme u. ä. Manchmal lassen sich auch im Gespräch altruistische Motive, den Kindern und Enkeln nicht mehr zur Last fallen zu wollen, erkennen und besprechen. Es geht also nicht um Selbsttötung, sondern um Beziehungen im Leben.

Beim konkreten *Fragen nach Suizidideen und -absichten* fällt als Erstes die *Hochrisikogruppe alter depressiver Männer* ein, deren Suizidrate ab Mitte der Lebenszeit steil ansteigt. Das Verhältnis der Suizidraten von Männern zu Frauen ist sowieso um das 2–3-fache zulasten der Männer gegenüber den Frauen erhöht. Betrachtet man nun die Suizidraten von Frauen in der Literatur, dann fällt auf, dass obwohl Frauen weltweit um zwei- bis dreimal so häufig an Depressionen erkranken, der Anteil von Männern in der Gruppe der Suizide von depressiv Kranken überwiegt (Schaller und Wolfersdorf 2010). Das bedeutet letztendlich, dass der suizidale Druck bei depressiven Männern höher ist als bei depressiven Frauen. Kennzeichen dieser Hochrisikogruppe sind: Seit kurzem verwitwet, alleine lebend, depressiv, zu viel Alkohol, Knie- und Hüftgelenksbeschwerden, im 4. Stock eines Hauses wohnend ohne Aufzug, Kinder in Deutschland bzw. im Ausland verteilt. Das Problem ist, dass diese Gruppe die Hilfsangebote des Gesundheitssystems kaum in Anspruch nimmt. Männer sitzen kaum in Wartezimmern des Hausarztes oder rufen selten die Telefonseelsorge an; man könnte sie vielleicht am Mittagstisch der traditionellen Gastwirtschaft in der Nachbarschaft, wo sie seit Jahren ihr Bier trinken, finden.

Die Depressivität dieser Männer ist auch nach außen schwer erkennbar, zumindest für den Laien (Möller-Leimkühler 2010; Rutz 2010; Wolfersdorf 2010). Es sind Männer der ausklingenden Kriegszeit des 2. Weltkrieges, der 40er und 50er Jahre des letzten Jahrhunderts, die andere Erziehungsstile als heute und ein anderes, nämlich keines, Hilfesuchverhalten wie Frauen gelernt haben. Man klagt nicht, man vermeidet den Doktor, man ist nicht krank, ja schon gar nicht psychisch, man schafft das schon. Die typisch männliche Fantasie wäre, das Auto repariert sich selbst. Diese Hochrisikogruppe, wenn dazu noch depressiv erkrankt oder in anhaltender Trauer nach kürzlicher Verwitwung ist ein Problem. Sie ist schwer oder gar nicht zu erreichen. Der Hausarzt, der Gemeindepfarrer, der Postbote, der Friseur, der Wirt von der Gastwirtschaft nebenan, das wären die wichtigsten Personen für ein rechtzeitiges Erkennen von Veränderung. Dabei sei noch einmal daran erinnert, dass der alternde und ältere Mann die Hochrisikogruppe für Suizid darstellt.

Das nächste Problem der Suizidprävention wäre die *adäquate psychiatrische Behandlung*. Eine ambulante Versorgung läuft über den Hausarzt, der etwas von antidepressiver Therapie – Psychopharmakotherapie, begleitende Psychotherapie und Psychoedukation – verstehen muss und auch die notwendigen begleitenden Aktivitäten anregen kann wie Gemeindeschwester, regelmäßig aufsuchende Kontakte, evtl. Aufsuchen einer Psychiatrischen Institutsambulanz, Kontakte mit niedergelassenen Psychologischen und Ärztlichen Psychotherapeuten, Gemeindepfarrern usw. Suizidprävention wird hier zum Public Health-Thema und zur gesundheitspolitischen Verpflichtung. Wenn die Suizidraten alternder Männer reduziert werden sollen, sind hier neue Ansätze zu suchen, Theorien der Versorgung alleine helfen nicht.

Suizidmethoden: Allgemein werden sog. harte und sog. weiche Suizidmethoden unterschieden; erstere gehen meist mit einer Zerstörung des Körpers einher und werden eher von Männern gewählt, töten dabei rasch; letztere erhalten den Körper und werden überwiegend von Frauen verwendet; Intoxikationen haben längere Versterbenszeiten. Das Sich-Erhängen ist führende Methode bei Männern in Deutschland. Das Präventionsproblem ist, dass Gürtel, Schnürsenkel, Stricke überall erhaltbar und nicht verbietbar sind. Waffenkontrollgesetze eignen sich in Deutschland nur eingeschränkt für Suizidprävention (Wolfersdorf und Etzersdorfer 2011, 2021).

Eine entscheidende Variable für die Prognose der Erkrankung stellt das Suizidrisiko dar. Dieses nimmt mit dem Vorliegen sozialer Isolierung zu und ist zu Beginn und am Ende einer depressiven Episode am größten. Wie die Altvorderen schon sagten: »Der Depressive suiziert sich in der Nähe von Symptomatik, der Schizophrene mit Blick auf den Verlauf.«

Die Zürich-Studie untersuchte die Mortalität von Patienten mit affektiven Störungen 48–52 Jahre nach ihrer stationären psychiatrischen Behandlung. Patienten mit Major Depression hatten die höchste Suizidrate, zu den Risikofaktoren zählten eine positive Suizid-Familienanamnese. Medikamentöse Therapie war über 1–9 Jahre protektiv (Angst et al. 2013). Die Lundby-Studie hat das Suizidrisiko von 3.563 Personen über 54–64 Jahre evaluiert: ohne psychische Störung 0,3 %, mit Depression 6,0 %. Ein besonders großes Risiko ergab eine Komorbidität von Depression und Alkoholabusus bei Männern (Holmstrand et al. 2015).

Eine italienische Fallkontrollstudie von Suiziden kam zu dem Ergebnis, dass 31 % der Patienten psychiatrische Hospitalisationen aufwiesen. Sie waren ein starker Suizid-Prädiktor (OR 19.5). Frühere Suizidversuche waren ebenso hoch prädiktiv für Suizid (OR 53.1 bei einem Suizidversuch, 98.0 bei mehrfachen Suizidversuchen. Nur 16 % der Suizidenten stand unter einer Antidepressivamedikation (Castelpietra et al. 2016).

Mehr als ein Drittel der Suizide von depressiv Kranken werden innerhalb von sechs Monaten nach stationärer Behandlung (im Rahmen eines Rezidivs) unternommen. Bis zu 15 % der Patienten mit schweren depressiven Störungen, die deswegen mindestens einmal stationär behandelt wurden, sterben langfristig (Lebenszeitsuizidmortalität) durch Suizid.

Als klinische *Prädiktoren für Suizidversuche* wurden hohe Pessimismus- und Impulsivitätswerte, eine subjektiv schwer erlebte Depression und Vorgeschichte mit Suizidversuchen identifiziert, bei stationär behandelten Patienten Suizidtendenzen bei Aufnahme sowie frühere Suizidversuche. In einer kanadischen psychologischen Autopsiestudie zeigten sich folgende Unterschiede in der Depressionssymptomatik zwischen Patienten mit vs. ohne Suizid: Gewichtsverlust, Insuffizienz- und Schuldgefühle sowie Todesgedanken waren bei Suizidenten häufiger, Antriebsmangel und Entscheidungsunfähigkeit seltener. Schaller und Wolfersdorf (2010) haben Symptome, die durch Suizid verstorbene depressiv Kranke von solchen ohne Suizid unterschieden, aus 34 Autopsie-Studien zusammengefasst:

- schwere Depression
- Suizidideen
- Gedanken von Wertlosigkeit und Hilflosigkeit
- altruistische Ideen, die Welt sei besser dran ohne den Suizidenten
- wahnhafte Ausprägung depressiver Denkinhalte
- körperlich erlebte Symptome, insbesondere quälende Schlaflosigkeit, Schwäche und Gefühllosigkeit, Appetit- und Gewichtsverlust, schwere körperliche Erkrankung
- Konzentrations- und Entscheidungsschwierigkeiten
- Neigung zu Impulsivität und Aggression
- Komorbidität mit Drogen- oder Alkoholproblemen, Angststörungen, Persönlichkeitsstörungen
- zur Psychodynamik

Ein Review von 19 internationalen Studien beschreibt folgende Risikofaktoren (Hawton et al. 2013): Männliches Geschlecht, Familienanamnese psychiatrische Erkrankungen, frühere Suizidversuche, schwere Depression, Hoffnungslosigkeit, komorbide Erkrankungen (Angststörung, Abusus).

Die im Rahmen des Kompetenznetzes Depression in deutschen Kliniken erhobenen Daten lassen sich dahingehend zusammenfassen, dass folgende Faktoren mit einer ungünstigen Prognose bezüglich Behandlungserfolg und Verlauf assoziiert sind:

- längere Dauer der aktuellen Episode
- psychiatrische Komorbidität
- Vorliegen einer Persönlichkeitsstörung
- ängstliche Depression

### Zusammenfassend: Depression und Suizidalität

- Der Anteil primär depressiv kranker Menschen an der Suizidmortalität wird auf 40–60 % geschätzt
- Die Lebenszeitsuizidmortalität depressiv Kranker liegt bei um 4 %, bei schwer depressiv Kranken höher
- Hoffnungslosigkeit ist der wichtigste Risikofaktor für die Abschätzung von Suizidalität bei Depressiven
- Jede Depression/Depressivität führt näher an die allen Menschen mögliche Selbsttötung heran
- Depressive Wahnsymptomatik ist ein Hochrisikofaktor
- Depressiv kranke Menschen mit altruistischen Ideen, die Welt sei ohne einen besser dran, sind Hochrisikogruppen
- Suchtmittelgebrauch bei Depression erhöht ein Suizidrisiko
- Depression ist eine lebensgefährliche Erkrankung, es gibt auch ein gelingendes Leben mit und nach Depression
- Diagnostik/Assessment/Nachfragen nach Suizidalität ist obligater Bestandteil von Depressionsdiagnostik
- Suizidprävention ist ein absolutes »must« in der Depression
- Depression engt Selbstbestimmung deutlich ein

### Aus Briefen einer suizidalen depressiven Patientin:

»Die Überschrift über mein Leben lautet: Wenn ich schon die Frechheit besitze da zu sein, dann sollte wenigstens alles, was mit mir zu tun hat, reibungslos laufen … Wenn ich will, dass mein Mann noch zu einer lebenstüchtigen Frau kommt und die Kinder zu einer lebenstüchtigen Mutter, dann muss ich zur Seite treten und damit Platz machen … Ich habe das leider nicht gemacht und nun hänge ich immer noch hier herum! Wider besseres Wissen habe ich immer noch den Eindruck, dass ich mich wie ein blinder Passagier ins Leben geschwindelt habe – ohne jegliche Befähigung und Ausstattung! Der Tod hat für mich gar kein negatives Image. Es ist so ein leichter, luftiger Gedanke, lichtdurchflutet, vielleicht zwei oder drei weiße lockere Wölkchen, und alles andere bleibt zurück. Ich habe so schlimme Einbrüche, dass ich es nicht ertrage. Was jetzt läuft, ist so dramatisch, dass es die Grenze dessen, was ich aushalten kann, bei weitem übersteigt. Ich weiß nicht ein noch aus vor lauter Schuld und Panik. Ich möchte mein ganzes Leben, für das ich definitiv nicht geeignet bin, rückgängig machen. Ich möchte mich ganz klein zusammenfalten und in eine Fußbodenritze stecken. Der Grund für meinen Todeswunsch liegt darin, dass ich für das Leben in dieser Welt gänzlich ungeeignet bin. Das tägliche Scheitern in allen Bereichen wäre schon schlimm genug, aber zu erleben, wie man seine Familie schädigt – ist unerträglich! Deshalb wollte ich so gerne den Hut nehmen und die Familie von mir befreien! Meine Eltern konnten mich leider nicht lieben. Ich kam zu ungelegen … Flucht – Vertreibung – Bei der zugeteilten Familie war ich unerwünscht. Ich durfte weder einen Willen noch eine Meinung haben, musste zu allem ja sagen und wenn irgendetwas nicht in Ordnung war, wurde ich mit absolutem Liebesentzug bestraft …So war ich von allen Seiten unerwünscht von Anfang an, meine Mutter wollte sich umbringen als sie erfuhr, dass sie schwanger war … Ich habe dieses Leben nicht gewollt – was fängt man an mit so einem Teil, wenn die nötige Ausstattung nicht mitgeliefert wurde ... Spät abends hat mich die Schuld total im Griff. Die Schuld, dass ich die Frechheit besitze zu existieren, die Schuld, dass ich nichts kann, die Schuld, dass ich alles falsch gemacht habe, die Schuld, dass ich Sie beanspruche ... Haben Sie in Ihrem Institut ein Gerät zur Sprengung von Schuldzuständen jedweder Art? Wie kann ich in diesem Leben mein Unwesen treiben, wenn ich es gar nicht beherrsche? Ich fühle mich so schuldig, aber eigentlich kann ich doch gar nichts dafür, nicht wahr? Aber das findet einfach nicht den Weg in meinen Kopf, weil er nicht funktioniert, ich bräuchte dringend ein Ersatzteil. Mein Mann hat mich gerettet – Was er mitmachte mit mir, geht auf keine Kuhhaut ... Wenn es besonders schlimm war, verbrachte er die Nacht am Boden vor meinem Bett, um zu merken, wenn ich aufstand, um mich umzubringen. Ich rief ihn zum Beispiel an seinem Arbeitsplatz (!) an und sagte ihm: Die einzige Entscheidung, die ich im Leben noch treffen werde, ist die, *wie* ich mich umbringe! Über meinen Mann zu schreiben und was er alles für mich tut, müsste ich Bücher schreiben und würde ihm nicht annähernd gerecht werden. Durch ihn habe ich das überstanden. Gerade so. Weil er mich getragen hat.«

*Meine Lieben,*

*Tölz/Düsseldorf*

*seid mir bitte nicht böse, ich kann auf dieser Welt nicht mehr leben. Ich habe mir und vor allem Euch so viel angetan, dass ich mit dieser Schuld nicht mehr leben kann.*

*Ihr seid an allem unschuldig, das ist das Schlimmste daran und ich könnte es nie mehr gutmachen.*

*Es ist kein Funken eines Lichtblickes in Sicht, die Tabletten verdrängen es nur, kein Mensch hätte mir helfen können, ich mußte mir selbst helfen.*

*In Liebe*
*Eure Mama*
*Deine Frau Christl*

*Ich ging mit 1 Flasche Schnaps in den Inn. Hoffentlich findet mich niemand.*

# 10 Versorgungsfragen: Wer versorgt depressiv kranke Menschen?

Für Deutschland schätzt die WHO die Zahl der Menschen mit Depressionen auf ca. 4–8 Millionen (ca. 5–10 % der Bevölkerung). 10 % der Patienten einer Allgemeinarztpraxis leiden an einer Depression, die Lebenszeitprävalenz für Depressionen liegt bei Patienten mit schweren/chronischen körperlichen Erkrankungen bei bis zu 50 %. Ca. 50 % der Depressiven konsultieren keinen Arzt (vor allem Männer).

Zum 31.12.2020 gab es in Deutschland 12.053 berufstätige Fachärzte für Psychiatrie und Psychotherapie und 8.355 Neurologen (https://www.bundesaerztekammer.de). Als Vertragsärzte (ambulant) tätig waren laut KBV Bundesarztregister 1.455 Nervenärzte, 4.664 Fachärzte für Psychiatrie und Psychotherapie, 2.842 Fachärzte für Psychosomatische Medizin und Psychotherapie sowie 2.373 Neurologen.

## 10.1 Allgemeinärztliche ambulante Versorgung

Bei der ambulanten Versorgung depressiver Störungen kommt dem primärärztlichen Sektor eine Schlüsselrolle zu. Hausärzte sind in der Regel der erste Kontakt. Krankenversicherungsdaten der Barmer GEK von 7,5 Mio Versicherten zeigten 2011, dass ca. 48 % der von APIs (Allgemeinärzte/Prakt. Ärzte/Internisten) behandelten schwer Depressiven ein Antidepressivum erhielten, 26 % Psychotherapie (Wiegand et al. 2016).

Das bundesweit angelegte epidemiologische Studienprogramm zum »Versorgungsverlauf bei Depression in Arztpraxen der Primärversorgung« (VERA-Studie) kam 2014 zu folgenden Ergebnissen: Mittels Selbstbericht DSQ von 490 Patienten lag bei 14,3 % eine Depression vor, jeder 2. Patient wurde vom niedergelassenen Hausarzt selbst behandelt, etwa jeder 5. wurde in die spezialisierte Versorgung überwiesen. Nur 40 % erhielten eine leitlinienorientierte Versorgung (Trautman und Beesdo-Baum 2017).

Andere Studien belegen, dass über 70 % der Depressiven nur den primärärztlichen Sektor aufsuchen und im Depressions-Diagnose-Spektrum die »nicht näher bezeichnete Episode/Störung« (ICD-10: F32.8/F32.9/F33.8/F33.9) dominiert. 50–80 % der depressiven Patienten werden vom niedergelassenen Hausarzt selbst behandelt. Bei mehr als der Hälfte der Hausarztpatienten mit Depression finden sich Hinweise auf eine Unterversorgung, da keine Leitlinien-gerechte Behandlung erfolgt. Ca. ein Drittel erhält Antidepressiva (Gaebel et al. 2012; Trautman und Beesdo-Baum 2017). Etwa 33 % der Antidepressiva-Verordnungen je Erwerbsperson erfolgen durch Allgemeinmediziner, ca. 10 % durch Internisten (Techniker Krankenkasse Depressionsatlas 2015).

## 10.2 Fachärztliche Versorgung

Abrechnungs-Diagnose-Daten der Kassenärzlichen Bundesvereinigung (KBV) von 5.900 niedergelassenen Fachärzten ergaben für ein Quartal im Jahr 2020 Behandlungsfallzahlen von 1,2 Millionen depressive Störungen. Depressionsdiagnosen gehören bei den Psychiatern/Nervenärzten zu den Top-Diagnosen. Leichte bis moderate Depressionen dominieren bei Psychosomatikern und Psychologischen Psychotherapeuten, schwere Depressionen werden meist durch Psychiater versorgt (Gaebel et al. 2012).

Etwa 49 % der Antidepressiva-Verordnungen je Erwerbsperson erfolgen durch Nervenärzte bzw. Psychiater (Techniker Krankenkasse Depressionsatlas 2015). Viele Psychiatrische Institutsambulanzen (PIAs) der Kliniken für Psychiatrie und Psychotherapie klagen über den zunehmenden Druck durch Notfälle, die niedergelassenen Fachärzte über eine kaum zu bewältigende Nachfrage.

## 10.3 Sektorübergreifende Versorgung

*Komplexe Versorgung – Niederschwellige psychosoziale Interventionen:* Zu den komplexen Behandlungskonzepten zählen Case-Management-Disease-Management-Programme (DNP) sowie Modelle integrierter Versorgung (IV). Durch die Integration verschiedener Akteure und Sektoren soll der Krankheits- und Behandlungsverlauf optimiert werden. Die diesbezügliche empirische Datenlage ist relativ spärlich. Eine in Aachen koordinierte Studie zur integrierten Versorgung bei depressiven Störungen konnte keine wissenschaftlichen Kriterien genügende Evaluation des IV-Settings mittels einer naturalistischen Studie zeigen.

Der Stepped-Care-Ansatz beschreibt eine gestufte Behandlung, die typischerweise mit Interventionen geringer Intensität (niederschwellige psychosoziale Basisinterventionen, z. B. Selbsthilfeansätze) beginnt und unter regelmäßigem Monitoring hausärztliche und fachärztliche Behandlung sowie multiprofessionelles Case-Management umfasst. Zu den niederschwelligen Selbsthilfeansätzen zählen neben Online-/Internet-Programmen wie www.moodgym.de und www.ifightdepression.com auch erfahrene ehemalige Patienten als Genesungsbegleiter (»Befriending«).

Von großer Bedeutung und Problematik ist die Transition von der Adoleszenten- zur Erwachsenen-Psychiatrie, ein letztlich von der Kooperation der jeweiligen Klinikleitungen abhängiges Thema, wenn es um den Wechsel geht. Im Aufbau sind Stationen bzw. Versorgungseinheiten für 16–24-Jährige bzw. 18–29-Jährige.

## 10.4 Stationäre Versorgung, spezialisierte Depressionsstationen

5–10 % der stationären Patienten in somatischen Kliniken weisen die primäre oder komorbide Diagnose Depression auf. 60–85 % werden in Psychiatrischen Kliniken behandelt, 6–20 % in Kliniken für Psychosomatische Medizin (Gaebel et al. 2012). Bei ca. 5 % der Depressionen ist eine stationäre Aufnahme und Behandlung in einer psychiatrischen Fachklinik erforderlich. Indikationen für die Hospitalisierung sind akute Suizidgefahr, wahnhafte Symptomatik, sog. Therapieresistenz, d. h. anhaltende Symptomatik, sog. Chronifizierung, psychosoziale Gründe und Schwere der Erkrankung. In Anbetracht des eine hohe Fachkompetenz erfordernden selektierten, schwerkranken Patientengutes wurden in den letzten Jahren spezialisierte Depressionsstationen in vielen Kliniken eingerichtet.

> **Indikationen für die stationäre Aufnahme von Depressiven**
>
> - Non-Compliance
> - Therapieresistenz (Non-Responder)
> - Manifeste Suizidgefahr/Zustand nach Suizidversuch
> - Wahnhafte/psychotische Depression
> - Fehlende Versorgung/Betreuung
> - Gravierende familiäre Konflikte
> - Komplizierende Begleiterkrankungen
> - Neuropsychiatrische Komorbidität (z. B. Alkoholabhängigkeit, Persönlichkeitsstörung, M. Parkinson)

*Depressionsstationen: »Spezialisierung/ innere Differenzierung«:* Die ersten »affective disorder units« oder »mood clinics« entstanden in den 1960er und 1970er Jahren in den USA als Behandlungseinheiten, die sich auf schwer depressiv erkrankte Menschen spezialisierten. In Deutschland entstand die erste sog. »Depressionsstation« für stationär behandlungsbedürftige schwer Depressive – chronisch, therapieresistent, wahnhaft, sozial auffällig, suizidal, vereinsamt, somatisch komorbid, diagnostisch unklar usw. – 1976 im damaligen Landeskrankenhaus Weissenau (Ärztlicher Direktor Prof. Dr. Hole, Gründer und Ärztlicher Leiter Prof. Dr. Wolfersdorf), die zweite dann im PLK Weinsberg (Ärztlicher Direktor Prof. Dr. Reimer, Gründer und Leiter Prof. Dr. Laux). Damit wurde eine heiße Diskussion, heute kaum mehr zu verstehen, ausgelöst: »Spezialisierung (später innere Differenzierung genannt) versus Sektorisierung«. Ersteres meinte die therapeutisch-pflegerische Ausrichtung auf eine definierte Krankengruppe, letzteres eine strukturübergreifende Organisationsstruktur vom stationären bis in den ambulanten Versorgunsbereich, unabhängig von Krankheitsgruppen. Heute ist dies kein Streitthema mehr, sondern vom Bedarf und von der Patientengruppe abhängig zu handhaben. Es gibt derzeit wohl über 100 sog. Depressionsstationen in Fachkrankenhäusern und in größeren Abteilungen für Psychiatrie und Psychotherapie. Krankenhäuser, und das gilt auch für pychiatrische, sind keine Orte des Lebens, sondern Orte der Behandlung, der Hilfe und Unterstützung, mit dem Ziel, so kurz wie möglich – aber ausreichend – dort zu sein und dann wieder in das wirkliche Leben hinaus zu gehen. Die Logik, dass bzgl. Krankheiten gemischte Stationen das Leben repräsentieren, ist verquer, denn Kliniken repräsentieren Kranke und nicht Gesunde, die doch wohl im sog. wahren Leben den Hauptteil ausmachen.

Bei der stationären Depressionsbehandlung verdienen milieutherapeutische Aspekte (»Stationsklima«, Einrichtung und Ausstattung der Station, sog. antidepressive Stationskonzepte, hilfreicher Umgang mit Psychotherapie, alle Formen von Ergo-, Sport- und Soziotherapie u. ä.) sowie Modelle der Besserung durch Mitpatienten »Hoffnung«) (▶ Tab. 10.1) eine nicht zu unterschätzende Beachtung.

Im Rahmen des Berliner Algorithmusprojektes und des Kompetenznetzes Depression wurden randomisierte kontrollierte Stufenplanstudien zur stationären Depressionsbehandlung durchgeführt, die auf breiten klinischen Therapieerfahrungen basieren. Patienten mit chronischen Depressionen weisen eine höhere Depressionsschwere, eine längere Krankheitsdauer und geringere Response- und Remissionsraten auf.

Tab. 10.1: Akutbehandlung der Depression im stationären Rahmen nach Wolfersdorf

| Psychotherapie | Biologische Therapien | Soziotherapie | Selbsthilfe |
|---|---|---|---|
| Einzelgespräche/Einzelpsychotherapie | Antidepressiva, Neuroleptika, Lichttherapie | klassische Sozialarbeit (Wohnen, Arbeit, Berentung etc.) | Selbsthilfegruppen für Depressive |
| Gruppenpsychotherapie/Gruppenarbeit | Wachtherapie/Schlafentzug | Ergotherapie (Gestaltung, Kunst, andere kreative Therapie) | Psychoedukation für Angehörige |
| Selbstsicherheitstraining/Soziales Kompetenztraining | Psychiatrische Sport- und Bewegungstherapie, Gymnastik und Sport | Belastungserprobungen | Selbsthilfe für Angehörige |
| Aktivitätsgruppen | Elektrokrampftherapie | Rehabilitative Behandlungsmaßnahmen | |
| Entspannungsverfahren (Progressive Muskelentspannung, Autogenes Training) | Transkranielle Magnetstimulation | Ergotherapeutische Leistungserprobung und Diagnostik | |
| Gestaltungs-/Kunsttherapie | | Gestufte Wiedereingliederung | |
| Psychoedukation für Patienten | | Begleitung von »place und train« | |
| | | Ambulante psychiatrische Pflege | |

Basis: empathisch-fürsorgliche, therapeutisch-pflegerische Beziehung, Aktivierung und Strukturierung

# 11 Abschließende Bemerkungen

Die Depression zählte lange Zeit zu den »heimlichen« und tabuisierten Krankheiten und wurde – vor allem bei Männern – unterdiagnostiziert und unterversorgt.

Große wissenschaftliche Beachtung, intensive neurobiologische und psychologisch-psychosoziale Forschung, kritische Evaluationen der medikamentösen Therapie, dann auch Effektivitätsstudien zu Psychotherapieverfahren haben die Depression anderseits heute zu einer erfolgreich behandelbaren Erkrankung gemacht. Psychopharmakotherapie, Psychotherapie wie auch sozialpädagogische, ergotherapeutische und bewegungstherapeutische Interventionen haben sich als hilfreich erwiesen.

Die »Volkskrankheit« Depression hat durch den Hype um die »Burnout-Woge« eine gewisse positive Umdeutung erfahren; aus der Depression wurde die »Erschöpfungsdepression« und das Burnout-Syndrom. Damit wurde die besondere Leistungsorientiertheit depressiv strukturierter Menschen in eine leistungsorientierte Gesellschaft positiv umgedeutet (und diese leider nicht immer entlastet).

Leitlinien bzw. Guidelines zur Diagnose und Behandlung von Depressionen wurden von verschiedenen nationalen und internationalen Fachgesellschaften und Gremien – z. T. differenziert für verschiedene Zielgruppen (Allgemeinarzt/GP, Facharzt, Psychologen/Psychotherapeuten; Altersdepressionen) – vorgelegt.

Von der European Psychiatric Association (EPA) liegen »Position-Statements« vor, z. B. zur Antidepressivatherapie. Der Weltverband für Biologische Psychiatrie (WFSBP) hat sowohl für die Akut- als auch für die Erhaltungstherapie unipolarer Depressionen Guideline-Updates vorgelegt. Im Zentrum steht die als nationale Versorgungsleitlinie (NVL) auf einem breiten Konsentierungsprozess zahlreicher deutscher Fachgesellschaften basierende S3-Leitlinie Unipolare Depression, die in 2. Auflage erschienen ist (DGPPN et al. 2015) und derzeit aktualisiert wird.

Positive Effekte der Berücksichtigung von Guidelines konnte eine naturalistische Berliner Studie zeigen: 224 stationäre Patienten wurden entweder nach Guideline oder ohne diese behandelt. Die Remissionsrate für Guideline-behandelte Patienten lag bei 73 %, die für nicht nach Guideline behandelte Patienten bei 59,6 % (Köhler et al. 2012). Das multizentrische German Algorithm Projekt (GAP) konnte zeigen, dass ein standardisierter Behandlungs-Algorithmus einem Treatment as Usual (TAU) überlegen und kosteneffektiver war (Ricken et al. 2016).

Leitlinien stellen fraglos eine wichtige wissenschaftliche Basis für Therapieentscheidungen im Sinne eines Korridors dar. Tatsächlich ist aber ihre Implementierung in die Klinik und vor allem in Praxen bislang nicht geglückt. Ein Dilemma besteht zwischen individuellem Patientennutzen im Sinne der personalisierten Medizin mit empirischer Erfahrung und der Evidenz fußend auf RCTs und Metaanalysen.

Kritiker bemängeln neben abweichenden Empfehlungen in verschiedenen Leitlinien die Realitätsferne (selektierte Studienkollektive ohne Multimorbidität und Polypharmazie, fehlende Aktualität durch langen Konsensfindungsprozess) und juristische Implikationen (sozialrechtliche Verbindlichkeit, Begründung für Kostenerstattung). Im Praxisalltag seien isolierte Symptombilder oder lehrbuchartige klare Krankheitsbilder eher selten, die zunehmende alleinige Nutzenbewertung durch Biostatistiker passe nicht zur Humanmedizin.

Die Akzeptanz von Leitlinien im klinischen Alltag hängt von der Verständlichkeit der Empfehlungen ab. Sprachliche Ausformulierungen der Leitlinienempfehlungen sind bislang wenig standardisiert. Eine Umfrage ergab, dass Empfehlungsstärken nicht so wahrgenommen werden wie von Leitlinienautoren beabsichtigt.

In den Leitlinienprozess sind heute auch *Patienten bzw. Betroffene und Angehörige* involviert. Für diese ist eine fundierte Information essenziell. Hierfür liegen heute verschiedene, gut elaborierte Ratgeber vor (Laux und Dietmaier 2018; Wolfersdorf 2002; Wokenstein und Hautzinger 2015).

### Persönliche Anmerkung der Autoren

Es besteht die Gefahr einer »Checklisten-Heuristik« bzw. einer »banalen Einfachheit«, verbunden mit einer Dominanz des Nil-Nocere-Prinzips. Letzteres führt zu einer Überbewertung von Nebenwirkungsrisiken z. B. bei der Pharmakotherapie von Altersdepressionen mit konsekutivem »Undertreatment«. Aus methodologischer Sicht muss auch bei der Neufassung der S3-Leitlinie die Wirksamkeitsbewertung von Antidepressiva-Pharmakotherapie versus Psychotherapie kritisch relativiert werden. Von Fachkollegen wird die breite, optionale Darstellung ohne Aussagen zum differenzialtherapeutischen Einsatz von Psychopharmaka und Psychotherapieverfahren bemängelt. Trotz deutlicher Unterschiede in der wissenschaftlichen Datenlage erfolgt keine spezielle Reihung einzelner definierter Psychotherapieverfahren (KVT, IPT, CBASP, psychodynamische Psychotherapien etc.) Dem gegenüber dominiert bezüglich der Antidepressiva-Therapie eine akzentuiert-kritische Diktion zum Teil basierend auf älteren Studien, die ältere Substanzen präferieren. Unerwähnt bleibt, dass für Psychotherapiestudien der gleiche »Publikations-Bias« besteht wie für Pharmakotherapie-Studien. Unberücksichtigt bleibt in der Regel auch, dass nicht jeder Patient Psychotherapie-fähig ist bzw. von einer limitierten Erfolgsprognose auszugehen ist (Introspektionsfähigkeit, Selbstreflexion, Änderungspotenzial, Persönlichkeit – »Psychological Mindedness«) und die Therapeutenvariable von hoher Relevanz ist.

### Merke

Letztendlich beinhaltet die Diagnose und Behandlung einer Depression eine anspruchsvolle, individuelle, persönliche ärztlich-psychologische Aufgabe, die hohe Ansprüche an die Qualifikation und die Persönlichkeit des Therapeuten stellt.

Das Thema *»Leben mit Depression«* betrifft letztendlich zwei Gruppen: Zum einen die Gruppe mit einer sog. anhaltenden sprich »chronischen« Depression, bei der die Psychopathologie kaum auf Therapie jedweder Art anspricht. Zum anderen – und das ist die wesentlich häufigere, weil fast jeden und jede beschäftigende Fragestellung – die Gruppe von Patienten und Angehörigen, die sich (kontinuierlich) fragt, werde ich wieder krank, bin ich geheilt, weil es mir gut geht und wie geht es weiter.

Letztendlich stellt sich die Frage nach »Heilung« – Was ist das? – und die Sorge bzgl. einer möglichen Wiedererkrankung. Als Psychiater und Psychotherapeuten sind wir es gewohnt, dann auf verschiedene Formen von »Heilung« hinzuweisen: Schmerz ist weg,

## 11 Abschließende Bemerkungen

Beweglichkeit besser, nach Auslöser/Anlässen/Ursachen forschen, Belastbarkeit wird besser, Arbeitsfähigkeit und Wiedereingliederung, Lebenskonzept verändern usw. Ob depressive Patienten das alles so glauben, ist offen. Unabhängig davon ist die Arbeitsfähigkeit sehr viel länger eingeschränkt und die Belastbarkeit reduziert als die Zeit einer Symptombesserung dauert. Depressive, die in stationärer Behandlung waren, reden oft von mindestens einem Jahr, das sie nach Symptombesserung zur Wiedererlangung einer sie zufriedenstellenden Arbeitsfähigkeit brauchten; auch wenn sie schon längst wieder berufstätig waren.

Das »Thema« Wiedererkrankungswahrscheinlichkeit (psychiatrisch »Vulnerabilität«) beschäftigt alle einmal depressiv kranken Menschen: »Was kann ich tun, damit ich nicht wieder erkranke?« Vulnerabilität nimmt mit der Zahl der depressiven Episoden zu – für den Patienten wird wichtig, dass kontinuierliche ambulante psychiatrisch-psychotherapeutische, -psychopharmakologische und -psychosoziale Begleitungen insbesondere im ersten bis dritten postdepressiven Jahr notwendig und die Entwicklung von Resilienz wichtig sind. Veränderung depressiogener Lebens- und Beziehungssituationen, längerfristige therapeutische Begleitung und Ausstieg aus bzw. Minimierung belastender Faktoren über die Zeit sind hilfreich. Und das Wissen: es gibt immer auch eine Zeit nach der Depression.

Was ist die Konsequenz aus all den Gedanken und Ergebnissen zur »Depression«? Wir verfügen sicher heute über eine hohe Kompetenz zur Behandlung einer akuten depressiven Episode. Letztlich ist dies auch ein Verdienst der verdichteten Behandlung auf Depressionsstationen. Die Langzeitperspektive, d. h. die Prävention zukünftiger Episoden, die hohe Komorbidität von Depressivität bei anderen, insbesondere auch körperlichen Erkrankungen, die Suizidmortalität, die Gefahr von Chronifizierung, also das Leben mit Depression bzw. Vulnerabilität zur Depression, das sind unbefriedigend beantwortete Fragen und leider ein weit offenes Feld für nicht fachlich fundierte »Heilmethoden« von Personen, die es wahrscheinlich »gut« meinen, aber daneben liegen. Die Verteufelung von Antidepressiva scheint nachzulassen, Indikation und Wirksamkeit sind zu prüfen – natürlich lösen sie keine Probleme. Auch Psychotherapie ist kein Allheilmittel für alle in jedem Fall. Dass es ein »Leben mit« und ein »Leben nach Depression« gibt, erfolgreich und erfüllend, ist bekannt und kann nur unterstrichen werden. Man kann diesem hoffnungsvollen Ansatz nach jahrzehntelanger Arbeit nur zustimmen.

## 12 Danksagung

Die Diagnostik und Behandlung einer Depression bei einem depressiv Kranken und die hilfreiche psychotherapeutische Beziehung sind zentrale Bestandteile der Arbeit mit depressiv kranken Menschen.

Neben der akuten und stets behandlungs- und hilfsbedürftigen depressiven Episode steht die Frage der längerfristigen Begleitung an. Gerade bei schwer depressiv kranken Menschen, überwiegend in stationärer Behandlung, ist die Frage nach längerfristigen psychotherapeutisch orientierten und psychopharmakologischen sowie begleitenden Therapieansätzen aus Ergo- und Körpertherapie, aus Selbsthilfegruppen, aus religiösen Hilfen, vor allem von den Angehörigen und dem Beziehungsfeld wichtig.

Wir, die Autoren G. Laux und M. Wolfersdorf, beide langjährige Leiter von sog. Depressionsstationen, haben neben der adäquaten Akuttherapie gerade diesen Langzeitaspekt gesehen und erlebt.

Ziel dieses persönlichen und vermutlich etwas ungewöhnlichen Buches war es, vor dem Hintergrund Jahrzehnte langer Arbeit mit zum Teil chronisch Depressiven unsere Eindrücke aus Klinik, Ambulanz und Praxis durchscheinen zu lassen.

Wir danken allen, die uns zu unseren Erfahrungen verholfen haben, Patientinnen und Patienten, Mitarbeiterinnen und Mitarbeitern, und wir danken Frau Zimmermann aus Bayreuth und Frau Riedl aus Wasserburg für ihre langjährige Sekretariatsarbeit und Unterstützung und wohlwollende und kritische Begleitung. Wir danken dem Kohlhammer Verlag, dass er dieses »Risiko eines Erfahrungsbuchs« eingegangen ist und wir danken Dr. Poensgen als langjährigen geduldigen Begleiter und allen Damen aus dem Lektorat, zuletzt Frau Dr. Rapp, davor Frau Brutler für ihre nachsichtige und verständnisvolle Betreuung.

Im September 2021

| | |
|---|---|
| Manfred Wolfersdorf | Gerd Laux |
| Bayreuth/Hollfeld | Soyen/Waldkraiburg/München |

# Literatur

Abbass A, Driessen E (2010) The efficacy of short-term psychodynamic psychotherapy for depression – a summary of recent findings. Acta Psychiat Scand 121: 398–399.

Agorastos A, Lederbogen F, Otte C (2015) Behandlung der Depression bei koronarer Herzerkrankung. Nervenarzt 86: 375–387.

American Psychiatric Association (APA) (2018) Diagnostisches und Statistisches Manual Psychischer Störungen DSM-5® (Deutsche Ausgabe herausgegeben von P. Falkai und H.-U. Wittchen). Göttingen: Hogrefe.

Anderson I (2000) Selective serotonin reuptake inhibitors versus tricyclic antidepressants: a meta-analysis of efficacy and tolerability. J Affect Disord 58: 19–36.

Angst A, Hengarter MP, Gamma A et al. (2013) Mortality of 403 patients with mood disorders 48 to 52 years after their psychiatric hospitalisation. Europ Arch Psychiatry Clin Neurosci 263: 423–434.

Angst J (1980) Verlauf unipolarer depressiver, bipolar manisch-depressiver und schizo-affektiver Erkrankungen und Psychosen. Ergebnisse einer prospektiven Studie. Fortschr Neurol Psychiatr 48: 3–30.

Arenz D (2007) Medizingeschichte Psychiatrie/Neurologie. Bonn: Rabe Verlag.

Arieti S, Bemporad J (1983) Depression. Stuttgart: Klett-Cotta.

Arnone D, McIntosh AM, Ebmeier KP et al. (2012) Magnetic resonance imaging studies in unipolar depression: systematic review and meta-regression analyses. Eur Neuropsychopharmacol 22: 1–16.

Arnow BA, Blasey C, Williams LM et al. (2015) Depression subtypes in predicting antidepressant response: a report from the iSPOT-D trial. Am J Psychiatry.

Arolt V, Wesselmann U (2010) Psychotherapie depressiver Erkrankungen. In: Arolt V, Kersting A (Hrsg.) Psychotherapie in der Psychiatrie. Berlin: Springer. S. 137–162.

Assion HJ, Brieger P, Bauer M (Hrsg.) (2013) Bipolare Störungen. Das Praxishandbuch. Stuttgart: Kohlhammer.

Baghai TC, Blier P, Baldwin DS et al. (2012) Executive summary of the report by the WPA section on pharmacopsychiatry on general and comparative efficacy and effectiveness of antidepressants in the acute treatment of depressive disorders. Eur Arch Psychiatry Clin Neurosci 262: 13–22.

Bäuerle D (1969) Supervision in der Sozialpädagogik und Sozialarbeit. Neues Beginnen. S. 21 ff.

Barg T, Wolfersdorf M, König F (1995) Antidepressiva und Suizidalität. SUIZIDPROPHYLAXE 83: 59–64.

Barton YA, Miller L, Wickramaratne P et al. (2013) Religious attendance and social adjustment as protective against depression: a 10-year prospective study. J Affect Disord 146: 53–57.

Bauer M (2016) Neurobiologie und Therapie depressiver Erkrankungen. 5. Auflage. Bremen: Uni-Med.

Bauer M, Severus E, Laux G (2017) Bipolare affektive Störungen. In: Möller HJ, Laux G, Kapfhammer HP (Hrsg.) Psychiatrie, Psychosomatik, Psychotherapie. Web-basiert und Bd. 4. 5. Auflage. Heidelberg, Berlin: Springer.

Bauer M, Whybrow P, Angst J et al. (2013a) World Federation of Societies of Biological Psychiatry (WFSBP) Guidelines for biological treatment of unipolar depressive disorders, part 1: Acute and continuation treatment of major depressive disorders. Update. World J Biol Psychiatry 3: 5–43.

Bauer M, Whybrow P, Angst J et al. (2013b) World Federation of Societies of Biological Psychiatry (WFSBP) Guidelines for biological treatment of unipolar depressive disorders, part 2: Maintenance treatment of major depressive disorder and treatment of chronic depressive disorders and subtreshold depressions. Update World J Biol Psychiatry 3: 69–86.

Baumann K., Linden M (2008) Weisheitskompetentenzen und Weisheitstherapie. Papst (1967).

Beck AT (1967) Depression: clinical, experimental and theoretical aspects. New York: Harper Row.

Beck AT (2013) Praxis der Kognitiven Verhaltenstherapie. 2. Auflage. Göttingen: Beltz.

Benkert O, Hippius H (Hrsg.) (2019) Kompendium der Psychiatrischen Pharmakotherapie. 12. Auflage. Heidelberg, Berlin: Springer.

Bertolote JM, Fleischmann A, DeLeo D et al. (2004) Psychiatric diagnosis and suicide: Revisiting the evidence. Crisis 25: 147–155.

Bet PM, Hugtenburg JG, Penninx BWJH et al. (2013) Side effects of antidepressants during long-term use in a naturalistic setting. European Neuropsychopharmacology 23: 1443–1451.

Biesheuvel-Leliefeld KE, Kok GD, Bockting CL et al. (2015) Effectiveness of psychological interventions in preventing recurrence of depressive disorder: meta-analysis and meta-regression. J Affect Disord 174: 400–10.

Bijl RV, Ravelli A, van Zessen G (1998) Prevalence of Psychiatric Disorder in the General Population: Results of the Netherlands Mental Health Survey and Incidence Study (NEMESIS). Soc Psychiatry Psychiatric Epidemiology 33: 587–595.

Blatt SJ (2004) Experiences of Depression. American Psychological Association, Washington DC.

Böker H (Hrsg.) (2001) Depression, Manie und schizoaffektive Psychosen. Gießen: Psychosozial-Verlag.

Böker H (2017) Psychodynamische Psychotherapie depressiver Störungen. Gießen: Psychosozial-Verlag.

Böker H, Himmighoffen H (2013) Evidenzbasierte psychodynamische Ansätze in der Behandlung depressiver Störungen. In: Freitag CM, Barocka A, Fehr C, Grube M, Hampel H (Hrsg.) Depressive Störungen über die Lebensspanne. Stuttgart: Kohlhammer. S. 137–170.

Böker H, Northoff G (2016) Depressive Syndrome. In: Böker H, Hartwich P, Northoff G (Hrsg.) Neuropsychodynamische Psychiatrie. Berlin, Heidelberg: Springer. S. 231–268.

Bonelli R, Dew RE, Koenig HG et al. (2012) Religious and spiritual factors in depression: review and integration of the research. Depress Res Treat 2012: 962860.

Borges S, Chen YF, Laughren TP et al. (2014) Review of maintenance trials for major depressive disorder: a 25-year perspective form the US Food and Drug Administration. J Clin Psychiatry 75: 205–214.

Bradly CP (2009) The future role of pharmacists in primary care. Br J Gen Pract 59: 891–892.

Brakemeier EL, Normann C (2012) Praxisbuch CBASP. Behandlung chronischer Depressionen. Weinheim: Beltz.

Brakemeier EL, Schramm E, Hautzinger M (2012) Chronische Depression. Göttingen: Hogrefe.

Brown G und Harris TO (1978) Social origins of depression. London: Routledge.

Brückner B (2010) Geschichte der Psychiatrie. 2. Auflage. Köln: Psychiatrie Verlag 2015.

Bubl E, Kern E, Ebert D et al. (2015) Retinal dysfunction of contrast processing in major depression also apparent in cortical activity. Eur Arch Psychiatry Clin Neurosci 265: 343–350.

Bundespsychotherapeuten-Kammer (2012) BPtK-Studie zur Arbeitsunfähigkeit. Psychische Erkrankungen und Burnout: BPtK, Berlin. www.bptk.de.

Burisc M (2010) Das Burnout-Syndrom. Theorie der inneren Erschöpfung. 4. Auflage. Berlin: Springer.

Burton R (1621 bzw. 6. Auflage 1651) Anatomie der Melancholie über die Allgegenwart der Schwermut, ihre Ursachen und Symptome sowie die Kunst es mit ihr auszuhalten. (Übersetzung Horstmann U). Zürich, München: Artemis Verlag 1988.

Busch MA, Maske UE, Reyl L et al. (2013) Prävalenz von depressiver Symptomatik und diagnostizierter Depression bei Erwachsenen in Deutschland. Ergebnisse der Studie zur Gesundheit Erwachsener in Deutschland (DEGS 1). Bundesgesundheitsblatt 56: 733–739.

Bzdok D, Karrer TM, Habel U et al. (2018) Big-Data-Ansätze in der Psychiatrie: Beispiele aus der Depressionsforschung. Nervenarzt 89: 869–874.

Carbring P, Andersson G, Cuijpers P et al. (2018) Internet-based vs. face to face cognitive behavior therapy for psychiatric and somatic disorders: an updated systematic review and meta-analysis. Cogn Behav Ther 47: 1–18.

Cimbal W (1929) Vegetative Äquivalente der Depressionszustände. Dtsch. Z. Nervenheilkunde 107: 36–41, insb. 36 und 37.

Cipriani A, Furukawa TA, Salanti G et al. (2018) Comparative efficacy and acceptability of 21 antidepressant drugs for the treatment of adults with major depressive disorders: a systematic review and network meta-analysis. Lancet 391: 1357–1366.

CIPS (2015) Internationale Skalen für Psychiatrie. 6. Auflage. Göttingen: Hogrefe.

Cuijpers P (2017) Four decades of outcome research on psychotherapies for adult depression: An overview of a series of meta-analyses. Canadian Psychology/Psychologie canadienne 58: 7–19.

Cuijpers P, Noma H, Karyotaki E et al. (2020) A network meta-analysis of the effects of psychotherapies, pharmacotherapies and their combinations in the treatment of adult depression. World Psychiatry 19: 92–107.

Da Silva J, Goncalves-Pereira M, Xavier M et al. (2013) Affective disorders and risk of developing dementia: systematic review. Br J Psychiatry 202: 177–86.

Dash S, Clarke G, Berk M (2015) The gut microbiome and diet in psychiatry: focus on depression. Curr Opin Psychiatry 28: 1–6.

Deutsches Institut für Medizinische Dokumentation und Information (DIMDI) im Auftrag des Bundesministeriums für Gesundheit (BMG) unter Beteiligung der Arbeitsgruppe ICD des Kuratoriums für Fragen der Klassifikation im Gesundheitswesen (KKG) (2019) ICD-10-GM Version 2020, Systematisches Verzeichnis, Internationale statistische Klassifikation der Krankheiten und verwandter Gesundheitsprobleme, 10. Revision, Stand: 20. September 2019. Köln. www.dimdi.de – Klassifikationen – Downloads – ICD-10-GM – Version 2020.

DeRubeis RJ, Hollon SD, Amsterdam JD et al. (2005) Cognitive therapy vs medications in the treatment of moderate to severe depression. Arch Gen Psychiatry 62: 409–416.

De Kwaasteniet B, Ruhe E, Caan M et al. (2013) Relation between structural and functional connectivity in major depressive disorder. Biol Psychiatry 74: 40–7.

DGPPN, BÄK, KBV, AWMF (Hrsg.) für die Leitliniengruppe Unipolare Depression*. S3-Leitlinie/Nationale Versor-gungsLeitlinie Unipolare Depression – Langfassung, 2. Auflage. Version 5. 2015 [cited: YYYY-MM-DD]. DOI: 10.6101/AZQ/000364. www.depression.versorgungsleitlinien.de. (*Organisationen, die in der Leitliniengruppe kooperierten: DGPPN, BÄK, KBV, AWMF, ACKPA, AkdÄ, BPtK, BApK, DAGSHG, DEGAM, DGPM, DGPs, DGRW, BDK, BDP, BPM, BVDN, BVDP, BVVP, CPKA, DÄVT, DFT, DGGPP, DGPT, DGVT, DPG, DPV, DPtV, DVT, GwG, Stiftung Deutsche Depressionshilfe).

Dichgans G (1952) Vegetative Depression. Deutsche Medizinische Wochenschrift 77: 1602–1605.

Dilling H, Mombour W, Schmidt MH (Hrsg.) (2015) Internationale Klassifikation psychischer Störungen. ICD-10 Kapitel V (F). Klinisch-diagnostische Leitlinien. 10. Auflage. Bern, Göttingen, Toronto: Verlag Hans Huber.

Driessen E, Hegelmaier LM, Abbass AA et al. (2015) The efficacy of short-term psychodynamic psychotherapy for depression: A meta-analysis update. Clin Psychol Rev. 42: 1–15.

Driessen E, Van HL, Don FJ et al. (2013) The efficacy of cognitive-behavioral therapy and psychodynamic therapy in the outpatient treatment of major depression: a randomized clinical trial. Am J Psychiatry 170: 1041–50.

Duman R (2004) Role of neurotrophic factors in the etiology and treatment of mood disorders. Neuromolecular Med 5: 11–25.

Elhwuegi A (2004) Central monoamines and their role in major depression. Prog Neuro-Psychopharmacol Biol Psychiatry 28: 435–451.

Elkin I, Shea T, Watkins JT et al. (1989) National institute of mental health treatment of depression collaborative research program. General effectiveness of treatments. Arch Gen Psychiatry 46: 971–982.

Esch T (2017) Die Neurobiologie des Glücks. 3. Auflage. Stuttgart: Thieme.

Faust V, Hole G, Wolfersdorf M (1984) Diagnose der Depressionen. Auxilium Psychiatricum, Psychiatrie für den Allgemeinarzt. 1. Auflage. Ravensburg: Stein.

Fava GA, Ruini C, Linden M (2009) Wohlbefindens-Therape (Well-being-Therapy). In: Linden M, Weig W (Hrsg.) Salutotherapie. Köln: DÄV.

Fernandez E, Salem D, Swift JK et al. (2015) Meta-analysis of dropout from cognitive »therapy!«, »Magnitude« timing, and moderators. J Consult Clin Psychol 83: 1108–22.

Ferrari AJ, Charlson FJ, Norman RE et al. (2013) Burden of depressive disorders by country, sex, age, and year: findings from the Global Burden of Disease Study 2010l PLoS Med 10: e1001547.

Fichter MM, Kohlboeck G, Quadflieg N (2008) The Upper Bavarian longitudinal community study 1975-2004. 2. Long-term course and outcome of depression. Eur Arch Psychiatry Clin Neurosci 285: 476–488.

Flasher H (1962) Melancholie und Melancholiker in den medizinischen Therapien der Antike. Berlin: De Gruyter.

Földényi LF (1989) Melancholie. München: Matthes & Seitz Verlag.

Fonagy P (2015) The effectiveness of psychodynamic psychotherapies: An update. World Psychiatry 14: 137–50.

Fonseka TM, MacQueen GM, Kennedy SH (2018) Neuroimaging biomarkers as predictors of treatment outcome in major depressive disorder. J Affect Disord 233: 21–35.

Frank E, Kupfer D, Perel J et al. (1990) Three-year outcomes for maintenance therapies in recurrent depression. Arch Gen Psychiatry 47: 1093–1099.

Franklin G, Carson AJ, Welch KA (2015) Cognitive behavioural therapy for depression: systematic review of imaging studies. Acta Neuropsychiatr 30: 1–14.

Freeman MP, Mischoulon D, Tedeschini E et al. (2010) Complementary and alternative medicine for major depressive disorder: a meta-analysis of patient characteristics, placebo response rates, and treatment outcomes relative to standard antidepressants. J Clin Psychiatry 71: 682–8.

Freitag CM, Barocka A, Fehr C et al. (Hrsg.) (2013) Depressive Störungen über die Lebensspanne. Stuttgart: Kohlhammer.

Freud S (1917) Trauer und Melancholie. In: Gesammelte Werke. Bd 10. London: Imago Publishing. S. 428–446.

Freudenberger HJ (1974) Staff burn out. J Social Issues 30: 159–165.

Frick E, Ziemer P, Heres S et al. (2021) Spirituelle Kompetenz in Psychiatrie und Psychotherapie – Hindernisse und Erfolgsfaktoren. Nervenarzt 92: 479–486.

Fuchs T (2010) Das Gehirn – ein Beziehungsorgan. 3. Auflage. Stuttgart: Kohlhammer.

Fuchs T (2011) Depression, Leiblichkeit, Zwischenleiblichkeit. In: Faller H, Lang H (Hrsg.) Depression. Klinik, Ursachen, Therapie. Würzburg: Königshausen & Neumann.

Gabbard GO (2010) Psychodynamische Psychiatrie. Ein Lehrbuch. Gießen: Psychosozial-Verlag. S. 237–246.

Gaebel W, Kowitz S, Zielasek J (2012) The DGPPN research project on mental healthcare utilization in Germany; inpatient and outpatient treatment of persons with depression by different disciplines. Eur Arch Psychiatry Clin Neurosci 262 (Suppl 2): 51–55.

Gastpar M (2013) Hypericum extract WS® 5570 for depression – An overview. Int J Psychiatry Clin Pract 1: 1–7.

Gaynes BN, Lloyd SW, Lux L et al. (2014) Repetitive transcranial magnetic stimulation for treatment-resistant depression: a systematic review and meta-analysis. J Clin Psychiatry 75: 477–89.

Geddes J, Carney S, Davies C et al. (2003) Relapse prevention with antidepressant drug treatment in depressive disorders: a systematic review. Lancet 361: 653–661.

Gelenberg AJ, Freeman MP, Markowitz JC et al. (2010) Practice guideline for the treatment of patients with major depressive disorder. Third edition. Am J Psychiatry 167 (suppl): 1–118.

Gerber AJ, Cocsis JH, Milrod BL et al. (2011) A quality-based review of randomized controlled trials of psychodynamic psychotherapy. Amer J Psychiatry 168: 19–28.

Glatzel J (1994) Die hochmütigen Melancholiker. Jens Peter Jacobsen: Frau Marie Grubbe und Niels Lyhne. In: Wahl G, Schmitt W (Hrsg.) Vom Nutzen und Nachteil der Historie. Warthauser Gespräche zur Geschichte der Seelenheilkunde Band 1. Reichenbach: Verlag Kommunikative Medien und Medizin. S. 31–39.

Godsil BP, Kiss JP, Spedding M et al. (2013) The hippocampal-prefrontal pathway: the weak link in psychiatric disorders? Eur Neuropsychopharmacol 23: 1165–81.

Görlich H (2016) Was Lebenskünstler richtig machen. Von Achtsamkeit bis Zufriedenheit. Stuttgart: Schattauer.

Grözinger M (2012) Elektrokonvulsionstherapie: Psychiatrische Fachgesellschaften aus vier Ländern empfehlen einen rechtzeitigen und adäquaten Einsatz. Nervenarzt 83: 919–921.

Gründer G, Benkert O (Hrsg.) (2012) Handbuch Psychopharmakotherapie. 2. Auflage. Springer.

Guardini R (1983) Vom Sinn der Schwermut (erstmals erschienen 1928).

Guidi J, Tomba E, Fava GA (2016) The sequential integration of pharmacotherapy and psychotherapy in the treatment of major depressive disorder: a meta-analysis of the sequential model and a critical review of the literature. Am J Psychiatry 173: 128–137.

Hamilton M (1967) Development of a rating scale for primary depressive illness. Brit J Soc Clin Psychology 6: 278–296.

Hans E, Hiller W (2013) Effectiveness of and dropout outpatient cognitive behavioral therapy for adult unipolar depression: a meta-analysis of nonrandomized effektiveness studies. J Consult clin Psychol 81: 75–88.

Harris R (2020) ACT leicht gemacht. Der Leitfaden für die Praxis der Akzeptanz- und Commitment-Therapie. Freiburg: Arbor-Verlag.

Hau St, Busch H-J, Deserno H (Hrsg.) (2005) Depression – zwischen Lebensgefühl und Krankheit. Göttingen: Vandenhoeck & Ruprecht.

Hautzinger M (2013) Kognitive Verhaltenstherapie bei Depressionen. 7. Auflage. Weinheim: Beltz PVU.

Hawton K, Comabella CC, Haw C et al. (2013) Riskfactors for suicide in individuals with depression: A systematic review. J Affect Disord 147: 17–28.

Hegerl U, Hautzinger M, Mergl R et al. (2010) Effects of pharmacotherapy and psychotherapy in depressed primary-care patients: a randomized, controlled trial including a patient's choice arm. Int J Neuropsychopharmacol 13: 31–44.

Hegerl U, Mergl R (2010) The clinical significance of antidepressant treatment effects cannot be derived from placebo-verum response differences. J Psychopharmacol 24: 445–8.

Heidenreich T, Noyon A, Grober C et al. (2017) Ziele, Werte und Sinn. Grundlagen und ihre Bedeutung in der aktuellen Verhaltenstherapie. Psychotherapeut 62: 469–482.

Hell D (1992) Welchen Sinn macht Depression? Ein integrativer Ansatz. Reinbek bei Hamburg: Rowohlt.

Hell D (2012) Depression als Störung des Gleichgewichts. Wie eine personbezogene Depressionstherapie gelingen kann. Stuttgart: Kohlhammer. S. 15–17.

Hennings JM, Owashi T, Binder EB et al. (2009) Clinical characteristics ant treatment outcome

in a representative sample of depressed inpatients-findings from the Munich Antidepressant Response Signature (MARS) project. J Psychiatr Res 43: 215–229.
Hiemke C, Baumann P, Bergemann N et al. (2018) AGNP consensus guidelines for therapeutic drug monitoring in neuropsychopharmacology: update 2017. Pharmacopsychiatry 51: 9–62.
Hildegard von Bingen (Übersetzung 1955) Ursachen und Behandlung der Krankheiten (Cause et Curae). Übersetzung Hugo Schulz, Ulm/Donau.
Hippius H, Selbach H (Hrsg.) (1969) Das depressive Syndrom. Urban & Schwarzenberg München.
Hirschfeld RM (2014) Differential diagnosis of bipolar disorder and major depressive disorder. J Affect Disord 169 Suppl 1: 12–6.
Hole G (1973) Vegetative Depression. In: Müller C (Hrsg.) Lexikon der Psychiatrie. Heidelberg, New York: Springer. S. 130–131.
Hole G (1977) Der Glaube bei Depressiven. Stuttgart: Enke.
Hole G (1979) Das depressive Syndrom in der Allgemeinpraxis. Ärztliche Praxis 31. S. 2354–59.
Hollon SC, DeRubeis RJ, Fawcett J et al. (2014) Effect of cognitive therapy with antidepressant medications vs antidepressants alone on the rate of recovery in major depressive disorder: a randomized clinical trial. JAMA Psychiatry 71: 1157–1164.
Holmstrand C, Boren M, Mattison C et al. (2015) Long-term suicide risk in no, one or more mental disorders: the Lundy Study 1947-1997. Acta Psychiatr Scand 132: 459–69.
Holsboer F (2001) Stress, hypercortisolism and corticosteroid receptors in depression: implications for therapy. J Affect Disord 62: 77–91.
Huber D, Klug G (2016) Psychoanalyse der Depression. Stuttgart: Kohlhammer.
Huber D, Zimmermann J, Henrich G et al. (2012) Comparison of cognitive-behaviour therapy with psychoanalytic and psychodynamic therapy for depressed patients – a three-year follow-up study. Z Psychosom Med Psychother 58: 299–316.
Illy D (2015) Ratgeber Depression. München: Elsevier.
Imel ZE, Malterer MB, McKay KM et al. (2008) A meta-analysis of psychotherapy and medication in unipolar depression and dysthymia. J Affect Disord 110: 197–206.
Jacobi F, Höfler M, Strehle J et al. (2014) Psychische Störungen in der Allgemeinbevölkerung. Studie zur Gesundheit Erwachsener in Deutschland und ihr Zusatzmodul Psychische Gesundheit (DEGS1-MH). Nervenarzt 85: 77–87.
Jain FA, Walsh RN, Eisendrath SJ et al. (2015) Critical analysis of the efficacy of meditation therapies for acute and subacute phase treatment of depressive disorders: A systematic review. Psychosomatics 56: 140–152.
Jaspers K (1913) Allgemeine Psychopathologie. Berlin, Heidelberg, New York: Springer.
Jaworska N, Yang XR, Knott V et al. (2014) A review of fMRI studies during visual emotive processing in major depressive disorder. World J Biol Psychiatry 12: 7.
Kahl KG (2012) Pharmakologische Behandlungsmöglichkeiten bei therapieresistenter Depression. Nervenheilkunde 31: 699–707.
Karyotake E, Riper H, Twisk J et al. (2017) Efficacy of self-guided internet –based cognitive behavioral therapy in the treatment of depressive symptoms: a meta-analysis of individual participant data. JAMA Psychiatry 74: 351–359.
Kaschka W, Karczak D, Broich K (2011) Modediagnose Burn-out. Dtsch Aertzebl Int 108 (46): 781–787.
Kasen S, Wickramaratne P, Gameroff MJ et al. (2012) Religiosity and resilience in persons at high risk for major depression. Psychol Med 42: 509–519.
Keller F (1997) Belastende Lebensereignisse und der Verlauf von Depressionen. Münster New York: Waxmann.
Kessler RC, Mc Gonagle KA, Zhao S et al. (1994) Life time and 12-month prevalence of DSM-III-R Psychiatric Disorders in the United States: Results from the National Comorbidity Survey. Arch. Gen Psychiatry 51: 8–19.
Kielholz P (1966) Diagnose und Therapie der Depressionen fü den Praktiker. 2. Auflage. München: Lehmann.
Kielholz P, Hole G (1973a) Depression. In: Müller Ch (Hrsg.) Lexikon der Psychiatrie. Berlin, Heidelberg, New York: Springer. S. 11–116.
Kielholz P, Hole G (1973b) Erschöpfungsdepression. In: Müller C (Hrsg.) Lexikon der Psychiatrie. Berlin, Heidelberg, New York: Springer. S. 118–120.
Kiener W, Weise J (2008) Die Individualsimus-Falle. Köln: dtv.
Klein JP, Gerlinger G, Knaevelsrud C et al. (2016) Internetbasierte Interventionen in der Behandlung psychischer Störungen. Nervenarzt 87: 1185–93.
Klerman G, Weissman M, Rounsaville B et al. (1984) Interpersonal psychotherapy of depression. New York: Basic Books.
Köhler S, Hoffmann S, Unger T et al. (2012) Adherence to guidelines and effectiveness of inpatient treatment for unipolar depression. Int J Psychiatry Clin Pract 16: 103–112.

Köhler S, Sterzer B, Normann C et al. (2016) Überwindung der Therapieresistenz bei chronischer Depression. Die Bedeutung der stationären Psychotherapie. Nervenarzt 87: 701–707.

Konrad C (Hrsg.) (2016) Praxis der Depressionsbehandlung. Heidelberg, Berlin: Springer.

Kotov R, Gamez W, Schmidt F et al. (2010) Linking »big« personality traits to anxiety, depressive, and substance use disorders: a meta-analysis. Psychol Bull 136: 768–821.

Krieger T, Klein JP, Moritz S et al. (2018) Internetbasierte Interventionen bei Depressionen. Evidenz und Stellenwert in der Praxis. Psychopharmakotherapie 25: 2–8.

Kronmüller KZ (2011) Quality of marital relationship and depression: results of a 10-year prospective follow-up study. J Affect Disord 128: 64–71.

Kronmüller KT, Mundt C (2006) Persönlichkeit, Persönlichkeitsstörungen und Depression. Nervenarzt 77: 863–876.

Kupfer DJ, Frank E, Perel JM et al. (1992) Five-year outcome for maintenance therapies in recurrent depression. Arch Gen Psychiatry 49: 769–778.

Kurth B-M (2012) Erste Ergebnisse aus der »Studie zur Gesundheit Erwachsener in Deutschland (DEGS)«. Bundesgesundheitsbl Gesundheitsforsh Gesundheitsschutz 55: 980–990.

Kuyken W, Jayes R, Barrett B et al. (2015) Effectiveness and cost-effectiveness of mindfulness-based cognitive therapy compared with maintenance antidepressant treatment in the prevention of depressive relapse or recurrence (PREVENT): a randomized controlled trial. Lancet S0140–6736(14): 62222–62224.

Lang FU, Gühne U, Riedel-Heller SG et al. (2015) Innovative patientenzentrierte Versorgungssysteme. Nervenarzt 86: 1313–1319.

Laux G (1986) Chronifizierte Depressionen. Stuttgart: Enke.

Laux G (Hrsg.) (2002) Depression 2000. Berlin, Heidelberg: Springer.

Laux G (2017a) Grundlagen affektiver Störungen. In: Möller HJ, Laux G, Kapfhammer HP (Hrsg.) Psychiatrie, Psychosomatik, Psychotherapie. Web-basiert und Bd. 4, 5. Auflage. Heidelberg, Berlin: Springer.

Laux G (2017b) Depressive Störungen. In: Möller HJ, Laux G, Kapfhammer HP (Hrsg.) Psychiatrie, Psychosomatik, Psychotherapie. Web-basiert und Bd. 4, 5. Auflage. Heidelberg, Berlin: Springer.

Laux G (2017c) Medikamentöse Therapie. In: Fellgiebel A, Hautzinger M (Hrsg.) Altersdepression. Berlin, Heidelberg: Springer.

Laux G (2017d) Online-/Internet-Programme zur Psychotherapie bei Depression – eine Zwischenbilanz. J Neurol Neurochir Psychiatr 18: 16–24.

Laux G, Dietmaier O (2018) Psychopharmaka. Ein Ratgeber für Patienten und Angehörige. 10. Auflage. Berlin: Springer 2018.

Laux G, Dietmaier O (2020) Praktische Psychopharmakotherapie. 7. Auflage. Elsevier, Urban & Fischer.

Laux G, Möller HJ (2007) MEMORIX Psychiatrie und Psychotherapie. 1. Auflage. Stuttgart: Thieme.

Laux G, Müller WE (2018) Verhaltenspharmakologie und klinische Pharmakotherapie der Antidepressiva. Psychopharmakotherapie 25: 21–35.

Laux G, Müller WE (2021) Psychopharmakologie und Psychopharmakotherapie kompakt: Weiterbildungs-Curriculum zum Facharzt für Psychiatrie und Psychotherapie. Wissenschaftliche Verlagsgesellschaft Stuttgart.

Laux G, Waltereit W (2017) Anamnese und Befund bei psychischen Erkrankungen. Stuttgart: Thieme.

Ledochowski L, Stark R, Ruedl G et al. (2017) Körperliche Aktivität als therapeutische Intervention bei Depression. Nervenarzt 88: 765–778.

Leff J, Vearnals S, Brewin CR et al. (2000) The London Depression Intervention Trial. Randomised controlled trial of antidepressants vs. couple therapy in the treatment and maintenance of people with depression living with a partner: clinical outcome and costs. Br J Psychiatry 177: 95–100.

Leonhard K (1970) Akzentuierte Persönlichkeiten. 2. Auflage. Berlin: VEB.

Leonhard K (1991) Differenzierte Diagnostik der endogenen Psychosen, abnormen Persönlichkeitsstrukturen und neurotischen Entwicklungen. 4. Auflage. Berlin: Ullstein Medical, Verlag Gesundheit.

Lesse S (1968) The multivariant masks of depression. Am J Psychiatry 124 (11): 35–40.

Leucht S, Hierl S, Kissling W et al. (2012) Putting the efficacy of psychiatric and general medicine medication into perspective: review of meta-analyses. Br J Psychiatry 200: 97–106.

Leuzinger-Bohleber M (2005) Depressionsforschung zwischen Verweigerung und Anpassung. In: Hau St, Busch H-J, Deserno H (Hrsg.). Depression – zwischen Lebensgefühl und Krankheit. Göttingen: Vandenhoeck & Ruprecht. S. 11–45, insb. S. 21.

Levkovitz Y, Isserles M, Padberg F et al. (2015) Efficacy and safety of deep transcranial magnetic stimulation for major depression: a prospective multicenter randomized controlled trial. World Psychiatry 14: 64–73.

Lichtenberg P, Belmaker RH (2010) Subtyping major depressive disorder. Psychother Psychosomatik 79 (3): 131–135.

Lieburg van MJ (1992) Frauendepression. Rotterdam: Erasmus Publishing.
Linde K, Mulrow D, Berner M et al. (2005) St. John's Wort for depression. A review. Br J Psychiatry 186: 99–107.
Linden M (2017) Verbitterung und Posttraumatische Verbitterungsstörung. Göttingen: Hogrefe.
Linden M, Hautzinger M (2015) Verhaltenstherapie. Manual. 8. Auflage. Heidelberg, Berlin: Springer.
Linden M, Strauß B (Hrsg.) (2012) Risiken und Nebenwirkungen von Psychotherapie. Berlin: Med Wiss Verlagsges.
Linden M, Weig W (Hrsg.) (2009) Salutotherapie. Köln: DÄV.
Losekamp S, Konrad C (2016) Praxis der kognitiven Verhaltenstherapie. In: Konrad C (Hrsg.) Praxis der Depressionsbehandlung. Heidelberg, Berlin: Springer.
Martensson B (2015) Bright white light therapy in depression: a critical review of the evidence. J Affect Disord 182: 1–7.
Maslach C (1982) Burnout – the cost of caring. New York: Prentice Hall Press.
Maslach C, Schaufeli WB, Leiter MP (2001) Job burnout. Annu Rev Psychol 52: 39–422.
Mattisson C, Bogren M, Horstmann V et al. (2009) Risk factors for depressive disorders in the Lundby cohort – a 50 year prospective clinical follow-up. J Affect Disord 113: 203–215.
McCullough JP (2000) Treatment of chronic depression. Cognitive behavior analysis system of psychotherapy. New York: The Guilford Press.
Mead N, Lester H, Chew-Graham C et al. (2010) Effects of befriending on depressive symptoms and distress: systematic review and meta-analysis. Br J Psychiatry 196: 96–101.
Mehler-Wex C (2008) Depressive Störungen. Berlin: Springer.
Mergl R, Henkel V, Allgaier AK et al. (2011) Are treatment preferences relevant in response to serotonergic antidepressants and cognitive-behavioral therapy in depressed primary care patients? Results from a randomized controlled rial including a patient's choice arm. Psychother Psychosom 80: 39–47.
Meshkat D, Kutzelnigg A, Kasper S et al. (2010) Ärgerattacken bei Depressionen: Geschlechtsspezifische Aspekte. J Neurologie Neurochirurgie und Psychiatrie 11 (3): 22–25.
Meyer C, Rumpf H-J, Hapke U, Dilling H, John U (2000) Lebenszeitprävalenz psychischer Störungen in der Allgemeinbevölkerung. Ergebnisse der TACOS-Studie. Nervenarzt 71: 535–542.
Mikoteit T, Hatzinger M (2009) Chronische Depression. Z Psychiatrie, Psychologie und Psychotherapie 57 (4): 245–251.

Miller L, Bansal R, Wickramaratne P et al. (2014) Neuroanatomical correlates of religiosity and spirituality. A study in adults at high and low familial risk for depression. JAMA Psychiatry 71: 128–135.
Mills KA, Greene MC, Dezube R et al. (2018) Efficacy and tolerability of antidepressants in Parkinson's diease: a systematic review and network meta-analysis. Int J Geriatr Psychiatry 33: 642–651.
Mitchell P, Parker G, Gladstone G et al. (2003) Severity of stressful life events in first and subsequent episodes of depression: the relevance of depressive subtype. J Affect Disord 73: 245–252.
Mnich E, Makowski AC, Lambert M et al. (2014) Beliefs about depression – do affliction and treatment experience matter? Results of a population survey from Germany. J Affect Disord 164: 28–32.
Möller HJ, Bitter I, Bobes J et al. (2012) Position statement of the European Psychiatric Association (EPA) on the value of antidepressants in the treatment of unipolar depression. Eur Psychiatry 27: 114–128.
Möller HJ, Laux G, Deister A (2015) Duale Reihe Psychiatrie, Psychosomatik und Psychotherapie. 6. Auflage. Stuttgart: Thieme.
Möller HJ, Laux G, Kapfhammer HP (Hrsg.) (2017) Psychiatrie, Psychosomatik, Psychotherapie. Web-basiert. 4 Bände, 5. Auflage. Heidelberg, Berlin: Springer.
Möller-Leimkühler AM (2009) Männer, Depression und »männliche Depression«. Fortschr Neurol Psychiatrie 77: 412–422.
Möller-Leimkühler AM (2010) Depression bei Männern: Eine Einführung. J Neurol Neurochir Psychiatr 11 (3): 11–20.
Möller-Leimkühler AM (2016) Vom Dauerstress zur Depression. Munderfing: Fischer & Gann.
Montgomery SA, Asberg M (1979) A new depressionscale designed to be sensitive to change. Br J Psychiatry 134: 382–389. Montgomery-Asberg-Depressionsskala (MADRS) (deutsche Fassung).
Montgomery SA, Baldwin DS, Blier P et al. (2007) Which antidepressants have demonstrated superior efficacy? A review of the evidence. Int Clin Psychopharmacology 22: 323–329.
Mora G (1990) Historische und theoretische Entwicklungen in der Psychiatrie. In: Freedman AM, Kaplan HI, Sadock WJ, Peters UH (Hrsg.) Psychiatrie in Praxis und Klinik Band V. Stuttgart, New York: Thieme. S. 1–98.
Müters S, Hoebel J, Lange C (2013) Diagnose Depression: Unetrschiede bei Frauen und Männern. Hrsg. Robert Koch-Institut Berlin. GBE kompakt 4(2). www.rki.de/gbe-kompakt (Stand 30.09.2013).

Murray CJ, Lopez AD (1996) The Global Burden of Disease. A comprehensive assessment of mortality and disability from Diseases, injuries, and risk factors in 1990 and projected to 2020. Cambridge: Harvard University Press.

Musselman DL, Bowling A, Gelles N et al. (2007) The interrelationship of depression and diabetes. In: Steptoe A (ed.). Depression and physical illness. Cambridge University Press. S. 165–194.

Nanni V, Uher R, Danese A (2012) Childhood maltreatment predicts unfavorable course of illness and treatment outcome in depression; a meta-analysis. Amer J Psychiatry 169: 141–151.

National Collaborating Centre for Mental Health (UK) (2010) Depression: The Treatment and Management of Depression in Adults (Update Edition). Leicester (UK): British Psychological Society.

Newton-Howes G, Tyrer P, Johnson T et al. (2014) Influence of personality on the outcome of treatment of depression: systematic review and meta-analysis. J Pers Disord 28: 577–93.

NICE Clinical guidelines: Depression in adults: the treatment and management of depression in adults. www.nice.org/uk/CG90.

Nübling M (2011) Burnout bei Ärztinnen und Ärzten. AEKNO. Kammerkolloquium Ärztekammer Nordrhein Düsseldorf 16.07.2011.

Oh DH, Son H, Hwang S et al. (2012) Neuropathological abnormalities of astrocytes, GABAergic neurons, and pyramidal neurons in the dorsolateral prefrontal cortices of patients with major depressive disorder. Eur Neuropsychopharmracol 22: 330–338.

Opel N, Zwanzger P, Redlich R et al. (2016) Differing brain structural correlates o familial and enviromental risk for major depressive disorder revealed by a combined VBM/pattern recognition approach. Psychol Med 46: 277–9.

Ostuzzi G, Matcham F, Dauchy S et al. (2018) Antidepressants for t he treatment of depression in people with cancer. Cochrane Database Syst Rev 4: CD011006.

Padberg F, Sabaß I, Dewald-Kaufmann J et al. (2015) Psychotherapie der chronischen Depression. Nervenheilk 34: 880–887.

Partonen T, Lönnqvist J (1998) Seasonal affective disorder. A guide to diagnosis and management. CNS Drugs 9: 203–212.

PatientenLeitlinie zur Nationalen VersorgungsLeitlinie Unipolare Depression. www.depression.versorgungsleitlinien.de.

Pflug B, Tölle R (1971) Therapie endogener Depressionen durch Schlafentzug. Nervenarzt 42: 117–124.

Pitschel-Walz G, Bäuml J, Kissling W (2013) Psychoedukation Depressionen. 2. Auflage. München: Urban & Fischer.

Plass D, Vos T, Hornberg C et al. (2014) Entwicklung der Krankheitslast in Deutschland. Dtsch Ärztebl Intern 111: 629–38.

Pöldinger W (1968) Zur Abschätzung der Suizidalität. Bern: Huber.

Puymbroeck van CM, Zautra AJ, Harakas P-P (2007) Chronic pain and depression: Twin Burdens of adaptation. In: Steptoe A (ed.). Depression in physical illness. Cambridge University Press. S. 145–164.

Regier DA, Narrow WE, Clarke DE et al. (2013) DSM-5 field trials in the United States and Canada. Part II: Test-retest reliability of selected categorical diagnoses. Am J Psychiatry 170: 59–70.

Reil JC (1803) Rhapsodien über die Anwendung der psychischen Curmethode auf Geisteszerrüttungen. Halle. Unveränderter Nachdruck. Amsterdam: Bonset EJ.

Reischies FM (2005) Organische Ursachen. In: Bauer M, Berghöfer A, Adli M (Hrsg.) (2005) Akute und therapieresistente Depressionen. 2. Auflage. Springer, Heidelberg. S. 79–90.

Repple J, Opel N (2021) Sport und körperliche Bewegung bei unipolarer Depression. Nervenarzt 92: 507–514.

Richter D, Berger K, Reker T (2008) Nehmen psychische Störungen zu? Eine systematische Literaturübersicht. Psychiat Prax 35: 321–330.

Ricken R, Wiethoff K, Reinhold T et al. (2018) A standardized stepwise drug treatment algorithm for depression reduces direct treatment costs in depressed inpatients - Results from the German Algorithm Project (GAP3). J Affect Disord 228: 173–177.

Riedel M, Seemüller F, Winkelmaier F et al. (2009) Häufigkeit und klinische Charakteristika von atypisch depressiven Symptomen. Stationäre Patienten mit Major Depression. Nervenheilkunde 28: 193–199.

Rief W (2020) Die Rolle von Placebo- und Nocebomechanismen bei depressiven Erkrankungen und ihrer Therapie. Nervenarzt 91: 675–683.

Rigucci S, Serafini G, Pompili M et al. (2010) Anatomical and functional correlates in major depressive disorder: the contribution of neuroimaging studies. World J Biol Psychiatry 11: 165–180.

Risch A, Stangler U, Heidenreich T et al. (2012) Kognitive Erhaltungstherapie bei rezidivierender Depression. Berlin: Springer.

Rock PL, Roiser JP, Riedel WJ et al. (2014) Cognitive impairment in depression: a systematic review and meta-analysis. Psychol Med 44: 2029–2040.

Rohde A, Dorsch V, Schaefer C (2016) Psychopharmakotherapie in Schwangerschaft und Stillzeit. 4. Auflage. Stuttgart: Thieme.

Rutz W (2010) Depression und Suizidalität bei Männern in Europa: Ein Problem männlichen psychischen Leidens und männlicher Suizidalität. J Neurologie Neuorchirurgie Psychiatrie 11: 46–52.

Sandner D (2012) Psychoanalytische Überlegungen zum depressiven Negativismus. Psychotherapie in Psychiatrie, Psychotherapeutische Medizin und Klinischer Psychologie 17: 213–222.

Schaakxs R, Comijs HC, Lamers F et al. (2018) Associations between age and the course of major depressive disorder: a 2-year longitudinal cohort study. Lancet Psychiatry 5: 581–590.

Schaller E, Wolfersdorf M (2010) Depression and suicide (pp. 297–323). In: Kumar U, Mandal MK (eds.). Suicidal behavior: Assessment and diagnosis. New Delhi Los Angeles: SAGE.

Schatzberg A, Nemeroff CB (eds) (2013) Textbook of Psychopharmacology. 5th edn. Washington: APA.

Schauenburg H (2017) Psychodynamische Psychotherapie. In: Schauenburg H, Hofmann B (Hrsg.). Psychotherapie der Depression. Stuttgart, New York: Thieme. S. 45–64.

Schläpfer TE (2014) Tiefe Hirnstimulation als mögliche Alternative bei therapieresistenten Depressionen. Nervenarzt 85: 156–161.

Schmaal L, Veltmann DJ, van Erp TG et al. (2016) Subcortical brain alterations in major depressive disorder: findings from the ENIGMA major depressive disorder working group. Mol Psychiatry 21: 806–12.

Schmale AH (1972) Depression as affect, character style and symptom formation. In: Holt R, Peterfreund E (eds.). Psychoanalysis and contemporary science. (S. 327–351). New York: Macmillan.

Schmitt W (1990) Zur Phänomenologie und Theorie der Melancholie. In: Melancholie in Literatur und Kunst. Schriften zur Psychopathologie, Kunst und Literatur (hrsg.von Dietrich von Engelhardt, Horst-Jürgen Gerigk, Guido Pressler, Wolfram Schmitt). Hürtgenwald: Guido Pressler Verlag. S. 14–28.

Schneider B (2003) Risikofaktoren für Suizid. Regensburg: Roderer.

Schott H, Tölle R (2006) Geschichte der Psychiatrie. Krankheitslehren, Irrwege, Behandlungsformen. CH Beck, München. Insbes. S. 402–418.

Schramm E (2010) Interpersonelle Psychotherapie. 3. Auflage. Schattauer.

Schramm E, Caspar F, Berger M (2006) Spezifische Therapie für chronische Depression. Das »Cognitive Behavioral Analysis System of Psychotherapy« nach McCullough. Nervenarzt 77: 355–371.

Schwabe U, Paffrath D, Ludwig WD et al. (Hrsg.) (2020) Arzneiverordnungs-Report 2020. Heidelberg: Springer.

Seemüller F, Riedel M, Obermeier M et al. (2010) Outcomes of 1014 naturalistically treated inpatients with major depressive episode. Eur Neuropsychopharmacol 20: 346–355.

Segal ZV, Williams JMG, Teasdale JD (2002) Mindfulness-based cognitive therapy for depression. New York: Guilford.

Seligman MEP (1975a) Learned helplessness. San Francisco: Freeman.

Seligman MEP (1975b) Helplessness: On depression, development and death. San Franciscio: Freeman.

Serretti A, Mandelli L (2010) Antidepressants and body weight: A comprehensive review and meta-analysis. J Clin Psychiatry 71: 10.

Sharpley CF, Bitsika V (2011) Four potential criteria for deciding when to use antidepressants or psychotherapy for unipolar depression: a literature review. Int J Psychiatry Clin Pract 15: 2–11.

Shulman KI, Herrmann N, Walker SE (2013) Current place of monoamine oxidase inhibitors in the treatment of depression. CNS Drugs 27: 789–97.

Siette J, Cassidy M, Pribe S (2017) Effectiveness of befriending interventions: a systematic review and meta-analysis. BMJ Open 7: e014304.

Simon AE, Palmer ST, Coyne JC (2007) Cancer and depression. In: Steptoe A (ed.). Depression and physical illness. Cambridge University Press. S. 211–237.

Smith CA, Hay PP, Macpherson H (2010) Acupuncture for depression. Cochrane Database Syst Rev 20:CD004046.

Smith DJ, Kyle S, Forty L et al. (2008) Differences in depressive symptom between males and females. J Affect Disord 108: 279–284.

Solomon D, Adams J (2015) The use of complementary and alternative medicine in adults with depressive disorders. A critical integrative review. J Affect Disord. 179: 101–13.

Spießl H, Neuner T, Hübner-Liebermann B et al. (2008) Suizidprävention durch die psychiatrisch-psychotherapeutische Klinik. Nervenheilkunde 27 (suppl 1): 60–66.

Spitzer M (2014) Digitale Demenz. Droemer Knaur.

Staab H-J, Ludwig M (Hrsg.) (1992) Depression bei Tumorpatienten. Stuttgart, New York: Thieme.

Stahl SM (2011) The prescriber's guide. Antidepressants. New York: Cambridge University Press.

Steinhausen H-C (2006) Psychische Störungen bei Kindern und Jugendlichen. 6. Auflage. München: Urban & Fischer.

Steptoe A (ed.) (2007) Depression and physical illness. New York: Cambridge University Press.

Stoppe G (2015) Prävention psychischer Störungen im Alter. In: Rössler W, Ajdacic-Gross V (Hrsg.) Prävention psychischer Störungen. Stuttgart: Kohlhammer. S. 107–119.

Sulz S, Deckert B (2015) Psychiatrische Kurz-Psychotherapie. PKP-Depression. Cip Medien München.

Szegedi A, Jansen WT, van Willigenburg AP et al. (2009) Early improvement in the first 2 weeks as a predictor of treatment outcome in patients with major depressive disorder: a meta-analysis including 6562 patients. J Clin Psychiatry 70: 344–353.

Techniker Krankenkasse (Hrsg.) (2015) Depressionsatlas. www.tk.de.

Tedeschini E, Levkovitz Y, Iovieno N et al. (2011) Efficacy of antidepressants for late-life depression: a meta-analysis and meta-regression of placebo-controlled randomized trials. J Clin Psychiatry 72: 1660–8.

Tellenbach H (1961, 1976) Melancholie. Berlin, Heidelberg, New York: Springer.

Tellenbach H (1988) Verschränkung natürlichen und geschichtlichen Daseins im Typus Melancholicus. In: Wolfersdorf M, Kopitke W, Hole G (Hrsg.) Klinische Diagnostik und Therapie der Depression. Regensburg: Roderer. S. 23–34.

Ten Doesschate MC, Bockting CL, Schene AH (2009) Adherence to continuation and maintenance antidepressant use in recurrent depression. J Affect Disord 115: 167–170.

Thase ME, Greenhouse EF, Reynolds CF et al. (1997) Treatment of major depression with psychotherapy or psychotherapy-pharmacotherapy combinations. Arch Gen Psychiatry 54 (11): 1009–15.

Thomae H, Kächele H (2006) Psychoanalytischen Therapie, 3 Bde. Berlin, Heidelberg, New York: Springer.

Trautman S, Beesdo-Baum K (2017) Behandlung depressiver Störungen in der primärärztlichen Versorgung. Dtsch Ärztebl Int 114: 721–8.

Tursi MF, Baes Cv, Camacho FR et al. (2013) Effectiveness of psychoeducation for depression: a systematic review. Aust N Z J Psychiatry 47: 1019–31.

UK Review Group (2003) Efficacy and safety of electroconvulsive therapy in depressive disorders: a systematic review and meta-analysis. Lancet 361: 799–808.

Utsch M, Bonelli R, Pfeifer S (2014) Psychotherapie und Spiritualität. Springer.

Valkanova V, Ebmeier KP, Allan CL (2013) CRP, IL-6 and depression: a systematic review and meta-analysis of longitudinal studies. J Affect Disord 150: 736–744.

Vilalta-Franch J, Lopez-Pousa S, Llinas-Regla J et al. (2013) Depression subtypes and 5-year risk of dementiia and Alzheimer disease in patients aged 70 years. Int J Geriatr Psychiatry 28: 341–50.

von Wolff A, Hölzel LP, Härter M et al. (2013) Selective serotonin reuptake inhibitors and tricyclic antidepressants in the acute treatment of chronic depression and dysthymia: a systematic preview and meta-analysis. J Affect Disord 144: 7–15.

Walcher W (1969) Die larvierte Depression. Wien: Hollinek. Insb. S. 10–17.

Wartberg L, Kriston L, Thomasius R (2018) Depressive Symptomatik bei Jugendlichen. Prävalenz und assoziierte psychosoziale Merkmale in einer repräsentativen Stichprobe. Dtsch Ärzteblatt. 115: 549–55.

Weissman MM, Berry OO, Warner V et al. (2016) A 30-year study of 3 generations at high risk and low risk for depression. JAMA Psychiatry 73: 970–7.

Wenzel-Seifert K, Ostermeier CP, Ben Omar N et al. (2013) Unerwünschte kardiovaskuläre Wirkungen von Psychopharmaka. Psychopharmakotherapie 20: 148–157.

Wenzel-Seifert K, Ostermeier CP, Conca A et al. (2015) Sexuelle Funktionsstörungen unter antidepressiver Pharmakotherapie. Psychopharmakotherapie 22: 205–11.

Wiegand HF, Sievers C, Schillinger M et al. (2016) Major depression treatment in Germany-descriptive analysis of heaalth insurance fund routine data and assessment of guideline-adherence. J Affect Disord 189: 246–253.

Winokur G, Clayton PJ (1986) The Medical Basis of Psychiatry. W B Saunders Co Ltd.

Wirsching M, Scheib P (Hrsg.) (2002) Paar- und Familientherapie. Berlin, Heidelberg, New York: Springer.

Wirz-Justice A (2009) From the basic neuroscience of circadian clock function to light therapy for depression: on the emergence of chronotherapeutics. J Affect Disord 116: 159–160.

Wise T, Cleare AJ, Herane A et al. (2014) Diagnostic and therapeutic utility of neuroimaging in depression: an overview. Neuropsychiatr Dis Treat 10: 1509–1522.

Wittchen H, Pttrow D (2002) Prevalence, recognition and management of depression in primary care in Germany: the depression 2000 study. Hum Psychopharmacol 17 (suppl 1): 1–11.

Wittchen HU, Jacobi F, Rehm J et al. (2011) The size and burden of mental disorders and other disorders of the brain in Europe 2010. European Neuropsychopharmacology 21: 655–679.

Wittchen HU, Zerssen D von (1988) Verläufe behandelter und unbehandelter Depressionen und Angststörungen. Eine klinisch-psychiatrische und epidemiologische Verlaufsuntersuchung. Berlin, Heidelberg, New York, Tokyo: Springer.

Woggon B, Wolfersdorf M (1993) Empfehlungen für die Behandlung von Depressionen. In: Pöldinger W, Reimer C (Hrsg.) Depressionen. Berlin, Heidelberg, New York: Springer.

Wolfersdorf M (1992a) Hilfreicher Umgang mit Depressiven. Göttingen: Hogrefe Publishing.

Wolfersdorf M (1992b) Suizidalität bei Tumor- und anderen körperlichen Erkrankungen. In: Staab H-J, Ludwig M (Hrsg.). Depression bei Tumorpatienten. Stuttgart, New York: Thieme. S. 49–67.

Wolfersdorf M (1995) Depressive Strörungen. Phänomenologie, Aspekte der Psychodynamik und Therapie. Psychotherapeut 40: 330–347.

Wolfersdorf M (Hrsg.) (1997) Depressionsstationen/Stationäre Behandlung. Berlin, Heidelberg, New York: Springer.

Wolfersdorf M (2001) Depressive Männer. Einige klinische Anmerkungen. In: Freytag R, Giernalczyk T (Hrsg.) Geschlecht und Suizidalität. Göttingen: Vandenhoeck & Ruprecht. S. 83–93.

Wolfersdorf M (2002) Depression verstehen und bewältigen. 2. Auflage. Berlin, Heidelberg, New York: Springer. S. 15.

Wolfersdorf M (2005) »Was ist aus der guten alten neurotischen Depression geworden?« Anpassungsstörung? Dysthymia? Chronische Depression? PsychoNeuro 31: 30–34.

Wolfersdorf M (2008) Depression. Die Krankheit bewältigen. 1. Auflage. Bonn: BALANCE Buch + Medien Verlag. S. 21–22.

Wolfersdorf M (2010) Männersuizid: Anmerkungen zur Psychodynamik bei öffentlich bekannten Männern. J Neurologie Neurochirurgie Psychiatrie 11: 36–41.

Wolfersdorf M (2011) Depressionen verstehen und bewältigen. Heidelberg: Springer.

Wolfersdorf M, Danneberg U (2011) Krankheitsbild Depression. SUIZIDPROPHYLAXE 38 (3): 95–104.

Wolfersdorf M, Etzersdorfer E (2011) Suizidalität und Suizidprävention. Stuttgart: Kohlhammer.

Wolfersdorf M, Heindl A (2003) Chronische Depression. Grundlagen, Erfahrungen und Empfehlungen. Lengerich: Pabst Science Publishers.

Wolfersdorf M, Kornacher J, Pöttig S et al. (2003) Der wahnhaft depressive Patient. In: Katschnig H, Demel U (Hrsg.). Die Crux mit der Praxis - Depressionsbehandlung im Alltag. Wien: Facultas. S. 64–72.

Wolfersdorf M, Kornacher J, Rupprecht U et al. (2017) Stationäre Psychotherapie der Depression. In: Schauenburg H, Hofmann B (2007) Psychotherapie der Depression. Stuttgart, New York: Thieme. S. 129–139.

Wolfersdorf M, Möller-Leimkühler A-M, Winkler D (2010) Gasteditorial: Depression beim Mann. J Neurologie, Neurochirurgie und Psychiatrie 11: 7–8.

Wolfersdorf M, Müller-Oerlinghausen B (1998) Gyrasehemmer, Depressivität und Suizidalität. MMW 140: 113–116.

Wolfersdorf M, Niederhofer H, Bloch H et al. (2015) Depression im Lebenszyklus. In Kindheit und Jugend, in der Lebensmitte und im Alter. Nervenheilkunde 11 (Gastherausgeber: Prof. Dr. med. Dipl.-Psych. Gerd Laux).

Wolfersdorf M, Rätzel-Kürzdörfer W (2016a) Depression – Früherkennung und Frühintervention. MMW – Fortschritte der Medizin.

Wolfersdorf M, Rätzel-Kürzdörfer W (2016b) Depression – Eine Volkskrankheit: Gesundheitspolitische und präventive Anmerkungen. Public Health Forum 24: 104–107.

Wolfersdorf M, Rätzel-Kürzdörfer W, Kemna C et al. (2005) Affektive Störungen. In: Frieboes R-M, Zaudig M, Nosper M (Hrsg.) Rehabilitation bei psychischen Störungen. München, Jena: Urban & Fischer.

Wolfersdorf M, Schüler M (2005) Depressionen im Alter. Stuttgart: Kohlhammer.

Wolfersdorf M, Schulte-Wefers H, Schaller E (2008) Männer-Depression/Männer-Suizid. Suizidprophylaxe 35: 195–199.

Wolfersdorf M, Straub R, Kopittke W et al. (1982) Psychotherapeutisches Basisverhalten als wesentlicher Bestandteil eines Therapiekonzeptes für stationäre depressive Patienten. In: Helmchen H, Linden M, Rüger U (Hrsg.) Psychotherapie in der Psychiatrie. Berlin, New York: Springer.

Wolfersdorf M, Wagner S, Kornacher J et al. (2014) Behandlung depressiv kranker Menschen im Zeitalter der personalisierten Psychiatrie. In: Böker H, Hoff P, Seifritz E (Hrsg.) Personalisierte Psychiatrie – Paradigmenwechsel oder Etikettenschwindel? Bern: Verlag Hans Huber.

Wolkenstein L, Hautzinger M (2015) Ratgeber Chronische Depression. Göttingen: Hogrefe.

Wu J, Yeung AS, Schnyer R et al. (2012) Acupuncture for depression: a review of clinical applications. Can J Psychiatry 57: 397–405.

Wurst FM (2011) Empfehlung zur Diagnostik und zum Umgang mit Suizidalität in der stationären psychiatrisch-psychotherapeutischen Behandlung. SUIZIDPROPHYLAXE 38 (4): 166–170.

Zilles D, Wolff-Menzler C, Wiltfang J (2015) Elektrokonvulsionstherapie zur Behandlung unipolar depressiver Störungen. Nervenarzt 86: 549–556.

# Sachwortregister

## A

Absetzsymptome 155
Agomelatin 133, 148
Akupunktur
– Depression 179
Akutbehandlungen
– Depression 183
Alkoholabhängigkeit
– und Depression 122
Altersdepression 25, 67, 97
Amitriptylin 131
Anhedonie 97
Ansprechen auf Antidepressiva 140
Antidepressiva
– Interaktionen 149
– Kontraindikation 151
– Langzeittherapie 152
– Wirkpotenz 136
Antidepressivadosis 153
Attributionstheorie 39
atypische Depression 77

## B

β-Down-Regulation 84
Beck-Depressions-Inventar (BDI) 116
Blutungsrisiko 147
Brugada-Syndrom 146
Bupropion 133, 148

## C

CBASP, Cognitive Behavioral Analysis System of Psychotherapy 174
Citalopram 132
Clomipramin 131
CREB (cAMP response element-binding) 84

## D

Depressionsforschung
– Neuroendokrinologie 84
Depressionskombinationsbehandlung 183
depressive Episode 104
depressive Pseudodemenz 121
depressive Störung
– andere biologische Therapien 157
– Ätiopathogenese 79
– bei körperlicher Erkrankung 86
– Bildgebung 82
– Klasifikation 113
– Kombinationsbehandlung 184
– Komorbidität 118
– Leitlinien 210
– Lithiumprophylaxe 154
– Psychotherapie 159
– Rückfallprädiktoren 194
– stationäre Therapie 208
– Suizidrisiko 39, 202
– Therapie 124
Dexamethason-Suppressionstest (DST) 85
Doxepin 131
Drug-Monitoring 139
duale Antidepressiva 132
Duloxetin 132, 148
Dysbalance 84
Dysthymie 110

## E

endogene Depression
– Kernsymptome 50
erlernte Hilflosigkeit 169

## F

Fluoxetin 132, 147
Fluvoxamin 132

## G

Gedächtnis  97

## H

HAMD, Hamilton-Depressionsskala  116
Hamilton-Depressionsskala  137
Hamilton-Depressionsskala (HAMD)  116
Herbst-Winter-Depression  77
HPA-Achse  85
HPT-Achse  85
hypertensive Krise  148

## I

Inaktivität  169
Insulinresistenz  86
interpersonelle Psychotherapie  171

## J

Jahrestagsreaktion  95

## K

Katecholaminspiegel  83
kognitiv-behaviorales Modell
– depressive Störung  95
kognitive Theorie  95
Kombinationsbehandlung
– Depression  184
Kopplungsuntersuchung  81
körperliche Aktivität  177
Kränkbarkeit  77

## L

Landmark-Vergleichsstudie  182
Langzeitstudien
– Antidepressiva  153
Lebensqualität  193
Lichttherapie  158
Life Event  94, 173
Lithiumprophylaxe  154

## M

MADRS, Montgomery-Asberg-Depressionsskala  116
Major Depression  22
Maprotilin  132
Melatonin  85
Mianserin  132
Milnacipran  132
Mirtazapin  132, 147
Moclobemid  133
Monoaminoxidasehemmer (MAOH)  133
Montgomery-Asberg-Depressionsskala (MADRS)  116

## N

Neurogenesehypothese  84
Neurotizismus  97
neurotropher Faktor  82
noradrenalin- und serotoninselektive Antidepressiva (SNRI, NaSSA)  132
noradrenalinselektives Antidepressivum (NRI, NARI)  132
Nortriptylin  131

## O

Omega-3-Fettsäure  87

## P

Paartherapie  175
Parkinson-Depression  147
Paroxetin  132
Partnerbeziehung  94, 175
Pharmakamonotherapie  183
Pharmakotherapie undr Psychotherapie  181
Plazebo  135
Post-Stroke-Depression  117
Pseudodemenz, depressive  97
Psychoedukation  126
Psychomotorik  51
Psychopharmaka und Psychotherapie  184

## R

Reboxetin  132, 148
Responseprädiktor  140
Rollenspiel  169

Rückfallprophylaxe
- Psychotherapie   172
Rückfallrisiko
- depressive Störung   194
Rückzugssyndrom   95

## S

SAD, saisonal abhängige Depression   77
saisonale Depression   87
Schlaf-EEG   87
Schlafentzug   157
Schlaf-Wach-Rhythmus   133
Selbstmedikation   133
selektive Serotoninwiederaufnahmehemmer (SSRI)   132
Serotonintransportergen   81
Sertralin   132
Signaltransduktionsmechanismus   84
somatisches Syndrom   106
Sphingomyelinase   84, 131
Stresshormonhypothese   84
Substanzabusus   102
Subtreshold-Depression   111
Suizidrisiko
- bei Depression   202
supportive Psychotherapie   124

## T

Tagesschwankung   87

Tranylcypromin   148
Trazodon   132
Trimipramin   134
trizyklische Antidepressiva (TZA)   131
Typus melancholicus   97
tyraminarme Diät   148

## U

Umzugsdepression   94

## V

vaskuläre Depressionshypothese   87
Venlafaxin   132, 148
Viloxazin   132
Vulnerabilitäts-Stress-Coping-Modell   102

## W

Well-being-Therapie (WBT)   171

## Z

Zytochrom-P450-Isoenzymsystem   147